53 最新青林法律相談

病院・診療所経営の法律相談

SEIRIN LEGAL COUNSELING

田辺総合法律事務所
弁護士法人色川法律事務所 [編]

青林書院

はしがき

　本書の前書と位置付けられる『病院・診療所経営の法律相談』（新・青林法律相談32）は、病院・診療所（クリニック）の経営全体を俯瞰し、病院・診療所において生起する様々な法的問題のうち実務上重要なものを可能な限り網羅し、Q&Aの方式によってわかりやすく解説することを目指して、平成25年（2013年）に出版されました。

　しかし、その後、10年以上の時を経て、病院・診療所の経営をめぐる環境は、他の分野と同様に相当に変化しました。例を挙げれば、医療法制の根幹をなす医療法自体、平成26年の第6次改正（平成26年法律第83号）以降、平成27年（平成27年法律第74号）、平成29年（平成29年法律第57号）、平成30年（平成30年法律第79号）、令和3年（令和3年法律第49号）と数年に1回のペースで繰り返し改正が行われ、時間外労働の上限規制を前提に医師の働き方改革への取組みが強く進められるようにもなりました。また、コンプライアンスの意義については、従来は法令遵守と捉えることが多かったですが、広く社会規範及び倫理を遵守して公正で誠実に業務を行う意味に変化しています。患者トラブルについては、令和元年に厚生労働省から応招義務に関する通達が発出され、病院・診療所において意識的に対策が講じられるようになりましたし、ITについては、院内のシステムがランサムウェア攻撃を受けて感染し、身代金の支払を要求される事態が生じています。

　このような様々な変化を踏まえて、田辺総合法律事務所と弁護士法人色川法律事務所の弁護士が、前書をアップデートさせたものが本書です。本書については、単に前書の出版以降に生じた法改正や通知等について最新の情報に基づく修正を行うにとどまらず、より利用しやすいものとすべく、前書の構成や内容を全面的に見直し、適宜、設問を追加・変更したり、章の統廃合を行うなどの変更も行いました。

　本書で病院・診療所に生起する法的問題が完全に網羅できているわけではありませんが、現時点における最低限必要な知識を提供し、病院・診療所の経営者の方々のお役に十分立てる内容となっているものと自負しております。ま

た，病院・診療所から医療サービスを受ける患者の方々にとっても，医師と患者の関係を整理する意味で参考にしていただけるものと期待しております。

　最後に，本書の刊行に当たり，全面的にサポートいただき大変お世話になりました青林書院編集部の皆様に心より感謝申し上げます。ありがとうございました。

2024年10月吉日

田 辺 総 合 法 律 事 務 所　代表弁護士　　田辺　克彦

弁護士法人色川法律事務所　代表弁護士　　高坂　敬三

編集委員・執筆者

田辺総合法律事務所 弁護士法人色川法律事務所 編

編集委員

田辺総合法律事務所

菱山　泰男	三谷　和歌子	薄井　琢磨
鈴木　　翼	大寺　正史	

弁護士法人色川法律事務所

高坂　佳郁子	黒瀧　海詩

執筆者

田辺総合法律事務所

福田　剛久	東　　浩	加野　理代
山宮　道代	菱山　泰男	三谷和歌子
植松　祐二	貝塚　光啓	内藤亜雅沙
薄井　琢磨	橋本　裕幸	遠藤　英明
関根久美子	松田　秀明	伊藤　英之
鈴木　　翼	松原　香織	大寺　正史
川上　善行	田辺　泰彦	田中　瑛生
塚原　健人	齋藤　愛実＊	北村　恵眞
小川　紘一	五井　　恕	松本　紘明

＊任期付き公務員として環境省への赴任に伴い弁護士登録抹消中

弁護士法人色川法律事務所

小林　京子	髙橋　直子	高坂佳郁子
長谷川　葵	加古　洋輔	有岡　一大
久保田萌花	進藤　諭	増田　拓也
堀田　克明	黒瀧　海詩	辻野　沙織

（編集委員・執筆者はすべて執筆当時の所属弁護士）

凡　例

(1)　各設問の冒頭に**Q**として問題文を掲げ，それに対する回答の要旨を**A**でまとめました。具体的な説明は　**解　説**　以下に詳細に行っています。

(2)　判例，裁判例を引用する場合には，本文中に「☆1，☆2……」と注番号を振り，各設問の末尾に　■判　例■　として，注番号と対応させて「☆1　最判平17・7・15民集59巻6号1661頁」というように列記しました。なお，判例等の表記については，後掲の「判例・主要雑誌等略語」を用いました。

(3)　文献を引用する場合，及び解説に補足をする場合には，本文中に「＊1，＊2……」と注番号を振り，設問の末尾に　■注　記■　として，注番号と対応させて，文献あるいは補足を掲記しました。

　　　〔例〕著者名『書名』（出版社，刊行年）○○頁

　　　　　　編者名編『書名』（出版社，刊行年）○○頁

　　　　　　著者名「論文」掲載誌○○号○○頁

(4)　法令・通達等の名称については，原則として次のように表しました。

　　①　地の文では，正式名称で表しました。正式名称が長く，地の文で略称を用いる場合は，初出時に正式名称を示すとともに，略称を示しています。例外的に，後掲の「法令等略語〔Ⅰ〕」に示すものについては，初出時においても正式名称を記載せずに略称を用いて表しました。

　　②　カッコ内の引用では，後掲の「法令等略語〔Ⅱ〕」を用いて表しました。

　　また，同一法令の条項番号は「・」で，異なる法令の条項番号は「，」で併記しました。

(5)　本文中に引用した判例，裁判例は，巻末の「判例索引」に掲載しました。

(6)　各設問の　☑キーワード　に掲載した重要用語は，原則として，巻末の「キーワード索引」に掲載しました。

■判例・主要雑誌等略語

最	最高裁判所	支	支部
高	高等裁判所	判	判決
地	地方裁判所	決	決定
家	家庭裁判所	審	審判

民集	最高裁判所民事判例集	判時	判例時報	
刑集	最高裁判所刑事判例集	金判	金融商事判例	
裁判集民	最高裁判所裁判集民事	金法	金融法務事情	
裁判集刑	最高裁判所裁判集刑事	労判	労働判例	
最判解刑	最高裁判所判例解説刑事篇	労経速	労働経済速報	
高民	高等裁判所民事判例集	裁判所HP	裁判所ウェブサイト	
高刑	高等裁判所刑事判例集	LLI/DB	判例秘書INTERNET	
東高刑時報	東京高等裁判所判決特報 （刑事）	LEX/DB	LEX/DBインターネット （TKC法律情報データベース）	
下民	下級裁判所民事裁判例集	WLJ	Westlaw Japan判例・法令検 索・判例データベース	
裁時	裁判所時報			
判タ	判例タイムズ			

■法令等略語

〔Ｉ〕
〈法律〉

あはき法	あん摩マツサージ指圧師，はり師，きゆう師等に関する法律
e-文書法	民間事業者等が行う書面の保存等における情報通信の技術の利用に関する法律
e-文書法厚労省令	厚生労働省の所管する法令の規定に基づく民間事業者等が行う書面の保存等における情報通信の技術の利用に関する省令
育児介護法	育児休業，介護休業等育児又は家族介護を行う労働者の福祉に関する法律
医療介護総合確保推進法	地域における医療及び介護の総合的な確保の促進に関する法律
感染症法	感染症の予防及び感染症の患者に対する医療に関する法律
景品表示法	不当景品類及び不当表示防止法
高齢者医療確保法	高齢者の医療の確保に関する法律
高齢者虐待防止法	高齢者虐待の防止，高齢者の養護者に対する支援等に関する法律
個人情報保護法	個人情報の保護に関する法律
再生医療等安全性確保法	再生医療等の安全性の確保等に関する法律
児童虐待防止法	児童虐待の防止等に関する法律
障害者虐待防止法	障害者虐待の防止，障害者の養護者に対する支援等に関する法律

精神保健福祉法	精神保健及び精神障害者福祉に関する法律
短時間有期労働者法	短時間労働者及び有期雇用労働者の雇用管理の改善等に関する法律
男女雇用機会均等法	雇用の分野における男女の均等な機会及び待遇の確保等に関する法律
DV防止法	配偶者からの暴力の防止及び被害者の保護等に関する法律
入管法	出入国管理及び難民認定法
プロバイダ責任制限法	特定電気通信役務提供者の損害賠償責任の制限及び発信者情報の開示に関する法律 ※令和6年5月10日に成立，同月17日に公布された同法改正法（令和6年法律第25号）により，「特定電気通信による情報の流通によって発生する権利侵害等への対処に関する法律」（情報流通プラットフォーム対処法）に改題されます（施行日未定）。
保助看法	保健師助産師看護師法
薬機法	医薬品，医療機器等の品質，有効性及び安全性の確保等に関する法律
労災保険法	労働者災害補償保険法
労働施策総合推進法	労働施策の総合的な推進並びに労働者の雇用の安定及び職業生活の充実等に関する法律

〈通知・ガイドライン〉

療担規則	保険医療機関及び保険医療養担当規則
医療介護個人情報ガイダンス	「医療・介護保険事業者における個人情報の適切な取扱いのためのガイダンス」（平成29年4月14日通知，令和6年3月27日最終改正）
医療介護個人情報ガイダンスQ&A	「『医療・介護関係事業者における個人情報の適切な取扱いのためのガイダンス』に関するQ&A（事例集）」（平成29年5月30日適用，令和6年3月27日改正）
医療広告ガイドライン	「医業若しくは歯科医業又は病院若しくは診療所に関する広告等に関する指針（医療広告ガイドライン）」（令和6年9月13日最終改正）
医療広告ガイドラインQ&A	「医療広告ガイドラインに関するQ&A」（平成30年8月作成，令和6年3月改定）
医療情報システム安全管理ガイドライン	「医療情報システムの安全管理に関するガイドライン 第6.0版」（令和5年5月）
医療情報システム等提供事業者ガイドライン	「医療情報を取り扱う情報システム・サービスの提供事業者における安全管理ガイドライン 第1.1版」（令和5年7月）
個情法ガイドライン（通則編）	「個人情報の保護に関する法律についてのガイドライン（通則編）」（平成28年11月，令和5年12月一部改正）

viii 凡 例

〔Ⅱ〕

育介	育児休業，介護休業等育児又は家族介護を行う労働者の福祉に関する法律
医師	医師法
医師令	医師法施行令
一般法人	一般社団法人及び一般財団法人に関する法律
医薬	医薬品，医療機器等の品質，有効性及び安全性の確保等に関する法律
医薬規	医薬品，医療機器等の品質，有効性及び安全性の確保等に関する法律施行規則
医療	医療法
医療規	医療法施行規則
医療令	医療法施行令
会社	会社法
家事	家事事件手続法
感染症	感染症法
行審	行政不服審査法
行訴	行政事件訴訟法
行手	行政手続法
刑	刑法
刑訴	刑事訴訟法
景表	不当景品類及び不当表示防止法
建基	建築基準法
健保	健康保険法
健保規	健康保険法施行規則
戸	戸籍法
公益法人	公益社団法人及び公益財団法人の認定等に関する法律
高齢医療	高齢者の医療の確保に関する法律
高齢虐待	高齢者虐待の防止，高齢者の養護者に対する支援等に関する法律
雇均	雇用の分野における男女の均等な機会及び待遇の確保等に関する法律
国健保	国民健康保険法
個人情報	個人情報の保護に関する法律
個人情報規	個人情報の保護に関する法律施行規則
個人情報令	個人情報の保護に関する法律施行令
児童虐待	児童虐待の防止等に関する法律
児福	児童福祉法
借地借家	借地借家法
社福	社会福祉法

障害虐待	障害者虐待の防止，障害者の養護者に対する支援等に関する法律
職安	職業安定法
精神	精神保健及び精神障害者福祉に関する法律
税通	国税通則法
短時有期	短時間労働者及び有期雇用労働者の雇用管理の改善等に関する法律
任意後見	任意後見契約に関する法律
破	破産法
配偶者暴力	配偶者からの暴力の防止及び被害者の保護等に関する法律
保助看	保健師助産師看護師法
母体保護	母体保護法
麻薬	麻薬及び向精神薬取締法
民	民法
民再	民事再生法
民訴	民事訴訟法
民調	民事調停法
臨床検査技師	臨床検査技師等に関する法律
臨床検査技師規	臨床検査技師等に関する法律施行規則
臨床検査技師令	臨床検査技師等に関する法律施行令
労安衛	労働安全衛生法
労安衛則	労働安全衛生規則
労基	労働基準法
労基則	労働基準法施行規則
労契	労働契約法
労災	労働者災害補償保険法
労組	労働組合法
労働施策推進	労働施策の総合的な推進並びに労働者の雇用の安定及び職業生活の充実等に関する法律
労保徴	労働保険の保険料の徴収等に関する法律

目　次

第1章　医師・医療機関 ————————————————— 1

Q1 ■ 医師の資格取得・喪失について ……………………………〔関根　久美子〕／3
医師の資格を取得するにはどのような要件が必要か教えてください。また，いったん取得した医師の資格を喪失する事由や，その場合の手続についても教えてください。

Q2 ■ 医師の不祥事と行政処分 …………………………………〔久保田　萌花〕／7
医師が不祥事を起こすとどのような行政処分を受けるのでしょうか。

Q3 ■ 開設手続 ……………………………………………………〔鈴木　翼〕／13
病院・診療所の開設手続を教えてください。開設手続の中で不利益な取扱いを受けた場合に，訴訟で争う方法も併せて教えてください。

Column　**地域医療構想** ………………………………………〔松田　秀明〕／18

Q4 ■ 非営利性 ……………………………………………………〔植松　祐二〕／21
株式会社が病院や診療所などの医療機関を開設することはできますか。
また，医療系のコンサルティング会社が病院や診療所などの医療機関の経営に参加したり，医療機関とコンサルティング契約を締結することはできますか。

Q5 ■ MS法人 ……………………………………………………〔植松　祐二〕／26
MS法人とはどのようなもので，どのように利用されていますか。また，利用にあたって注意しなければならない点を教えてください。

Q6 ■ 開設者・管理者 ……………………………………………〔加野　理代〕／31
医療機関の開設者・管理者はどのような義務を負いますか。また，義務に違反した場合にペナルティはありますか。

第2章　医療機関の運営 ————————————————— 37

Q7 ■ コンプライアンス体制 …………………………………………〔東　浩〕／39
医療機関におけるコンプライアンス体制の構築について教えてください。

Q8 ■ 広告規制 ……………………………………………………〔堀田　克明〕／44

医療機関の広告にはどのような規制がありますか。

Q9 ■ 院内感染 ……………………………………………〔大寺　正史〕／52
　(1)　院内感染防止のためには，どのような対策が求められるのでしょうか。
　(2)　院内感染が疑われるのですが，どのような対応が必要でしょうか。

Q10 ■ 医師会による入会拒絶・除名 ………………………〔関根　久美子〕／57
　医師である私は，私が病院を開設している地区の医師会に入会しようとしたところ，過去の不祥事を理由に入会を断られてしまいました。入会拒絶を争うことはできますか。また，医師会入会中に起こした不祥事を理由に除名処分を受けた場合はどうでしょうか。

Q11 ■ 製薬会社との関わり方 ………………………………〔菱山　泰男〕／62
　医療機関や医療関係者が，製薬会社と取引したり，交流したりする際には，どのような点に注意したらよいでしょうか。

Q12 ■ 立入検査 ………………………………………………〔加野　理代〕／70
　役所の立入検査への対応について教えてください。

第3章　健康保険 ——————————————————— 75

Q13 ■ 医療保険制度 …………………………………………〔菱山　泰男〕／77
医療保険制度の概要について教えてください。

Q14 ■ 診療報酬制度 …………………………………………〔橋本　裕幸〕／82
診療報酬算定・支払の仕組みについて教えてください。

Q15 ■ 医療保険の利用範囲 …………………………………〔菱山　泰男〕／90
以下の傷病について，医療保険を利用できますか。
　(1)　勤務中や通勤中の傷病
　(2)　交通事故による傷病
　(3)　自殺未遂による傷病

Q16 ■ 自由診療（保険適用外の診療）について …………〔菱山　泰男〕／93
　どのような診療が自由診療（保険適用外の診療）となりますか。また，保険診療と自由診療の違いを教えてください。

Q17 ■ 混合診療の禁止 ………………………………………〔菱山　泰男〕／96
　混合診療は原則として禁止されているということですが，例外的に混合診療が認められるのはどのような場合でしょうか。

Q18 ■ 診療報酬以外に患者から徴収する金員 ……………〔植松　祐二〕／99
　病院が，診療報酬以外に，患者から①差額ベッド代，②テレビ代・クリーニング代等，③診断書代を受け取ることについては，法的な制限があるのでしょうか。また，

目　次　*xiii*

金額について高すぎて問題になるようなことはないでしょうか。

Q19 ▮ 保険診療における規制 ··〔三谷　和歌子〕／*104*

　当院では，近隣の特定の薬局と提携して，相互に患者を紹介することとしようと思います。具体的には，提携薬局から紹介された患者について，当該患者に診療報酬を値引きしつつ提携薬局に紹介料を支払い，また，当院の患者に対して処方箋を交付する際には提携薬局を案内する，という形をとりたいのですが，問題ありますか。

Q20 ▮ 診療報酬の不適切請求 ··〔橋本　裕幸〕／*109*

　保険診療の診療報酬の請求が適切でなかった場合に，保険医療機関はどのような不利益を受けますか。不利益を受けたことに不服がある場合には，どのように争えばよいですか。

第4章　医療法人 ——————————————————— *115*

Q21 ▮ 医療法人の意義 ···〔山宮　道代〕／*117*

医療法人にはどのような種類がありますか。

Q22 ▮ 医療法人の設立 ···〔塚原　健人〕／*123*

医療法人の設立について教えてください。

Q23 ▮ 医療法人の運営 ···〔加古　洋輔〕／*128*

　医療法人はどのように運営されるのでしょうか。医療法人の機関やその権限，医療法人の監督等について教えてください。

Q24 ▮ 医療法人の事業 ···〔塚原　健人〕／*142*

医療法人は以下の事業ができますか。

⑴　病院内における売店の運営

⑵　薬局の運営

⑶　遊休不動産の賃貸業

Q25 ▮ 医療法人の解散 ···〔鈴木　翼〕／*147*

医療法人の解散事由と手続について教えてください。

第5章　情報管理 ——————————————————— *153*

Q26 ▮ 患者に関する記録 ··〔遠藤　英明〕／*155*

　患者に関する記録にはどのようなものがありますか。それらの記録に関し，記録の種類ごとに，作成義務者，保存義務者，作成方法，保存方法，保存期間について教えてください。また，医療過誤訴訟において患者に関する記録はどのような意味をもち

ますか。医療過誤訴訟に備えるという意味においては，どのくらいの期間保存する必要がありますか。

Q27 ▦ 医療機関における診療情報の取扱いに関する規制 ……………〔長谷川　葵〕／162
医療機関における診療情報の取扱いに関する規制について教えてください。

Q28 ▦ 個人情報保護法の遵守体制 ………………………………………〔長谷川　葵〕／172
個人情報保護法を遵守するためにどのような体制を構築する必要があるのでしょうか。

Q29 ▦ 第三者からの診療情報の提供依頼 …………………………………〔辻野　沙織〕／178
以下の第三者から患者の診療情報の提供を依頼された場合，医療機関として，応じてもよいでしょうか。
　(1)　患者の家族
　(2)　死亡した患者の遺族
　(3)　警察・検察，裁判所又は弁護士会
　(4)　患者の職場
　(5)　製薬会社

第6章　IT ——————————————————— 191

Q30 ▪ 電子カルテの導入・運用等上の留意点 ……………………………〔長谷川　葵〕／193
電子カルテとは何ですか。
また，電子カルテの導入・運用等を行ううえで留意すべき点について教えてください。

Q31 ▪ オンライン診療の実施上の留意点 …………………………………〔久保田　萌花〕／202
当院では医師がビデオ通話を使って診療を行うオンライン診療を積極的に取り入れていこうと考えています。オンライン診療の実施にあたって留意すべき事項について教えてください。

Q32 ▪ サイバー攻撃に備えた体制整備 ………………………………………〔増田　拓也〕／211
医療機関に対するサイバー攻撃に備えて，日頃からどのような体制を整備しておく必要がありますか。

Q33 ▪ ランサムウェア攻撃への対応 …………………………………………〔増田　拓也〕／216
当院のコンピュータがランサムウェアに感染し，データが暗号化されて使用不能になりました。犯行グループから「身代金を支払わなければデータを公開する」と脅迫されています。どう対応すればよいですか。身代金の支払を拒否し，仮に患者に損害が発生した場合，その賠償責任を負うことになるのでしょうか。

目　次　*xv*

第7章　労　　働 ——————————————— *223*

Q34 ▧ 職員の労働時間管理・副業兼業 ……………………………〔北村　恵眞〕／225

医師や看護師その他医療スタッフの労働時間の管理に関して気をつけるべきことはありますか。

雇用中の医師が他の医療機関でアルバイト（副業・兼業）をしているのですが，この場合に労働時間管理との関係で気をつけるべき点を教えてください。

Q35 ▧ 労働時間該当性（宿日直，自己研鑽，オンコール等）…………〔北村　恵眞〕／233

次の各時間は労働時間に該当しますか。
(1) 医師が宿日直勤務をする時間
(2) 医師が病院内で研鑽をする時間
(3) 医師がオンコール待機をしている時間
(4) 医療スタッフが訪問診療のために移動している時間

Q36 ▧ 医師からの残業代請求 ………………………………………〔小川　紘一〕／239

年俸制の医師が，未払残業代があると当院に金員請求してきましたが，認められるのでしょうか。

Q37 ▧ 妊娠・出産 ……………………………………………………〔小川　紘一〕／244

女性看護師が妊娠しました。どのようなことに気をつけなければなりません。また，男性看護師の妻が出産した場合はどうですか。

Q38 ▧ 非正規職員の待遇格差 ………………………………………〔川上　善行〕／251

当院の看護師には正規職員と有期雇用職員がおり，正規職員の方が基本給が高く，多くの手当も支給されています。有期雇用職員から，同じ仕事をしているのだから給与が違うのはおかしいといわれましたが，どうでしょうか。

Q39 ▧ パワハラ・セクハラ …………………………………………〔五井　恕〕／255

当院診療部長が高圧的な態度をとっており部下の勤務医やコメディカルが萎縮しているという話が聞こえてきました。どう対応したらよいですか。

Q40 ▧ 能力不足を理由とする解雇 …………………………………〔有岡　一大〕／262

能力が極めて低く，ミスばかりするスタッフがいます。解雇は可能ですか。

Q41 ▧ メンタルヘルス不調のスタッフ ……………………………〔加古　洋輔〕／267

業務遂行に支障をきたしているメンタルヘルス不調のスタッフに対して，どのように対応すればよいですか。

Q42 ▧ 院外での盗撮を理由とする懲戒処分 ………………………〔髙橋　直子〕／274

医療スタッフが院外で盗撮をして，警察に逮捕されました。どうすればよいでしょうか。懲戒解雇することはできますか。

xvi　目　次

Q43 ▦ スタッフの自殺と医療機関の責任 ……………………………〔進藤　諭〕／280
　　自殺したスタッフの遺族から，自殺の原因は当院における長時間労働のため当院に
　責任があると主張されていますが，当院はそのようなことはないと考えています。当
　院はどう争ったらよいでしょうか。

Q44 ▦ 勤務医師の退職 …………………………………………………〔有岡　一大〕／289
　　当院の勤務医師が自院開業のために退職するとのことです。何か気をつけるべきこ
　とはありますか。

Q45 ▦ 団体交渉 …………………………………………………………〔薄井　琢磨〕／294
　　当院を解雇された看護師が地域労組に加入して，解雇無効を訴えて団体交渉を申し
　入れてきました。どう対応したらよいですか。

Q46 ▦ 人材紹介サービスの利用 ………………………………………〔齋藤　愛実〕／298
　　職業紹介事業者から紹介されたスタッフを雇いましたが，そのスタッフは能力が低
　く，院内に迷惑をかけた挙句にすぐにやめてしまいました。職業紹介事業者に対して
　責任追及できますか。また，今後同じようなトラブルになることは避けたいと思いま
　すが，人材紹介サービスを利用する場合にはどのようなことに注意すればよいでしょ
　うか。

第8章　医療行為 ——————————————————————— 305

Q47 ▦ 医師でなければ行えない業務 …………………………………〔松原　香織〕／307
　　医師でなければ行えない業務にはどのようなものがありますか。タトゥー施術はど
　うでしょうか。

Q48 ▦ 医療スタッフの行える業務 ……………………………………〔松原　香織〕／312
　　看護師やそれ以外の医療スタッフは，どのような業務ができますか。

Q49 ▦ 医師による国内未承認医薬品の輸入に係る注意点 …………〔黒瀧　海詩〕／319
　　輸入代行業者を利用して，国内で薬機法上の製造販売承認を受けていない医薬品を
　輸入し，患者の治療に使用したいと考えていますが，輸入時及び輸入後に注意すべき
　点を教えてください。

Q50 ▦ 医師の義務 ………………………………………………………〔大寺　正史〕／326
　　医師の義務には，どのようなものがありますか。

Q51 ▦ インフォームド・コンセントと医師の説明義務 ……………〔辻野　沙織〕／330
　病状や治療方針について，患者にどこまで説明する必要がありますか。

Q52 ▦ 意識不明・未成年・認知症の患者 ……………………………〔小林　京子〕／335
　以下の患者に対して手術・治療を行うことになりました。留意点を教えてください。

目　次　*xvii*

(1)　意識不明のまま救急搬送されてきた患者
(2)　未成年者
(3)　認知症の高齢者

Q53 ▉ 認知症患者の家族の連絡先 ……………………………〔小林　京子〕／343
　重度の認知症患者について，これまでは長男とやりとりしてきましたが，突然長女から連絡があり，患者の病状説明その他の連絡は，今後は自分にも行ってほしいという要望が出されました。どのように対応すればよいでしょうか。

Q54 ▉ 患者に成年後見人がついている場合の対応 …………〔高坂　佳郁子〕／348
　このたび入院してきた患者には家族はおらず，成年後見人がついています。医療機関は成年後見人にどのようなことを要請できますか。

Q55 ▉ 身体拘束 …………………………………………………〔齋藤　愛実〕／354
　入院患者の身体拘束は，どのような場合に許されますか。

Q56 ▉ 虐待等の通報・通告義務 …………………………………〔齋藤　愛実〕／359
　診察した患者に虐待やDVを受けた痕のようなものがありました。どこかに通報する必要はありますか。

Q57 ▉ 患者が治療を拒否する場合 …………………………………〔橋本　裕幸〕／366
　治療や重大な疾病の予防のために必要な処置を頑なに拒む患者がいます。治療・処置をしなければ生命・健康に重大な危険が及ぶおそれがあるのですが，どうしたらよいでしょうか。

Q58 ▉ 余命告知 …………………………………………………〔貝塚　光啓〕／370
　余命の短い患者に対し告知をするべきか否か，また，仮に告知をするとした場合に注意すべき点を教えてください。

Q59 ▉ 終末期医療における方針決定 …………………………………〔貝塚　光啓〕／375
　全身状態が極めて悪い高齢患者に対し手術をすべきでしょうか。手術をすれば確かに生存期間は延びますが，延命効果も劇的なものではなく，手術をして体に負担をかける分だけ苦痛を与えることにもなるので悩んでいます。

Q60 ▉ 外国人患者の受診 …………………………………………〔松本　紘明〕／380
　外国人患者が診療を求めてきましたが注意することはありますか。

Q61 ▉ 応招義務 …………………………………………………〔三谷　和歌子〕／386
　患者が診療を求めてきた場合，どんな場合でも応じなくてはならないですか。また，診療拒否をする場合の注意点も教えてください。

Q62 ▉ 保証人・入院保証金 …………………………………………〔田中　瑛生〕／390
　当院では，入院を希望する患者に対して，診療費・入院費用等の支払の担保として，入院保証金を支払ってもらう，あるいは，保証人を立ててもらうといったことを依頼しています。患者に対し，このような担保を求める場合の注意点を教えてください。

xviii 目 次

また，担保の求めに応じない患者に対して，入院を拒否することはできるでしょうか。

第9章 患者トラブル ——————————————————— *393*

Q63 ■ 迷惑患者対応 ……………………………………………〔三谷 和歌子〕／395
　診療に対するクレームをつけ，院内で大声で騒ぐ迷惑患者に対し，どう対応すれば
よいでしょうか。

Q64 ■ 診療費等不払への対応 …………………………………………〔田中 瑛生〕／398
　当院で診療した患者が診療費や一部負担金を支払ってくれません。どのように対応
すればよいでしょうか。
　このまま支払がなされない場合，当該患者に対しては新たな診療を拒否してよいで
しょうか。

Q65 ■ インターネット上の誹謗中傷への対応 …………………………〔増田 拓也〕／402
　インターネットの病院口コミサイトの匿名コメント欄に，当院について事実無根の
誹謗中傷が投稿されています。どう対処すればよいですか。

Q66 ■ 患者に対するわいせつ行為 ……………………………………〔伊藤 英之〕／406
　当院の医師からわいせつ行為をされた，と患者からクレームがありました。どう対
処すればよいですか。

Q67 ■ 医事紛争 ……………………………………………………………〔堀田 克明〕／412
　⑴　当院で発生した医療事故につき，誰がどのような責任を負いますか。また，責
　　任を争う手続について教えてください。
　⑵　医師等の医療従事者の過失の有無にかかわらず，医療事故にあった患者が救済
　　される制度としてはどのようなものがありますか。

　Column 医療界と法曹界の相互理解に向けて
　　　　——医療集中部の発足によって何が変わったか………〔福田 剛久〕／419

Q68 ■ 患者本人からのカルテの開示請求 ………………………………〔堀田 克明〕／423
　患者からカルテの開示を請求されました。応じるにあたり注意すべき点を教えてく
ださい。

Q69 ■ 証拠保全 ……………………………………………………………〔進藤 諭〕／430
　裁判所の執行官が突然訪ねてきて，証拠保全決定という文書を渡されたうえ，「1
時間後に証拠保全を開始する」と言われました。どう対応すればよいですか。

Q70 ■ 医療事故発生時の初動対応 ……………………………………〔大寺 正史〕／434
　医師から，手術中に医療事故が発生した旨の第一報がありました。どう対応したら
よいでしょうか。また，今後，どのような手続が考えられますか。

目　次　*xix*

第10章　事業承継・M&A ——————————— *441*

Q71 ▓ 相　　続 ……………………………………………〔加野　理代〕／*443*
　私の経営する病院を医師である長男に譲ろうと考えています。どうすればよいで
しょうか。

Q72 ▓ M&Aの手法 …………………………………………〔田辺　泰彦〕／*448*
　当医療法人は，同じ市にある別の医療法人が開設する病院を傘下に収めたいと考え
ています。どのような方法がありますか。

Q73 ▓ デューデリジェンス ………………………………〔内藤　亜雅沙〕／*463*
　医療機関の買収にあたって行うデューデリジェンスにおいて，特に注意すべき点は
どこでしょうか。

Q74 ▓ 事業承継に伴う患者情報の承継 ………………………〔髙橋　直子〕／*466*
　他の医療法人が経営する医療機関の1つを事業譲渡により取得しようとしていま
す。新たに取得する医療機関の患者情報を引き継ぐにあたり，個別の患者の同意を得
る必要はあるでしょうか。デューデリジェンスの過程で患者情報の提供を受けるとき
は，どうでしょうか。

Q75 ▓ 病院の倒産 …………………………………………〔伊藤　英之〕／*469*
　当院の経営が悪化し，倒産せざるを得なくなりました。当院がとり得る倒産手続を
教えてください。また，そのような手続をとることを見据えて，当院が気をつけるべ
きことがあれば教えてください。

Q76 ▓ 閉　　院 …………………………………………〔三谷　和歌子〕／*475*
　クリニックの閉院にあたって注意すべきことを教えてください。

キーワード索引 ……………………………………………………………………… *479*
判例索引 ……………………………………………………………………………… *485*

第 1 章

医師・医療機関

医師の資格取得・喪失について

医師の資格を取得するにはどのような要件が必要か教えてください。また，いったん取得した医師の資格を喪失する事由や，その場合の手続についても教えてください。

(1) 医師の資格を取得するためには，医師国家試験に合格し，厚生労働大臣の免許を受ける必要があります。免許は，厚生労働大臣が医籍に登録することによって付与されますが，医師法の定める欠格事由が存在するときは付与されないことがあります。なお，診療に従事しようとする医師は，臨床研修を受けることが義務づけられています。
(2) 所定の欠格事由が存在する場合，厚生労働大臣が医師の資格を取り消すことがあります。その際，厚生労働大臣は，医道審議会の意見を聴いたうえで，当該処分に係る者に対して聴聞又は意見の聴取を行わなければなりません。

☑キーワード

医師の資格，欠格事由，医師国家試験，臨床研修，医道審議会

解　説

1　医師の資格の取得

医師になろうとする者は，医師国家試験に合格し，厚生労働大臣の免許を受けなければなりません（医師2条）。

(1) **医師国家試験**

医師国家試験とは，臨床上必要な医学及び公衆衛生に関して医師として具有すべき知識及び技能について問うものであり（医師9条），毎年少なくとも1回[*1]実施されます（医師10条1項）。

医師国家試験の受験資格は，以下のいずれかの要件を満たす者に認められます（医師11条）。

① 学校教育法に基づく大学（以下，単に「大学」といいます）において医学の

正規の課程を修めて卒業した者（大学において医学を専攻する学生が臨床実習を開始する前に修得すべき知識及び技能を具有しているかどうかを評価するために大学が共用する試験として厚生労働省令で定めるもの〔共用試験〕に合格した者に限る＊2）

② 医師国家試験予備試験に合格した者で，合格した後1年以上の診療及び公衆衛生に関する実地修練を経たもの

③ 外国の医学校を卒業し，又は外国で医師免許を得た者で，厚生労働大臣が①及び②の者と同等以上の学力及び技能を有し，かつ，適当と認定したもの

(2) 免許，医籍

免許は，医師国家試験に合格した者の申請により，医籍に登録することによって付与されます（医師6条1項）。

医籍とは，医師の身分を公的に証明するために厚生労働省に備え置く名簿であり，登録番号，登録年月日，本籍地都道府県名（日本の国籍を有しない者については，その国籍），氏名，生年月日，性別，医師国家試験合格の年月，行政処分に関する情報等が登録されます（医師5条，医師令4条）。これらの登録事項の一部は，医師等資格確認検索システム＊3により一般の閲覧に供されています。

(3) 欠格事由

未成年者については，医師免許は付与されません（医師3条）。なお，以前は成年被後見人又は被保佐人であることも絶対的欠格事由とされていましたが，成年被後見人等の権利の制限に係る措置の適正化等を図るための関係法律の整備に関する法律（令和元年法律第37号）により，削除されました。

また，免許の申請を行った者に以下の事由が存する場合，相対的欠格事由に該当するとして免許が付与されないことがあります（医師4条）。

① 心身の障害により医師の業務を適正に行うことができない者として厚生労働省令で定めるもの＊4

② 麻薬，大麻又はあへんの中毒者

③ 罰金以上の刑に処せられた者

④ ①〜③に該当する者以外で医事に関し犯罪又は不正の行為のあった者

(4) 臨床研修

医師の資格は(1)のように取得されますが，診療に従事しようとする医師は，さらに2年以上，都道府県知事の指定する病院又は外国の病院で厚生労働大臣の指定するものにおいて，臨床研修を受けることが義務づけられています（医師16条の2第1項）。

医師は，単に専門分野の負傷又は疾病を治療するのみでなく，患者の健康と負傷又は疾病を全人的に診ることが期待され，医師と患者及びその家族との間での十分なコミュニケーションの下に総合的な診療を行うことが求められています。このため，臨床研修により，医師が，医師としての人格を涵養し，将来専門とする分野にかかわらず，医学及び医療の果たすべき社会的役割を認識しつつ，一般的な診療において頻繁に関わる負傷又は疾病に適切に対応できるよう，プライマリ・ケアの基本的な診療能力を身につけることを図っているのです[5]。研修制度は5年を目途に見直しが行われており，令和6年7月現在，この研修では，内科・外科・小児科・産婦人科・精神科・救急・地域医療が必修分野とされ，また一般外来での研修を含めることとされています。

臨床研修を修了していない医師は，診療に従事することができないうえ，病院又は診療所の管理者となることもできません（医療10条）し，診療所を開設する際には都道府県知事の許可が必要となります（医療7条1項，Q3参照）。

他方，基礎研究のみに携わるなど診療に従事しない場合は，臨床研修を受ける必要はありません。

臨床研修は，医師国家試験の合格後何年以内に受けなければならないというような期間制限は存しないので，診療に従事しようとする前であれば，いつでも受けることが可能です。

2 医師の資格の喪失

(1) 処分事由

厚生労働大臣は，医師が医師法4条に規定する事由に該当し，又は医師としての品位を損するような行為のあったときは，以下の処分を行うことができ（医師7条1項），そのうちの処分の一つとして医師免許取消処分があります。

① 戒　告
② 3年以内の医業の停止
③ 医師免許取消し

(2) 医師免許取消処分の手続

厚生労働大臣は，上記(1)③の医師免許取消処分を含む処分を行う際は，あらかじめ，医道審議会の意見を聴かなければなりません（医師7条3項）。医道審議会とは，厚生労働省設置法6条1項により設置され，30人以内の委員，臨時委員，専門委員で組織される審議会であり，委員及び臨時委員は日本医師会会長，日本歯科医師会会長，学識経験者の中から，専門委員は当該専門の事項に

6   第1章◇医師・医療機関

関し学識経験のある者から厚生労働大臣が任命します(医道審議会令1条・2条)。

　また，厚生労働大臣は，医師免許取消処分をしようとするときは，当該処分に係る者に対して，自ら聴聞を行うか，都道府県知事の指名する職員による意見の聴取を行わなければなりません（行手15条，医師7条4項・5項）。

(3)　再 免 許

　なお，たとえ医師免許取消処分を受けた者（ただし，医師法4条3号もしくは4号に該当し，又は医師としての品位を損するような行為のあった者として医師免許の取消処分を受けた者で，その処分の日から起算して5年を経過していない者は除きます）であっても，その者がその取消しの理由となった事項に該当しなくなったとき，その他その後の事情により再び免許を与えるのが適当であると認められるに至ったときは，厚生労働大臣は再免許を与えることができます（医師7条2項）。

〔関根　久美子〕

━━ ■注　記■ ━━

＊1　近年は毎年2月初旬～中旬に実施されています。

＊2　いわゆる共用試験は平成17年から正式実施され，各大学において実施されてきましたが，令和3年医師法改正により共用試験への合格が医師国家試験の受験資格要件とされました。当該要件に関しては令和7年4月1日から施行されます（良質かつ適切な医療を効率的に提供する体制の確保を推進するための医療法等の一部を改正する法律6条1項・附則1条7号）。

＊3　https://licenseif.mhlw.go.jp/search_isei/jsp/top.jsp

＊4　医師法施行規則1条は，「視覚，聴覚，音声機能若しくは言語機能又は精神の機能の障害により医師の業務を適正に行うに当たって必要な認知，判断及び意思疎通を適切に行うことができない者」と定めています。そして，同条の2は，厚生労働大臣は，免許の申請を行った者がこれに該当すると認める場合において，当該者に免許を付与するかどうかを決定するときは，当該者が現に利用している障害を補う手段又は当該者が現に受けている治療等により障害が補われ，又は障害の程度が軽減している状況を考慮しなければならないとします。

＊5　厚生労働省医政局長「医師法第16条の2第1項に規定する臨床研修に関する省令の施行について」平成15年6月12日医政発第0612004号（最終改正：令和2年3月30日）。

2 医師の不祥事と行政処分

医師が不祥事を起こすとどのような行政処分を受けるのでしょうか。

A　罰金以上の刑に処せられた者，医事に関し犯罪又は不正の行為のあった者や，医師としての品位を損するような行為があったとき，当該医師は，戒告，医業停止，医師免許取消しのいずれかの行政処分を受ける可能性があります。なお，行政処分の事由は，刑事処分を受けた場合が中心となっていますが，最近では，診療報酬の不正請求，健康保険法78条1項等に基づく検査の拒否，精神保健指定医等の指定取消し等の処分理由となった行為も行政処分の対象となっています。

☑ キーワード

不祥事，行政処分，医師免許の取消し，刑事処分

― 解　説 ―

1　行政処分の内容

　厚生労働大臣は，罰金以上の刑に処せられた者，医事に関し犯罪又は不正の行為のあった者や，医師としての品位を損するような行為があったときは，当該医師に対し，戒告，3年以内の医業の停止，免許の取消しのいずれかの行政処分をすることがあります（医師7条1項）。また，戒告・医業停止の処分を受けた医師に対して，再教育研修が命じられます（医師7条の2第1項）[*1]。

　この行政処分は，戒告については再教育研修修了まで，医業停止処分については医業停止期間が経過し，かつ，再教育研修修了まで，厚生労働省ウェブサイトの「医師等資格確認検索システム」[*2]で公開されます（医師30条の2，医師令15条）。また，実名等がマスコミにおいて報道される場合もあります。

　なお，再教育研修を命じられながらこれを修了していない医師は，診療所を開設するときに許可が必要となり[*3]（医療7条1項），また，医療機関の管理者（Q6参照）になることができません（医療10条）。

8 第1章◇医師・医療機関

2 行政処分の手続

医師に対する行政処分をする際は，厚生労働大臣は，あらかじめ，医道審議会の意見を聴かなければなりません（医師7条3項）。また，厚生労働大臣は，免許の取消処分をしようとするときは，当該医師に対して，自ら聴聞を行うか（行手13条1項1号イ），都道府県知事の指名する職員による意見の聴取を行わなければなりませんし（医師7条4項・5項，行手19条1項），医業の停止処分をしようとするときは，当該医師に対して自ら弁明の機会を付与するか（行手13条1項2号），都道府県知事又は医道審議会委員による弁明の聴取を行わなければなりません（医師7条10項・12項）[*4]。

なお，罰金以上の刑に処せられた医師に対する行政処分のため，医師の罰金以上の刑が含まれる事件について，法務省から厚生労働省に対し情報提供がなされています[*5]。

3 行政処分の内容

(1) 指　針

医道審議会では，医師に対する行政処分に関する意見は，「医師及び歯科医師に対する行政処分の考え方について」[*6]（以下「本件指針」といいます）に従って決定されています。本件指針の内容は以下のとおりです。

医師，歯科医師の行政処分は，公正，公平に行われなければならないことから，処分対象行為の事実・経緯・過ちの軽重等を正確に判断する必要があるため，処分内容の決定にあたっては，司法における刑事処分の量刑や刑の執行が猶予されたか否かといった判決内容を参考にすることを基本とし，そのうえで，医師，歯科医師に求められる倫理に反する行為と判断される場合は，これを考慮して厳しく判断することとされています。そして，医師，歯科医師に求められる職業倫理に反する行為について，基本的考え方は以下のとおりとされています。

① まず，医療提供上中心的な立場を担うべきことを期待される医師，歯科医師が，その業務を行うにあたって当然に負うべき義務を果たしていないことに起因する行為については，国民の医療に対する信用を失墜するものであり，厳正な対処が求められる。その義務には，応招義務や診療録に真実を記載する義務など，医師，歯科医師の職業倫理として遵守することが当然に求められている義務を含む。

② 次に，医師や歯科医師が，医療を提供する機会を利用したり，医師，歯科医師としての身分を利用して行った行為についても，同様の考え方から処分の対象となる。

③ また，医師，歯科医師は，患者の生命・身体を直接預かる資格であることから，業務以外の場面においても，他人の生命・身体を軽んずる行為をした場合には，厳正な処分の対象となる。

④ さらに，わが国において医業，歯科医業が非営利の事業と位置づけられていることに鑑み，医業，歯科医業を行うにあたり自己の利潤を不正に追求する行為をなした場合については，厳正な処分の対象となるものである。また，医師，歯科医師の免許は，非営利原則に基づいて提供されるべき医療を担い得る者として与えられるものであることから，経済的利益を求めて不正行為が行われたときには，業務との直接の関係を有しない場合であっても，当然に処分の対象となるものである。

⑤ なお，医事に関し犯罪を行った者については，罰金以上の刑に処せられ，その刑の言渡しが効力を失った後であっても，医師法4条4号又は歯科医師法4条4号に規定する事由に該当するものとして，当然に処分の対象となるものである。

そのうえで，1）医師法・歯科医師法違反，2）保助看法等その他の身分法違反，3）医療法違反，4）薬事法（現・薬機法）違反，5）麻薬及び向精神薬取締法違反・覚醒剤取締法違反・大麻取締法違反，6）再生医療等安全性確保法違反，7）殺人及び傷害，8）業務上過失致死（致傷）（①交通事犯・②医療過誤），9）わいせつ行為*7，10）贈収賄，11）詐欺・窃盗，12）文書偽造，13）税法違反，14）診療報酬の不正請求等*8，15）各指定医の指定取消し等の処分理由となった行為の具体的な各事案について，上記基本的考え方に沿った事案別考え方が示されています。

なお，診療報酬の不正請求により保険医の取消しを受けた事案の行政処分の考え方については，従前は，基本的には不正請求額などに応じて決定するとされていましたが，平成24年3月4日に，「当該不正請求を行ったという事実に着目し，不正の額の多寡にかかわらず，一定の処分とする。ただし，特に悪質性の高い事案の場合には，それを考慮した処分の程度とする。」と改正されました。

また，平成27年9月30日には，精神保健指定医，難病の患者に対する医療等に関する法律に基づく指定医，児童福祉法に基づく指定医等各指定医の指定取

消し等の処分理由となった行為についての処分方針が追記されました。具体的には，各指定医の身分に認められた業務，求められる倫理等を逸脱して法違反・不正等を行い，これらの指定取消し等の処分を受けた者については，本件指針に照らして行政処分の対象となるという考え方の下[*9]，各指定医の指定取消し等の処分理由となる行為が，国民の信頼を失墜させ，医師又は歯科医師としての品位に欠け，職業倫理に反する行為である場合には，医師法又は歯科医師法による行政処分を行うこととされました。

　さらに，平成29年9月21日には，医療法違反事案に関する行政処分の考え方が明記されました。病院等の無許可開設の共犯等の事案について，基本的には司法処分の量刑などを参考に決定するものとしつつも，重い処分とする旨定められています。

　加えて，平成31年1月30日には，再生医療等安全性確保法違反事案に関する行政処分の考え方が追記されました。再生医療等提供計画を提出しないで再生医療等の提供を行った場合など，同法令に違反した際には，再生医療等安全性確保法違反に基づく行政処分とは別に，医師法又は歯科医師法に基づく行政処分を行うこととされました。

(2)　運　　用

　本件指針に従って医師に対する行政処分が行われていますが，近年の処分結果は下表のとおりとなります。

区　分	2018	2019	2020	2021	2022	2023
医師法違反	0	1	2	2	1	0
その他身分法違反	0	1	0	0	2	0
医療法違反	0	0	0	0	0	0
薬事法〔現・薬機法〕違反	0	1	1	1	0	0
麻薬及び向精神薬取締法違反 覚醒剤取締法違反 大麻取締法違反	0	4 (2)	2	4	5 (1)	2
再生医療等安全性確保法違反	0	2	1	0	0	0
殺人及び傷害	0	2	0	3	1	3
過失運転致死傷等（交通事犯）	7	9	2	8	11	5
業務上過失致死傷（医療過誤）	0	1	0	0	0	2

わいせつ行為	0	4 (1)	0	2	5	15 (1)
贈収賄	0	1	0	1	1	0
詐欺・窃盗	0	3	0	4	4 (1)	3 (1)
文書偽造	0	0	0	0	1	1
税法違反	0	0	0	1	0	0
診療報酬の不正請求等	0	0	2	1	0	0
各指定医の不正	99	2	0	0	0	0
その他	0	7	2	2	8 (1)	8 (1)
合　計	106	38 (3)	12	29	40 (3)	39 (3)

※（　）は免許取消しの件数
※処分の対象が複数の事由である場合，そのいずれかに計上
※条例違反について，違反行為の類型が不明の場合には「その他」に計上
(注)　厚生労働省医道審議会医道分科会の資料を基に著者作成。

(3)　近時の動向

　令和5年7月26日開催の医道審議会医道分科会では，児童買春等を行った医師・歯科医師の行政処分の量定について，昨今の社会情勢もふまえて次回の分科会から従前よりも処分を重くすることで合意がなされています。

　これは，性犯罪歴がある人が子どもと関わる職業に就かないようにするための仕組み「日本版DBS」への関心が高まったこと*10をふまえての動きとみられています。

　なお，これまでの児童買春，児童ポルノに係る行為等の規制及び処罰並びに児童の保護等に関する法律違反単独で行政処分がなされている事案の量定は，戒告又は医業停止2月から2年6月となっています（他の犯罪と合わせて処分されている場合には，免許取消しとされている事案もあります）。

〔久保田　萌花〕

──　■注　記■　──

*1　厚生労働省医政局長「医師又は歯科医師に対する再教育研修の実施について」平成19年3月30日医政発0330002号。

*2　厚生労働省ウェブサイト「医師等資格確認検索」（https://licenseif.mhlw.go.jp/search_isei/index.jsp）。

*3　医師が診療所を開設する場合は，許可は不要で，届出で足りるのが原則です（Q3参照）。

*4　厚生労働省健康政策局長「医師，歯科医師及び保健師等に対する不利益処分に係る意見の聴取等の実施について」平成7年11月21日健政発905号，厚生労働省医政

12 第1章◇医師・医療機関

局長 ‖医師，歯科医師及び保健師等に対する不利益処分に係る意見の聴取等の実施について』の一部改正について」平成25年7月31日医政発0731第9号参照。

＊5 厚生労働省ウェブサイト「『罰金以上の刑に処せられた医師又は歯科医師』に係る法務省からの情報提供体制について」（http://www.mhlw.go.jp/houdou/2004/02/h0224-1.html）。

＊6 医道審議会医道分科会「医師及び歯科医師に対する行政処分の考え方について」平成14年12月13日（最終改正：平成31年1月30日）。

＊7 わいせつ行為については，Q66を参照。

＊8 診療報酬の不正請求の事案については，医師法に基づく行政処分のほか，健康保険法等に基づく行政処分の対象となります（Q20参照）。

＊9 医道審議会医道分科会「法律に基づく特別の指定を受けた医師又は歯科医師であって当該法律に基づく処分を受けた者に対する医師法又は歯科医師法に基づく行政処分について」平成27年9月30日参照。

＊10 なお，令和6年6月19日には，いわゆる日本版DBS法として，学校設置者等及び民間教育保育等事業者による児童対象性暴力等の防止等のための措置に関する法律が成立しました。

開設手続

病院・診療所の開設手続を教えてください。開設手続の中で不利益な取扱いを受けた場合に，訴訟で争う方法も併せて教えてください。

　病院・診療所を開設するためには医療法に基づく手続が必要であり，病院は許可制，診療所はその開設主体に応じて届出制又は許可制となっています。
　また，保険診療を行うには，健康保険法に基づき保険医療機関の指定を受ける必要があります。この際，都道府県が定めた医療計画における基準病床数を超えてしまう等により都道府県知事から勧告を受けたときは，この保険医療機関の指定拒否事由となりますので，注意が必要です。
　開設不許可処分や指定拒否処分を受けた場合は，当該処分に対する取消訴訟を提起することができますが，当該処分の前に上記の勧告を受けた時点で当該勧告の取消訴訟を提起することが可能です。

☑キーワード

開設の許可，保険医療機関の指定，取消訴訟

解　説

1　医療法上の開設手続

(1)　病院と診療所の違い

　医療法上，医師又は歯科医師が公衆又は不特定多数人のため医業又は歯科医業を行う場所を病院と診療所に限定したうえで，病床の規模により20床以上を病院，19床以下（無床を含みます）を診療所として区分しています（医療1条の5）。
　そして，両者は単に規模が異なるというだけでなく，病院は，科学的でかつ適正な診療を主たる目的に設置され運営されるべきものとされており（医療1条の5第1項後段），構造設備等についても相当程度充実したものであることが要求される（医療21条等）ばかりでなく，例えば，建築基準法において建築可能な用途地域が異なります（建基48条・別表第2）。
　このように，病院と診療所は明確に区別されていることから，診療所に，病

14   第1章◇医師・医療機関

院と紛らわしい名称をつけることは禁止されており（医療3条2項），これに違反した者は，20万円以下の罰金に処せられます（医療89条1号）。

(2) 診療所の開設手続

　診療所を開設する場合で，開設者が医師又は歯科医師以外であるときには，事前に都道府県知事等の許可が必要となります（医療7条1項）。

　他方，開設者が医師又は歯科医師である場合には，開設した日から10日以内の届出で足ります（医療8条）。診療所の開設について届出で足りる場合があるのは，診療所については構造設備等に関する要件も比較的に緩やかであり，また，営利目的のために開設されることも予想されないためです（Q4参照）。

　診療所についても，有床の場合には，下記(3)の病院と同様，構造設備について使用許可を受けることが必要です（医療27条）。

(3) 病院の開設手続

　病院を開設するときは，事前に都道府県知事等の許可が必要です（医療7条1項）。構造設備等に関する要件が詳細かつ厳格であるため，許可制がとられています。

　申請を受けた都道府県知事等は，自由にその拒否を決定することができるわけではなく，構造設備・人員について医療法21条や23条に基づく省令の規定等に適合する場合には，開設が営利を目的とする場合（医療7条7項）を除き（Q4参照），原則として許可を与えなければなりません（同条4項）。したがって，例えば，地域住民の反対がある場合にも，許可の申請が医療法その他法令に規定する要件を満たす場合には，許可が与えられます。

　以上に加え，病院については，実際に使用するためには，その構造設備について，都道府県知事の使用許可を受ける（医療27条）とともに，開設した日から10日以内に届出を行うこと（医療令4条の2第1項）も必要です。

(4) 医療計画に係る勧告

　医療法上，都道府県は，医療提供体制の確保を図るための計画を定めなければならず（医療30条の4第1項）（以下「医療計画」といいます。「地域医療計画」等と呼ばれることもあります），この計画では，いわゆる二次医療圏ごとに基準病床数が定められます（同条2項17号）。そして，都道府県知事は，医療計画の達成の推進のために特に必要がある場合には，医療機関（ここで問題となるのは，病院や有床の診療所です）を開設しようとする者に対して，都道府県医療審議会の意見を聴いて，病床の設置等に関して勧告をすることができるとされており（医療30条の11），病院の開設や診療所の病床の設置等の許可の申請については，当該区

域の既存の病床数が基準病床数を超えている場合や開設により病床数が基準病床数を超えることになる場合には，勧告の対象となり得るとされています*1。

この勧告がなされた場合にも，医療法に基づく開設許可には影響せず，開設者は，勧告に従わず医療機関を開設することは法的には可能です。もっとも，下記**2**のとおり，保険医療機関の指定は受けられないため，注意が必要です。

2 健康保険法に基づく保険医療機関の指定

(1) 指定要件

保険医療機関の指定は，医療機関の開設者の申請に基づいて（健保65条1項），厚生労働大臣又はその委任を受けた地方厚生局長（以下，合わせて「厚生労働大臣等」といいます）が行います（健保63条3項1号・205条1項，健保規159条1項5号の2）。保険医療機関の指定は月単位で行われます。地方厚生局の各事務所に申請締切日と指定日（申請締切日の翌月1日）の一覧が公開されています。なお，この指定の有効期間は6年です。

厚生労働大臣等が保険医療機関の指定を拒否できる事由は，健康保険法65条3項，4項の各号に規定されています。このうち，保険医療機関として著しく不適当であると認められる場合には指定拒否事由となるところ（同条3項6号，4項4号），判例では，「著しく不適当と認められる」（健保63条3項6号）か否かの判断については，厚生労働大臣等に比較的広い裁量を認めたように読めるものもあります☆1。例えば，医療関連の法令に違反するおそれがあるような場合には，「著しく不適当と認められる」と判断されるリスクは否定できないでしょう。

なお，保険医療機関の指定申請には前記**1**(2)・(3)の使用許可証等が必要であり，開設者は，医療機関に係る物的・人的施設の整備をあらかじめ完了させておくことが必要です（保険医療機関及び保険薬局の指定並びに保険医及び保険薬剤師の登録に関する省令3条，医療21条・27条）。したがって，正式な保険医療機関の指定の申請については，物的・人的施設の整備後に行わざるを得ませんが，投下した資本がむだになってしまうことのないよう，指定要件を充足するか否かについて不安がある場合には，事前に地方厚生局に相談することが望ましいでしょう。

なお，保険医療機関においては，患者のマイナンバーカードのICチップ又は健康保険証の記号番号等により，オンラインで患者の資格情報の確認ができる「オンライン資格確認システム」の導入が，令和5年4月から原則義務化さ

れています。

(2) 勧告と保険医療機関の指定との関係

保険医療機関の指定については，医療計画との関係で注意が必要です。勧告（医療30条の11）に従わなかった場合でも，前記**1**(4)のとおり，開設許可を受けることはできますが，保険医療機関の指定拒否事由に該当することになり（健保63条4項2号），相当程度の確実さをもって指定拒否処分を受けてしまいます。

このように，前記勧告の実効性については，医療法自体ではなく，健康保険法によって担保される形となっていますので注意が必要です（図を参照）。

3　争い方

(1) 概　説

上記の手続の中で，行政庁から医療機関の開設を止められてしまった場合など開設手続の中で不利益な取扱いを受けた場合，訴訟ではどのような方法で争えるでしょうか。

(2) 開設不許可処分に対して

医療法上の開設不許可処分を受けた場合，当該不許可処分に対しては，取消訴訟（行訴3条2項）を提起するとともに，状況に応じて許可処分の義務付け訴

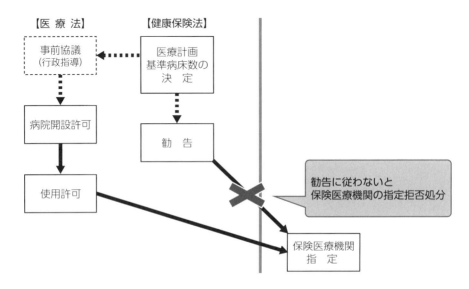

■図　病院の開設手続

訟（同条6項2号）等を提起することになります。

(3) 保険医療機関の指定拒否処分に対して

保険医療機関の指定拒否処分を受けた場合にも，当該処分の取消訴訟を提起するとともに，状況に応じて指定処分の義務付け訴訟等を提起することが考えられます[2]。

もっとも，前記のとおり，保険医療機関の指定拒否処分は，物的・人的施設の整備後に行われることになるため，指定拒否処分を待ってから争ったのでは，投下資本をむだにすることになりかねません。

(4) 「勧告」に対して

そこで，勧告を受けた場合には，相当程度の確実さをもって指定拒否処分を受けることになるため，勧告を受けた時点で，勧告を対象に争うことができないかが問題となります。

この点について最高裁は，勧告に従わなかった場合には相当程度の確実さをもって，保険医療機関の指定を受けることができなくなること等を指摘したうえで，この勧告は「行政庁の処分その他公権力の行使に当たる行為」に当たると解するのが相当であると判断しました[3]。したがって，医療法30条の11に基づく勧告を受けた場合には，保険医療機関の指定拒否処分を受ける前でも，直ちに勧告の取消訴訟を提起して，勧告の違法性を争うことができます。

〔鈴木　翼〕

```
━━━ ■判　例■ ━━━
```

☆1　最判平17・9・8裁判集民217号709頁・判タ1200号132頁。
☆2　最判平17・7・15民集59巻6号1661頁。
☆3　前掲注（☆2）最判平17・7・15。

```
━━━ ■注　記■ ━━━
```

＊1　厚生労働省医政局長「医療計画について」令和5年3月31日医政発0331第16号（最終改正：令和5年6月15日）。

地域医療構想

1 地域医療構想とは

「地域医療構想」とは，全国で二次医療圏を基本として341の「構想区域」を設定し，各構想区域において2025年に必要となる病床数（病床の必要量）を「高度急性期」「急性期」「回復期」「慢性期」の4つの医療機能ごとに推計したうえで，各構想区域の医療関係者の協議を通じて病床の機能分化と連携を進め，効率的な医療提供体制を実現する取組みです。

かなり以前から日本は本格的な高齢化社会を迎えていますが，いわゆる団塊の世代がすべて後期高齢者の75歳以上となる2025年（「2025年問題」といわれています）には，後期高齢者の全人口に対する割合は20％近くに迫り，医療・介護のニーズが急増すると予測されています。このような人口減少・高齢化に伴う医療ニーズの質・量の変化や医療・介護従事者の人手不足を見据えて，質の高い医療を効率的に提供できる体制を構築するためには，医療機関の機能分化・連携を進めていく必要があります。こうした観点から，「地域における医療及び介護の総合的な確保を推進するための関係法律の整備等に関する法律」（2014年6月制定。同法に合わせて第六次医療法改正が行われました）や「地域医療構想策定ガイドライン」（2015年3月制定）に沿って，上記のように4つの医療機能ごとに必要病床数を推計したうえ，2016年度中にすべての都道府県で地域医療構想が策定されました。そのうえで，各医療機関の医療機能の現状と今後の方向性を「病床機能報告制度」によって見える化しつつ，各構想区域に設置された「地域医療構造調整会議」において，病床の機能分化・連携に向けた協議が行われています。

2025年以降も，高齢者人口がピークを迎えて減少に転ずる2040年頃を視野に入れつつ，新型コロナ禍で顕在化した課題を含め，中長期的課題について整理し，新たな地域医療構想を策定する必要があることから，現在の取組みを進めつつ，新たな地域医療構想の策定に向けた課題整理・検討が行われる予定です（第93回社会保障審議会医療部会資料3-3「地域医療構想の推進について」5頁参照）。

2 病床機能報告制度

「病床機能報告制度」とは，各医療機関が，その有する病床が担っている医療機能の現状と今後の方向を自主的に選択し，病棟単位で都道府県に報告する制

度です。

　具体的には，各医療機関は，都道府県に対し，自院の病床が現状で「高度急性期」「急性期」「回復期」「慢性期」のどれに当たるかをチェックし，今後の方向性について病床機能報告として提出します。

　都道府県は，構想区域ごとに「高度急性期」「急性期」「回復期」「慢性期」の病床がどれぐらいあるのかを，病床機能報告によって把握します。

　なお，外来については報告制度がありませんでしたが，外来医療の機能の明確化・連携のため，2021年5月の医療法改正によって，医療機関に対し，医療資源を重点的に活用する外来等について報告を求める外来機能報告制度が創設され，2022年4月1日より実施されています。

3　地域医療構想調整会議

　「地域医療構想調整会議」とは，各構想区域に設けられた関係者協議の場をいいます。

　構想区域ごとに実情や医療課題が異なるため，構想区域に応じた課題抽出や実現に向けた施策を地域の関係者で検討し，合意していくことが求められますが，そのための協議の場として，構想区域ごとに地域医療構想調整会議が設けられ，地域医療構想を達成するため関係者による協議が行われています。具体的には，病床機能報告制度における医療機関の報告内容と地域医療構想で推計された必要病床数を比較し，各構想区域において優先的に取り組むべき事項を協議するとともに，地域医療介護総合確保基金の活用について検討することとしています。

　なお，地域医療構想策定ガイドラインでは，地域医療構想調整会議の議事について，以下のような内容を想定しています（厚生労働省「地域医療構想策定ガイドライン」39頁）。

　①　地域の病院・有床診療所が担うべき病床機能に関する協議
　②　病床機能報告制度による情報等の共有
　③　都道府県計画に盛り込む事業に関する協議
　④　その他の地域医療構想の達成の推進に関する協議

4　地域医療介護総合確保基金

　地域医療介護総合確保基金とは，医療・介護の連携強化を目指すべく，医療介護総合確保推進法により消費税増収分等を活用した財政支援制度をいいます。

　地域ごとの様々な実情に応じた医療・介護サービスの体制を構築するためには，全国一律に設定される診療報酬・介護報酬とは別の財政支援の手法が不可欠であり，診療報酬・介護報酬と適切に組み合わせることが必要と考えられた

ため，こうした制度が設けられました。この地域医療介護総合確保基金は，各都道府県に設置されています。

事業者は，地域医療構想の実現に即した病床機能の転換を伴う施設や設備の整備，再編統合などに必要な資金を調達するにあたり，地域医療介護総合確保基金を活用することができます。

5　病床機能再編支援事業

病床機能再編支援事業とは，地域医療構想の実現を図る観点から，地域医療構想調整会議等の合意をふまえて行う，①自主的な病床削減や②病院の統合による病床廃止に取り組む際の財政支援事業をいいます。

まず，①に関しては，病床を削減した病院等（統合により廃止する場合も含みます）に対し，削減病床1床当たり，病床稼働率に応じた額を交付することが挙げられます。

他方，②に関しては，(i)統合（廃止病院あり）を伴う病床削減を行う場合のコストに充当するため，関係病院全体で廃止病床1床当たり，病床稼働率に応じた額を関係病院全体へ交付（配分は関係病院で調整）することと，(ii)統合（廃止病院あり）を伴う病床削減を行う場合において，廃止される病院の残債を統合後に残る病院に承継させる際，当該引継債務に発生する利子について一定の上限を設けて統合後病院へ交付することが挙げられます。

6　ま と め

このように，病床機能報告制度により構想区域ごとの病床数が把握され，地域医療構想調整会議において情報共有や課題に関する協議がなされ，地域医療介護総合確保基金や病床機能再編支援事業を通じて，地域医療構想の実現が促進されています。

将来的な人口減少の程度や高齢化の割合は地域によって大きく異なるため，地域ごとにニーズを見極めていく必要がありますが，こうした地域医療構想の実現により，各構想区域において超高齢社会にも耐え得る医療提供体制の構築が進められています。

〔松田　秀明〕

4 非営利性

株式会社が病院や診療所などの医療機関を開設することはできますか。
また，医療系のコンサルティング会社が病院や診療所などの医療機関の経営に参加したり，医療機関とコンサルティング契約を締結することはできますか。

　医療法上，原則として，株式会社のような営利法人は病院や診療所などの医療機関を開設することはできません。
　医療系のコンサルティング会社が医療機関の経営に関与することを比較的緩やかに認める裁判例もありますが，他方で，その役職員を経営上利害関係にある医療機関の開設者などにしたり，資金提供するような形態で医療機関の経営に参加することを制限する厚生労働省の通知もありますのでご注意ください。医療系のコンサルティング会社が医療機関との間でコンサルティング契約を締結し，コンサルティング業務を行うことは可能ですが，その場合，コンサルティングフィーを医療機関の収入の一定割合とすることは，医療法上の剰余金の配当規制に抵触する可能性があります。

☑ キーワード

非営利性，営利目的，株式会社による医療機関の開設，剰余金の配当規制，名義貸し，医療系のコンサルティング会社

解　説

1　営利目的の医療機関の開設の禁止

　病院の開設や医師や歯科医師でない者による診療所の開設には開設地の都道府県知事の許可が必要とされていますが（医療7条1項），営利を目的として病院や診療所といった医療機関を開設しようとする者に対しては，この許可を与えないことができるとされています（同条7項）。
　これは，病院や診療所などの医療機関が営利を目的として開設されると，とかく利益を得ることが重要視され，利益のためにコストを削減し，その結果，

医療サービスが低下したり，利益が得られない場合に安易に廃止されるおそれがあったりするなど，その後の医療機関の管理，業務の遂行上，その本来の使命の達成に欠けることとなりやすいからです。

2　株式会社による医療機関の開設

　では，株式会社が病院や診療所などの医療機関を開設することは認められるでしょうか。

　一般に，営利目的と非営利目的の違いとしては，利益を内部留保して出資者へ分配するか否かということが挙げられます。すなわち，利益を出資者へ分配する法人が営利を目的とする営利法人であるのに対して，それを分配しない法人が営利を目的としない非営利法人であると考えられています。そして，医療法では，医療法人について，剰余金の配当をしてはならないと定めることによって（医療54条），医療法人の非営利性を確保しようとしています[1]。

　ところで，株式会社は，株主に剰余金の配当や残余財産の分配を受ける権利を与えており，定款で定めたとしても，この両方の権利を奪うことはできないとされています（会社105条2項）ので，株式会社は，当然に営利目的の法人ということになります。

　したがって，このような営利法人である株式会社は，原則として，病院や診療所などの医療機関を開設することはできません。

　ただし，例外として，営利法人がもっぱら当該法人の職員の福利厚生を図る目的で医療機関を開設することは認められています[2]。また，そのようにして営利法人によって開設された医療機関が，その所在地付近の一般住民の診療を行うことは，その近辺における医療機関の不足等のためそれらの人々が医療機関の利用に事欠いている場合には差し支えないものとされています。ただし，その場合でも，一般診療への従事はあくまでも住民側の希望によって行うべきであって，積極的に一般患者の吸収を図るようなことは適当ではありません[3]。

　さらに，平成16年の構造改革特別区域法の改正により，それまで原則として認められていなかった株式会社による医療機関経営への参加が，再生医療などの高度な医療のような一定の場合に認められることとなりました（同法18条1項）。そして，平成17年に「かながわバイオ医療産業特区」が認定を受け，翌年に，全国で初めて同法に基づき，株式会社による医療機関が設立されています。

なお，株式会社が医療機関を開設するために，医師の名義を借り，当該医師名義で診療所を開設することがあります。当該医師が実際には診療所の経営や診療にまったく関与しないような場合には，医師による名義貸しとして，株式会社が都道府県知事の許可を得ずに医療機関を開設していることと同視される可能性があり，この場合，医療法7条1項に違反し，当該株式会社の役員や従業員等は6か月以下の懲役又は30万円以下の罰金という刑事罰の対象となる（医療87条1号）とともに，当該名義を貸した医師についても共犯として刑事罰の対象となる可能性があります。また，「医師及び歯科医師に対する行政処分の考え方について」[*4]によれば，医療法違反（無許可開設の共犯等）の行為については，基本的倫理を遵守せず，国民の健康を危険にさらす行為であることから，重い行政処分とするとされていますので，このような名義貸しは絶対に行わないでください。

3　医療系コンサルティング会社による関与

(1)　医療機関の経営への参加

　それでは，医療系コンサルティング会社が，病院や診療所などの医療機関の経営に参加することはできるでしょうか。

　この点については，病院を開設・運営していたある一般財団法人の評議員，理事及び監事のほとんどが辞任をしたうえで，医療系コンサルティング会社が指定する者がこれらに新たに就任することで，当該財団法人の運営権を当該コンサルティング会社に移転することを目的とする運営権取得契約（以下「本件契約」といいます）が非営利性原則を潜脱するものとして公序良俗違反で無効である等として争われた裁判例が参考になります[☆1]。この事案において，裁判所は，本件契約は病院の開設者である当該財団法人の法人格を変更するものではなく，本件契約によっても当該コンサルティング会社が剰余金の配当を受けることになるものではないこと，また，本件契約によっても，直ちに当該財団法人の犠牲で当該コンサルティング会社の利益が図られるという具体的な危険があるともいえないし，経営戦略により患者の利益が損なわれるなど医療法の趣旨が損なわれる事態や，医療法に基づく監督処分の対象となるような事態が生じる具体的な危険があるともいえないことから，本件契約を有効と判断しました。このように裁判所は，医療系コンサルティング会社の経営への関与を比較的緩やかに認めているようにも思われます。

　他方で，■で述べたように，営利目的での医療機関の開設が禁止されてい

ることから，「医療機関の開設者の確認及び非営利性の確認について」の通知[5]では，医療系コンサルティング会社の経営への関与が厳格に制限されています。例えば，医療系コンサルティング会社等の営利法人の役職員は，原則として，開設・経営上利害関係にある医療機関の開設者や管理者，開設者である法人の役員となることはできないとされています。ただし，医療機関の非営利性に影響を与えることがない場合や営利法人等との取引額が少額である場合等には例外として兼務が許されています。また，上記の通知では，医療機関に対して第三者から資金の提供がなされる場合には，当該医療機関の開設・経営に当該第三者が関与するおそれがないことが必要とされています。したがって，医療系コンサルティング会社も，医療機関の開設・経営に関与するおそれがない場合には，資金提供をすることができますが，経営に参加するために資金提供することはできないこととなります。

　このように通知では，依然として医療系コンサルティング会社の経営への関与を厳しく制限しているところですので，上記の裁判例があるといっても，引き続き注意が必要です。

(2)　コンサルティング契約

　これに対し，医療系コンサルティング会社が病院や診療所などの医療機関とコンサルティング契約を締結することは問題ないでしょうか。

　この点，医療系コンサルティング会社が医療機関とコンサルティング契約を締結したとしても，それだけで医療機関の非営利性が失われることにはなりませんので，契約を締結することは可能です。ただし，前記「医療機関の開設者の確認及び非営利性の確認について」の通知の中で，医療機関が賃借する土地，建物等の賃料が当該医療機関の収入の一定割合となるように設定することは認められていないことからしますと，当該コンサルティング契約においてコンサルティングフィーを医療機関の収入の一定割合とすることも，利益配当規制（医療54条）を潜脱するものとして医療法上の問題が生じる可能性があります。

　また，もし，コンサルティングフィーが市場相場よりも著しく高いと判断された場合には，税法上寄付金とみなされ，それを前提とした課税がされる可能性がありますので，慎重な対応が必要となります。

〔植松　祐二〕

■判　例■

☆1　大阪高判令3・1・22判時2535号42頁。

Q4◆非営利性　　25

■注　記■

＊1　医療法人がその役員及び職員並びに利害関係人に対して行う貸付け，役員等特定
の人のみが居住する社宅の所有又は賃借，役員等特定の人のみが使用する保養施設
の所有については，剰余金の配当とみなされますのでご注意ください（東京都保健
医療局医療政策部医療安全課「医療法人運営の手引（令和5年10月版）」22頁）。ま
た，剰余金の配当禁止規制に違反した場合，医療法人の役員等は20万円以下の過料
に処せられるものとされています（医療93条8号）。

＊2　厚生省健康政策局総務課長ほか「医療機関の開設者の確認及び非営利性の確認に
ついて」平成5年2月3日総第5号・指第9号（最終改正：平成24年3月30日）。

＊3　厚生省医務局長「医療法に関する疑義の件」昭和25年2月14日医収第92号。

＊4　医道審議会医道分科会「医師及び歯科医師に対する行政処分の考え方について」
平成14年12月13日（最終改正：平成31年1月30日）。

＊5　前掲注（＊2）。

MS法人

MS法人とはどのようなもので，どのように利用されていますか。また，利用にあたって注意しなければならない点を教えてください。

　　MS法人とは，メディカルサービス（Medical Service）法人の略称で，医療機関に対して，診療行為以外のサービス提供を行うために設立された株式会社などの営利法人を指します。
　　MS法人は，診療行為に付随する様々な分野をサポートしますので，MS法人の利用によって，「診療と管理の分離」を可能にし，医師は診療行為に専念できるようになります。具体的には，医療機関がMS法人から医療機器等の動産のリースを受けたり，開業場所を賃借したり，MS法人に医療機関の保険請求や受付業務等の事務を委託したり，医療機関で必要な消耗品などをMS法人から購入したりといった形態で利用されています。それ以外にも，MS法人が，医療機関のために資金調達を行ったり，医療機関の経営に対してコンサルティングを行ったりすることもあります。
　　MS法人の利用にあたって注意しなければならないこととしては，営利法人は医療機関を開設できないとされていることとの関係で，医療法人とMS法人の役員兼務は原則として認められませんので注意が必要です。また，法令で定められた一定の業務をMS法人に委託する場合には，当該MS法人が法令で定められた基準を満たすことが必要となります。さらに，医療法人とMS法人を含む関係事業者との間の一定の取引については，毎年，会計年度終了後3か月以内に都道府県知事への届出が義務づけられていますので（取引報告制度），MS法人との取引がこの取引に該当する場合には，やはり届出が必要となります。また，医療機関とMS法人との間の取引に経済的合理性がない場合は，医療機関がMS法人に支払った金額のうち，高額と認定された部分については税務当局より否認され，寄付金として必要経費と認められなかったり，損金不算入とされるおそれがありますので，MS法人との取引については経済的合理性が認められる取引にする必要があります。

☑キーワード

MS法人，診療と管理の分離，節税，役員の兼務，業務委託規制，取引報告制度，経済的合理性のない報酬

解　説

1　MS法人とは

　MS法人とは，メディカルサービス（Medical Service）法人の略称で，医療に関する営利事業を行う法人の総称であり，医療機関とは別個の独立した法人です。MS法人は，株式会社や合同会社などの会社形態をとる場合もあれば，有限責任事業組合（LLP）などの組合形態をとる場合もありますが，いずれにしても医療法などの法律で特別な法人形態が定められているわけではなく，通常の法人にすぎません。

　医療機関の運営には，日々の診療行為以外に，医薬品の購入・在庫の管理，医療設備の建設・維持管理，従業員の雇用・教育訓練・人事考課・退職手続，賃金の体系・賞与・退職金の決定，金融機関との折衝・資金繰り・借入れ・返済，保険請求・窓口・会計・入退院などの事務といった，複雑かつ多種多様な業務が必要となっています。そして，多くの医療機関においては，これらの多種多様な業務を院長である医師が担っています。しかし，診療行為以外の管理業務に医師が忙殺されることによって，医師によるきめ細かい診療ができないこととなり，その結果，医療過誤を引き起こすことさえ生じてしまいます。そこで，診療行為以外の業務を担当する組織体としてMS法人を作って分離させ，診療行為は医療機関が担い，それ以外の業務はMS法人が担うといった「診療と管理の分離」を図ることが，よりよい医療の提供につながることとなります。

　なお，従来，MS法人の利用目的として，節税対策ということが挙げられていましたが[1]，最近では節税効果以上に「診療と管理の分離」がMS法人の効果として注目されており，節税目的だけのMS法人を設立している事例はまれであるともいわれています[2]。

2　MS法人の利用形態

　MS法人は，医療機関をめぐる診療行為以外の業務すべてについて利用されています。

　例えば，医療機関で診療行為に利用する医療機器をMS法人が自ら購入し，あるいはリース会社からリースを受けたうえで，医療機関に対してリース（転リース）をしたり[3]，医療機関を開設するにあたって必要な場所について，

28　第1章◇医師・医療機関

MS法人が自ら所有する建物や所有者から借り受けた建物を医療機関に賃貸（転貸）したりすることがあります＊4。

また，医療機関の保険請求や受付業務といった診療行為とは直接関係のない医療機関の事務についてMS法人に委託をしたり，医療機関で必要となる消耗品などをMS法人が購入したうえで，MS法人から医療機関に対して販売することなどもよく行われています。

さらに，医療機関が資金調達を行う場合も，MS法人を介することで，医療機関ではできない社債発行，証券化，新株発行等といった通常の会社が行える資金調達方法を利用することができるようになります。また，MS法人は，経営の素人が多い医師に対して，医療機関の経営について，経営の専門家の立場からコンサルティングをすることなどもあります。

このように，MS法人が，医療機関に対して，診療行為以外のあらゆるサービスを提供することにより，医師が安心して診療行為に専念することができることとなるわけです。

3　MS法人利用の際の注意点

このようにMS法人は医療機関にとって大変意義のある存在ですが，その利用にあたっては以下のような点について注意が必要となります。

(1)　役員の兼務

MS法人が株式会社の場合は営利法人であり，しかも，医療機関との間で**2**で述べたような取引関係があるのが通常ですので，経営上の利害関係があることになります。そして，医療機関の開設者や管理者，さらには医療機関の開設者である医療法人の役員については，当該医療機関と開設・経営上の利害関係のある営利法人等の役職員の兼務は原則として認められていません＊5（Q4参照）。そのため，医療機関の開設者やその管理者，医療法人の役員は，医療機関の非営利性に影響を与えることがないと認められる一定の例外的な場合を除いて，原則として，MS法人の役職員になることはできません。

(2)　業務委託規制

また，病院や診療所などの医療機関がMS法人に対して業務を委託する場合，一定の業務については，法令等で定める基準を遵守している法人に委託しなければなりません（医療15条の3）。具体的には，検体検査，医療機器や医療用の衣類等の滅菌消毒，患者等に対する食事の提供，患者等の搬送，医療機器の保守点検，ガス供給設備の保守点検，寝具等の洗濯及び施設の清掃がこの業

務に該当します（同条，医療令4条の7）。

　具体的な基準については，医療法15条の3第1項及び医療法施行規則9条の9から同条の15までにおいて定められるとともに，「病院，診療所等の業務委託について」の通知*6において詳細に定められています。

　以上のことから，上記の業務についてMS法人に委託する場合には，当該法人が法令や通達の基準を満たす必要がありますので，それを確認したうえで，委託契約を締結するようにしてください。

(3) 取引報告制度

　また，医療法人の経営の透明性を確保するという観点から，平成27年に医療法が改正され，医療法人は，平成29年4月2日以降に開始する医療法人の会計年度から，MS法人を含む一定の関係者との取引について，毎会計年度終了後3か月以内に，事業報告書や財産目録とともに，「関係事業者との取引の状況に関する報告書」を都道府県知事に提出しなければならないこととなりました（医療51条1項・52条1項）。

　届出が必要となる取引として，取引の相手方が，当該医療法人の役員又はその近親者（配偶者又は二親等内の親族）が代表者である法人の場合や当該役員又は近親者が株主総会，取締役会等の議決権の過半数を有している法人等である場合が挙げられています（医療規32条の6第1号）。

　もっとも，上記のような相手方と取引を行った場合でもすべての取引を報告しなければならないわけではありません。例えば，事業収益又は事業費用の額が1000万円以上で，かつ，当該事業年度の事業収益又は事業費用の総額の10％以上であるような取引の場合や特別利益又は特別損失の額が1000万円以上の取引の場合，資産又は負債の額が1000万円を超える残高となり，かつ，当該医療法人の会計年度の末日の総資産の1％以上となる取引の場合などに届出が必要とされています（医療規32条の6第2号）。

　したがって，MS法人との取引が上記の要件を満たすような場合には，都道府県知事への届出が必要となりますので注意してください。

　なお，届出すべき事項については，「医療法人の計算に関する事項について」の通知*7で定められており，また同通知では，「医療法人における事業報告書等の様式について」の通知*8において示されている様式に沿って届出をすることとされています。これを受けて，「医療法人における事業報告書等の様式について」の通知では，様式5として，「関係事業者との取引の状況に関する報告書」の様式が定められています。

(4) 経済的合理性のない報酬

　MS法人が医療機関に提供する業務に比して，医療機関がMS法人に対して支払う報酬額に経済的合理性がないような場合には，医療機関が支払った報酬額のうち，高額と認定された部分については税務当局より否認され，寄付金として必要経費と認められない，あるいは損金不算入とされるおそれがあります。MS法人との取引にあたっては，経済的合理性が認められる内容とするよう注意する必要があります。

〔植松　祐二〕

■注　記■

- ＊1　従来，MS法人の役員に医療法人の理事長の親族などを当てて，MS法人から役員報酬を支払うなどの方法により，MS法人への収益の分散による法人税の節税，所得の分散による所得税の節税，財産の分散による相続税の節税などがなされてきましたが，消費税については，MS法人を利用することで逆に損失が生じている場合もあるようですので注意が必要です。
- ＊2　佐々木克典『メディカルサービス法人をめぐる法務と税務〔4訂版〕』（清文社，2023）42頁。
- ＊3　リース契約は一般的に中途解約が認められませんので，リース契約中に医療機器が不要となっても，それを返還することはできませんし，契約の残存期間中，リース料の支払を免れることもできませんので注意が必要です。
- ＊4　賃貸借契約が定期建物賃貸借契約の場合，契約期間満了時に契約を更新することはできず（借地借家38条），貸主であるMS法人との間で改めて賃貸借契約を締結しなければなりません。そのため，MS法人から建物の賃借を拒絶された場合には，医療機関を閉鎖して，建物から退去しなければなりませんので注意が必要です。
- ＊5　厚生省健康政策局総務課長ほか「医療機関の開設者の確認及び非営利性の確認について」平成5年2月3日総第5号・指第9号（最終改正：平成24年3月30日）。
- ＊6　厚生省健康政策局指導課長「病院，診療所等の業務委託について」平成5年2月15日指第14号（最終改正：令和4年9月21日）。
- ＊7　厚生労働省医政局長「医療法人の計算に関する事項について」平成28年4月20日医政発0420第7号（最終改正：令和3年2月26日）。
- ＊8　厚生労働省医政局指導課長「医療法人における事業報告書等の様式について」平成19年3月30日医政指発0330003号（最終改正：令和5年7月31日）。

●参考文献●

- (1)　佐々木克典『メディカルサービス法人をめぐる法務と税務〔4訂版〕』（清文社，2023）。

開設者・管理者

医療機関の開設者・管理者はどのような義務を負いますか。また，義務に違反した場合にペナルティはありますか。

A
　医療機関の管理者は，医療の安全管理のための体制を確保する義務や医師その他の従業者を監督する義務を負うなど，適正な医療が提供できるように医療機関を管理する義務を負います。開設者は，管理者に管理を代行させているだけですので，開設者が当該医療機関に対する最終的な責任を負うことになります。
　管理者，開設者が義務に違反した場合には，都道府県知事から改善命令等がなされ，それにも従わない場合には，業務停止命令や最終的には開設許可の取消しがなされることがあります。

キーワード
開設者，管理者，医療安全確保義務，医療情報提供制度

解　説

1　開設者・管理者とは

(1)　開　設　者

　医療機関の開設者は，医療機関の開設・経営の責任主体であり，原則として営利を目的としない法人又は医師である個人でなければならないとされています[*1]。

(2)　管　理　者

　医療機関の開設者は，臨床研修等修了医師[*2]（歯科医の場合は臨床研修等修了歯科医師[*3]）を管理者に置いて，当該医療機関を管理させなければなりません（医療10条）。開設者が管理者となることができる場合（つまり，開設者が臨床研修等修了医師又は臨床研修等修了歯科医師である場合）には，都道府県知事の許可を得た場合を除き，自らが管理者とならなくてはなりません（医療12条1項）。また，管理者は，都道府県知事の許可を受けた場合を除き，他の医療機関の管理者を兼任することはできません（同条2項）。

32 第1章◇医師・医療機関

2 開設者・管理者の義務

(1) 開設者の義務

医療機関の運営について最終的な責任は開設者にあります。したがって，開設者は，適切な管理者を選任し，管理者が下記に述べる義務を果たすよう監督する義務があります。

(2) 管理者の義務

管理者は，当該医療機関における安全を確保するとともに，当該医療機関を医療法に適合するように適正に管理しなければなりません。

(3) 安全管理体制確保義務

管理者は，当該医療機関における医療の安全を確保するための措置を講じなければなりません（医療6条の12）。

(a) 義　務

具体的には，管理者には以下に記載する義務が課せられています。

安全管理のための体制確保（全般）（医療規1条の11第1項）			
安全管理指針整備 *4	安全管理委員会設置（入院施設のある医療機関のみ）	従業者研修	事故報告等の改善方策の実施
院内感染対策の体制確保（医療規1条の11第2項1号）			
院内感染対策指針策定	院内感染対策委員会開催	従業者研修	感染症の発生状況報告等の改善方策の実施
医薬品の安全管理のための体制確保（医療規1条の11第2項2号）			
従業者研修	業務手順書作成及び手順書に基づく業務実施		情報収集等の改善方策の実施
医療機器の安全管理のための体制確保（医療規1条の11第2項3号）			
従業者研修	保守点検計画の策定及び保守点検の適切な実施		情報収集等の改善方策の実施
診療用放射線の安全管理のための体制確保（該当設備のある医療機関のみ）（医療規1条の11第2項3号の2）			
安全利用指針策定	従業者研修		被ばく線量の管理及び記録等の改善方策の実施

Q6◆開設者・管理者　　*33*

高難度新規医療技術を用いた医療提供の際の努力義務（特定機能病院，臨床研究中核病院を除く）（医療規1条の11第2項4号）		
提供の適否等を決定する部門の設置	提供する場合の遵守事項等を定める規程の作成	左記部門による規程遵守状況の確認
未承認新規医薬品等を用いた医療提供の際の努力義務（特定機能病院，臨床研究中核病院を除く）（医療規1条の11第2項4号）		
使用の適否等を決定する部門の設置	使用する場合の遵守事項等を定める規程の作成	左記部門による規程遵守状況の確認

(b)　**従業者監督義務**

　管理者は，勤務する医師その他の従業者を監督し，その他医療機関の管理及び運営につき，必要な注意をしなければなりません（医療15条）。

(c)　**その他の義務**

　これらのほか，管理者は，医療法上様々な義務を負っています。紙幅の都合上すべて挙げることはできませんので，以下，主要なものを説明します。

　医療を受ける者が医療機関の選択を適切に行うために，医療機関の診療科目，診療日時等の基本情報，提供サービスや医療連携体制に係る情報，医療の実績，結果等（医療機能情報）について，都道府県知事に報告するとともに，それらを記載した書面を当該医療機関において閲覧に供するかホームページ等に掲載しなければなりません（医療6条の3第1項・3項，医療規1条の2の2）。これらの情報は，都道府県知事により検索機能付きでインターネットに公表されます（医療機能情報提供制度）。

　医療事故が発生した場合には，医療事故調査・支援センターに報告し，事故調査を行わなければなりません（医療6条の10・11，Q70参照）。

　有床診療所の管理者は，入院患者の病状が急変した場合に適切な治療を提供できるように，当該診療所の医師が速やかに診療を行うことができる体制を確保するよう努めるとともに，他の病院又は診療所との緊密な連携を確保しておかなければなりません（医療13条）。

　検体や血液等の検査，医療機器や衣類等の滅菌消毒，給食，医療機器の保守点検，寝具・衣類等の洗濯，施設の清掃等一定の業務を委託するときは，業務を適正に行う能力のある者として法令の基準に適合する者に委託しなければなりません（医療15条の2・3，医療令4条の7，医療規9条の7～15）。

　病院の管理者は，入院患者の病状が急変した場合でも当該病院の医師が速や

34　第1章◇医師・医療機関

かに診療を行う体制が確保されているとして病院所在地の都道府県知事に認められた場合でなければ，病院に医師を宿直させなければなりません（医療16条，医療規9条の15の2）。

　管理者は，法令を守るために必要なときは，当該医療機関の開設者に対し，施設の構造又は設備の改善を要求しなければならないとされています（医療17条，医療規15条1項）。

３　開設者に対する監督

　都道府県知事は，病院又は療養病床を有する診療所について，その人員配置が法令に定める基準に照らして著しく不十分で，適正な医療の提供に著しい支障が生ずる場合として法令に定める場合に該当するときは，開設者に対して，その人員の増員，業務の全部又は一部停止を命ずることができます（医療23条の2，医療規22条の4の2）。

　また，都道府県知事は，医療機関が，清潔を欠き又は構造設備が法令に適合せず，もしくは衛生上又は保安上危険と認めるときは，開設者に対して，施設の全部もしくは一部の使用制限，修繕もしくは改築を命ずることができます（医療24条1項）。

　都道府県知事は，医療機関の業務が法令に違反し又はその運営が著しく適正を欠くと認めるときは，開設者に対し，改善を命ずることができます（医療24条の2第1項）。開設者がこの命令に従わないときは，業務の全部又は一部の停止を命ずることができます（同条2項）。

　都道府県知事は，医療機関の管理者に不正行為があるなど管理者として不適切であると認めるときは，開設者に対し，管理者の変更を命ずることができます（医療28条）。

　さらに，開設者が，上記施設の使用制限命令（医療24条1項），業務停止命令（医療24条の2第2項）又は管理者変更命令（医療28条）に従わないときは，都道府県知事は，医療機関の開設許可を取り消し又は医療機関の閉鎖を命ずることができます（医療29条1項3号）。

〔加野　理代〕

=====■注　記■=====

＊1　厚生省健康政策局総務課長ほか「医療機関の開設者の確認及び非営利性の確認について」平成5年2月3日総第5号・指第9号（最終改正：平成24年3月30日）。

＊2　医師法16条の6第1項の臨床研修修了の登録を受けた者（医師法7条の2の再教

育研修を受けた者については，同条２項の再教育研修修了の登録を受けた者）（医療７条）。

＊３　歯科医師法16条の４第１項の臨床研修修了の登録を受けた者（歯科医師法７条の２の再教育を受けた者については，同条２項の再教育研修修了の登録を受けた者）（医療７条）。

＊４　日本医師会のウェブサイトで医療安全管理指針のモデルが提供されています（https://www.med.or.jp/anzen/manual.html）。

第 2 章

医療機関の運営

コンプライアンス体制

医療機関におけるコンプライアンス体制の構築について教えてください。

　コンプライアンスの意義については，従来の法令遵守といった捉え方から，広く社会規範及び倫理を遵守して公正で誠実に業務を行うことを意味するようになってきました。コンプライアンスを実践するためには，法令違反や患者・社会からの信頼を損なう行為を予防するためのリスク管理体制を構築することが必要になります。
　病院などの組織全体にコンプライアンスを浸透させるためには，まず，トップが基本方針を決定し，内外に宣言することが重要です。そのうえで，コンプライアンス推進のための組織として委員会を設置します。委員会においてコンプライアンス・リスク管理が必要となる項目を洗い出し，対応方針を策定して，規程・マニュアルを整備します。また，医療事故・倫理違反・ハラスメント等の相談・報告ルートの整備，研修会の実施などを行います。そして，コンプライアンス意識が浸透して組織の文化として定着するように，継続的にモニターし高度化を図っていくことも重要です。

キーワード
患者・社会の信頼，基本方針策定，委員会設置，リスク対応方針，規程・マニュアル・研修，継続的モニター，組織文化

解　説

1　コンプライアンスとは

　コンプライアンスの意義については，従来，法令などの各種ルールを遵守するといった「法令遵守」を中心に捉えられていました。医師や医療機関には，医師法，医療法等の法令を遵守することが求められており，これらが確実に遵守される体制を整備することは当然です。
　もっとも，社会の意識の変化の中で，望ましくない行為がすべて法令等の形で規定されているわけではありません。また，医療機関等は一般企業等と比べて公共性が高く，より高いレベルの行為規範が求められています。したがっ

40　第2章◇医療機関の運営

て，地域において必要な医療を安定的に提供し続けるため，業務遂行において，グレーとみられる行為や患者・社会の信頼を損なう行為を行わないようにするとともに，社会の要請や期待に誠実かつ柔軟に対応していくといった視点も必要になります。

　また，こうしたコンプライアンスに関するリスクについては，平素から業務に潜むリスクを鋭敏に感知し，リスクの程度に応じた優先順位に従って対応するといった姿勢で対応していくことが求められます。

2　コンプライアンスに関する基本方針の決定

　高いレベルのコンプライアンスを組織の文化として組織全体に定着させることは簡単ではなく，トップの強い意思に基づいて対策を講じていく必要があります。

　そこで，まず，医療機関の経営者や病院長などの管理者がコンプライアンスの確立・浸透とリスク管理について，組織をあげて取り組むことを基本方針として決定し，医療機関等の最高位の方針・規範として内外に宣言することが重要です。

　具体的な内容については，日本医師会による「医の倫理綱領」[*1]や「医師の職業倫理指針」[*2]も参考になりますが，各医療機関等の歴史や置かれた環境を勘案して，自らの組織に最も適合した規範とするのが望ましいと考えられます。そして，組織内の全員が共感できることや，患者，医療従事者，地域社会といったステークホルダーに対するコミットとしての視点をもつことが重要です。また，判断に迷った場合の一般的な判断基準や違反した場合の処分などの実効性確保のための方策を盛り込むことも考えられます。

3　コンプライアンス推進のための組織の設置

　医療の安全性確保とコンプライアンスを組織全体に浸透させるためには，組織体制づくりも重要です。医療機関等の規模にもよりますが，経営者・病院長をトップとし，各部門の長などを委員とする委員会を設置することが有効です。また，委員会の事務局として，組織全体のコンプライアンス・リスク管理体制の構築・運用に責任をもつ部署・担当を設置することや，医療事故対策・患者対策などのリスクのタイプに応じたチームを設置することも考えられます。そして，これら部署・担当・チームへの経営資源（ヒト・モノ・カネ）の配分を決定するのも，委員会の重要な役割となります。

また，医療事故・倫理違反・ハラスメントなどのリスク事象を早期に発見し対応するためには，報告・相談ルートの整備と内部通報窓口の設置も必要です。この場合，相談・報告・通報をしたことによって不利益が課されることのないことを制度的に保証したうえで，心理的な安全性が確保されるカルチャーを醸成することも重要です。

4 コンプライアンス・リスク事象の洗い出しと対応方針

(1) リスク事象の洗い出し

コンプライアンス・リスク管理のプロセスにおいては，まず，上記委員会等によって，医療の安全，患者の保護，医療従事者の保護，コンプライアンス基本方針に反する行為の予防などの観点から，リスク事象を洗い出すことが必要です。リスク事象としては，例えば，以下のような点が考えられます。

■医療事故（ヒヤリ・ハット事象を含む）　■医療記録改ざん・過誤
■院内感染　　　　　　　　　　　　　　　■ハラスメント
■患者情報漏えい　　　　　　　　　　　　■労働基準法違反
■診療拒否　　　　　　　　　　　　　　　■患者の問題行動

このほか，継続的な地域医療維持・確保の期待に応えるため，リスク管理の対象となる事象として，緊急災害やシステム障害，サイバー攻撃を含めることも考えられます[*3]。

リスク事象の洗い出しにおいては，医療・ITの技術革新や社会の期待の変化といった環境変化要因を前広に捉えていくことに留意する必要があります。

(2) 対応方針

上記のプロセスによって洗い出されたリスク事象については，まず，その重大さを分析・評価することになります。重大さの測定方法としては，リスクが顕在化する可能性と顕在化した際の影響度を分析・評価するアプローチが一般的です。また，業務継続性やレピュテーションの要素を加えて総合評価することも有効です。

リスク対応については，リスクの重大さ，事業環境，ステークホルダーの期待などを勘案して，対応の優先順位，対応方法と資源配分を決定します。もっとも，法令の要請がある場合においては，絶対遵守が必要であり，その予防については最優先で対応する必要があります。

42   第2章◇医療機関の運営

5   対応マニュアルの策定と研修

(1) 対応マニュアルの策定

　リスク事象を洗い出し，その対応方針を決定したら，その内容を全職員と共有し徹底する必要があります。そのためには，委員会や事務局等において対応マニュアルを策定し，定期的に見直し・改定を行い，関係者に提供することが有効です。

　また，特に法令との関係で事前に対応方針を定めておくべき重要なテーマ，例えば，院内感染対策，診療拒否，医学的に確立されていない治療を求められた場合，宗教的理由による輸血拒否などについては，方針を十分に検討したうえで，マニュアルに明記することが望まれます。

　マニュアルの種類としては，例えば以下のようなものが考えられます。

■医療事故対策マニュアル　　　　　■院内暴力対策マニュアル
■患者情報保護マニュアル　　　　　■緊急災害対策マニュアル
■医療機器安全管理マニュアル

---

(2) 研   修

　コンプライアンス基本方針，リスク事象への対応方針・対応マニュアル，法令等改正，ヒヤリ・ハット事例などについては，計画的に研修を実施し，理解・認識の徹底を図ることが必要です。

　研修の実施においては，役職員各自が自己の倫理観に照らして考えることが特に重要であり，eラーニングのような一方的なものにとどまらず，ルールや方針の趣旨や背景の理解を問うものや，判断に迷うようなグレーな事例についてディスカッションすることが有効です。経営トップを含めた対話型研修や外部セミナーへの参加の奨励といった方法も考えられます。

　また，研修といった形でなくとも，すべての階層の職員がリスク情報を共有するための組織内コミュニケーションや，患者・地域社会とのコミュニケーションにも積極的に取り組むことが望まれます。

6   リスク管理態勢の高度化と危機管理

　コンプライアンス・リスク管理態勢は，外部環境・内部環境・社会の期待などの変化に不断に対応していくために，より高度な管理態勢を目指して見直し

ていく必要があります。このため，一定のレビュー期間を定めて，その期間の
パフォーマンスをモニターし，リスクがあらかじめ認識されていたか，新たな
リスクが発生していないか，リスクが正確に評価されていたか，適切な対応が
なされたか，などを検証することが重要です。

　また，どのような医療機関であっても，不祥事の芽は常に存在しているとい
う前提に立って，不祥事を芽のうちに摘み，迅速に対処することが，危機管理
のうえで極めて重要です。不祥事が発生した際には，早期対処によって被害拡
大を防ぐとともに，速やかな事実調査・真因究明を行い，実効的な再発防止策
を策定し，情報開示を行うことによって，信頼回復の最速化を図る必要があり
ます。そして，同様の構図が他部署にも存在しないかの横展開を行い，必要な
業務改善を図ることも重要です。こうした一連のサイクルが医療機関における
文化として自律的・継続的に機能することで，コンプライアンス違反が重大な
不祥事に発展することを未然に防止することが可能になります[4]。

　なお，リスク管理については，企業において広く採用されている
COSO-ERM[5]の考え方を参照することも有用です。また，内部監査の基準
や，「不祥事予防のプリンシプル」[6]，「不祥事対応のプリンシプル」[7]なども
参考になります。

〔東　　浩〕

───■注　記■───

* 1　日本医師会「医の倫理綱領」（令和4年3月27日採択）。
* 2　日本医師会「医師の職業倫理指針〔第3版〕」（令和4年6月公表）。
* 3　金融庁「オペレーショナル・レジリエンス確保に向けた基本的な考え方」（令和
　　　5年4月公表）の考え方を参照。
* 4　危機対応の模範例として，「患者・消費者への責任」を第一とする企業文化を確
　　　立していたジョンソン・エンド・ジョンソンの「タイレノール事件」における対応
　　　があります。
* 5　一般社団法人日本内部監査協会ほか監訳『COSO全社的リスクマネジメント』（同
　　　文館，2018）。
* 6　日本取引所自主規制法人「上場会社における不祥事予防のプリンシプル」（平成
　　　30年3月30日策定）。
* 7　日本取引所自主規制法人「上場会社における不祥事対応のプリンシプル」（平成
　　　28年2月24日策定）。

44　第2章◇医療機関の運営

　広告規制

医療機関の広告にはどのような規制がありますか。

> 医療機関の広告は，医療法その他各種の法令や関連する広告ガイドラインにより規制されています。
> 　まず，虚偽広告が罰則付きで禁止されているほか，比較優良広告，誇大広告，公序良俗に反する広告等が禁止されています。また，そもそも，広告できるのは基本的には法定された事項に限られます。もっとも，一定の要件を満たす場合には，その他の事項も広告することができます。
> 　なお，従前は，ウェブサイト等については，基本的には医療法上の広告規制の対象ではありませんでしたが，医療法の改正によりウェブサイト等も他の広告媒体と同様に規制されることになりました。

キーワード

広告規制，医療広告ガイドライン，限定解除，ネットパトロール事業

解　説

1　総　論

医療広告は，患者等の利用者保護の観点から，医療法6条の5から6条の7まで，及び，医療広告ガイドライン等により制限されています。

このほか，景品表示法，薬機法，健康増進法，不正競争防止法等の他法令や関連する広告ガイドライン，さらにはこれらの趣旨にも反しないことが求められています（医療広告ガイドライン第1・3等）。

2　規制の趣旨

医療広告は，次のような考え方に基づいて規制されています（医療広告ガイドライン第1・2）。

① 医療は人の生命・身体に関わるサービスであり，不当な広告により受け手側が誘引され，不適当なサービスを受けた場合の被害は，他の分野に比

べ著しいこと。

② 医療は極めて専門性の高いサービスであり，広告の受け手はその文言から提供される実際のサービスの質について事前に判断することが非常に困難であること。

他方，患者等に正確な情報が提供されその選択を支援する観点から，医療に関する適切な選択が阻害されるおそれが少ない場合については，幅広い事項の広告を認めるとされています。

3 広告規制の範囲

(1) 規制対象となる広告

医療法において規制の対象となる広告とは，①患者の受診等を誘引する意図があること（誘引性），②医業もしくは歯科医業を提供する者の氏名もしくは名称又は病院もしくは診療所の名称が特定可能であること（特定性）の2つの要件を満たすものです。

①の誘引性については，広告に該当するかを判断する情報物の客体の利益を期待して誘引しているか否かにより判断します。例えば，新聞記事については，特定の病院等を推薦している内容であったとしても，誘引性の要件を満たさないものとして取り扱うとされています[1]（このほか，通常，医療広告とは見なされないものの具体例につき，医療広告ガイドライン第2・5）。

②の特定性については，単体ではなく複数の病院等を対象にしている場合であっても名称等が特定可能である以上，特定性を満たします（以上につき，医療広告ガイドライン第2・1）。

これらの要件を満たす限りは，口頭によるものでも，医療広告に該当します[2]（広告に該当する媒体の具体例につき，医療広告ガイドライン第2・4）。また，ウェブサイト等については，従前，基本的には医療法上の広告規制の対象ではなく，ガイドラインが設けられていたにすぎませんでしたが，平成30年6月1日に施行された改正医療法により，ウェブサイト等についても他の広告媒体と同様に規制の対象になりました。

なお，外形的に上記①及び②に該当しないような表現を用いることで広告規制の対象となることを避けようとする場合であっても，実質的にこれらの要件を満たす場合には，医療広告として取り扱われます。例えば，治療法を紹介するウェブサイトの形態をとっているものの，特定の病院の名称が記載されていること等により，一般人が容易に当該病院を特定できるような場合等には，医

療広告に該当する可能性があります（医療広告ガイドライン第2・2）。

　また，医療広告規制においては，暗示的又は間接的な表現であっても問題となります。例えば，「www.gannkieru.ne.jp」というURLは，「ガン消える」，すなわち，癌が治癒することを暗示するものであり，治療を保障する後述の誇大広告（医療6条の5第2項2号）に該当し得る等の理由から認められません（医療広告ガイドライン第2・3）。

(2) 広告規制の対象者

　医療広告規制の対象者は「何人も」です（医療6条の5第1項）。したがって，マスコミ，広告代理店，アフィリエイター，患者や一般人も広告規制の対象になります（医療広告ガイドライン第2・6）。

4 禁止される広告

(1) 虚偽広告

　示された内容が虚偽である広告については，罰則付きで禁止されています（医療6条の5第1項・87条1号）。例えば，「当診療所に来れば，どなたでも○○が受けられます」という広告は，本来，診察の結果，治療内容が決定されるものであるにもかかわらず，あらかじめすべての患者が特定の治療を受けられるような誤解を与えることから，虚偽広告に該当します（医療広告ガイドラインQ&A 2−7）。

　なお，医療法において罰則付きで広告が禁止されているのは虚偽広告のみです。

(2) 比較優良広告

　施設の規模，人員配置，提供する医療の内容等について，自らの病院等が特定又は不特定の他の医療機関よりも優良である旨を広告することは，客観的事実であったとしても，優秀性について著しい誤認を与えるおそれがあるため，禁止されています（医療6条の5第2項1号）。例えば，「日本一」，「No.1」，「最高」等の最上級の表現その他優秀性について著しく誤認を与える表現は客観的な事実であっても禁止される表現に該当します。なお，優秀性について著しい誤認を与える表現以外であれば客観的な事実の記載は必ずしも妨げられませんが，求められた場合に内容の裏づけとなる合理的な根拠を示し，客観的に実証できることが必要であるとされています。さらに，調査結果等の引用による広告については，出典，調査の実施主体，調査の範囲，実施時期等を併記する必要があります（医療広告ガイドライン第3・1(2)，医療広告ガイドラインQ&A 2−1等参照）。

また，「モデルの○○さんが当院に来院されました！」等のように，著名人との関連性を強調するなどして他の医療機関よりも著しく優れているとの誤認を与えるおそれのある表現についても，比較優良広告として取り扱うとされています（医療広告ガイドライン第3・1⑵，「医療広告規制におけるウェブサイトの事例解説書（第4版）」*3（以下「事例解説書」といいます）第1章1.⑺）。

⑶　誇大広告

必ずしも虚偽ではないものの，施設の規模，人員配置，提供する医療の内容等について，事実を不当に誇張して表現していたり，人を誤認させる広告は禁止されています（医療6条の5第2項2号）。

例えば，「知事の許可を取得した病院です！」という表現は，病院が都道府県知事の許可を得て開設することは法律上の義務として当然のことであるにもかかわらず，あたかも特別な許可を得た病院であるかのような誤認を与えるものとして，誇大広告に該当します（医療広告ガイドライン第3・1⑶）。

⑷　公序良俗に反する内容の広告

わいせつもしくは残虐な図画や映像又は差別を助長する表現等を使用するなど公序良俗に反する内容の広告は禁止されています（医療6条の5第2項3号，医療広告ガイドライン第3・1⑷）。

⑸　患者等の主観に基づく，治療等の内容又は効果に関する体験談

医療機関が治療等の内容又は効果に関して，患者自身の体験や家族等からの伝聞に基づく主観的な体験談を，当該医療機関への誘引を目的として紹介する広告については，個々の患者の状態等により当然にその感想は異なるものであることをふまえ，禁止されています（医療6条の5第2項4号，医療規1条の9第1号）。

なお，第三者が運営するいわゆる口コミサイト等への体験談の掲載については，医療機関が広告料等の費用負担等の便宜を図って掲載を依頼しているなどの事情がなく，前述の誘引性が認められない場合には，そもそも医療広告に該当しません（医療広告ガイドライン第3・1⑹，医療広告ガイドラインQ&A2−11）。他方，医療機関にとって便益を与える感想等を口コミサイトから取捨選択のうえ転載する等して強調することは，虚偽・誇大広告に当たるとされています（事例解説書第1章1.⒂）。

⑹　治療等の内容又は効果について，患者等を誤認させるおそれがある治療等の前又は後の写真等

いわゆるビフォーアフター写真等の広告については，個々の患者の状態等に

48　第2章◇医療機関の運営

より当然に治療等の結果は異なるものであることをふまえ，禁止されています（医療6条の5第2項4号，医療規1条の9第2号）。

　もっとも，術前後の写真に通常必要とされる治療内容，費用等に関する事項や治療等の主なリスク，副作用等に関する事項等の詳細な説明を付した場合には広告可能です（医療広告ガイドライン第3・1(7)）。

(7) その他

　医療法で禁止されているわけではありませんが，品位を損ねる内容の広告は，医療広告として適切ではなく，厳に慎むべきであるとされています。例えば，「○○~~100,000円~~ 50,000円」という表現は費用を強調しているとして品位を損ねる内容の広告と評価されます。「無料相談をされた方全員に○○をプレゼント」等のように，提供される医療の内容とは直接関係のない情報を強調し，患者等を誤認させ，不当に患者等を誘因する内容についても，広告を行うべきではないとされています（医療広告ガイドライン第3・1(8)）。

　また，上述のとおり，医療広告は医療法以外の法令や関連する広告ガイドラインの制限にも服するところ，薬機法との関係では，同法の広告規制の趣旨に鑑み，医薬品の商品名の広告は行ってはならないとされています[4]（医療広告ガイドライン第3・1(8)）。

5　広告可能な事項

　医療広告においては，原則として医療法6条の5第3項や告示[5]により広告が可能とされた事項（以下「広告可能事項」といいます）以外は広告することができません。広告可能事項は，診療科名，診療日・診療時間，病床数，医師・看護師の員数等があり，ガイドラインにて詳細に解説されています（医療広告ガイドライン第4）。

　ただし，後述の限定解除要件を満たした場合や，広告作成日等，医療に関する内容に該当しない事項については，広告可能事項でなくとも広告可能です（医療広告ガイドライン第4・5，医療広告ガイドラインQ&A 1-6）。

6　広告可能事項の限定解除

(1) 概　要

　上記のとおり，医療広告においては原則として広告可能事項以外は広告することができませんが，患者等が自ら求めて入手する情報については適切な情報提供が円滑に行われる必要があるとの考え方から，一定の要件を満たす場合に

は，広告可能事項以外も広告することができます（広告可能事項の限定解除）。なお，限定解除される場合であっても，上記**4**記載の禁止される広告は認められません。

(2) 要　件

広告可能事項の限定解除が認められるための要件は以下のとおりです。ただし，③及び④については自由診療＊6について情報を提供する場合に限り，要求されます（医療6条の5第3項柱書，医療規1条の9の2）。

① 医療に関する適切な選択に資する情報であって患者等が自ら求めて入手する情報を表示するウェブサイトその他これに準じる広告であること。

② 表示される情報の内容について，患者等が容易に照会ができるよう，問合せ先を記載することその他の方法により明示すること。

③ 自由診療に係る通常必要とされる治療等の内容，費用等に関する事項について情報を提供すること。

④ 自由診療に係る治療等に係る主なリスク，副作用等に関する事項について情報を提供すること。

医療機関のウェブサイトは通常，①を満たすと考えられますが，検索サイト上で，例えば「癌治療」を検索文字として検索した際にスポンサーとして表示されるものや検索サイトの運営会社に対して費用を支払うことによって意図的に検索結果として上位に表示される状態にしたものなどは①の要件を満たしません（医療広告ガイドライン第5・2）。

②については，電話番号のほか，Eメールアドレスも問合せ先に含まれるものの，患者等と医療機関等との情報の非対称性が軽減されるよう担保されている必要があります（医療広告ガイドライン第5・2）。例えば，予約専用の電話番号が記載されている場合や，メールアドレスが記載されている場合であって，受付した旨の返信があるのみで問合せに対する返答がないような場合は②の要件を満たしません（医療広告ガイドラインQ&A 5−10）。

7　違反した場合

規制当局が医療法やガイドラインに違反する医療広告を発見した場合，通常は行政指導により広告の中止や内容の是正が求められ，行政指導に従わない場合には，中止・是正命令が発令されます（医療6条の8第2項）。悪質な場合等には告発＊7や管理者変更命令，開設許可取消し等の行政処分（医療28条・29条1項4号）も検討されます。なお，中止・是正命令又は刑事告発等が実施された際

50 　第２章◇医療機関の運営

には原則として公表されます（医療広告ガイドライン第６・４）。

　加えて，虚偽広告及び誇大広告等については，それが実際のもの等よりも著しく優良であると示すことにより，一般消費者による自主的かつ合理的な選択を阻害するおそれがあると認められる場合には，景品表示法にも違反する可能性が非常に高いと考えられ，その場合，課徴金納付命令を受ける可能性もあります（景表５条・８条１項）＊8。

　なお，厚生労働省は，医業等に係るウェブサイトの監視指導体制強化のため，平成29年度よりネットパトロール事業を行っています。同事業では，一般人からの通報受付や受託事業者による能動監視により，医業等に係るウェブサイトが医療広告規制等に違反していないかの監視が行われているため，注意が必要です＊9。

〔堀田　克明〕

　　■注　記■

＊1　ただし，費用を負担して記事の掲載を依頼することにより患者等を誘引する，いわゆる記事風広告は，広告規制の対象となります（医療広告ガイドライン第２・５⑵）。

＊2　このほか，経済産業省のウェブサイト「グレーゾーン解消制度の活用事例」の中には，施設での定期健康診断及び外来診療，巡回型での予防接種を中心に医療事業を行っている法人が，定期健康診断及び予防接種という自費診療領域において，顧問と契約を締結したうえで，企業に対して当該法人を紹介してもらい，紹介によって実際に当該法人を利用してもらった場合に，成果報酬として紹介料を顧問に支払うことについて，当該顧問の活動は，口頭による営業活動や講演を含め，一般に医療広告に該当する旨の回答がなされたものがあります（「自費診療（定期健康診断及び予防接種）の利用企業紹介に対する報酬の提供」https://www.meti.go.jp/policy/jigyou_saisei/kyousouryoku_kyouka/shinjigyo-kaitakuseidosuishin/result/gray_zone.html）。

＊3　厚生労働省医政局総務課「医療広告規制におけるウェブサイト等の事例解説書（第４版）について」令和６年３月28日事務連絡。

＊4　ただし，限定解除要件を満たした場合には広告可能とされています（医療広告ガイドラインQ＆A ２−15，事例解説書第１章４.㉝）。

＊5　「医療法第６条の５第１項及び第６条の７第１項の規定に基づく医業，歯科医業若しくは助産師の業務又は病院，診療所若しくは助産所に関して広告することができる事項」平成19年３月30日厚生労働省告示第108号。

＊6　自由診療とは，高齢者医療確保法７条１項に規定する医療保険各法及び同保険各法に基づく療養の給付等並びに公費負担医療に係る給付の対象とならない検査，手術その他の治療をいいます。

＊7　虚偽広告をした場合や中止・是正命令に違反した場合には，６か月以下の懲役又

は30万円以下の罰金に処されます（医療87条1号・3号）。

＊8　景品表示法との関係では，同法5条3号に基づくいわゆるステルスマーケティング告示（「一般消費者が事業者の表示であることを判別することが困難である表示」〔令和5年3月28日内閣府告示第19号〕）にも注意が必要です。令和6年6月6日には，ある医療機関の診療サービスに係る表示がステルスマーケティング告示に係る不当表示に該当し，景品表示法5条に違反するとして，消費者庁が当該医療機関を運営する医療法人に対して措置命令（景表7条1項）を行っています（消費者庁「医療法人社団祐真会に対する景品表示法に基づく措置命令について」令和6年6月7日 News Release）。

＊9　例えば令和4年度においては，通報受付により798サイトが，能動監視により63サイトが医療広告規制への抵触の有無の審査実施に至っており，うち768サイトが違反ありと判断されています（厚生労働省「ネットパトロール事業について（令和4年度）」令和6年1月29日第2回医療機能情報提供制度・医療広告等に関する分科会資料3）。

9 院内感染

(1) 院内感染防止のためには、どのような対策が求められるのでしょうか。
(2) 院内感染が疑われるのですが、どのような対応が必要でしょうか。

A
医療機関には、院内感染防止を目的として各種の法的義務が課されていますので、少なくともこれらの法的義務を遵守する必要がありますし、もし可能であれば上乗せの防止策を講じておくとよいでしょう。

院内感染が疑われる場合は、事前に医療機関において策定済みの「院内感染発生時の対応に関する基本方針」に則って対応しなければなりません。仮にこのような基本方針に策定されていない事項や何らかの特段の事情がある場合は、医療機関内の院内感染対策委員会にて協議のうえ対応しなければなりません。また、院内感染により感染症にり患した患者への診療に全力を尽くすことは当然ですし、保健所への報告を直接義務づけた法律上の根拠はないものの、医療機関を管轄する保健所へ報告することを積極的に検討するべきでしょう。

キーワード

院内感染、保健所

解 説

1 院内感染を防止するために必要な事前対応（本問(1)）

院内感染とは、①医療機関において患者が原疾患とは別に新たにり患した感染症、②医療従事者等が医療機関内において感染した感染症のことをいいます[*1]。万一院内感染が発生すれば、後述の院内感染防止に関する法的義務の違反の問題や、場合によっては業務上過失致死傷（刑211条）等の刑事責任の問題につながりかねません。医療機関としては、日常診療の段階から院内感染が発生しないようあらかじめ適切に対応しておく必要があります。

院内感染防止に関する法的義務には、次のとおり、医療法上の義務、感染症法上の義務、労働安全衛生法上の義務、安全配慮義務などがあります。少なく

ともこれらの法的義務を遵守する必要がありますし，もし可能であれば上乗せの防止策を講じておくと，院内感染を未然に防止できる可能性や，万が一，院内感染で死亡し，あるいは入院期間が延びた患者や患者家族からクレームや損害賠償請求を受けた場合であっても法的責任が否定される可能性が高まり，望ましいでしょう。

(1) 医療法上の義務

(a) 医療法6条の12に基づく義務

医療法上，病院，診療所又は助産所（以下「病院等」といいます）の管理者は，院内感染防止に関して次の措置を講じなければなりません（医療6条の12，医療規1条の11第2項1号）。

ア	院内感染対策のための指針の策定
イ	院内感染対策のための委員会（以下「院内感染対策委員会」という）の開催（※病院，入院施設を有する診療所及び入所施設を有する助産所に限る）
ウ	従業者に対する院内感染対策のための研修の実施
エ	当該病院等における感染症の発生状況の報告その他の院内感染対策の推進を目的とした改善のための方策の実施

これらの措置の具体的な内容に関しては，厚生労働省が次の通達や事務連絡を発しています。

番号	作成者	日付	名称
①	厚生労働省	平成19年3月30日	良質な医療を提供する体制の確立を図るための医療法等の一部を改正する法律の一部の施行について
②	厚生労働省	平成19年5月8日	院内感染対策のための指針案及びマニュアル作成のための手引きの送付について
③	厚生労働省	平成23年2月8日	院内感染対策中央会議提言について
④	厚生労働省	平成26年12月19日	医療機関における院内感染対策について

医療機関としては，上記①〜④の通達や事務連絡，手引き等を併せて参照したうえで，その講ずべき措置の具体的な内容を検討し，実行していく必要があります。

(b) 医療法23条1項に基づく義務

医療法23条1項は，病院等の構造設備について必要な基準を厚生労働省令で定めると規定しており，医療法施行規則16条は，これを受けて，機械換気設備や感染症病室等に係る基準について規定します。

仮にこれらの基準に違反した場合は，10万円以下の罰金が科されるおそれがあります（医療23条2項，医療令5条）。

(2) 感染症法上の義務

感染症法5条2項は，「病院，診療所，病原体等の検査を行っている機関，老人福祉施設等の施設の開設者及び管理者は，当該施設において感染症が発生し，又はまん延しないように必要な措置を講ずるよう努めなければならない。」と規定します。

これはあくまでも努力義務であり，また，上記(1)(a)の医療法6条の12に基づく義務と概ね重なると考えられますので，医療機関としては，医療法6条の12に基づいた措置を講じておけば特段問題はないと考えられます。

(3) 労働安全衛生法上の義務

以上の医療法や感染症法は，国民の健康の保持や公衆衛生の向上及び増進を目的とした法律ですが，労働者保護の観点からは，医療機関も事業者として，労働安全衛生法上の規制が課されることになります。すなわち，医療機関は，労働者である医療従事者との関係で，病原体等による健康障害の防止や健康等の保持のために必要な措置を講じなければなりません（労安衛22条1号・23条）。

これらの措置の具体的な内容については，労働安全衛生法27条1項に基づき，労働安全衛生規則第3編が「衛生基準」を規定し明確化しています。そして，仮にこれらの措置を怠った場合は，6か月以下の懲役又は50万円以下の罰金が科されるおそれがあります（労安衛119条1号）。

(4) 安全配慮義務

医療機関は，患者との関係では診療契約上その施設内を管理する者として，また，医療従事者に対しては使用者又は委任者として，安全配慮義務を負っていますので，これらの者を院内感染のリスクから保護すべく十分な配慮をしなければなりません。仮に安全配慮義務違反が認められた場合，損害賠償責任（民415条・709条）を負うおそれがあります。

安全配慮義務違反かどうかは，各医療機関の状況に照らして個別に検討・認定されることになりますが，前記(1)(a)イの院内感染対策委員会や衛生委員会等の協議を経たうえで，医療法6条の12に基づいた措置や上記(3)の労働安全衛生

Q 9 ◆院内感染　　55

法に基づいた措置が決定・実行されていれば，その協議内容等が不合理なものでない限り，基本的には安全配慮義務との関係でも問題はないと考えられます。

2　院内感染発生の疑いが生じたときの対応（本問(2)）

2では，**1**で述べた院内感染の発生を事前に防止するための対応をとったにもかかわらず，院内感染発生の疑いが生じてしまったときにどのように対応すべきかを説明します。

　既に**1**で述べたとおり，医療法6条の12が院内感染防止に関する措置を病院等の管理者に義務づけていますので，医療機関においては，院内感染発生の疑いが生じる前に院内感染対策委員会が設置され，かつ「院内感染対策のための指針」の一部としての「院内感染発生時の対応に関する基本方針」も策定されているのが一般的と考えられます。そこで，これらの措置が事前に的確に講じられている場合を前提とすれば，院内感染発生の疑いが生じたときは，上記の「院内感染発生時の対応に関する基本方針」に則って対応しなければなりません。他方，仮に当該基本方針に策定されていない事項や何らかの特段の事情がある場合は，そのつど，院内感染対策委員会にて対応を協議し決定しなければなりません。また，このような全体的な対応のほか，個別的に，院内感染により感染症にり患した患者への診療に全力を尽くすことは当然ですし，患者や患者家族に対し，その時点で判明している事項をもとに可能な限り説明する必要もあります。

　次に，院内感染発生の疑いが生じた場合における保健所への報告の要否についてですが，これを直接義務づけた法律上の根拠はなく＊2，感染症法12条も，全数把握や定点把握のために一定の感染症・医療機関について医師からの届出を義務づけているにすぎません。

　しかし，前記**1**(1)(a)④の別記「医療機関における院内感染対策に関する留意事項」の「3．アウトブレイクの考え方と対応について」は，院内感染対策を講じた後に，同じ医療機関の中で同一菌種による感染症の発病症例が多数に上る場合（目安として10名以上となった場合）や，当該院内感染事案との因果関係が否定できない死亡者が確認された場合には，当該医療機関を管轄する保健所へ速やかに報告するよう求めており，このような場合に至らない時点においても必要に応じて保健所に連絡・相談することが望ましいとしています。

　それに，院内感染対策を実効的に進めていくためには，医療機関同士の連携

や地方自治体による支援，保健所からの指導・助言等も必要となることが多い
でしょうから，これらの契機となる保健所への報告は重要といえます。また，
仮に保健所への報告をしないと，世間一般から院内感染の事実を隠ぺいしたの
ではないかという疑いをもたれたり，保健所への報告を通じて地方自治体によ
る支援や保健所からの指導・助言等を得ようとしなかったこと自体が安全配慮
義務違反であると評価されてしまうリスクも否定できません。

　よって，医療機関としては，院内感染発生の疑いが生じ，その感染が広範囲
に及んだり，複数の患者が死亡する等の事態が生じることが予想されるような
ときには，当該医療機関を管轄する保健所への報告を積極的に検討すべきです
し，保健所とも相談しつつ必要に応じて，医療機関のウェブサイト上で経過を
報告する等のリリースを行うことも検討すべきでしょう。

〔大寺　正史〕

===== ■注　記■ =====

* ＊１　厚生労働省医政局地域医療計画課長「医療機関における院内感染対策について」
  平成26年12月19日医政地発1219第１号の別記「医療機関における院内感染対策に関
  する留意事項」冒頭部分。
* ＊２　平成22年10月21日開催の第９回院内感染対策中央会議議事録内の指導課長補佐発
  言。

医師会による入会拒絶・除名

医師である私は，私が病院を開設している地区の医師会に入会しようとしたところ，過去の不祥事を理由に入会を断られてしまいました。入会拒絶を争うことはできますか。また，医師会入会中に起こした不祥事を理由に除名処分を受けた場合はどうでしょうか。

　医師会による入会拒絶について，医師会の定款に医師会が入会を承認するか判断できる旨の規定がある場合でも，入会を承認するか否かに関する裁量権には限界があり，裁量権の範囲を逸脱し，又は裁量権を濫用した場合には違法となり，入会拒絶は認められません。入会拒絶を争う場合，入会拒絶によって被った損害について不法行為に基づく損害賠償請求訴訟を提起する，医師会の会員としての地位の確認請求訴訟を提起する等の方法が考えられます。
　医師会による除名が適法と認められるためには，定款に定められた正当な除名事由があり，かつ，除名手続が適正である必要がありますが，「正当な」除名事由があるといえるためには，除名の理由とされている行為が，医師会の目的にもとり社会的相当性を欠く行為とされなければなりません。除名処分を争う場合，除名処分の無効を理由に会員としての地位の確認請求訴訟を提起する，除名によって被った損害について不法行為に基づく損害賠償請求訴訟を提起する等の方法が考えられます。

☑キーワード
医師会，入会拒絶，除名

解　説

1　医師会

　医師会は，その名のとおり，わが国の医師によって組織される団体です。医師会は日本医師会を頂点として都道府県医師会・郡市区医師会の三層のピラミッド構造となっており，郡市区医師会に入会すると，基本的に，都道府県医師会及び日本医師会の会員となります。そして，郡市区医師会の会員資格については，一般に，当該郡市区医師会が設立されている区域に就業の場所又は住

所をもつ医師が有するとされています。

医師会の活動としては，わが国の医療政策に関する各種提言のほか，日本医師会の内部組織である日本医学会を中心とした各種学術活動，日本医師会総合政策研究機構（日医総研）による調査，研究活動などが挙げられます。このほか，都道府県医師会は，母体保護法上の指定医師の指定（母体保護14条参照）を行っています。また，個々の医師の日常業務に関する活動も行っています。これは，主に都道府県医師会・郡市区医師会が行っている活動であり，具体的には，産業医や学校医の推薦，予防接種や健康診断など行政機関等からの委託事業の受託，会員に対する医療に関する各種研修の実施，会員に対する医療・社会保険等に関する知識及び情報の伝達などの活動が挙げられます。

医師会は任意加入の団体ですが，入会すると，医師にとっては主に以下のようなメリットがあります。

① 医師会が開催する講習会や研修への参加，医師会発行の公刊物などにより，最新の医療情報を取得することができる。

② 郡市区医師会が受託する健診事業，予防接種事業等各種事業に参加できる。

③ 同じ地域の医師との交流の場をもつことができ，情報交換ができる。

④ 医療事故に備えて日本医師会が運営する医師賠償責任保険に加入し，医師会や保険会社のサポートを受けることができる。

⑤ 医師年金制度に加入できる。

2 入会拒絶について

(1) 入会拒絶の裁量の範囲

医師会の定款においては，会員資格を有する医師からの入会申請に対して理事会の承認を受けなければならないと規定されている等，医師会が入会を拒絶できることになっていることが一般的です。

もっとも，医師会がまったく自由に入会を拒絶できるわけではありません。医師が，入会を拒絶した医師会に対し，損害賠償請求を行った裁判例[1]があります。

裁判所は，平成18年改正前民法34条に基づき設立された公益法人（本件の医師会はこれに該当していました）の入会拒絶について，「当該法人がその裁量権の行使の結果なした入会拒絶の判断は，それが社会観念上著しく妥当性を欠き，当該法人の設立の趣旨及び事業目的，性格等から考えられる裁量権を認めた趣

旨を逸脱し，これを濫用したと認められる場合は右入会拒絶は違法となる」と判示しました。そのうえで，医師会による入会拒絶については，医師会の目的や性格に照らして，医師会が有する入会拒絶の判断における裁量権の範囲を広範に解することはできず，個々の医師の入会を拒絶するには一定の合理的な理由が必要であるというべきであるとしつつ，他方で，医師会は強制加入の団体ではなく，これらの団体に所属していなければ医師として業務を行えないものではないこと，現に医師全体の日本医師会加入率は約6割であることからすれば，医師会の裁量権の範囲を極めて限定的に解すべきであるということもできないと判示しています。なお，本件では，医師会の入会拒絶は違法ではないという判断がされています。

上記の裁判例は平成18年改正前民法下の公益法人に関する裁判例であるところ，現時点では多くの医師会は公益社団法人又は一般社団法人に移行しており，直接的に適用されるわけではありません。とはいえ，裁判所の判断の枠組みが大きく変わるものではないと思われます。さらに，公益社団法人たる医師会については，「社員の資格の得喪に関して，当該法人の目的に照らし，不当に差別的な取扱いをする条件その他の不当な条件を付して」いる場合には公益認定を取り消し得るとされている（公益法人29条2項1号・5条14号イ）ことからすると，一般社団法人たる医師会よりも厳格に判断される可能性があるものと考えます。

(2) 入会拒絶の争い方

医師会による入会拒絶の当否を争う場合，以下のような方法があります。

① 入会拒絶によって被った損害について，不法行為に基づく損害賠償請求訴訟を提起する。

② 医師会の会員としての地位の確認請求訴訟を提起する。

なお，医師会の会員としての地位を仮に定めることを目的とする仮処分の申立てを行うことも考えられますが，保全の必要性が認められるケースはそれほど多くないものと思われます。

3 医師会からの除名について

(1) 除 名

公益社団法人及び一般社団法人においては，法律上，正当な事由があるときに限って社員を除名することができます（一般法人30条1項本文）。医師会の定款においても当該法律上の規定に基づく除名規定が置かれているのが一般的で，

医師会は，当該定款の規定に基づいて会員を除名する場合があります。

(2) 除名事由への該当性

　一般的に定款に定められた除名事由は「会員としての名誉又は本会の名誉を毀損したもの」「本会の秩序を著しく乱したもの」「その他正当な事由あるとき」といった抽象的な内容であることもあり，会員の行為が除名事由に該当するか否かをめぐって争いになることが多くあります。

　この点，歯科医師会が会員の歯科医師に対して行った除名処分が争われた裁判例[2]があります。歯科医師会が，他の歯科医師会員による診療報酬の不正請求を明らかにするため，協力者を当該会員の診療所で受診させるなどして不正請求に関する情報を収集し，協力者に歯科医師3名を告訴・告発させた会員の歯科医師に対し「本会の体面をけがした者」及び「本会の綱紀を乱した者」という定款の定める除名事由に該当するとして除名処分を行ったところ，除名処分の無効を理由に会員としての地位の確認を求めた事案において，裁判所は，被告県歯科医師会が公益的性格を有する団体であるから，会員が，その行為により「会の体面をけがす者」または「会の綱紀を乱す者」と評価されるには，当該行為が，単に会員相互間の親睦を乱しただけでは足らず，右会の目的にもとり，社会的相当性を欠く行為でなければならないと解されると判示しました。本裁判例では，除名処分は適法と判断されています。

　その他，除名事由の該当性について判示した裁判例として，医師会の委託業務を自らが関係する企業に丸投げ再委託することを約束させていたこと，丸投げ再委託することを秘匿しながら医師会の理事会から委託の承認を受けたことが，「会員としての名誉を著しく毀損した者」という除名事由に該当すると判示したもの[3]，県歯科医師会員が会理事者の貯蓄組合運営会館建設，定款改正，会費の使途等につき疑問をもち，これを究明しようとしたことは，「本会の体面をけがした者」「本会の綱紀を乱した者」という除名事由には該当しないと判示したもの[4]，歯科医師の医療費不当請求について新聞に署名入りの記事を公開するなどした行為が「会の体面をけがした者」「会の綱紀を乱した者」等の除名事由には該当しないと判示したもの[5]などがあります。

　なお，上記**2**(1)のとおり，公益社団法人である医師会については，除名に関して，差別的な取扱いをする条件等を付している場合には公益認定を取り消される可能性があります。

(3) 除名手続の適正について

　除名が適法と認められるためには，除名事由があることのほかに，除名手続

が適正に行われている必要があります。

一般社団法人及び公益社団法人の除名手続については，社員総会の決議によってのみ可能とされています。また，社員総会で除名の決議をする場合には，除名対象者に対して，社員総会の日から１週間前までにその旨を通知し，かつ，社員総会において弁明の機会を与えなければなりません☆6（一般法人30条１項）。

なお，社員の除名に関する社員総会の決議は，総社員の半数以上であって，総社員の議決権の３分の２（これを上回る割合を定款で定めた場合にあっては，その割合）以上に当たる多数をもって行わなければならないとされています（一般法人49条２項１号）。

(4) 除名処分の争い方

医師会による除名処分を争う場合，以下のような方法が考えられます。

① 除名処分の無効確認，不法行為に基づく損害賠償（慰謝料）及び謝罪広告を求めて訴えを提起する。

② 除名処分の無効を理由に会員としての地位の確認請求訴訟を提起する。

なお，ここでも医師会の会員としての地位を仮に定めることを目的とする仮処分の申立てを行うことも考えられますが，前記❷(2)と同様に，保全の必要性が認められるケースはそれほど多くないものと思われます。

〔関根　久美子〕

判　例

☆1　東京地判平11・7・26判タ1029号243頁。

☆2　前橋地判平11・11・19判タ1045号205頁・判時1710号130頁。

☆3　東京地判平16・10・26（平成14年（ワ）第1665号・平成15年（ワ）第15544号）LLI/DB。

☆4　広島地判昭50・6・18判タ330号342頁・判時811号87頁。

☆5　長野地判昭35・10・8下民11巻10号2086頁。

☆6　除名手続の適正に関し，(2)で紹介した注（☆2）の裁判例では，「除名対象者につき，除名手続における一方当事者としての地位を承認して参加させ，除名対象者に対して除名要件に該当する具体的事由を告知し，これにつき除名対象者から意見聴取並びに反論及び反対証拠提出の機会を与える等民主的かつ公平な手続が定められておらず，かつ当該処分がこのような手続を履践しないでなされた場合には，当該処分は適正手続を欠く」とし，除名手続が適正と認められるためには，当該団体の定める諸規定に従った手続が履践されるだけでは足りず，除名要件に該当する具体的事実の告知，除名対象者への反論の機会の付与などの民主的かつ公平な手続が履践されることが必要であると判示しています。

製薬会社との関わり方

医療機関や医療関係者が，製薬会社と取引したり，交流したりする際には，どのような点に注意したらよいでしょうか。

医療機関・医療関係者は製薬会社から金銭の支払や飲食・サービス等の提供を受けることがありますが，製薬会社から医療機関等に不当な利益提供がされないように，法的規制に加え，医薬品公正競争規約，製薬協コードなど，製薬業界の自主規制が設けられています。製薬会社と交流する際には，これらの規制に留意し，製薬会社の違反行為に応じたり，製薬会社に違反行為を求めたりすることがないように注意する必要があります。

 キーワード

景品表示法，医薬品公正競争規約，報酬，寄附，医療関係告示，製薬協コード，透明性ガイドライン，贈収賄

― 解　説 ―

1　医療機関・医療関係者と製薬会社との関わり方（総論）

　医療機関・医療関係者は，製薬会社から金銭の支払を受けたり，飲食・サービス等の提供を受けることがあります。その際に製薬会社から不当な利益が提供され，医療機関・医療関係者が不当に製薬会社の利益に配慮するようなことがあれば，患者の利益が損なわれることとなります。また，実際には不当な利益提供が行われていなくても，利益提供の理由が不明で透明性を欠くような場合には，何らかの不当な影響があるのではないかとの懸念をもたれるリスクがあります。

　製薬業界は，医療機関・医療関係者との交流について，患者の健康や利益と福祉に貢献することを最優先に考えており[*1]，上記のような不当な交流が行われないよう，以下のとおり，法的規制とともに，業界の自主規制を設けています。医療機関・医療関係者が製薬会社から何らかの利益提供を受ける際には，法令や自主規制に違反することがないよう，これらの規制について理解・

意識しておく必要があります。

2　景品表示法に基づく規制

(1)　医薬品公正競争規約

　事業者又は事業者団体は，景品表示法31条に基づく協定又は規約（公正取引委員会及び消費者庁長官の認定を受けて，事業者又は事業者団体が表示又は景品類に関する事項について自主的に設定する業界のルール。「公正競争規約」と呼ばれています）を定めることができます。公正競争規約は業界の自主的ルールですが，法的な裏づけがあり，単なる業界の自主規制とは異なります。医療用医薬品製造販売業においては，不当な景品類の提供を制限することにより不当な顧客の誘引を防止し，公正な競争秩序を確保することを目的として，「医療用医薬品製造販売業における景品類の提供の制限に関する公正競争規約」（以下「医薬品公正競争規約」といいます）が定められています*2。

(a)　景品類提供の制限の原則

　医薬品公正競争規約は，医療用医薬品製造販売業者が医療機関等に対し，医療用医薬品の取引を不当に誘引する手段として，景品類等を提供することを禁止しています（医薬品公正競争規約3条）。

(b)　提供が制限されない例

　製薬会社が提供できる景品類等については，具体例として，①自社医薬品の使用上必要・有益な物品・サービス，②医療用医薬品に関する医学・薬学的情報その他自社医薬品に関する資料，説明用資材等，③試用医薬品，④製造販売後の調査・試験等，治験その他医学，薬学的調査・研究の報酬及び費用，⑤自社医薬品の講演会等における華美，過大にわたらない物品，サービス，出席費用，⑥施設全体の記念行事に際して提供する華美，過大にわたらない金品，⑦少額で正常な商慣習に照らして適当と認められる範囲を超えない物品が挙げられています（医薬品公正競争規約5条，同施行規則5条）。

(c)　製造販売後の医薬品に関わる調査・試験等の報酬の基準

　上記(b)④製造販売後の医薬品に関わる調査・試験等の報酬の基準については，次ページの表のように定められています*3。したがって，医療機関等から製薬会社に対し，同表に示す基準を超える報酬を求めることはできません。

(d)　医療機関と製薬会社が講演会等の会合を共同開催する場合

　医療機関と製薬会社が，学術講演会等の会合を共同開催する場合，会合のテーマが製薬会社の医薬品に関連するテーマであるときは，製薬会社はあらか

64　第2章◇医療機関の運営

■表　製造販売後の医薬品に関わる調査・試験等の報酬の基準

種　類		報酬の総額※に関する規定
市販直後調査		調査票の記載作業を伴わないことから，報酬を医療機関へ支払うことはできない
副作用・感染症報告		1症例／調査票につき1万円を超えない額を目安 調査内容が特に難しいことなどにより長時間の作業を要するものであっても3万円を超えない額を目安
使用成績調査	一般使用成績調査 使用成績比較調査	
	特定使用成績調査	社会通念に照らして過大にわたらない適正な額
製造販売後データベース調査		医療機関等に対し，直接症例報告を求めることはないため，症例報告の対価として報酬等を支払うことはない
製造販売後臨床試験		社会通念に照らして過大にわたらない適正な額 依頼する試験の内容が個別に異なるので，報酬・費用もそれに応じて個別に算定

※　報酬の総額は，調査票の作成に対する報酬額（調査票の作成費用）のほか，事務費，審査管理料その他名称のいかんにかかわらず，これらの費用をすべて含んだものとなります（消費税，源泉徴収を除く）。

じめ協議して取り決めた応分の費用を負担することができます。

　共同開催する場合には，共同開催であることが理解されやすいようにするため，以下の事項に留意する必要があります[4]。

① 会合の企画は，医療機関と製薬会社双方が事前に協議・立案し，テーマ，役割費用等の分担の取決めを明確にしておくこと。

② 案内状・プログラムには，会合の趣旨，テーマ，共同の開催者名（連名）が記載されていること。

③ 広く複数の医療機関の医療担当者等を参加対象とすること。

④ 開催場所が会合の目的にふさわしく，一般的に会議場として認められる場所であること（観光施設，テーマパーク内のホテル，割烹等飲食店での開催はきょう応とみなされるおそれがあります）。

⑤ 共催に名を借りた製薬会社による会合費用の肩代わり的な負担でないこと。

　なお，医局や医療担当者個人及び団体性が認められない研究会組織と学術講演会等を共同開催し，その費用を製薬会社が負担することはできません。

　(e)　寄附について

製造販売業者が医療機関等及び医療担当者等に対して支払う寄附金は医療用医薬品の取引に付随するものですが，医学・薬学等の研究，講演会等に対する援助であれば，製薬業界の正常な商慣習に照らして適当と認められる範囲内のものであり，医療用医薬品の取引を不当に誘引する手段には当たらないと考えられることから，医薬品公正競争規約においても原則として制限されていません。

しかしながら，医療機関等が自ら支出すべき費用の肩代わりとなるような寄附については，医療用医薬品の取引を不当に誘引する手段となり得ます。そこで，医薬品公正競争規約は，取引を不当に誘引する手段とならないよう，寄附に関する基準を定めています[*5]。

この寄附の基準では，①寄附者である製造販売業者側の利益が約束されている寄附金，②割当て・強制となる寄附金，③医療機関等が行う通常の医療業務に対する寄附金，④医療機関等が自ら支出すべき費用の肩代わりとなる寄附金，⑤社会通念を超えて過大となるような寄附金を禁止しています[*6]。研究活動に対する寄附金，団体の会合開催に対する寄附金については，それぞれ定めている手続（要件）を満たせば，医薬品公正競争規約で制限されません。

(f) 医療機関等の主催する親睦の会合の参加費について

医療機関等が主催する親睦行事（忘年会，新年会等）に，製薬会社のMRの参加を要請する場合は，実費相当額を超える参加費や実態のない参加費などの名目的な参加費の支払があれば医薬品公正競争規約違反となります[*7]。

そのため，医療機関等は，事前に行事の内容を確認できる文書（案内状等）を交付する必要があります。また，医療機関等が参加を要請する際には，医療機関等において，①案内状等で参加費の妥当性が確認できること（実費相当額であること），②院内ルールで許容されていること，③実質的な参加であること，④領収書が発行できることに留意する必要があります[*8]。

(g) 医薬品公正競争規約に違反した場合

医薬品公正競争規約に違反した場合は，同規約に基づいて定められた手続により，医療用医薬品製造販売業公正取引協議会から措置をとられることになります。また，医薬品公正競争規約に違反する行為が景品表示法にも違反する場合には，景品表示法に基づく措置等がとられる可能性があります。

(2) 医療関係告示

景品表示法では，特定の業種について，業界の実情等をふまえ，景品表示法4条に基づいて一般的な景品規制とは異なる内容の業種別の景品規制を告示に

66 第2章◇医療機関の運営

よって指定しており，医療用医薬品業については，「医療用医薬品業，医療機器業及び衛生検査所業における景品類の提供に関する事項の制限」（平成9年8月11日公正取引委員会告示54号〔最終変更：平成28年4月1日〕。「医療関係告示」ともいわれています）が制定されています。この医療関係告示によって，医療用医薬品のメーカー・販売業者は医療機関等に対し，医療用医薬品の取引を不当に誘引する手段として，医療用医薬品の利用のために必要な物品・サービスその他正常な商慣習に照らして適当と認められる範囲を超えて景品類を提供することを禁止されています。医療関係告示と医薬品公正競争規約は相互補完し合う関係にあります。

3 製薬協コード

　日本製薬工業協会（以下「製薬協」といいます）は，会員各社が適切な産学連携の下，研究者，医療関係者，患者団体等と相互の信頼関係を構築し，倫理的で患者の立場に立った最適な医療が行われるようになることを目的とし，平成25年1月16日，従前の「医療用医薬品プロモーションコード」をさらに発展させた「製薬協コード・オブ・プラクティス」（以下「製薬協コード」といいます）を策定しています（最終改定：令和元年9月）。製薬協コードは，医療用医薬品のプロモーション活動のみを対象とするものではなく，会員会社と研究者，医療関係者，医療機関，患者団体，医薬品卸売販売業者等とのすべての交流も対象としています。医療関係者との交流については，医学・薬学の発展のため，産学連携を推進する場合においても研究者，医療関係者，患者等との信頼関係を構築するとともに，処分の決定に不適切な影響を及ぼすおそれのある企業活動は行わないとされています。

　製薬協コードに含まれている医療用医薬品プロモーションコードには，医療関係者等への利益提供に関して，以下のような定めがあります。

(1) 業務委託

　会員会社は，医療関係者等に対し，講演，執筆，調査，研究，会員会社が組織的に開催する会議等への参加，研修等を依頼し，それら業務に伴う報酬，費用等を支払うことができます。ただし，業務の内容に比して著しく高額な場合は支払うことができません。

(2) 講演会等の実施

　会員会社が医療関係者等を対象に行う講演会等は，出席者に専門的かつ学術的・科学的な情報を提供するものとされています。

講演会等の開催場所については，目的に合う適切な開催地・会場を選定し，原則国内とし，講演会等に付随して飲食等を提供する場合は，華美にならないようにし，製薬会社の品位を汚さないものとしています。

講演会等に付随して提供する金銭類の提供は，旅費（交通費・宿泊費等），役割者に対する講演料等に限定され，随行者については旅費の支払や懇親行事への参加も認められていません。

(3) 物品の提供

会員会社は，医薬品の適正使用に影響を与えるおそれのある物品や，医薬品の品位を汚すような物品を医療関係者，医療機関等に提供しないとしています。

4 透明性ガイドライン

製薬協は，製薬会社から医療機関・医療関係者への金銭の支払等について情報公開を行い，適切な説明責任を果たすため，「企業活動と医療機関等の関係の透明性ガイドライン」（以下「透明性ガイドライン」といいます）を策定しています。

透明性ガイドラインは，製薬協会員会社の活動において医療機関等との関係の透明性を確保することにより，製薬産業が医学・薬学をはじめとするライフサイエンスの発展に寄与していること及び企業活動は高い倫理性を担保したうえで行われていることについて，広く理解を得ることを目的としています。また，製薬会社は透明性ガイドラインを参考に，自社の「透明性に関する指針」を策定することが望ましいとしています[*9]。

透明性ガイドラインにおいて，製薬会社は，医療機関等に提供する資金等については，次の基準に沿って公開することを求められています[*10]。公開された情報は，製薬協会員各社のウェブサイト又は製薬協のウェブサイトからアクセスすることができます。

(1) 公開対象先

①医療機関，②研究機関，③医療関係団体，④財団等，⑤医療関係者等，⑥医学，薬学系のほか，理学，工学等におけるライフサイエンス系の研究者となっています。

(2) 公開時期・方法

各社の毎事業年度終了後1年以内に自社ウェブサイトを通じて公開することとなっています。

68　第2章◇医療機関の運営

(3)　公開対象

　公開対象となる資金等として，①研究費開発費等，②学術研究助成費，③原稿執筆料等，④情報提供関連費，⑤その他の費用があり，それぞれの費用の項目の年間総額とともに，定められた要領で公開する必要があります。

5　贈収賄罪（医師が公務員の資格を有する場合）

　国公立病院，公的病院及び国公立大学が管理する大学病院で働く医師は，公務員の資格を有していたり，公務員でなくても法律で公務員とみなされていたりします（みなし公務員）。そのため，製薬会社からこれらの公務員と評価される者に対して行う金銭の支払等の利益提供は贈収賄罪が問題となり得ます。

　賄賂を受け取った公務員を処罰するのが収賄罪です。収賄罪は，公務員が，その職務に関し，賄賂を収受，要求，約束をした場合に成立する収賄罪（刑197条。5年以下の懲役）を基本として（そのため，「単純収賄罪」といわれます），その態様によって異なる罪名がいくつか設けられています。例えば，公務員が請託（公務員に対してその職務に関する行為を依頼すること）を受けて収賄の罪を犯した場合には，受託収賄罪としてより重い罪（7年以下の懲役）に問われます。また，公務員がその職務に関し，請託を受けて，公務員自身は賄賂を受け取らず，第三者に賄賂を供与させ，又はその供与の要求もしくは約束をした場合には，第三者供賄罪（刑197条の2。5年以下の懲役）が問題となります。一方，賄賂を渡す者を処罰するのが贈賄罪であり，公務員に対し，賄賂を供与し，申し込み，約束をした者は，贈賄罪（刑198条。3年以下の懲役又は250万円以下の罰金）に問われます。

　寄附金は，**2**(1)(e)に記載したように，医療用医薬品の取引を不当に誘引する手段とならないような医薬品公正競争規約の寄附に関する基準を満たすものであれば，基本的に贈収賄罪は問題となりません。もっとも，同基準を満たす形式を整えても，事前に公務員資格を有する医師と製薬会社との間で，寄附金が支払われれば取引するなどの話があり，実質的にみれば取引と寄附金が対価関係にあると評価されるような場合には，贈収賄罪が問題とされるリスクがありますので，ご注意ください。

〔菱山　泰男〕

──■注　記■──

　＊1　製薬協コードⅠ-1.4「医療関係者との交流」参照。

Q11◆製薬会社との関わり方　69

＊2　http://www.iyakuhin-koutorikyo.org/?action_kizi_list=true&search_M_cate=102

＊3　医薬品公正競争規約運用基準「Ⅲ　規約第5条の運用基準（提供が制限されない例に関する運用基準）」「Ⅲ－4　調査・委託研究に関する基準」，医療用医薬品製造販売業公正取引協議会「製薬企業と公正競争規約Q&A」（令和5年7月〔第10版〕）Q7参照。

＊4　医薬品公正競争規約運用基準「Ⅲ－5　自社医薬品の講演会等に関する基準」参照。

＊5　医薬品公正競争規約運用基準「Ⅰ　規約第3条の運用基準」「Ⅰ－2　寄附に関する基準」参照。

＊6　前掲注（＊3）「製薬企業と公正競争規約Q&A」Q10参照。

＊7　医薬品公正競争規約運用基準「Ⅳ　施行規則第5条の運用基準」「Ⅳ－2　親睦会合に関する基準」参照。

＊8　前掲注（＊3）「製薬企業と公正競争規約Q&A」Q13参照。

＊9　製薬協「企業活動と医療機関等の関係の透明性ガイドライン」「1．目的」参照。

＊10　製薬協「企業活動と医療機関等の関係の透明性ガイドラインについて（解説）」（令和4年1月20日改定）参照。

12 立入検査

役所の立入検査への対応について教えてください。

医療機関に特有のものとして、医療法に基づく立入検査、健康保険法等に基づく監査があります。事業者としては、税務調査や労働基準監督官の立入りを受けることもあり得ます。

立入調査を拒否したり、立入調査に対して虚偽の答弁をしたりした場合には罰則等が科される場合がありますので、調査の目的、内容を理解して適切に対応することが必要です。

キーワード

医療法に基づく立入検査、健康保険法等に基づく監査、税務調査、労働基準監督官による臨検

解 説

1 医療法に基づく立入検査

(1) 立入検査の概要

都道府県、保健所を設置する市又は特別区は、病院及び診療所が医療法及び関係法令に規定された人員、構造設備等を有し、かつ、適正な管理を行っているかについて医療監視員を派遣して立入検査を行うこととなっています（医療25条1項・26条）。医療監視員は厚生労働省、都道府県、保健所を設置する市又は特別区の職員から任命されます（医療26条）。

立入検査は、病院に対しては原則年1回実施することと定められており[*1]、有床診療所では3年に1回程度、無床診療所では5年に1回程度実施されることが多いようです。

立入検査では、検査表を用いて検査項目のチェックが行われ、不適合事項があるときは、当該医療機関の開設者又は管理者に対して事実を通知するとともに、改善計画書の提出も含め、改善のために必要な指導を行うこととされています。

また，医療機関の業務が法令又は法令に基づく処分に違反している疑いがあるとき，その運営が著しく適正を欠く疑いがあると認めるときも，都道府県，保健所を設置する市又は特別区による立入検査がなされることがあります（医療25条2項）。医療法人については，医療法人の業務又は会計が法令に基づく都道府県知事の処分，定款もしくは寄附行為に違反している疑いがあるときやその運営が著しく適正を欠く疑いがあると認めるときも，立入検査がなされることがあります（医療63条）。

(2) 立入検査への対応

立入検査を拒否した者は20万円以下の罰金（ただし，医療法63条に基づく立入検査については過料）に処せられます（医療89条2号・93条13号）。

医療法25条1項に基づく立入検査は，通常事前に通知があり自主管理表（チェックリスト）等の提出を求める自治体が多いですので，この自主管理表等に基づいて適切な管理を行っていれば，特に心配することはないでしょう。

2 健康保険法等に基づく監査

(1) 監査の概要

保険医療機関に対しては，療担規則等に定められている診療方針，診療報酬請求方法，保険医療の事務取扱い等について周知徹底し，保険診療の質的向上及び適正化を図るために，厚生労働省，社会保険事務局又は都道府県が集団指導，集団的個別指導又は個別指導を行うこととされています（健保73条，国健保41条，高齢医療66条）。

個別指導により診療内容又は診療報酬の請求について不正又は著しい不当が疑われる場合等に，監査が行われます（健保78条，国健保45条の2，高齢医療72条）。

監査は，あらかじめ診療報酬明細書による事前調査を経た後，日時や準備すべき書類等を記載した書面により実施が通知され，立入検査等により行われます。

(2) 監査後の措置

監査によって，不正又は不当が明らかになった場合には，その内容によって，保険医療機関の登録取消し，戒告又は注意の処分がなされることとなります。

また，診療報酬が不正又は不当に請求されていた場合には，当該医療機関は，不正又は不当が認められた事項について原則5年分の不正・不当請求分について返還しなければなりません。

72 第2章◇医療機関の運営

(3) 監査への対応

保険医療機関は，監査で求められる書類の提出や検査を拒否したり，虚偽の報告をした場合には，保険医療機関の指定の取消しを受けることがあります（健保80条4号～6号）。したがって，監査に対しては誠実に対応する必要があります。

3 税務調査

(1) 税務調査の概要

国税庁，国税局又は税務署の職員は，所得税，法人税，地方法人税又は消費税に関し，納税義務者に質問をしたり，書類の提出を求めたりすることができます（税通74条の2以下）。これは，一般に「税務調査」と呼ばれている任意調査です。

税務調査にあたっては原則として，調査の日時，場所，対象項目，調査期間が事前に通知されます（税通74条の9）。

調査の結果，申告内容に誤りが認められた場合や，申告義務がありながら申告がなされていなかったことが判明した場合には，課税当局は，調査結果の内容を説明し，修正申告や期限後申告を勧奨することとなります（税通74条の11第2項・3項）。修正申告等の勧奨に応じない場合，更正又は決定により課税がなされることがあります（税通27条）。

(2) 税務調査への対応

税務調査を拒否したり，これに虚偽の答弁をした者，正当な理由なく書類の提出を拒否した者は，1年以下の懲役又は50万円以下の罰金に処せられます（税通128条2号・3号）。

それでは，税務調査においてカルテの提出を求められ，患者に対して守秘義務を負っていることを理由として提出を拒否した場合，これは提出拒否の正当な理由と認められるでしょうか。

医師は，業務上委託を受けたため，保管又は所持する物で他人の秘密に関するものは，捜査機関による押収を拒否することができます（刑訴105条）。強制手続である押収でさえ拒否できるのですから，任意調査である税務調査においては守秘義務を根拠として拒否することができるのは当然と考えられます。しかし，一方で，刑事訴訟法は，押収の拒絶が押収を受ける者のためにのみする権利の濫用と認められる場合には拒否できないと定めていますので（同条ただし書），例えば脱税を隠す目的でなされる提出拒否は認められない可能性が高

いといえます。

4 労働基準監督官による臨検

(1) 臨検の概要

労働基準監督官は，労働法令遵守の指導や違反行為の取締りのため，事業所に臨検し，帳簿及び書類の提出を求め，使用者や労働者に対して尋問を行うことができます（労基101条，労安衛91条）。この臨検の主な態様としては，「定期監督」「申告監督」の2種類があります。「定期監督」は対象の事業所を無作為に抽出して行われるもので，「申告監督」は労働者等からの法令違反事実の申告を受けての調査です。

(2) 臨検への対応

労働基準監督官には，労働基準法違反，労働安全衛生法違反の罪について，逮捕・送検することができる権限が与えられています（労基102条，労安衛92条）。したがって，労働基準法や労働安全衛生法違反が疑われていて，臨検を拒否したり，虚偽の報告をする場合には逮捕されることがあり得ます。

従業員の労務管理に関する法令遵守を徹底し，労働基準監督官の臨検があった場合には，事実をありのままに報告し，是正すべき点は是正しなければなりません。

〔加野　理代〕

■注　記■

＊1　厚生労働省医薬局長ほか「医療法第25条第1項の規定に基づく立入検査要綱」平成13年6月14日医薬発第637号・医政発第638号。

第 3 章

健康保険

医療保険制度

医療保険制度の概要について教えてください。

　日本の公的医療保険制度は「国民皆保険制度」といわれており，国民は，これに強制加入して保険料を納付する義務を負う一方で，受診の際には，医療機関の窓口で被保険者証（保険証）を提示すれば，3割以下の自己負担で医療サービスを受けることができるようになっています。

　わが国の公的医療保険制度の概要は，以下の図のとおりです。

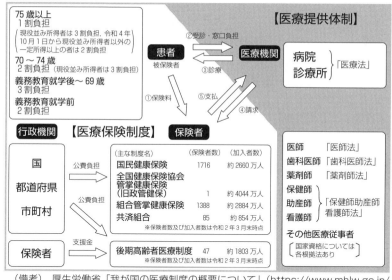

（備考）　厚生労働省「我が国の医療制度の概要について」（https://www.mhlw.go.jp/stf/seisakunitsuite/bunya/kenkou_iryou/iryouhoken/iryouhoken01/index.html）より。

☑ キーワード

国民皆保険，高額療養費制度，後期高齢者医療制度，職域保険，審査支払機関，診療報酬，地域保険，保険医療機関

78　第3章◇健康保険

解　説

1　日本の医療保険制度の特徴

　日本の医療保険制度は，国民全員を公的医療保険で保障しており，「国民皆保険制度」といわれています。同制度によって，国民は，公的医療保険に強制加入し，保険料を納付する義務を負いますが，これにより，受診する際には，医療機関の窓口で保険証を提示すれば，3割以下の自己負担で医療サービスを受けることができるようになっています。

　日本の国民皆保険制度の特徴として，国民全員を公的医療保険で保障すること，医療機関を自由に選べること（フリーアクセス），安い医療費で高度な医療が受けられること（米国では1人当たりの医療費が日本の2倍以上といわれています），社会保険方式を基本としつつ，皆保険を維持するため公費を投入していることなどを挙げることができ，同制度を通じて，わが国は世界最高レベルの平均寿命と保険医療水準を実現しています。

　なお，民間の保険会社が提供しているものを「医療保険」という場合もありますが，本書ではそうした医療保険については言及しません。本書において「医療保険」という場合にはすべて公的医療保険を意味していますので，ご注意ください。

2　医療保険の基本的な仕組み

(1)　総　　論

　医療保険の基本的な仕組みは，次ページの図のとおりです。

　まず，被保険者又は被保険者を雇用する事業主が保険者に保険料を支払います（保険事業の事務費は国庫負担となっています〔①・①′〕）。

　次に，被保険者・扶養者（患者）に保険事故が発生すると，患者は，保険医療機関等から医療サービス（保険給付）を受け（②），当該保険医療機関に一部負担金を支払います（③）。

　保険給付を行った保険医療機関等は，審査支払機関に対し診療報酬を請求し（④），審査支払機関は，これを審査した後，保険者に審査済みの請求書を送付し（⑤），保険者から請求金額の支払を受け（⑥），さらに，保険医療機関等に対して診療報酬を支払うことになります（⑦）。

▨図　医療保険の基本的な仕組み

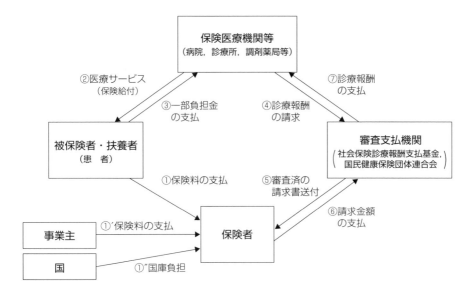

(2) 保険者

医療保険の経営の主体は，通常，「保険者」（健康保険組合，共済組合の場合は「組合」）と呼ばれています。保険者は，保険事業の経営の主体として，被保険者から保険料を徴収し（図①），保険事故（下記(4)参照）が発生した場合には，審査支払機関を通じて，被保険者やその扶養者（下記(3)参照）に対して保険給付を行います（図②）。

(3) 被保険者（加入者），扶養者

医療保険に加入し，傷病が生じたときに必要な給付を受けることができる者（患者）を「被保険者」といいます。

被保険者の親族で被保険者により扶養される者を「被扶養者」といい，被扶養者の疾病，負傷，死亡，出産のときも保険給付が行われます。被保険者の直系尊属，配偶者，子，孫及び弟妹であって，主としてその被保険者の収入により生計を維持している人など，一定の要件を満たさないと被扶養者とは認められません。

(4) 保険事故

医療保険においては，被保険者等の傷病，死亡又は分娩等が保険事故となります。ただし，職域保険（下記❸参照）では被保険者が雇用されていることを

80　第3章◇健康保険

前提とし，業務上の傷病は，労災保険の対象とされていますので，保険事故に含まれていません（Q15参照）。他方，地域保険及び後期高齢者医療（下記**3**参照）では雇用を前提としていないため，業務上の傷病であっても保険事故となります。

(5) 保険給付

　保険給付とは，被保険者に保険事故が発生した場合に保険者が一定の補償を行うことをいいます（図②）。医療保険における保険給付は，法定給付（健康保険法等によって，その種類及びその要件が定められているもの）と付加給付（健康保険組合などが，その規約に基づいて法定給付に加えて独自に給付を行うもの）に区別でき，また，現物給付（保険医療を担当する医療機関が直接医療サービスを行うこと）と現金給付に区別できます。

(6) 一部負担金，高額療養費制度

　一部負担金（自己負担分，図③）は，令和4年10月1日から，75歳以上の者は1割（現役並み所得者は3割，現役並み所得者以外の一定所得以上の者は2割），70歳から74歳までの者は2割（現役並み所得者は3割），70歳未満の者は3割，6歳未満（義務教育就学前）の者は2割に変更されました。

　また，3割以下の自己負担になるとしても，広義の診療報酬の総額が高額になって医療費の家計負担が過重なものとならないよう，高額療養費制度が設けられています。同制度によって，自己負担分の合算額が暦月単位で自己負担限度額（年齢や所得に応じて定められます）を超えた場合には，その超過部分を医療保険から別途高額療養費として支給を受けることができ，患者本人の負担額は自己負担限度額までとなります。

(7) 費用の負担

　医療保険を経営するのに要する費用は，経営主体によって多少異なっていますが，被保険者と事業主が一定の割合でそれぞれ負担する保険料（図①・①′），国庫負担（図①″）などによって分担されています。職域保険（下記**3**参照）の保険料は源泉徴収方式であり，地域保険（下記**3**参照）は，世帯所得，財産，人員などを基準として定められる保険料（税）を居住地単位で直接納入する方式がとられています。

3　医療保険の種類

　医療保険には，事業所に使用される者を被保険者とする「職域保険」（「被用者保険」ともいいます），一般住民で居住地を同じくする者を被保険者とする「地

域保険」，75歳以上の国民すべてを被保険者とする「後期高齢者医療制度」があります。

　1人で複数の医療保険に加入することはできませんが，どの保険に加入しても広義の診療報酬の計算方法は変わりませんので，全国で平等に医療サービスが受けられるのが原則です。ただし，医療保険の種類によって保険給付の内容が変わる場合もあります。医療保険の種類は，次表のとおりです。

医療保険の種類			保険者	被保険者	
職域保険	健康保険	全国健康保険協会管掌健康保険（協会けんぽ）	全国健康保険協会	中小企業	サラリーマン日雇労働者
		組合管掌健康保険	各健康保険組合	大企業	
	船員保険		全国健康保険協会	船員	
	共済組合		各官庁共済組合各地方公務員共済	公務員や公的職場にある職員	
地域保険	市町村国民健康保険		各市町村（特別区）国民健康保険組合	地域の住民	
	国民健康保険		国民健康保険組合	同種の事業又は業務に従事する者	
後期高齢者医療制度			後期高齢者医療広域連合	75歳以上の高齢者等	

〔菱山　泰男〕

診療報酬制度

診療報酬算定・支払の仕組みについて教えてください。

　診療報酬の算定方法は，法律，告示，通知，事務連絡が入り組んで非常に複雑なものとなっており，実務上は，これらの法令等をわかりやすく整理した解説本を通じて算定方法を把握することになります。

　診療報酬請求・支払の流れを整理すると，下図のようになります。なお，下図の実線は通常の診療報酬請求の流れを，点線は診療報酬請求に問題があった場合の流れを示しています。

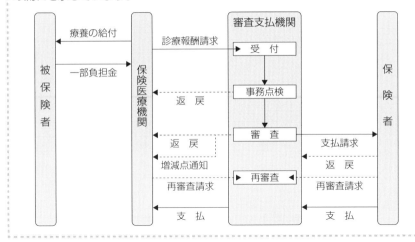

☑キーワード

診療報酬，点数表，出来高払い方式，包括払い方式，一部負担金，審査支払機関

1　診療報酬の算定方法

　診療報酬の算定方法は，次に示すような様々な法令，告示，通知，事務連絡等によって定められています。

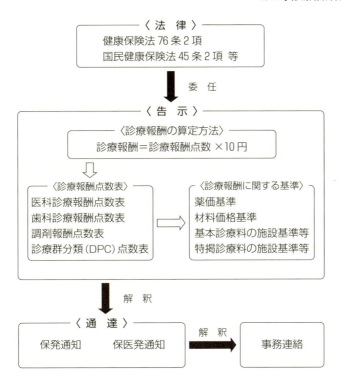

具体的な算定方法は，以下のとおりです。

(1) **出来高払い方式**

保険医療機関は，自らが行った被保険者に対する個々の診療行為を点数化し，点数の総計に10円を乗じた金額を算出します。この金額が具体的な診療報酬の金額となります。このような診療報酬の算定方法を「点数単価方式」と呼びます。

点数計算にあたっては，厚生労働大臣が中央社会保険医療協議会（中医協）に諮問し，その意見を聴いて決定した診療報酬点数表を使用します。

診療報酬点数表は，いくつか種類がありますが，病院や診療所において，診療報酬を算定する場合には，「医科診療報酬点数表」[*1]を使用するのが通常です。

医科診療報酬点数表を用いて診療報酬を算定する場合，実際に行われた個々の診療行為を医科診療報酬点数表に規定されている基本診療料（初診料，再診料，入院料などの診療の基礎となる点数）のいずれかの項目に当てはめたうえ，特掲診療料（検査料，処置料，手術料など，基本診療料に含まれない診療行為の点数）に該

当する診療行為が行われている場合には，特掲診療料の項目を加えて診療報酬点数を算定します。こうした，個別の診療行為ごとに算定した診療報酬点数を積み上げて算定する方式を「出来高払い方式」といいます。

　同様に，歯科の場合においては，歯科診療報酬点数表[2]，保険薬局の場合においては，調剤報酬点数表[3]がそれぞれ使用されます。

(2)　包括払い方式

　わが国では，平成15年度より，急性期入院医療を対象とする診断群分類に基づく1日当たりの包括払い制度（DPC制度，略称はDPC/PDPS：Diagnosis Procedure Combination/Per-Diem Payment System）が導入されています。具体的には，一定の基準を満たすものとして厚生労働省の指定を受けた保険医療機関における急性期の入院医療については，個々の診療行為に着目した出来高払い方式ではなく，診断群分類点数表（「DPC点数表」とも呼ばれます）[4]により，一定の傷病の際に行われる診療行為を包括して評価した包括点数が設定され，それに基づいて診療報酬点数が算定されます。ただし，包括点数として評価されない診療行為を同時に行った場合には，その診療行為に係る診療報酬を請求することができます（この部分を「出来高部分」と呼びます）。

(3)　診療報酬点数表に関する基準について

　そのほか，例えば，診療に薬剤を用いた場合には「使用薬剤の薬価（薬価基準）」[5]に，医療材料を用いた場合には「特定保険医療材料及びその材料価格（材料価格基準）」[6]に従う必要があります。また，診療報酬を加算するために，一定の施設基準を満たすことが要件とされていることもあり，そのような場合には，「基本診療料の施設基準等」[7]，「特掲診療料の施設基準等」[8]等の施設基準を満たす必要があります。

(4)　診療報酬の算定の際の注意点

(a)　通知，事務連絡について

　以上が診療報酬の具体的な算定方法ですが，診療報酬点数表だけでは算定方法が不明な場合が多く，厚生労働省による通知（保発通知，保医発通知等）や事務連絡（疑義解釈資料の送付について）等により補われているのが実情です。実務上は，診療報酬の算定にあたり，『診療報酬点数早見表』（医学通信社）等の診療報酬点数表の解説本[9]が重宝されています。

　また，厚生労働省や社会保険診療報酬支払基金，国民健康保険団体連合会等には，診療報酬に関する問合せ窓口が設けられていますので，診療報酬の算定に疑義がある場合には，これらに問い合わせるのも一案です。

(b) 診療報酬点数表の改定について

　診療報酬点数表は，２年に一度改定されますので，行われた診療行為に関して点数が変わっていないかどうか厚生労働省のウェブサイト等で確認したうえで診療報酬の算定を行う必要があります。

2　診療報酬が支払われるまでの流れについて

　医療機関が行う診療は，健康保険を利用する保険診療と，健康保険を利用しない自費診療に大別されますが，本問においては，保険診療における診療報酬の支払の流れについて解説していきます。なお，日本で採用されている保険診療の概要についてはQ13を参照してください。

(1)　「診療報酬」の意義

　保険医療機関は，被保険者を診察・治療すると，その対価として診療報酬請求権を取得することになりますが，「診療報酬」という用語は，多義的に用いられることに注意が必要です。

　最も広い意味では，診療の対価として，患者から医療機関に対して支払われる報酬全般（以下「最広義の診療報酬」といいます）を意味し，自由診療に対する報酬も含まれます。

　次に，療養の給付に要する費用として公的に定められた診療報酬点数表に基づいて算出される費用（以下「広義の診療報酬」といいます）を意味する場合があります。広義の診療報酬は，「療養の給付に要する費用」と呼ばれることもあり，診療報酬点数表上の診療報酬は，広義の診療報酬を意味しています。

　さらに，保険医療機関が保険診療に対する対価として保険者から受け取る報酬（以下「狭義の診療報酬」といいます）を意味する場合があります。狭義の診療報酬は，広義の診療報酬の金額から被保険者（患者）の一部負担金（自己負担分）に相当する額を控除した金額となります。保険医療機関は，狭義の診療報酬を保険者に請求し，保険者は，狭義の診療報酬を支払うことになります（国健保45条１項，健保76条１項）。狭義の診療報酬は，「療養の給付に関する費用」と呼ばれることもあり（広義の場合が「要する」，狭義の場合が「関する」となっています），社会保険診療報酬支払基金法１条で定義されている診療報酬は，狭義の診療報酬を意味しています。

(2)　広義の診療報酬の算定

　まず，保険医療機関は，被保険者を診察し，広義の診療報酬を診療報酬点数表に定める基準に従って算定します。

86　第3章◇健康保険

(3)　一部負担金について

　次に，保険医療機関は，算定した広義の診療報酬のうち，一部負担金を被保険者（患者）から受領します。

　この一部負担金に関して，保険医療機関が一部負担金を減免できるかが問題となりますが，保険医療機関は，一部負担金の支払を受けることが法令上定められているとともに（健保74条1項，療担規則5条），一部負担金の徴収に関する善管注意義務が課されていますので（健保74条2項），一部負担金を減免することはできないものと解されます。そして，保険医療機関が，一部負担金を免除した場合には，保険医療機関の責務（健保70条1項）に違反するとして，保険医療機関の指定取消事由となり得る点に注意が必要です。

(4)　診療報酬の支払手続の概要

　次に，保険医療機関が，狭義の診療報酬を請求する相手が問題となります。

　狭義の診療報酬の支払義務は，健康保険組合や市町村等の地方公共団体，共済組合等の保険者が負っていますが，迅速かつ統一的な処理の必要性から，狭義の診療報酬の支払に関する事務は，保険者から審査支払機関（社会保険診療報酬支払基金又は国民健康保険団体連合会）に委託されており，保険医療機関は，狭義の診療報酬を審査支払機関に対して請求することが通常です。

　請求手続の概要は以下のとおりです。なお，現在では，請求手続は，原則として，オンラインによる請求により行うものとされています*10。

①　保険医療機関は，被保険者の診療後，作成した診療報酬明細書（保険医療機関等が保険者に対して，被保険者ごとに1か月分の狭義の診療報酬を請求するための明細書であり，「レセプト」とも呼ばれている）とともに，診療翌月10日までに審査支払機関に狭義の診療報酬を請求する。

②　審査支払機関は，診療報酬明細書を基に，請求された狭義の診療報酬の内容が適正であるかどうかを審査したうえで，診療翌々月の所定の日（社会保険診療報酬支払基金の場合，診療翌々月の10日）までに，被保険者が加入する保険者に狭義の診療報酬を請求する。

③　保険者は，審査支払機関の請求を受け，審査支払機関に狭義の診療報酬を支払い（社会保険診療報酬支払基金の場合，診療翌々月の20日），審査支払機関は，保険者から狭義の診療報酬の支払を受けて，保険医療機関に支払う（社会保険診療報酬支払基金の場合，診療翌々月の21日）。

④　なお，審査支払機関や保険者において，狭義の診療報酬の内容に疑義が生じた場合には，返戻や減点査定が行われる。

(5) 審査支払機関による審査について

　保険医療機関が狭義の診療報酬の支払を受けるためには，その行った診療が保険で認められる範囲内で行われている必要があります。そこで，審査支払機関は，保険医療機関から提出された診療報酬明細書の記載内容について，書面審査を基調として，保険医療機関が行った診療行為が，健康保険法や療担規則等に適合しているかどうか，診療報酬の算定方法が診療報酬点数表に照らして誤りがないかどうかを以下の流れで審査します。

(a) 事務点検

　審査支払機関は，保険医療機関から提出された診療報酬明細書の記号番号の誤りや資格喪失などの事務上の過誤について点検し，記載漏れが発見された場合等には，保険医療機関等に返戻します。

(b) 審査委員会による審査・査定

　事務点検が行われた後，審査委員会（審査委員会は，診療担当者を代表する委員，保険者を代表する委員，学識経験者等で構成されています）による審査が行われます。

　審査の過程で，診療報酬明細書の事務上の過誤が見つかった場合や，保険医療機関に照会しなければ診療内容について判断しがたい場合等には，保険医療機関に返戻します。また，審査の過程で，診療報酬の内容に誤りが判明した場合には，増減点の査定（実務上は，減点査定であることが大半です）を行い，保険医療機関に対して通知します。

(6) 診療報酬明細書の返戻について

　上記のように，審査支払機関の審査の過程で，診療報酬明細書に単純な記載の誤り（保険証の記号番号の不備等）や被保険者の資格喪失等事務上の過誤がある場合や保険医療機関に照会しなければ診療内容について判断しがたい場合等には，診療報酬明細書の返戻が行われます。

　審査支払機関が返戻を行う場合のうち，「保険医療機関に照会しなければ診療内容について判断しがたい場合」とはいかなる場合をいうのかについては明らかではありませんが，社会保険診療報酬支払基金においては，返戻に関する判断基準を次のように定めており，参考になります[11]。ただし，以下の判断基準は絶対的なものではなく，個々の事例に応じて，審査委員会において異なる判断がなされる可能性がある点には注意が必要です。

　① 医学的常識に照らして，薬剤の使用又は手術料もしくは検査料の算定に対する適応主傷病名等の記載漏れ以外には考えられないもの等医療機関に返戻照会することなく審査ができない事例

88　第3章◇健康保険

②　医学的常識に照らして，一概に査定することが困難な事例で診療内容からみて医療機関に症状詳記を求めることが妥当と思われる事例

③　包括点数を算定している事案で，査定することによって出来高部分が発生する事例

　診療報酬明細書の返戻が行われると，保険医療機関は，不備があった部分を修正し，審査支払機関に再請求することになります。診療報酬明細書の返戻の理由が不明な場合は，審査支払機関に照会し，不当な返戻と思われるものについては，法的手続（診療報酬支払請求訴訟等。Q20参照）をとることも見据えて，審査支払機関と交渉する必要があります。

　なお，審査支払機関だけでなく，保険者から返戻が行われることもあります。

⑺　**診療報酬の査定（減点査定）・再審査請求について**

　審査支払機関が審査の過程で診療報酬の請求が不適切であると判断した場合には，減点査定が行われます。

　診療報酬の減点査定が行われた場合，保険医療機関が減点査定を争う手段の一つとして，再審査請求があります。保険医療機関による再審査請求については，Q20を参照してください。

　また，保険者も，再審査請求を行うことができるとされており，審査支払機関が減点査定を行わない場合でも，保険者が再審査請求をして減点査定を求めることが多いようです。

〔橋本　裕幸〕

══ ■注　記■ ══

＊1　「診療報酬の算定方法」平成20年3月5日厚生労働省告示第59号（最終改正：令和6年3月5日）別表第1。

＊2　前掲注（＊1）別表第2。

＊3　前掲注（＊1）別表第3。

＊4　「厚生労働大臣が指定する病院の病棟における療養に要する費用の額の算定方法」平成20年3月19日厚生労働省告示第93号（最終改正：令和6年3月21日）別表。

＊5　「使用薬剤の薬価（薬価基準）」平成20年3月5日厚生労働省告示第60号（最終改正：令和6年3月5日）。

＊6　「特定保険医療材料及びその材料価格（材料価格基準）」平成20年3月5日厚生労働省告示第61号（最終改正：令和6年3月5日）。

＊7　「基本診療料の施設基準等」平成20年3月5日厚生労働省告示第62号（最終改正：令和6年3月5日）。

＊8　「特掲診療料の施設基準等」平成20年3月5日厚生労働省告示第63号（最終改正：

令和 6 年 3 月 5 日）。

＊9　医学通信社編『診療報酬点数早見表〔2024年版〕』（医学通信社，2024）等。

＊10　「療養の給付及び公費負担医療に関する費用の請求に関する命令」昭和51年 8 月 2 日厚生省令第36号（最終改正：令和 6 年 3 月29日）。

＊11　橋本巌『保険審査Q&A〔2018－19年版〕』（医学通信社，2018）113頁。

15 医療保険の利用範囲

以下の傷病について，医療保険を利用できますか。
(1) 勤務中や通勤中の傷病
(2) 交通事故による傷病
(3) 自殺未遂による傷病

(1) 勤務中や通勤中の傷病については，医療保険の中で地域保険や後期高齢者医療制度は利用できます。他方で，職域保険の場合は，労災保険（公務員の場合は公務災害補償）の対象となる傷病は医療保険の対象外とされているため，利用できません。
(2) 交通事故による傷病については，通常は医療保険を利用できます。
(3) 自殺未遂による傷病については，自ら給付事由を生じさせているとして医療保険が利用できないということになりそうですが，その傷病の発生が精神疾患等に起因するものと認められる場合には，医療保険を利用できます。

☑キーワード
交通事故，喧嘩，職域保険，地域保険，後期高齢者医療制度，自由診療

解　説

1 勤務中・通勤中の傷病の場合

　医療保険の中で，雇用を前提としていない地域保険や後期高齢者医療制度の場合は，業務上の事由による傷病についても利用できます。
　他方で，雇用を前提としている職域保険の場合は，労災保険の給付[*1]との関係が問題となります。例えば，健康保険法は，保険給付の対象を業務災害（労働者の業務上の負傷，疾病，障害又は死亡）以外の傷病とし，労災保険の対象となる業務上の事由による傷病を保険給付の対象外とし（健保1条），また，業務上の事由による傷病に当たらなくても，労災保険給付の対象となる場合は保険給付の対象外としています（健保55条1項）。このような考え方から，職域保険の場合は，勤務中の傷病や通勤中の傷病については労災保険の対象となるため

利用できません。

　以上のとおり，勤務中や通勤中の傷病の診療については，地域保険や後期高齢者医療制度は利用できますが，職域保険は，労災保険が優先されますので利用できません。

2　交通事故による傷病の場合

　交通事故による傷病について，一部で医療保険は使えないという誤解があるようですが，医療保険各法（健康保険法，船員保険法，国民健康保険法及び高齢者医療確保法等）では，第三者の行為による傷病の場合に医療保険の利用を制限する規定はなく，一般の保険事故と同様に医療保険を利用できます。このことは厚生労働省の通達でも明らかにされています[2]。

　もっとも，第三者から受けた被害は，本来，加害者が治療費を負担すべきものであり，保険者が第三者の行為により生じた保険事故について保険給付をしたときは，保険者による立替払になります。このように保険者は，その給付額の限度で，保険給付を受けた者が第三者に対して有している損害賠償請求権を取得することから，第三者の行為により生じた被害について医療保険を利用した場合は，保険者に対して「第三者行為による傷病届」を提出する必要があります。

　最後に，医療機関側で「交通事故には健康保険を利用できない」と誤った説明をした結果，患者が自由診療の診療報酬を支払った場合には，後に患者から，自由診療とされたことによって余計にかかった費用について，医療保険を利用できないという説明を受けていなければ医療保険を利用していたとして，詐欺等を理由に返還を求められるリスクがありますので，ご注意ください。

3　自殺未遂による傷病の場合

　医療保険は，故意に給付事由を生じさせた場合は保険給付を受けることができません（健保116条，国健保60条参照）。自殺未遂による傷病についても，自ら身体を傷つけて故意に給付事由を発生させていますので，自己の行為に対して認識能力がない場合を除いて，保険給付を受けることができないこととなります[3]。

　しかし，自殺未遂をする場合には何らかの精神疾患等に起因している場合が少なくないと考えられるところ，このように，その傷病が精神疾患等に起因するものと認められる場合には，「故意」に給付事由を生じさせたことに当たら

92　第3章◇健康保険

ないと評価できるため，医療保険を利用することができるとされています*4。このように自殺未遂による傷病の場合は医療保険を利用できる可能性がありますので，慎重に検討してください。

〔菱山　泰男〕

■注　記■

＊1　共済組合の場合は公務災害の補償となりますが，同様の取扱いとなります。
＊2　厚生労働省保険局保険課長ほか「犯罪被害や自動車事故等による傷病の保険給付の取扱いについて」平成23年8月9日保保発0809第3号・保国発0809第2号・保高発0809第3号・保保発0809第4号・保国発0809第3号・保高発0809第4号。
＊3　『健康保険法の解釈と運用〔平成29年度版〕』（法研，2017）997頁。
＊4　厚生労働省保険局保険課長ほか「自殺未遂等による傷病に係る保険給付等について」平成22年5月21日保保発0521第1号・保国発0521第2号・保高発0521第1号。

16 自由診療（保険適用外の診療）について

どのような診療が自由診療（保険適用外の診療）となりますか。また，保険診療と自由診療の違いを教えてください。

　保険診療（医療保険を利用できる診療）は，被保険者の傷病に関する「療養の給付」に当たる診療とされており，「療養の給付」に当たらない診療は，いわゆる自由診療（保険適用外の診療）となります。
　自由診療の場合は，保険診療と異なり，診療報酬は全額，患者の自己負担となり，適用外投薬によって副作用が生じた場合は，医薬品副作用被害救済制度による救済が受けられなくなる可能性があるなど，患者の負担が重くなります。自由診療の診療報酬の額は，医療機関と患者との合意があれば，公序良俗に反しない範囲で自由に決められますが，通常の医療費の水準からかけ離れていないものにとどめておいた方が無難です。

☑キーワード

自由診療，療養の給付

解　説

1　保険診療の範囲

　保険診療は，被保険者の傷病に関する「療養の給付」に当たる診療です。健康保険法は「療養の給付」に当たる診療として，被保険者の傷病に関する，①診察，②薬剤又は治療材料の支給，③処置，手術その他の治療，④在宅で療養するうえでの管理及びその療養に伴う世話その他の看護，⑤病院又は診療所への入院及びその療養に伴う世話その他の看護を挙げています（健保63条1項）。
　このように保険診療の範囲が定められていますので，「療養の給付」に当たらない診療，いわゆる自由診療は医療保険を利用できません。例えば，「療養の給付」は被保険者の傷病に関するものとされていることから，傷病に当たらない，健康診断，予防接種，歯列矯正，近視の手術（レーシック手術），正常な出産，経済上の理由による人工妊娠中絶，美容整形などは，原則として医療保

険の対象外となります。

保険診療において，医薬品は厚生労働大臣が承認した効能又は効果，用法及び用量（以下「効能効果等」といいます）によるとされていますので，原則として，医薬品の承認されていない使用（適応外使用）は保険適用されず，自由診療扱いとなります。しかし，有効性及び安全性の確認された医薬品（副作用報告義務期間又は再審査の終了した医薬品をいいます）で，承認された効能効果等ではないものの，診療報酬明細書の審査上，薬理作用に基づく医薬品の適応外使用として認められたものについては，例外的に保険適用が認められています[1]。

2 自由診療における医師の注意義務

自由診療の場合は保険給付を受けることができず，診療報酬は全額患者の自己負担となります。また，保険適用外の投薬によって重大な副作用が発生した場合には，医薬品副作用被害救済制度による救済が受けられなくなる可能性もあります[2]。このように自由診療の場合は患者の負担が増大することから，医師としては自由診療を行うことを躊躇することも少なくないと考えられます。

しかし，医師が自由診療となる治療行為を控えたことによって生じた後遺症について，担当医及び病院の損害賠償責任を認めた裁判例もあります[☆1]。このような損害賠償リスクもあることからすると，患者が自由診療となることを理由として治療行為を見合わせる判断をした際には，患者の意向を確認できる書面などの証拠を残しておく必要があるといえます。

3 自由診療の診療報酬の額

自由診療の法律関係は，一般に，準委任契約（準委任とは，委任が法律行為を委託するのに対して，法律行為ではない事務〔診療〕を委託することをいいますが，委任の規定が準用され，委任と同様に扱われます）と考えられています。このように自由診療の法律関係は契約であることから，その診療報酬の額は，契約自由の原則から，公序良俗に反しない範囲であれば，医師と患者との間で自由に合意することができるといえそうです。

しかし，自由診療の診療報酬の額を決定する際には，その時点における医療水準において合理的に必要とされる診療内容につき，その難易度，医師の技術，一般の医療費水準との比較等を具体的に検討すべきものとも考えられるところですので[☆2]，医師がまったく自由に決定してよいとまではいいがたいよ

うに思います。たとえ自由診療の診療報酬の額について患者の誓約書を作成した場合であっても，その誓約書の内容を患者が十分に理解できていたか後日問題となることもありますので，トラブルとならないようにするためには，通常の医療費の水準からかけ離れていないものにとどめておくことが無難です。

〔菱山　泰男〕

■判　例■

☆1　仙台地判平11・9・27判タ1044号161頁・判時1724号114頁。
☆2　大阪地判昭45・6・18下民21巻5＝6号825頁・判タ248号99頁参照。

■注　記■

＊1　厚生労働省保険局医療課長ほか「医薬品の適応外使用に係る保険診療上の取扱いについて」令和6年2月26日保医発0226第1号，厚生省保険局長「保険診療における医薬品の取扱いについて」昭和55年9月3日保発第51号（昭和55年通知）参照。
＊2　医薬品副作用被害救済制度は，医薬品を適正に使用したにもかかわらず発生した副作用による健康被害者に対して各種の副作用救済給付を行い，被害者の迅速な救済を図るものですが，保険適用外の投薬の場合には適正な使用に当たらないとされる可能性があります。

17 混合診療の禁止

混合診療は原則として禁止されているということですが，例外的に混合診療が認められるのはどのような場合でしょうか。

一連の診療において保険診療と自由診療（保険外診療）を併用する，いわゆる混合診療は，原則として禁止されています。認められていない混合診療が行われた場合は，保険診療に当たる部分も含めて，診療全体が自由診療と扱われ，全額が患者の自己負担となります。

例外的に混合診療が認められるのは，保険外併用療養費制度を利用できる場合です。保険外併用療養費が支給されるのは，「評価療養」（将来の保険導入のための評価を行うもの），「患者申出療養」（患者からの申出を起点として将来的に保険適用につなげるためのデータ，科学的根拠を集積することを目的とするもの），「選定療養」（患者の嗜好や選好に委ねる療養で，保険導入を前提としないもの）の3つの療養であり，これらの療養については保険診療を併用できます。

キーワード

混合診療，自由診療，保険外併用療養費，評価療養，患者申出療養，選定療養

解 説

1 混合診療の禁止

一連の診療について保険診療と自由診療（保険外診療）を併用する，いわゆる「混合診療」は原則として禁止されています（混合診療の禁止）。なお，禁止とされる混合診療は，自由診療と保険診療が一連の診療であることが前提とされていますので，健康診断で見つかった疾患に対する診療や自由診療中の疾患と異なる疾患に対する診療は，保険診療と自由診療が行われても混合診療に当たりません。

混合診療の禁止に関して，厚生労働省は，混合診療を無制限に導入すると，①本来は，保険診療により一定の自己負担額において必要な医療が提供されるにもかかわらず，患者に対して保険外の負担を求めることが一般化し，患者の

負担が不当に拡大するおそれがあること、②安全性、有効性等が確認されていない医療が保険診療と併せて実施されてしまい、科学的根拠のない特殊な医療の実施を助長するおそれもあることから、一定のルール設定が不可欠であるためとしています。

禁止される混合診療が行われたときは、後記の保険外併用療養費の支給対象となる場合を除き、保険外診療部分だけでなく、保険診療部分についても保険診療を受けられなくなり、全額患者の自己負担となります。もし認められていない混合診療であり、保険請求できないにもかかわらず保険請求を行った場合には不正請求ということになりますので、保険医登録の取消処分の理由とされる可能性があります。混合診療の禁止は、法令上、明確に禁止の定めがあるわけではないことから、認められていない混合診療の場合も保険診療部分は保険診療扱いをすることを求める裁判がありました。しかし、同裁判においては、最終的に、混合診療の例外として規定された制度に当たらない混合診療は、本来保険診療に相当する診療についても、すべて保険給付を受けることができないことが確認されました☆1。

2　保険外併用療養費制度

以上のとおり、混合診療は原則として禁止されていますが、保険診療と自由診療との調整を図るため、混合診療であっても、評価療養、患者申出療養、選定療養を受けた場合は、下図のように、例外的に基礎的な部分について保険適用するという、保険外併用療養費制度が設けられています（健保86条）。

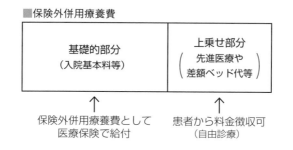

評価療養とは、厚生労働大臣が定める高度の医療技術を用いた療養その他の療養であって、療養の給付の対象とすべきものであるか否かについて、適正な医療の効率的な提供を図る観点から評価を行うことが必要な療養として厚生労働大臣が定めるものです。具体的には、先進医療、医薬品・医療機器・再生医

98　第3章◇健康保険

療等製品の治験に係る診療，薬機法による承認後で保険収載前の医薬品・医療
機器・再生医療等製品の使用，薬価基準収載前の医薬品の適応外使用（用法・
用量・効能・効果の一部変更の承認申請がなされたもの），保険適用医療機器・再生医
療等製品の適応外使用（使用目的・効能・効果等の一部変更の承認申請がなされたも
の）があります*1。

　患者申出療養とは，高度の医療技術を用いた療養であって，当該療養を受け
ようとする患者の申出に基づき，給付の対象とすべきものであるか否かについ
て，適正な医療の効率的な提供を図る観点から評価を行うことが必要な療養と
して厚生労働大臣が定めるものです。患者申出療養制度は，国内未承認の医薬
品等を保険外併用療法として使用したいという患者の思いに応えるため，患者
の申出を起点とする新たな保険外併用療養の仕組みとして，平成28年4月に創
設されたものであり，将来的に保険適用につなげるためのデータ，科学的根拠
を集積することを目的としています。

　選定療養とは，被保険者の選定に係る特別の病室の提供その他の厚生労働大
臣が定める療養です。具体的には，特別の療養環境の提供（差額ベッド），予約
診察，時間外診察，大病院（200床以上）の初診・再診，制限回数を超える医療
行為，180日以上の入院，歯科の金合金等の支給，金属床総義歯の提供，小児
う蝕の指導管理，水晶体再建に使用する多焦点眼内レンズの支給がありま
す*2。

〔菱山　泰男〕

======■判　例■======

☆1　東京高判平21・9・29民集65巻7号3066頁，上告審：最判平23・10・25民集65巻
　　　7号2923頁。

======■注　記■======

＊1　「厚生労働大臣の定める評価療養，患者申出療養及び選定療養」平成18年9月12
　　　日厚生労働省告示第495号（最終改正：令和6年3月27日厚生労働省告示第122号）
　　　1条。
＊2　前掲注（＊1）2条。

18 診療報酬以外に患者から徴収する金員

病院が，診療報酬以外に，患者から①差額ベッド代，②テレビ代・クリーニング代等，③診断書代を受け取ることについては，法的な制限があるのでしょうか。また，金額について高すぎて問題になるようなことはないでしょうか。

(1) 差額ベッド代の請求が認められるための要件や差額ベッド代を求めてはならない場合などについては，厚生労働省の通知に詳細に規定されています。ベッド数や料金を掲示することも必要です。事実上，差額ベッド代を支払わなければ入院できないような場合には，行政庁より改善を求められる可能性があります。

(2) テレビ代，クリーニング代等の「療養の給付と直接関係ないサービス」については，必要事項の掲示・説明と同意といった手続が，厚生労働省の通知によって定められています。金額は，「社会的にみて妥当適切」である必要があります。

(3) 保険診療としての診療情報提供書の作成は定められた保険点数に従って請求できます。それ以外の診断書代は，「療養の給付と直接関係ないサービス」として位置づけられており，(2)と同様です。

☑キーワード

混合診療，選定療養，差額ベッド代，特別の療養環境の提供，テレビ代，クリーニング代，療養の給付と直接関係ないサービス，診断書代

解　説

1　差額ベッド代

(1) 差額ベッド代とは

健康保険で定められた入院料には，ベッド代も含まれており，原則として，患者からベッド代を別途徴収することはできません。

これに対して，患者が少人数部屋や個室を希望する場合に，健康保険が適用

される入院料とは別に，病室の利用料を当該患者に請求することがあり，このことを「差額ベッド代」といいます。

(2) 法律上の位置づけ

ベッド代を含む入院料を保険診療として別途差額ベッド代を自由診療として患者に請求することは，一連の診療において保険診療と自由診療を併用する「混合診療」となりますが，差額ベッド代については，混合診療でも例外的に許容される保険外併用療養制度の「選定療養」に当たるため[1]，保険診療との併用が認められています（Q17参照）。

(3) 差額ベッド代を請求するための条件

(a) 基　準

選定療養は，厚生労働大臣の定める基準に従う必要があり（療担規則5条の4第1項），具体的には，厚生労働省の告示[2]と通知[3]が基準を定めているところ，差額ベッド代については，以下の要件を満たすことが必要です。

① 一病室の病床（ベッド）数は4床以下であること。
② 厚生労働大臣が承認した場合を除き，差額ベッドの数が全体の50％以下であること（ただし，原則として，国立病院は20％以下，公立病院は30％以下）。
③ 病室の面積は1人当たり6.4m²以上であること。
④ 病床ごとのプライバシーの確保を図るための設備を備えていること。
⑤ 特別の療養環境として適切な設備を有すること。

(b) 掲示・説明と同意

選定療養については，その内容・費用に関する事項を見やすい場所に掲示する必要があり（療担規則5条の4第2項），また，事前に，内容・費用について説明を行い，患者の同意を得る必要があります（同条1項）。

差額ベッド代の掲示・説明と同意については，厚生労働省の通知が以下のように定めています[4]。

① 保険医療機関内の見やすい場所，例えば，受付窓口，待合室等に特別療養環境室（差額ベッド室）の各々についてそのベッド数，特別療養環境室の場所及び料金を患者にとってわかりやすく掲示しておくこと。
② 特別療養環境室への入院を希望する患者に対しては，特別療養環境室の設備構造，料金等について明確かつ懇切丁寧に説明し，患者側の同意を確認のうえ入院させること。
③ 同意の確認は，料金等を明示した文書に患者側の署名を受けることにより行うものであること。なお，この文書は，当該保険医療機関が保存し，

必要に応じ提示できるようにしておくこと。

(c) **差額ベッド代を請求できない場合**

このように，差額ベッド代は，あくまで患者が特別の療養環境を自発的に選択した場合に請求できるものです。したがって，以下のような場合には，差額ベッド代を請求することはできないとされています*5。

① 同意書による同意の確認を行っていない場合（当該同意書が，室料の記載がない，患者側の署名がない等内容が不十分である場合を含む）。

② 患者本人の治療上の必要により特別療養環境室へ入院させる場合。

③ 病棟管理の必要性等から特別療養環境室に入院させた場合であって，実質的に患者の選択によらない場合。

(4) **差額ベッド代の代金**

選定療養の一部については，その金額の基準が定められていますが*6，差額ベッド代の金額については，特に基準は定められていないので，病院の裁量で金額を決めることができます。厚生労働省の統計によると，1日当たり平均徴収額は数千円程度となっています*7。

なお，差額ベッド代が高額であったとしても，患者は大部屋に入院できるわけですので，病院として患者の入院を拒否することとはならず，応招義務違反の問題も生じません。

ただし，厚生労働省の通知*8には「患者が事実上特別の負担なしでは入院できないような運営を行う保険医療機関については，患者の受診の機会が妨げられるおそれがあり，保険医療機関の性格から当を得ないものと認められるので，保険医療機関の指定又は更新による再指定に当たっては，十分改善がなされた上で，これを行う等の措置も考慮すること。」と定められているので，注意が必要です。

2 療養の給付と直接関係ないサービス

テレビ代，クリーニング代等は，健康保険制度との関係では，「療養の給付と直接関係ないサービス」として位置づけられています。したがって，保険診療に関する療担規則に基づく規制は適用されず，患者の同意を得たうえで費用を徴収することは差し支えないものとされていますが，厚生労働省の通知*9が，徴収できる費用の種類，手続等を規制しています。

また，これらのサービスの費用についても，差額ベッド代と同様に，掲示・説明と同意が必要とされています。厚生労働省が定める掲示例は次のとおりです*10。

102　第3章◇健康保険

> 当院では，以下の項目について，その使用量，利用回数に応じた実費の負担をお願いしています。
>
> 　紙おむつ代　　　1枚につき　　　○○円
> 　理髪代　　　　　1回につき○○○○円
> ─────　　─────　　─────円
>
> なお，衛生材料等の治療（看護）行為及びそれに密接に関連した「サービス」や「物」についての費用の徴収や，「施設管理費」等の曖昧な名目での費用の徴収は，一切認められていません。

なお，徴収する費用の水準については，「社会的にみて妥当適切なものとすること」とされています*11。

3　診断書代

医師が患者の医療情報に関して作成する書面の中には，患者の紹介やセカンドオピニオンのための情報提供の際に発行される「診療情報提供書」があり，これは，保険診療と位置づけられており，診療情報提供料等の診療点数が定められています*12。これ以外の診断書の発行は，「療養の給付と直接関係ないサービス」として位置づけられており*13，手続や費用の水準については，**2**で述べたとおりです。

〔植松　祐二〕

━━ ▨注　記▨ ━━

* ＊1　差額ベッド代は，選定療養の一つである「特別の療養環境の提供」（「厚生労働大臣の定める評価療養，患者申出療養及び選定療養」平成18年9月12日厚生労働省告示第495号〔最終改正：令和2年3月27日厚生労働省告示第105号〕2条1号）に当たるとされています。
* ＊2　「療担規則及び薬担規則並びに療担基準に基づき厚生労働大臣が定める掲示事項等」平成18年3月6日厚生労働省告示第107号（最終改正：令和6年3月29日厚生労働省告示第154号）第三・二。
* ＊3　厚生労働省保険局医療課長ほか「『療担規則及び薬担規則並びに療担基準に基づき厚生労働大臣が定める掲示事項等』及び『保険外併用療養費に係る厚生労働大臣が定める医薬品等』の実施上の留意事項について」平成18年3月13日保医発0313003号（最終改正：令和6年3月27日）第3・14ⅰ）(1)，(2)及び(5)。
* ＊4　前掲注（＊3）第3・14ⅰ）(7)。
* ＊5　前掲注（＊3）第3・14ⅰ）(8)。
* ＊6　「保険外併用療養費に係る療養についての費用の額の算定方法」平成18年9月12日厚生労働省告示第496号（最終改正：令和4年3月4日厚生労働省告示第52号）において，180日超の入院料について算定基準が定められています。

＊7 第528回中央社会保険医療協議会資料「主な選定療養に係る報告状況」令和4年9月14日（https://www.mhlw.go.jp/content/12404000/000989593.pdf）。

＊8 前掲注（＊3）第3・14ⅰ）⑼。

＊9 厚生労働省保険局医療課長ほか「療養の給付と直接関係ないサービス等の取扱いについて」平成17年9月1日保医発第0901002号（最終改正：令和2年3月23日）。

＊10 前掲注（＊3）第1・2⑸。

＊11 前掲注（＊9）。

＊12 「診療報酬の算定方法」平成20年3月5日厚生労働省告示第59号（最終改正：令和6年3月5日厚生労働省告示第57号）別表第1「医科診療報酬点数表」区分番号B009及びB010。

＊13 前掲注（＊9）。

19　保険診療における規制

　当院では，近隣の特定の薬局と提携して，相互に患者を紹介することとしようと思います。具体的には，提携薬局から紹介された患者について，当該患者に診療報酬を値引きしつつ提携薬局に紹介料を支払い，また，当院の患者に対して処方箋を交付する際には提携薬局を案内する，という形をとりたいのですが，問題ありますか。

　健康保険を利用する患者に対し一部負担金の値引きをしたり，患者紹介に紹介料を支払うなどして，自院での保険診療を誘引することは認められません。また，健康保険を利用する処方箋について，特定の薬局を案内することも認められません。
　なお，予防接種や健康診断など健康保険を利用しない自由診療については，このような規制はありません。

☑キーワード
健康保険，経済上の利益の提供による誘引の禁止，特定の保険薬局への誘導の禁止

――― 解　説 ―――

1　保険診療における規制

保険診療におけるルールを定める療担規則では，保険医療機関に関して，
① 患者に対する値引き等
② 患者紹介に対する紹介料提供等
③ 特定の保険薬局への誘導
を禁止しています。

2　患者に対する値引き等の禁止

(1)　規制に至る経緯

　平成24年の療担規則改正により，保険医療機関は，患者に対して，診療報酬の一部負担金の値引きその他の健康保険事業の健全な運営を損なうおそれのあ

る経済的利益の提供により，自己の医療機関を受診するように誘引してはならない，と定められました（療担規則2条の4の2第1項）。

当時，一部保険薬局において行われていた，調剤一部負担金に対して独自のポイントを付与するポイント制が問題となりました。この問題をきっかけに，①保険調剤等においては，調剤料や薬価が中央社会保険医療協議会（中医協）における議論を経て公定されており，これについて，ポイントのような付加価値を付与することは，医療保険制度上ふさわしくない，②患者が保険薬局等を選択するにあたっては，保険薬局等が懇切丁寧に保険調剤等を担当し，保険薬剤師が調剤，薬学的管理及び服薬指導の質を高めることが本旨であり，適切な健康保険事業の運営の観点から，ポイントの提供等によるべきではない，という考え方から，値引き等による誘引を禁止したのです[1]。

(2) 現在の運用

現在でも一部の保険薬局では，独自の，又は，他社のポイント制を導入し，調剤一部負担金の支払に対してポイントを付与する，といった取組みも行われていますが，

① ポイントを用いて一部負担金を減額することを可能としているもの
② 一部負担金の1％を超えてポイントを付与しているもの
③ 一部負担金に対するポイントの付与について大々的に宣伝，広告を行っているもの（具体的には，保険薬局の建物外に設置した看板，テレビコマーシャル等）

のいずれかに該当するものは，この規制に抵触するものとされています[2]。

なお，保険医療機関によっては，患者の自己負担分をクレジットカードや一定の汎用性のある電子マネーで支払うことが可能であり，これらのカードの利用額についてポイントが付与されることがありますが，こちらについては，患者の支払の利便性の向上が目的であることから，当面やむを得ないものとして認められています。

3 患者紹介に対する紹介料提供等の禁止

(1) 規制に至る経緯

平成26年の療担規則改正により，保険医療機関は，患者の紹介料の支払その他の健康保険事業の健全な運営を損なうおそれのある経済上の利益を提供することにより，患者が自己の保険医療機関を受診するように誘引してはならないと定められました（療担規則2条の4の2第2項）。

当時，一部の保険医療機関等において，集合住宅等に入居する患者の紹介を

受け，患者紹介料を支払ったうえで，訪問診療等を行っている事例が認められました。これらの事例については，①特定の保険医療機関等への患者誘導につながる蓋然性が高く，患者が保険医療機関等を自由に選択できる環境を損なうおそれがある，②患者を経済上の取引の対象としており，保険医療機関等による過剰な診療等につながり，保険診療そのものや保険財源の効果的・効率的な活用に対する国民の信頼を損なうおそれがある等の問題がある，とされました。保険医療機関等は患者が自由に選択できるものである必要があり，また，健康保険事業の健全な運営を確保する必要があること等から，この規制が定められたものです。

(2) 具体的な適用

この規制は，

① 保険医療機関又は保険薬局が，事業者又はその従業員に対して，患者紹介の対価として，経済上の利益の提供を行うこと

② ①により，患者が自己の保険医療機関又は保険薬局において診療又は調剤を受けるように誘引すること

の2つの要件に分けられ，2つの要件いずれにも該当する場合は，禁止行為に該当すると判断されるものです。

患者紹介の対価が要件であるところ，直接的な紹介料支払という名目でなくても，例えば，訪問診療の広報業務，施設との連絡・調整業務，訪問診療の際の車の運転業務等の委託料や，診察室等の貸借料に上乗せされている場合も考えられるので，当該地域における通常の委託料・貸借料よりも高かったり，診療報酬や患者数に応じて設定されている場合は，実質的な紹介料とされる可能性があるので注意が必要です[3][4]。

4 特定の保険薬局への誘導の禁止

保険医療機関は，保険医の行う処方箋の交付に関し，患者に対して特定の保険薬局において調剤を受けるべき旨の指示等を行ってならず，患者に対して特定の保険薬局において調剤を受けるべき旨の指示等を行うことの対償として，保険薬局から金品その他の財産上の利益を収受してはなりません（療担規則2条の5第1項・2項）。

本規定により禁止される特定の保険薬局への誘導とは，具体的に，

① 保険医療機関内において，患者サービスの目的で，近隣の保険薬局の所在地を表した地図を配布する際に，特定の保険薬局についてのみ記載す

ること

②　処方箋の処方欄に，保険医療機関と保険薬局との間で約束されたいわゆる約束処方による医薬品名の省略，記号等による記載を行うこと

などがあります。したがって，患者へのサービス目的であるとしても，特定の保険薬局のみを記載した地図の配布や特定の保険薬局を記載した案内図の掲示は許されません。

もっとも，在宅医療の充実の観点から，療担規則の平成26年改正により，

〔Ⅰ〕地域包括診療加算・地域包括診療料を算定する保険医療機関が，患者に対して

①　連携薬局の中から患者自らが選択した薬局において処方を受けるよう説明をすること

②　時間外において対応できる薬局のリストを文書により提供すること

〔Ⅱ〕保険医療機関が在宅で療養を行う患者に対して，在宅患者訪問薬剤管理指導の届出を行った薬局のリストを文書により提供すること

については，療担規則で禁止する「特定の保険薬局への誘導」に該当しないことが明確化されました[*5]。

5 自由診療について

これらの規制を定める療担規則の文言では，「保険医療機関は」と規定され，禁止される主体が保険医療機関に限られているため，これらの規制は保険診療を行わない自由診療クリニックには適用されません。したがって，自由診療専門クリニックは，診察料の値引きや患者（受診者）紹介に関して紹介料の支払をしても，同規制に抵触しません。

一方で，保険医療機関は，文言上禁止されている以上自由診療においても例えば紹介料授受禁止の規制が及ぶのか，それとも，自由診療に関してであれば紹介料授受をしてよいのか，という疑問がありました。この点について，グレーゾーン解消制度を利用した確認の求めがなされ，「療養の給付」（保険診療）としてなされない自由診療については，療担規則2条の4の2（紹介料禁止規定）は適用されないものと回答がありました[*6]。したがって，自由診療専門クリニックのみならず，自由診療と保険診療を両方行うクリニックにおいても，自由診療に関してであれば，紹介料授受その他は禁止されないことが明確となりました。

〔三谷　和歌子〕

108 第3章◇健康保険

━━ ■注 記■ ━━

＊1 厚生労働省保険局医療課長「保険医療機関及び保険医療養担当規則及び保険薬局
及び保険薬剤師療養担当規則の一部改正に伴う実施上の留意事項について」平成24
年9月14日保医発0914第1号。

＊2 厚生労働省保険局医療課「保険調剤等に係る一部負担金の支払いにおけるポイン
ト付与に係る指導について」平成29年1月25日事務連絡。

＊3 厚生労働省保険局医療課長ほか「保険医療機関及び保険医療養担当規則等の一部
改正に伴う実施上の留意事項について」平成26年3月5日保医発0305第10号。

＊4 厚生労働省保険局医療課「疑義解釈資料の送付について（その8）」平成26年7
月10日事務連絡。

＊5 前掲注（＊3）。

＊6 https://www.mhlw.go.jp/content/000619346.pdf

20 診療報酬の不適切請求

　保険診療の診療報酬の請求が適切でなかった場合に，保険医療機関はどのような不利益を受けますか。不利益を受けたことに不服がある場合には，どのように争えばよいですか。

　　診療報酬の請求が適切でないことが審査段階（診療報酬支払前）において判明した場合には，審査支払機関による減点査定が行われます。一方，支払後に判明した場合には，不適切とされた診療報酬の返還請求等を受けることがあります。さらに，事案の軽重によって，厚生労働大臣による保険医療機関の指定取消処分，戒告，注意等の行政上の措置を受けますし，不正請求に関与した人が詐欺罪での刑事処分を受けることもあります。
　これらの処分に不服がある場合には，それぞれの処分に応じて，民事，行政，刑事の各手続の中で争うことになります。

☑キーワード
診療報酬，不正請求・不当請求，審査支払機関，指定取消処分，自主返還

解　説

1　診療報酬の不適切な請求について

　不適切な診療報酬の請求は，行政解釈において，「不正請求」及び「不当請求」に大別して取り扱われており[*1]，どちらの請求に該当するかによって取扱いが異なります。
　まず，診療報酬の不正請求とは，法令違反及び職責違反の行為により，不実の診療報酬を請求することをいい，代表例としては，架空請求（実際に行っていない診療の請求），付増請求（実際の診療行為よりも回数や数量を水増しした請求），振替請求（保険適用外の診療を保険適用項目に置き換える請求）等が挙げられます。他方，診療報酬の不当請求とは，診療の実体はあるものの，診療報酬の請求手続について実質的に妥当性を欠いた請求（代表例としては，診療報酬請求明細書が所定の様式でない場合が挙げられます）をいいます[*2]。

110　第3章◇健康保険

　診療報酬の不適切な請求が発覚する端緒としては，保険者や審査支払機関（審査支払機関は，診療報酬請求の著しい不正又は不当を発見した場合には，地方厚生局長に遅滞なく通報することとされています），被保険者等からの通報及び保険医療機関従事者による内部告発が大半を占めています。なお，審査支払機関や診療報酬の支払手続については，**Q14**を参照してください。

2　減点査定

(1)　減点査定について

　審査支払機関による審査や保険者の申出による再審査（Q14参照）において診療報酬の請求が不適切であると判断された場合には，減点査定が行われ，保険医療機関には，減点査定後の点数に基づいて診療報酬が支払われます。

(2)　再審査請求について

　減点査定に不服がある場合には，保険医療機関は，審査支払機関に対し，再審査請求を行うことができます。

　もっとも，再審査請求は，原則として1件につき1回とされており，保険者に請求した時から6か月以内に行う必要がある点に注意が必要です*3。

(3)　訴訟手続について

　また，保険医療機関は，減点査定に不服がある場合には，訴訟手続による不服申立てもできます。

　この場合の訴訟類型ですが，減点査定は，法令に適合した療養の給付の実体を欠く場合（すなわち，そもそも診療報酬請求権が発生していない場合）に保険医療機関に対する診療報酬の支払を拒絶するものにすぎず，法律上，保険医療機関の診療報酬請求権その他の権利義務に何ら不利益な効果を及ぼすものではないので，行政処分には該当しないと解されています☆1。したがって，保険医療機関が減点査定を争う場合，行政処分に対する不服申立てである抗告訴訟ではなく，減点分に相当する診療報酬の支払請求訴訟（民事訴訟）を提起することになります。

　次に，訴訟提起にあたっては，誰を被告とするかが問題となります。保険者は，保険医療機関に対して診療報酬の支払義務を負う立場にありますので，保険者を被告とすることができますが，審査支払機関も，健康保険法等の法律に基づいて保険者から診療報酬の支払等を委託され，保険医療機関に対して直接診療報酬の支払義務を負うと解されていますので，審査支払機関も被告とすることができます☆2。

なお，保険医療機関は，上記(2)のとおり，再審査請求も行うことができますが，前述のとおり減点査定は行政処分には該当しないことから，再審査請求を行わずに直接民事訴訟を提起することが可能です（健康保険法192条の適用対象外）。

3 診療報酬の返還について

保険医療機関が診療報酬を受領した後に不適切な診療報酬の請求が行われていたことが判明した場合には，保険医療機関は，受領した診療報酬に相当する金額を不当利得として，保険者に返還する義務を負います。なお，保険医療機関が被保険者から受領した一部負担金の返還の問題も生じますが，以下では実務上問題となることが多い保険者への返還について説明します。

保険医療機関が受領した診療報酬の返還義務を負う場合でも，実務上は，保険者が直ちに保険医療機関に返還を請求するのではなく，まずは，厚生労働省が個別指導（健保73条）や監査（健保78条）において，保険医療機関に対し，保険者に対して診療報酬を自主返還するよう指導します。

個別指導において不当請求とされた場合は，保険医療機関において自主点検を行ったうえ，少なくとも過去1年分の不当請求に係る診療報酬を保険者に自主返還するよう指導されます*4。

また，次の場合は地方厚生（支）局及び都道府県又は厚生労働省並びに地方厚生（支）局及び都道府県による監査が実施され，当該監査において不正又は不当請求とされた場合には，過去5年分の不正又は不当請求に係る診療報酬を保険者に自主返還するよう指導されます*5。

① 診療内容に不正又は著しい不当があったことを疑うに足りる理由があるとき。

② 診療報酬の請求に不正又は著しい不当があったことを疑うに足りる理由があるとき。

③ 度重なる個別指導によっても診療内容又は診療報酬の請求に改善がみられないとき。

④ 正当な理由がなく個別指導を拒否したとき。

なお，不正請求の場合，保険者は，保険医療機関に対し，その支払った額の返還に加え，返還させる額の40％に相当する額を支払わせることができるものとされており（健保58条3項。同項は民法上の不当利得の特則と解されています），上記の指導においても，不正請求とされた診療報酬の金額を1.4倍した金額を保険者に支払うよう求められるため，保険医療機関は重大な経済的不利益を被るこ

112   第3章◇健康保険

とになります。

　これに不服がある場合には，自主返還を拒否することになりますが，その場合，保険者から診療報酬の返還請求訴訟が提起されることなどが想定されますので☆3，保険医療機関としては，これらの手続の中で争うことになります。

4　　行政処分

　個別指導や監査において，診療報酬の請求が不適切であったと判断された場合には，以下のように，事案の程度に応じた措置がとられます*6。

(1)　**保険医療機関の指定取消処分について**

　健康保険法80条3号は，「療養の給付に関する費用の請求……について不正があったとき」を指定取消事由としています。同号について行政解釈では，故意による不正又は不当な診療報酬の請求の場合や重大な過失によりしばしば不正又は不当な診療報酬の請求を行った場合を意味すると解されています*7。

　保険医療機関の指定取消処分がなされた場合，来院した患者は医療費の全額を自己負担しなければならないことから，来院する患者数が大幅に減り，医療機関の経営が破綻する可能性があります。

　保険医療機関の指定取消処分は，当然行政処分と解されますから，不服がある保険医療機関は，当該処分を知った時から，3か月以内に厚生労働大臣に対して審査請求を行うことができます（行審4条・18条）。

　また，保険医療機関は，審査請求によらずに直接，訴訟を提起することができます。処分が行われる前であれば，保険医療機関の指定取消処分の差止訴訟（行訴3条7項・37条の4），処分がなされた後であれば，処分の取消訴訟（行訴3条2項・2章1節）を提起することができますが☆4，取消処分がなされた場合，取消訴訟を提起しただけで，指定取消処分の効力が失われるわけではありませんので，併せて執行停止の申立て（行訴25条）を行うことも検討する必要があります。

(2)　**戒告について**

　保険医療機関が，重大な過失による不正又は不当な診療報酬の請求を行った場合や軽微な過失により不正又は不当な診療報酬の請求をしばしば行った場合に，厚生労働省から行政上の指導監督措置である戒告を受ける場合があります*8。

　戒告を受けた場合には，保険医療機関の名誉や信用が侵害されたり，将来の指定取消処分の根拠となったりする（戒告が累積した場合には，指定取消事由に該当

すると考えられています）おそれがあるものの，あくまでも行政上の指導監督措置にすぎず，戒告それ自体としては直接の法律効果を有しないとされています。そのため，戒告には処分性がなく，取消訴訟において争うことはできないと解されています☆5。ただし，公法上の当事者訴訟（行訴4条）を利用できるとする見解もあり，選択肢として検討に値します。

また，どの見解によるにせよ，違法な戒告により名誉や信用が侵害されて損害を被ったとして，国を被告として国家賠償請求訴訟を提起して争っていくことは可能です。

⑶ 注意について

保険医療機関が，軽微な過失による不正又は不当な診療報酬の請求を行った場合に，行政上の指導監督措置である注意を受ける場合があります*9。注意を受けた場合の不服申立ての方法については，戒告を受けた場合と同様です。

⑷ 医師個人に対して

保険医が診療報酬の不適切な請求に関与した場合には，保険医の登録取消処分（健保81条1号・72条1項，療担規則19条の2）等の行政上の措置や医師法上の行政処分（Q2参照）を受けることになります。

5　刑事上の処分

通常は，上記**4**において述べた行政上の措置で済まされることが多いようですが，故意による不適切な診療報酬請求のうちでも，悪質であったり，高額であったりした場合には，当該請求に関与した者が詐欺罪（刑246条）に問われることがあります☆6。

これに不服がある場合には，刑事手続の中で争うことになります。

〔橋本　裕幸〕

==■判　例■==

☆1　最判昭53・4・4裁判集民123号501頁・判時887号58頁。

☆2　最判昭48・12・20民集27巻11号1594頁。

☆3　保険者からの診療報酬返還請求が認められた最近の事例として，東京地判平17・11・14（平成16年（ワ）第9953号）WLJ。

☆4　保険医療機関の指定取消処分が取り消された例として，東京高判平23・5・31（平成22年（行コ）第170号）LLI/DB。

☆5　最判昭38・6・4民集17巻5号670頁。

☆6　詐欺罪の成立が認められた最近の事例として，横浜地判平21・9・24（平成20年（わ）第2551号・平成21年（わ）第270号）LLI/DB。

114   第3章◇健康保険

■注　記■

＊1　厚生省保険局長「社会保険医療担当者の監査について」昭和29年12月28日保発第93号。

＊2　前掲注（＊1）。

＊3　厚生省保険局保険課長ほか「社会保険診療報酬支払基金に対する再審査の申出について」昭和60年4月30日保険発第40号・庁保険発第17号。

＊4　厚生省保険局医療課長「指導大綱における保険医療機関等に対する指導の取扱いについて」平成7年12月22日保険発第164号。

＊5　厚生省保険局長「保険医療機関等及び保険医等の指導及び監査について」平成7年12月22日保発第117号。

＊6　前掲注（＊5）。

＊7　前掲注（＊5）。

＊8　前掲注（＊5）。

＊9　前掲注（＊5）。

第 4 章

医療法人

21 医療法人の意義

医療法人にはどのような種類がありますか。

A
　医療法人は，財団医療法人と社団医療法人に大別されます。
　社団医療法人は，持分のある社団医療法人と，持分のない社団医療法人に分類されます。現在の医療法下で設立される社団医療法人はすべて持分のない社団医療法人となります。持分のある社団医療法人は，出資額に限度を設けた出資額限度法人と，出資額に限度額のない一般の社団医療法人に分類されます。
　持分のない社団医療法人は，さらに資金調達手段として基金制度を採用する基金拠出型法人と，基金制度のない一般の社団医療法人に細分化されます。
　財団医療法人や，基金制度を採用しない一般の持分のない社団医療法人のうち一定の要件を満たしたものについては，国税庁長官の承認により，特定医療法人として法人税減税や，一定の収益事業が可能となるメリットを受けることができます。
　このほか，地域医療の効率化等を目的として，複数の医療法人が参加法人として参加する一般社団法人を都道府県知事が地域連携医療法人として認定する制度もあります。

キーワード

　財団医療法人，社団医療法人，持分の有無，持分ありからの移行，地域連携医療法人

解　説

1　医療法人の意義

　医療法人とは，病院，医師・歯科医師が常時勤務する診療所，介護老人保健施設又は介護医療院を開設することを目的として設立される法人です（医療39条）。
　個人で病院や診療所を開設することもできますが，医療法人を設立することによって，医療機関の永続性確保が図られるほか，医療機関の運営と医師個人を切り離すことにより，医療機関運営の透明性確保や，医師個人が医療機関の

118　第4章◇医療法人

債務について有限責任を負うにとどまるなどのメリットがあります。

2　医療法人の分類

(1)　社団医療法人と財団医療法人

　社団医療法人は，人が社員になることによって設立され，定款に従いその運営を行います。なお，医療法人の圧倒的多数は社団医療法人です。社団医療法人には，持分のある社団医療法人と，持分のない社団医療法人があります。

　これに対し，財団医療法人は，財産を無償で拠出することにより設立され，財団の寄附行為に従いその運営を行います。

(2)　社団医療法人の分類

(a)　持分のある社団医療法人（経過措置型医療法人）

　持分のある社団医療法人は平成19年3月31日までに設立された医療法人に限られており，現行医療法に基づいて新たに持分のある社団医療法人を設立することはできません[*1]。既に設立された持分のある社団医療法人は「経過措置型医療法人」ともいわれています。

　(ア)　一般の持分のある社団医療法人　　一般の持分のある社団医療法人は，定款に社員の出資持分の定めがあり，当該医療法人の資産は，各社員にその持分に応じて帰属することになります。その結果，社員の退社や解散の際には，各社員は，当該医療法人の財産評価額に各持分割合を乗じた額を，払戻請求又は残余財産分配請求できます。

　(イ)　出資額限度法人　　出資額限度法人とは，定款に出資持分の定めがあるものの，社員の退社の際の払戻し及び解散の際の残余財産分配請求にあたり，定款に払込出資額を限度とする旨の制限を設けている医療法人をいいます。出資額限度法人においては，社員の退社又は残余財産の分配請求にあたり，その社員の出資持分や医療法人の財産評価にかかわらず社員が実際に出資した額に限定されますので[*2]，医療法人側としては内部留保の多寡にかかわらず社員の退社又は残余財産の分配にあたり払い戻す額を限定できるというメリットがあります。

(b)　持分の定めのない社団医療法人の分類

　(ア)　一般の持分のない社団医療法人　　社団医療法人であって社員の出資持分の定めのないものを「持分の定めのない社団医療法人」といい，現行医療法下で設立される社団医療法人はすべてこのタイプの医療法人になります。持分のない社団医療法人は社員の退社時における出資持分の払戻しがありませんの

で，安定した医療法人の経営を行うことができます。

　(イ)　基金拠出型医療法人　　持分の定めのない医療法人は資金調達手段として基金制度を採用することができます（医療規30条の37第1項）。これは，医療法人が設立時より必要な設備等を保有している必要があるため，資金調達の便宜を図ったものです。

　基金は持分の定めのない社団医療法人に拠出される金銭その他の財産ですが，基金には配当や利息を付すことはできず（医療54条，医療規30の37第2項），基金拠出者は社団医療法人に対し劣後債権者と同様の地位しか有しません*3。

(3)　公益性がより高い医療法人（特定医療法人・社会医療法人）

(a)　特定医療法人

　特定医療法人とは，租税特別措置法67条の2に規定された法人で，財団医療法人又は持分の定めがなく基金制度を採用していない社団医療法人のうち，その事業が医療の普及及び向上，社会福祉への貢献その他公益の増進に著しく寄与し，かつ公的に運営されていることにつき政令で定める要件を満たすものとして国税庁長官の承認を受けたものをいいます。

　特定医療法人の承認要件は厳格ですが，承認を受けた場合，法人税の軽減税率が適用されるというメリットがあります。

(b)　社会医療法人

　社会医療法人とは，財団医療法人又は持分の定めがなく基金制度を採用していない社団医療法人のうち医療法42条の2に定める要件に該当するものとして都道府県知事の認定を受けたものをいいます。

　社会医療法人は，救急医療，へき地医療及び周産期医療など特に地域で必要な医療の提供を担う法人を社会医療法人として位置づけ，良質かつ適切な医療を効率的に提供する体制を確保するための医療法人です。社会医療法人の認定要件は役員・社員の親族等の割合が3分の1以下であることや，救急医療，へき地医療等を実施していることなど厳格ですが（医療42条の2第1項，医療規30条の35の2・30条の35の3），認定を受けた場合，一定の範囲の収益事業を営むことが認められています。加えて，本来業務の病院，診療所，介護老人保健施設又は介護医療院から生じる非収益事業及び本来業務の医療保健業について，法人税が非課税となるほか，救急医療等確保事業等に要する固定資産の不動産取得税，固定資産税及び土地計画税についても非課税とされるメリットがあります。また，公募債である社会医療法人債の発行が認められており（医療54条の2第1項），多様な資金調達が可能です。

120　第4章◇医療法人

3　地域医療連携推進法人制度

(1)　概　　要

　地域医療連携推進法人制度は，地域において良質・適切な医療を効率的に提供するため，病院等に係る事業の連携を推進するための方針（医療連携推進方針）を定め，参加法人等の医療機関の機能の分担及び業務の連携を推進することを目的とする一般社団法人を，都道府県知事が地域医療連携推進法人として認定する仕組みです。地域医療連携推進法人のメリットは，参加法人等がその独立性を維持しながら，医薬品の共同購入，参加法人等間の病床融通，参加法人等内での資金調達等を行い，医療の効率化及び経営の安定化を図ることが可能となる点にあります[4]。令和6年4月1日現在，39法人が地域医療連携推進法人として認定されています[5]。

(2)　令和5年医療法改正の主な内容

　令和5年改正前医療法では個人で病院等を開設する者や個人で介護事業を営む者が地域医療連携推進法人に参加して社員になることはできませんでしたが，地域医療機関の連携を一層促進するため，これらの者も社員として地域医療連携推進法人に参加可能となりました。このような個人立の医療機関等では，個人資産と医療資産の分離が困難であることから，個人立の医療機関等が社員として参加する地域医療連携推進法人の場合，参加法人等への資金貸付や出資は認められていません。

　また，地域医療連携推進法人の事務負担軽減のため，資金貸付及び出資を行わない地域医療連携推進法人であって省令に定める基準に該当しない場合，公認会計士・監査法人による外部監査を省略可能とするほか，代表理事の再任について都道府県知事の認可を不要とするなどの措置を講じています。

4　持分のある社団医療法人からの移行

(1)　概　　要

　持分のある社団医療法人（経過措置型医療法人）については，「当分の間」経過措置としてその存続を認められており（医療附則平成18年6月21日法律第84号10条2項），経過措置型医療法人は現在も社団医療法人の6割程度を占めています[6]。しかし，経過措置型医療法人については，社員の退社や死亡に伴い持分の払戻請求を受ける可能性があるというリスクがあります。このようなリスクを回避するために，経過措置型医療法人から持分のない医療法人への移行が

考えられます。

　もっとも，一度，持分のない社団医療法人に移行すると，持分のある社団医療法人に戻ることはできません。持分の有無はM&Aの手法にも影響しますので（Q72参照），この観点からも検討が必要です。

(2) 持分のない医療法人への移行促進策

　経過措置型医療法人が持分のない医療法人へ移行するためには，社員の持分の放棄や払戻しによって持分を消滅させたうえで，定款の変更を行うことが必要になります。しかし，この持分の放棄や払戻しを行う過程においては，社員や医療法人への贈与税等の負担が発生する可能性があります。

　これらの負担を軽減するため，持分なし医療法人への移行について計画的な取組みを行う医療法人については，厚生労働大臣が認定し，税制優遇等の支援を行う移行促進策（移行計画認定制度）を講じています（医療附則平成18年6月21日法律第84号10条の3第1項）。厚生労働大臣が認定した医療法人を「認定医療法人」といい，認定医療法人は出資者の相続税の猶予・免除措置，出資者が持分を放棄した場合の出資者間のみなし贈与税の猶予・免除措置及び認定医療法人のみなし贈与税課税特例を受けることができます[7]。ただし，移行計画認定制度の実施期間は令和8（2026）年12月31日までであり，この日までに厚生労働大臣の認定を受ける必要があります。

(3) 移行までの手続

　移行計画認定制度を利用して持分のない医療法人への移行を行う場合には，社員総会を開催し，移行計画について承認を得た後に厚生労働大臣宛に移行計画の認定申請を行う必要があります。また，認定医療法人においては，移行が完了するまでの間，厚生労働大臣に対し，①持分の処分報告，②進捗状況報告等が必要となります（医療附則平成18年6月21日法律第84号10条の8）。ただし，上記①については，下記の定款の認可報告と同時に行うことが可能です。

　そのうえで，①現在持分を保有している出資者との間での持分の放棄・払戻し等の調整，②残余財産の帰属先を国，地方公共団体又は医療法人等政令で定める者とするための定款変更，③定款変更についての都道府県知事による認可取得，④厚生労働大臣に対する実施状況報告が必要となります。

　認定医療法人の場合は，移行計画に定める移行期限までに都道府県知事による定款変更の認可が完了しなければならないため，スケジュール調整に注意が必要です。

〔山宮　道代〕

122 第 4 章◇医療法人

■注 記■

＊1　厚生労働省医政局長「医療法人制度について」平成19年 3 月30日医政発第
　　　0330049号（最終改正：平成31年 3 月29日）。

＊2　厚生労働省医政局長「いわゆる『出資額限度法人』について」平成16年 8 月13日
　　　医政発第0813001号（最終改正：平成31年 3 月29日）。

＊3　厚生労働省医政局長「医療法人の基金について」平成19年 3 月30日医政発第
　　　0330051号（最終改正：平成30年 3 月30日）第 2 ・14。

＊4　厚生労働省医政局長「地域医療連携推進法人制度について」平成29年 2 月17日医
　　　政発0217第16号（最終改正：令和 6 年 1 月17日）。

＊5　厚生労働省ウェブサイト「地域医療連携推進法人制度について」（https://www.
　　　mhlw.go.jp/stf/seisakunitsuite/bunya/0000177753.html）の「地域医療連携推進法
　　　人一覧」（令和 6 年 4 月 1 日現在）。

＊6　厚生労働省「種類別医療法人数の年次推移」（令和 6 年 3 月31日現在）（https://
　　　www.mhlw.go.jp/content/10800000/001266062.pdf）。

＊7　厚生労働省医政局医療経営支援課「『持分なし医療法人』への移行に関する手引
　　　書～移行促進税制を中心として～〔令和 5 年 5 月改訂〕」（https://www.mhlw.go.
　　　jp/content/10800000/000940229.pdf）。

22 医療法人の設立

医療法人の設立について教えてください。

　医療法人を設立するには，社員又は評議員及び役員の人数，資格等に関する人的要件と，資産に関する要件を充足する必要があります。
　設立手続としては，定款又は寄附行為を作成し，設立総会を経たうえで，都道府県知事の設立認可を受け，設立登記をする必要があります。

キーワード

社員，理事，監事，評議員，定款，寄附行為，設立総会，設立認可，設立登記，開設

解　説

1　医療法人の設立要件

　医療法人の設立は，医療法その他関係法令の規定のほか，その所轄する都道府県知事（開設する病院，診療所，介護老人保健施設又は介護医療院の区域によって所管する行政庁が異なります）の指導に従って行います。なお，都道府県知事による指導監督の指針として，厚生労働省により，医療法人運営管理指導要綱[*1]が制定されています。

(1) **人的要件**

(a) **社団医療法人**

(ｱ) 社　　員　　社団医療法人は社員によって構成されます。社員の人数について医療法上の定めはありませんが，実務上，3人以上の社員が必要と指導されています[*2]。

　社員には，自然人だけでなく法人もなることができます。ただし，医療法人の非営利性（医療54条）に鑑み，営利を目的とする法人（営利法人）を除くこととされているため，株式会社が社員になることはできません[*3]。

　また，社団医療法人設立にあたって出資をした者は社員となる（入社）のが

一般的ですが，出資をしない者も社員になることができます。

(イ)　役　　員

(i)　理　　事　　社団医療法人には，原則として３人以上の理事を置かなければなりません（医療46条の５第１項）。ただし，都道府県知事の認可を受けた場合には１人又は２人で足ります（同項ただし書）。この理事の人数を３人未満とする認可は，いわゆる一人医師医療法人を対象とするものですが，この認可を受けた場合でも，可能な限り２人以上の理事を置くことが望ましいとされています*4。

理事は，自然人に限られ，また精神の機能の障害により評議員の職務を適正に行うにあたって必要な認知・判断及び意思疎通を適切に行うことができない等の欠格事由に該当しない者でなければなりません（医療46条の５第５項・46条の４第２項）。さらに，理事には，原則として，当該医療法人が開設するすべての病院，診療所，介護老人保健施設又は介護医療院（以下，本設問において「病院等」といいます）の管理者を加えなければなりません（医療46条の５第６項）。

理事のうち１人は理事長とし，原則として，医師又は歯科医師である理事から選出します（医療46条の６）。

(ii)　監　　事　　監事は，理事の業務執行を監査することから（Q23参照），当該医療法人の理事又は職員との兼務が禁止されています（医療46条の５第８項）。また，他の役員の親族等の特殊の関係がある者でないことが必要と指導されています*5。

監事は，自然人に限られ，欠格事由に該当しない者でなければならない（医療46条の５第５項・46条の４第２項）ことは，理事の場合と同様です。

(b)　財団医療法人の場合

(ア)　評　議　員　　財団医療法人には，原則として理事の定数を超える評議員を置かなければなりません（医療46条の４の２）。

評議員は自然人に限られ（医療46条の４第２項），①医師，歯科医師，薬剤師，看護師その他の医療従事者，②病院等の経営に関して識見を有する者，③医療を受ける者，④その他の者のうちから，寄附行為の定めるところにより選任されます（同条１項）。

(イ)　役　　員　　財団医療法人における役員には理事と監事がありますが，これらの者に関する要件は，社団医療法人の場合と同様です。

(2)　資産要件

医療法人は，その開設する病院等の業務を行うために必要な施設，設備又は

資金を有していることが必要です（医療41条1項，医療規30条の34）。

　医療法人の施設又は設備は，当該医療法人が所有するものであることが望ましいとされていますが，賃貸借契約による場合であっても，契約期間が長期にわたるもので，かつ，確実なものであるときは，認可をすることができるとされています*6。また，医療法人の資金について，新たに病院等を開設するために医療法人を設立する場合には，2か月以上の運転資金を有していることが望ましいとされています*7。

2 医療法人の設立手続

(1) 定款又は寄附行為の作成 （医療44条2項）

　医療機関の運営について最終的な責任は開設者にあります。したがって，開設者は，適切な管理者を選任し，管理者が下記に述べる義務を果たすよう監督する義務があります。

　医療法人を設立しようとする者は，定款（社団医療法人の場合）又は寄附行為（財団医療法人の場合）を作成しなければなりません。定款又は寄附行為は，医療法人の組織，運営等に関する根本規範又は当該規範を記載した書面であり，医療法人の運営は定款又は寄附行為の定めに拘束されます。

　定款又は寄附行為においては，以下の事項を必ず記載しなければなりません（絶対的記載事項。医療44条2項）。

定款又は寄附行為の絶対的記載事項
①目的，②名称，③開設しようとする病院等の名称及び開設場所，④事務所の所在地，⑤資産及び会計に関する規定，⑥役員に関する規定，⑦理事会に関する規定，⑧社員総会及び社員たる資格の得喪に関する規定（社団医療法人の場合），⑨評議員会及び評議員に関する規定（財団医療法人の場合），⑩解散に関する規定，⑪定款又は寄附行為の変更に関する規定，⑫公告の方法

　また，医療法人設立当初の役員についても，定款又は寄附行為をもって定めなければなりません（医療44条4項）。

　なお，医療法人が附帯業務（Q24参照）を行う場合には，定款又は寄附行為にその内容を記載しなければ，行うことができません（医療42条）。

　絶対的記載事項以外の事項についても，定款又は寄附行為に定めることができ（任意的記載事項），実際には，厚生労働省が公表している定款例又は寄附行為例に従って定款又は寄附行為を作成することになります。

(2) 設立総会の開催

定款又は寄附行為を作成した後，設立総会を開催します。

設立総会においては，①設立趣旨の承認，②社員の確認（社団医療法人の場合），③定款又は寄附行為の承認，④拠出又は寄附の申込み及び設立時財産目録の承認，⑤初年度及び次年度分の事業計画及び収支予算の承認，⑥役員及び管理者の選任，⑦設立代表者の選任，⑧病院等の土地，建物等を賃借する場合の賃貸借契約の承認等を行います。

(3) 設立認可 (医療44条1項)

医療法人を設立しようとする者は，設立認可申請書に定款又は寄附行為等の必要書類（医療44条6項，医療規31条参照）を添付のうえ，主たる事務所の所在地を管轄する都道府県知事に対して，設立認可の申請を行います。

設立認可の申請を受けた都道府県知事は，医療法人の資産要件や定款又は寄附行為の内容を審査しますが（医療45条1項），認可処分又は不認可処分を行うにあたっては，あらかじめ，都道府県医療審議会の意見を聴かなければなりません（同条2項）。

(4) 設立登記 (医療46条1項)

設立認可があった場合には，医療法人は，主たる事務所を管轄する法務局において設立登記をすることによって成立します（医療46条1項）。設立登記の登記事項は以下のとおりです（組合等登記令2条2項）。

設立登記事項
①目的及び業務，②名称，③事務所の所在場所，④代表権を有する者（理事長）の氏名，住所及び資格，⑤存続期間又は解散の事由を定めたときはその期間又は事由，⑥資産の総額

(5) 病院等の開設等

医療法人設立登記後は，資産の拠出又は寄附の履行を受け，医療法人の資産について当該医療法人名義への変更手続を行います。

また，保健所を通して病院等の開設手続を行います。医療法人が成立後1年以内に正当の理由なく病院等を開設しないときは，設立認可が取り消されることがあります（医療65条）。医療法人が病院又は診療所を開設する場合には，開設許可（医療7条1項）及び使用許可（医療27条。無床診療所を除きます）を受けたうえ，開設届を提出します（医療令4条の2第1項）[*8]。

その後，保険医療機関の指定申請手続（Q3参照）を行います。このほか，税務署等への各種届出等も行います。

〔塚原　健人〕

=■注　記■=

*1　厚生労働省「医療法人運営管理指導要綱」（https://www.mhlw.go.jp/content/10800000/000548754.pdf）。

*2　東京都保健医療局「医療法人設立の手引〔令和元年6月版〕」（https://www.hokeniryo.metro.tokyo.lg.jp/iryo/hojin/tebiki.files/5dainisyou-iryouhoujin-no-setsuritsu.pdf）第2章2(1)ア。

*3　厚生労働省医政局長「医療法人の機関について」平成28年3月25日医政発0325第3号（最終改正：令和3年2月26日）。

*4　前掲注（*1）。

*5　前掲注（*1）。

*6　厚生労働省医政局長「医療法人制度について」平成19年3月30日医政発第0330049号（最終改正：平成31年3月29日）。

*7　前掲注（*6）。

*8　個人で病院又は診療所を開設していた場合は，廃止届（Q76参照）の提出も必要です（医療9条1項）。

医療法人の運営

医療法人はどのように運営されるのでしょうか。医療法人の機関やその権限，医療法人の監督等について教えてください。

　社団医療法人において，社員総会は，理事及び監事を選任するとともに，医療法に規定する事項及び定款で定めた事項を決議することができます。理事会は，医療法人の業務執行の決定等を行い，理事は社団医療法人の業務を執行します。理事長は，対外的に社団医療法人を代表するとともに，医療法人の業務に関する一切の裁判上又は裁判外の行為をする権限を有します。監事は，理事による業務執行を監査し，その結果を社員総会等に報告します。

　財団医療法人において，評議員は評議員会を構成し，評議員会は，理事及び監事を選任するとともに，一定の事項について意見を述べるほか，医療法に規定する事項及び寄附行為で定めた事項を決議することができます。理事会は，医療法人の業務執行の決定等を行い，理事は財団医療法人の業務を執行します。理事長は，対外的に財団医療法人を代表するとともに，医療法人の業務に関する一切の裁判上又は裁判外の行為をする権限を有します。監事は，理事による業務執行を監査し，その結果を評議員会等に報告します。

　理事による医療法人の業務執行は，監事や，一定規模以上の医療法人では公認会計士等による監査等の手続に服するほか，理事の選解任等を通して社員総会又は評議員会による監督を受けます。また，医療法人は，一定の事項について都道府県知事の認可を受け，又は，届出を行う必要があり，このほか都道府県知事による検査や処分を受ける等，その監督に服します。

☑キーワード

社団医療法人，財団医療法人，社員総会，評議員，評議員会，理事，理事会，理事長，監事

解　説

1　社団医療法人の機関

　社団医療法人を運営する機関としては，社員により構成される社員総会，理事，理事会，理事から選出される理事長，そして，監事があります（医療46条

■図1　社団医療法人の各機関の相互関係

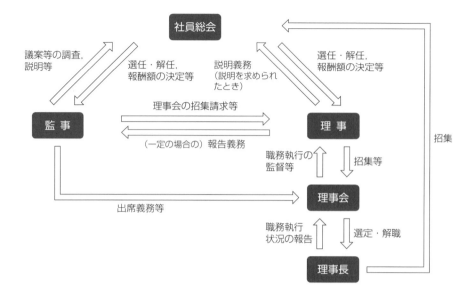

の2第1項)。各機関の相互の関係は、大要、図1のとおりです。

(1) **社員総会**

(a) **権　限　等**

　社員総会は、社員により組織される最高意思決定機関であり、医療法に規定する事項及び定款で定めた事項について決議をすることができます（医療46条の3第1項）。もっとも、医療法上、医療法人の業務執行の決定は、機動的な業務運営のため、理事会が行うこととされています（医療46条の7第2項1号）。厚生労働省が公表している社団医療法人の定款例[1]（以下「定款例」といいます）では、以下の事項について、社員総会の決議を要するとしています。

社員総会の決議事項
定款の変更、基本財産の設定及び処分（担保提供を含む）、毎事業年度の事業計画の決定又は変更、収支予算及び決算の決定又は変更、重要な資産の処分、借入金額の最高限度の決定、社員の入社及び除名、社団の解散、他の医療法人との合併もしくは分割に係る契約の締結又は分割計画の決定

　また、理事及び監事は、社員総会において、社員から特定の事項について説明を求められた場合には、当該事項が社員総会の目的である事項に関しないも

130　第4章◇医療法人

のである場合等を除き，当該事項について必要な説明をしなければなりません（医療46条の3の4，医療規31条の3）。

　なお，社員になるための手続は定款の定めに従いますが，定款例では，社員総会の承認を得なければならないとされています。社員は，理事の行為の差止請求権（医療46条の6の4，一般法人88条1項）のほか，臨時社員総会の招集請求権（医療46条の3の2第4項）＊2，理事・監事等の責任追及の訴えの提訴権（医療49条の2，一般法人278条2項・4項），理事・監事の解任の訴えの提訴権（医療49条の3，一般法人284条1号）等の権限を有しています。

(b) 招集手続及び決議方法

　理事長は，少なくとも毎年1回，定時社員総会を開催しなければなりません（医療46条の3の2第2項）。定款例の備考欄では，収支予算の決定と決算の決定のため，年2回以上定時社員総会を開催することが望ましいとされています。また，理事長は，必要があると認めるときは，いつでも臨時社員総会を招集することができますが（同条3項），総社員の5分の1（定款でこれを下回る割合を定めることも可能です）以上の社員から請求があった場合にも，臨時社員総会を招集しなければなりません（同条4項）。社員総会の招集手続は定款の規定に従いますが，社員総会の日の少なくとも5日前に，会議の目的事項を示して招集の通知を行わなくてはなりません（同条5項）。

　社員総会では，社員は，拠出の有無や金額にかかわらず，各自1個の議決権を有しています（医療46条の3の3第1項）。もっとも，決議事項につき特別利害関係を有する社員は，当該事項については議決権を行使することができません（同条6項）。議事は，定款に別段の定めがある場合を除き，総社員の過半数が出席しなければ開くことができず，また，医療法又は定款に別段の定めがある場合を除き，出席した社員の過半数で決し，可否同数のときは，議長の決するところによります（同条2項・3項）。

　社員総会の議事については議事録を作成しなければならず，日時及び場所，議事の経過の要領及びその結果，出席した理事又は監事の氏名，議長の氏名，議事録の作成に係る職務を行った者の氏名等を内容としなければなりません（医療46条の3の6，一般法人57条，医療規31条の3の3第3項）。

(2) 理事・理事長・理事会

(a) 理事及び理事長

　理事は，社員総会の決議によって選解任され（医療46条の5第2項・46条の5の2第1項），忠実義務を負ったうえで社団医療法人の業務を執行します（医療46

条の6の4，一般法人83条）。理事は，医療法人に著しい損害を及ぼすおそれのある事実があることを発見したときは，直ちに，当該事実を監事に報告しなければなりません（医療46条の6の3）。

理事長は，医師又は歯科医師である理事のうちから選出しますが，都道府県知事の認可を受けた場合は，医師又は歯科医師でない理事のうちから選出することができます（医療46条の6第1項）。理事長は，医療法人を代表し，医療法人の業務に関する一切の裁判上又は裁判外の行為をする権限を有します（医療46条の6の2第1項）。また，理事長は，3か月に1回以上，自己の職務の執行の状況を理事会に報告しなければなりませんが，定款において，毎事業年度に4か月を超える間隔で2回以上かかる報告をしなければならない旨を定めた場合は，この限りではありません（医療46条の7の2第1項，一般法人91条2項）。

理事の報酬等が，定款にその額を定めていないときは，社員総会の決議によって定めます（医療46条の6の4，一般法人89条）。定款又は社員総会の決議では，報酬等の総額を定めることで足り，総額の範囲内で理事会の決議で個々の理事の報酬等を定めることは差し支えないとされており，また，報酬等の総額の上限を超えない限り，毎会計年度の社員総会における決議はしなくてもかまわないとされています[*3]。

(b) 理　事　会

理事会は，すべての理事により組織される会議体であり（医療46条の7第1項），医療法人の業務執行の決定，理事の職務の執行の監督，理事長の選出及び解職に関する職務を行います（同条2項）。理事会は，重要な資産の処分及び譲受け，多額の借財，重要な役割を担う職員の選任及び解任，従たる事務所その他の重要な組織の設置，変更及び廃止等の重要な業務執行の決定を理事に委任することができません（同条3項）。理事会は，これを招集する理事を定款又は理事会で定めたときを除き，各理事が招集します（医療46条の7の2第1項，一般法人93条1項）。

理事会の議事については議事録を作成しなければならず，日時及び場所，議事の経過の要領及びその結果，議長の氏名等を内容としなければなりません（医療46条の7の2，一般法人95条3項，医療規31条の5の4第3項）。

(3) 監　事

監事は，医療法人の業務を監査等する機関であり（医療46条の8），社員総会の決議によって選解任されます（医療46条の5第2項・46条の5の2第1項）。

具体的には，監事は，社団医療法人の業務及び財産の状況を監査し，監査報

告書を作成して，毎会計年度終了後3か月以内に社員総会及び理事会に提出します（医療46条の8第1号～3号）。監査の結果，社団医療法人の業務又は財産に関して，不正行為又は法令もしくは定款に違反する重大事実があることを発見したときは，これを都道府県知事，社員総会又は理事会に報告しなければなりません（同条4号）。監事は，当該報告を行うために必要があるときは，社員総会を招集することができます（同条5号）。また，理事が社員総会に提出しようとする議案等を調査し，法令もしくは定款に違反し，又は著しく不当な事項があると認めるときは，その調査の結果を社員総会に報告することとされています（同条7号）。

監事は，理事会に出席し，必要があると認めるときは，意見を述べなければなりません（医療46条の8の2第1項）。また，監事は，上記医療法46条の8第4号に規定する場合において，必要があると認めるときは，理事（定款又は理事会で定められたときは，招集権者たる理事）に対し，理事会の招集を請求することができます（医療46条の8の2第2項）。

監事の報酬等は，定款にその額を定めていないときは，社員総会の決議によって定めます（医療46条の8の3，一般法人105条1項）。定款又は社員総会の決議では，報酬等の総額を定めることで足り，総額の範囲内で監事の協議で個々の監事の報酬等を定めることは差し支えないとされており，また，報酬等の総額の上限を超えない限り，毎会計年度の社員総会における決議はしなくてもかまわないとされています*4。

(4) 損害賠償責任

社団医療法人の理事又は監事は，その任務を怠ったときは，当該医療法人に対し，これによって生じた損害を賠償する責任を負います（医療47条1項）。

理事が理事会の承認を受けずに競業取引をしたときは，当該取引によって理事又は第三者が得た利益の額は，損害の額と推定され（医療47条2項・46条の6の4，一般法人84条1項1号），また，理事の利益相反取引によって社団医療法人に損害が生じたときは，利益相反取引をした理事，当該取引をすることを決定した理事，当該取引に関する理事会の承認の決議に賛成した理事は，任務を怠ったものと推定されます（医療47条3項・46条の6の4，一般法人84条1項2号・3号）。

総社員の同意，社員総会の特別決議，定款に基づく理事会の決議又は定款に基づく理事もしくは監事との責任限定契約によって，上記損害賠償責任の全部又は一部を免除することができます（医療47条の2第1項・2項，一般法人112条～115条，医療令5条の5の11第1項）。

また、理事又は監事がその職務を行うについて悪意又は重大な過失があったときは、これによって第三者に生じた損害を賠償する責任を負います（医療48条1項）。

2 財団医療法人

財団医療法人を運営する機関としては、評議員、評議員により構成される評議員会、理事、理事会、理事から選出される理事長、そして、監事があります（医療46条の2第2項）。各機関の相互の関係は、大要、図2のとおりです。

■図2　財団医療法人の各機関の相互関係

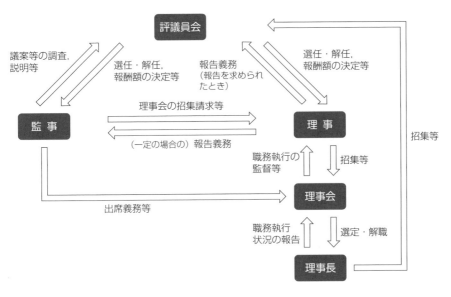

(1) 評議員・評議員会
(a) 権限等

評議員は、評議員会の構成員であり、所定の者のうちから、寄附行為の定めに従って選任されますが（医療46条の4第1項）、厚生労働省が公表している財団医療法人の寄附行為例[*5]（以下「寄附行為例」といいます）では、理事会が選任した者につき理事長が委嘱するとされています。評議員は、理事の行為の差止請求権（医療46条の6の4、一般法人88条1項）のほか、評議員会の招集請求権（医療46条の4の3第4項）、理事・監事・評議員の解任の訴えの提訴権（医療49条の3、一般法人284条2号）等の権限を有しています。

134 第4章◇医療法人

　評議員会は，評議員により構成される最高意思決定機関，諮問機関であり，医療法46条の4の5第1項で規定される事項について意見を述べるほか，医療法に規定する事項及び寄附行為で定めた事項について，決議をすることができます（医療46条の4の2第2項）。

　寄附行為例では，以下の事項について，あらかじめ評議員会の意見を聴かなければならないとされています（寄附行為例の備考欄では，評議員の議決を要するものとすることができるとされています）。

評議員会への諮問事項
寄附行為の変更，基本財産の設定及び処分（担保提供を含む），毎事業年度の事業計画の決定又は変更，収支予算及び決算の決定又は変更，重要な資産の処分，借入金額の最高限度の決定又は変更，財団の解散，他の医療法人との合併もしくは分割に係る契約の締結又は分割計画の決定

　また，評議員会は，財団医療法人の業務もしくは財産の状況又は役員の業務執行の状況について，役員に対して意見を述べ，もしくはその諮問に答え，又は役員に報告させることができます（医療46条の4の6）。

(b)　評議員会の招集手続及び決議方法

　評議員会は，少なくとも毎年1回，理事長が招集します（医療46条の4の3第1項）。理事長は，総評議員の5分の1（寄附行為でこれを下回る割合を定めることも可能です）以上の評議員から請求があった場合には，評議員会を招集しなければなりません（同条4項）。議事は，総評議員の過半数の出席がなければ開くことができず，医療法に別段の定めがある場合を除き，出席した評議員の過半数で決し，可否同数のときは，議長の決するところによります（医療46条の4の4第1項・2項）。

　評議員会の議事については議事録を作成しなければならず，日時及び場所，議事の経過の要領及びその結果，出席した評議員，理事又は監事の氏名，議長の氏名，議事録の作成に係る職務を行った者の氏名等を内容としなければなりません（医療46条の4の7，一般法人193条，医療規31条の4第3項）。

(2)　理事・理事長・理事会

(a)　理事及び理事長

　理事は，評議員会の決議によって選解任され（医療46条の5第3項・46条の5の2第4項），忠実義務を負ったうえで財団医療法人の業務を執行します（医療46条の6の4，一般法人83条）。理事は，医療法人に著しい損害を及ぼすおそれのあ

る事実があることを発見したときは，直ちに，当該事実を監事に報告しなければなりません（医療46条の6の3）。

理事長は，医師又は歯科医師である理事のうちから選出しますが，都道府県知事の認可を受けた場合は，医師又は歯科医師でない理事のうちから選出することができます（医療46条の6第1項）。理事長は，医療法人を代表し，医療法人の業務に関する一切の裁判上又は裁判外の行為をする権限を有します（医療46条の6の2第1項）。また，理事長は，3か月に1回以上，自己の職務の執行の状況を理事会に報告しなければなりませんが，寄附行為において，毎事業年度に4か月を超える間隔で2回以上かかる報告をしなければならない旨を定めた場合は，この限りではありません（医療46条の7の2第1項，一般法人91条2項）。

理事の報酬等は，寄附行為にその額を定めていないときは，評議員会の決議によって定めます（医療46条の6の4，一般法人89条）。寄附行為又は評議員会の決議では，報酬等の総額を定めることで足り，総額の範囲内で理事会の決議で個々の理事の報酬等を定めることは差し支えないとされており，また，報酬等の総額の上限を超えない限り，毎会計年度の評議員会における決議はしなくてもかまわないとされています*6。

(b) **理 事 会**

理事会は，すべての理事により組織される会議体であり（医療46条の7第1項），医療法人の業務執行の決定，理事の職務の執行の監督，理事長の選出及び解職に関する職務を行います（同条2項）。理事会は，重要な資産の処分及び譲受け，多額の借財，重要な役割を担う職員の選任及び解任，従たる事務所その他の重要な組織の設置，変更及び廃止等の重要な業務執行の決定を理事に委任することができません（同条3項）。理事会は，これを招集する理事を寄附行為又は理事会で定めたときを除き，各理事が招集します（医療46条の7の2第1項，一般法人93条1項）。

理事会の議事については議事録を作成しなければならず，日時及び場所，議事の経過の要領及びその結果，議長の氏名等を内容としなければなりません（医療46条の7の2第1項，一般法人95条3項，医療規31条の5の4第3項）。

(3) **監　　事**

監事は，医療法人の業務を監査等する機関であり（医療46条の8），評議員会の決議によって選解任されます（医療46条の5第3項・46条の5の2第4項）。

具体的には，監事は，財団医療法人の業務及び財産の状況を監査し，監査報告書を作成して，毎会計年度終了後3か月以内に評議員会及び理事会に提出し

ます（医療46条の8第1号～3号）。監査の結果，財団医療法人の業務又は財産に関して，不正行為又は法令もしくは寄附行為に違反する重大事実があることを発見したときは，これを都道府県知事，評議員会又は理事会に報告しなければなりません（同条4号）。監事は，当該報告を行うために必要があるときは，理事長に対して評議員会の招集を請求することができます（同条6号）。また，理事が評議員会に提出しようとする議案等を調査し，法令もしくは寄附行為に違反し，又は著しく不当な事項があると認めるときは，その調査の結果を評議員会に報告することとされています（同条8号）。

監事は，理事会に出席し，必要があると認めるときは，意見を述べなければなりません（医療46条の8の2第1項）。また，監事は，上記医療法46条の8第4号に規定する場合において，必要があると認めるときは，理事（寄附行為又は理事会で定められたときは，招集権者たる理事）に対し，理事会の招集を請求することができます（医療46条の8の2第2項）。

監事の報酬等は，寄附行為にその額を定めていないときは，評議員会の決議によって定めます（医療46条の8の3，一般法人105条1項）。寄附行為又は評議員会の決議では，報酬等の総額を定めることで足り，総額の範囲内で監事の協議で個々の監事の報酬等を定めることは差し支えないとされており，また，報酬等の総額の上限を超えない限り，毎会計年度の評議員会における決議はしなくてもかまわないとされています[7]。

(4) 損害賠償責任

財団医療法人の評議員又は理事もしくは監事は，その任務を怠ったときは，当該医療法人に対し，これによって生じた損害を賠償する責任を負います（医療47条1項・4項）。

理事が理事会の承認を受けずに競業取引をしたときは，当該取引によって理事又は第三者が得た利益の額は，損害の額と推定され（医療47条2項・4項・46条の6の4，一般法人84条1項1号），また，理事の利益相反取引によって財団医療法人に損害が生じたときは，利益相反取引をした理事，当該取引をすることを決定した理事，当該取引に関する理事会の承認の決議に賛成した理事は，任務を怠ったものと推定されます（医療47条3項・4項・46条の6の4，一般法人84条1項2号・3号）。

総評議員の同意，評議員会の特別決議，寄附行為に基づく理事会の決議又は寄附行為に基づく評議員，理事もしくは監事との責任限定契約によって，上記損害賠償責任の全部又は一部を免除することができます（医療47条の2第1項・

3項，一般法人112条〜115条，医療令5条の5の11第2項）。

　評議員又は理事もしくは監事がその職務を行うについて悪意又は重大な過失があったときは，これによって第三者に生じた損害を賠償する責任を負います（医療48条1項）。

3　医療法人の監督

(1)　決算及び事業に関する書類の作成等

　以下，医療法人の決算及び事業に関する書類の作成等[8]について，社会医療法人を除く一般的な医療法人を前提に説明します[9]。

(a)　作成書類

　医療法人は，毎会計年度終了後2か月以内に，事業報告書，財産目録，貸借対照表，損益計算書，関係事業者（当該医療法人又はその役員と一定の特殊の関係がある者をいいます）との取引（いわゆるMS法人取引等）の状況に関する報告書等の書類（以下「事業報告書等」といいます）を作成しなければなりません（医療51条1項）。

　また，医療法施行規則33条の2で定める基準に該当する一定規模以上の医療法人[10]は，医療法人会計基準（平成28年厚生労働省令第95号）に基づいた貸借対照表及び損益計算書を作成しなければなりません（医療51条2項）。

　医療法人は，事業報告書等について，監事の監査を受けなければならず（医療51条4項），上記一定規模以上の医療法人は，財産目録，貸借対照表及び損益計算書について，公認会計士又は監査法人の監査を受けなければなりません（同条5項）。また，医療法人は，これらの監事又は公認会計士もしくは監査法人の監査を受けた事業報告書等について，理事会の承認を受けなければなりません（同条6項）。

(b)　社員総会・評議員会

　理事は，理事会の承認を受けた事業報告書等を社員総会又は評議員会に提出しなければならず（医療51条の2第1項・5項），当該事業報告書等のうち貸借対照表及び損益計算書については社員総会又は評議員会の承認を受け，貸借対照表及び損益計算書以外についてはその内容を社員総会又は評議員会に報告しなければなりません（同条3項〜5項）。

　これらの社員総会又は評議員会の招集の通知に際しては，社員又は評議員に対し，理事会の承認を受けた事業報告書等を提供しなければなりません（医療51条の2第2項・5項）。

138　第4章◇医療法人

(c) 公　告

医療法施行規則33条の2の8に該当する一定規模以上の医療法人*11は，社員総会又は評議員会の承認を受けた貸借対照表及び損益計算書を公告（官報掲載する方法，時事に関する事項を掲載する日刊新聞紙に掲載する方法，電子公告のいずれかを定めることができます）しなければなりません（医療51条の3第1項，医療規33条の2の9第1項）。

もっとも，官報掲載する方法又は時事に関する事項を掲載する日刊新聞紙に掲載する方法によるときは，事業報告書等の要旨の公告で足ります（医療51条の3第2項，医療規33条の2の9第2項）。

(d) 備置及び閲覧

事業報告書等，監事の監査報告書及び定款又は寄附行為は，医療法人の主たる事務所に備え置かなければならず，社員もしくは評議員又は債権者からこれらの書類の閲覧請求があった場合は，正当な理由がある場合を除いて，閲覧に供しなければなりません（医療51条の4第1項）。一定規模以上の医療法人*12については，これらの書類に加えて，公認会計士又は監査法人の監査報告書も主たる事務所に備え置かなければならず，閲覧請求があった場合は，正当な理由がある場合を除いて，閲覧に供しなければなりません（同条2項）。

従たる事務所でも，同様に備え置き，閲覧に供する必要がありますが，従たる事務所の場合は，これらの書類の写しで足ります（医療51条の4第4項）。

(2) 行政庁による監督

医療法人の業務運営は，都道府県知事により，以下の監督を受けます。

(a) 各種認可

医療法人の設立には都道府県知事の認可を要しますが（医療44条1項），このほか，①理事を1人又は2人とする場合（医療46条の5第1項ただし書），②医師又は歯科医師でない理事から理事長を選出する場合（医療46条の6第1項ただし書），③管理者の一部を理事に加えない場合（医療46条の5第6項ただし書），④定款又は寄附行為の変更（事務所の所在地及び公告の方法の変更を除きます）（医療54条の9第3項・44条2項4号・12号，医療規33条の26），⑤目的たる業務の成功の不能又は社員総会の決議による解散（医療55条6項），⑥合併（医療58条の2第4項・59条の2），⑦分割（医療60条の3第4項・61条の3）にも，都道府県知事の認可を受ける必要があります。

(b) 各種届出

医療法人は，以下の事項について，都道府県知事への届出が義務づけられて

Q23◆医療法人の運営　　*139*

います。

① 事務所の所在地又は公告の方法に係る定款又は寄附行為の変更（医療54条の9第5項・44条2項4号・12号，医療規33条の26）

② 事業報告書等及び監事の監査報告書（一定規模以上の医療法人*13については，これらに加えて，公認会計士又は監査法人の監査報告書）（医療52条1項）

③ 登記事項及び登記年月日（医療令5条の12）

④ 役員変更（医療令5条の13）

(c) **報告及び検査**

都道府県知事は，医療法人の業務もしくは会計が法令，法令に基づく都道府県知事の処分，定款もしくは寄附行為に違反している疑いがあり，又はその運営が著しく適正を欠く疑いがあると認めるときは，当該医療法人に対し，その業務もしくは会計の状況に関する報告を求め，又は立入検査をすることができます（医療63条1項）。

(d) **法令違反等に対する措置**

都道府県知事は，医療法人の業務もしくは会計が法令，法令に基づく都道府県知事の処分，定款もしくは寄附行為に違反し，又はその運営が著しく適正を欠くと認めるときは，当該医療法人に対し，期限を定めて必要な措置をとるべき旨を命じることができます（医療64条1項）。

医療法人が上記措置命令に従わない場合，都道府県知事は，当該医療法人に対し，期間を定めて業務停止命令や役員解任勧告を行うことができますが，その場合は，あらかじめ医療審議会の意見を聴取しなければなりません（医療64条2項・3項）。また，業務停止命令を行うにあたっては，弁明の機会を付与しなければならず（行手13条1項2号），役員解任勧告を行うにあたっては，都道府県知事が指名した職員又はその他の者に対して弁明する機会を与えなければなりません（医療67条1項）。

(e) **設立認可の取消し**

さらに，医療法人が法令の規定に違反し，又は法令の規定に基づく都道府県知事の命令に違反した場合，都道府県知事は，他の方法により監督の目的を達することができないときに限り，医療審議会の意見を聴取し，また，聴聞手続を実施したうえで，設立の認可を取り消すことができます（医療66条1項・2項，行手13条1項1号イ）。

(f) **罰　　則**

医療法人の理事又は監事は，上記の届出義務や報告義務に違反した場合，立

140　第 4 章◇医療法人

入検査を拒否・妨害等した場合，業務停止命令に違反して業務を行った場合等には，20万円以下の過料に処せられる場合があります（医療93条）。

〔加古　洋輔〕

========= ▓注　記▓ =========

* 1　厚生労働省ウェブサイト「社団・財団医療法人定款・寄附行為例」（https://www.mhlw.go.jp/stf/seisakunitsuite/bunya/0000135131.html）。
* 2　なお，最判令 6・3・27裁時1837号 1 頁は，医療法人の社員が一般社団法人及び一般財団法人に関する法律37条 2 項の類推適用により裁判所の許可を得て社員総会を招集することはできないと判断しました。
* 3　厚生労働省医政局長「医療法人の機関について」平成28年 3 月25日医政発0325第 3 号（最終改正：令和 3 年 2 月26日）第 1・5⑸※。
* 4　前掲注（＊ 3）第 1・7⑷①※，②。
* 5　前掲注（＊ 1）。
* 6　前掲注（＊ 3）第 1・5⑸※。
* 7　前掲注（＊ 3）第 1・7⑷①※，②。
* 8　医療法人の決算及び事業に関する書類の作成等に関連する通知として，厚生労働省医政局指導課長「医療法人における事業報告書等の様式について」平成19年 3 月30日医政指発第0330003号（最終改正：令和 5 年 7 月31日），厚生労働省医政局長「医療法人会計基準について」平成26年 3 月19日医政発0319第 7 号（最終改正：平成30年 3 月30日），厚生労働省医政局長「医療法人会計基準適用上の留意事項並びに財産目録，純資産変動計算書及び附属明細表の作成方法に関する運用指針」平成28年 4 月20日医政発0420第 5 号（最終改正：平成30年12月13日），厚生労働省医政局長「医療法人の計算に関する事項について」平成28年 4 月20日医政発0420第 7 号（最終改正：令和 3 年 2 月26日）等があります。
* 9　なお，医療の置かれている現状と実態を把握するために必要な情報を収集し，政策の企画・立案に活用するとともに，国民に対して丁寧に説明していくため，令和 5 年 5 月19日に公布された改正法（全世代対応型の持続可能な社会保障制度を構築するための健康保険法等の一部を改正する法律）により，医療法が改正されました（同改正後の医療法69条の 2 ～ 3）。

　　同年 8 月 1 日に一部が施行され，①医療法人の経営情報の収集及びデータベースの整備をし，②収集した情報を国民にわかりやすくなるよう属性等に応じてグルーピングした分析結果を公表することとなりました。

　　具体的には，医療法人は，これまでの事業報告書等とは別に，令和 5 年 8 月以降に決算期を迎える法人から，毎年，会計年度終了後，原則，3 か月以内に病院・診療所ごとの経営情報（病院及び診療所における収益及び費用並びに，任意項目として職種別の給与〔給料・賞与〕及びその人数）を都道府県へ報告することになります。報告にあたっては，医療機関等情報支援システム（G-MIS）の利用が可能です。経営情報は，国の管理下でデータベース化され，医療政策等に活用されますが，個別の医療機関の情報は公表されません。

　　また，上記公布日から 3 年以内に政令で定める日に，③データベースの情報を研

究者等へ提供する制度も施行されます。詳細は，厚生労働省のウェブサイトをご覧ください（https://www.mhlw.go.jp/stf/seisakunitsuite/bunya/0000177753_00005.html）。

*10　社会医療法人以外の医療法人の場合，最終会計年度に係る貸借対照表の負債の部に計上した額の合計額が50億円以上又は最終会計年度に係る損益計算書の事業収益の部に計上した額の合計額が70億円以上である医療法人がこれに該当します。

*11　前掲注（*10）。

*12　前掲注（*10）。

*13　前掲注（*10）。

24 医療法人の事業

医療法人は以下の事業ができますか。
(1) 病院内における売店の運営
(2) 薬局の運営
(3) 遊休不動産の賃貸業

A
(1) 附随業務として行うことができます。
(2) 附帯業務として行うことができます。
(3) 収益業務に該当するため，社会医療法人を除き，行うことができません。

 キーワード

本来業務，附随業務，附帯業務，収益業務

――― 解　説 ―――

1 本来業務と附随業務

　医療法人の本来業務は，病院，医師もしくは歯科医師が常時勤務する診療所，介護老人保健施設又は介護医療院（以下，本設問では「病院等」といいます）の開設・運営であり（医療39条1項），本来業務又はこれに附随して行われる業務（附随業務）以外の業務は原則として行うことができません。厚生労働省は，附随業務に該当するものとして以下の業務を掲げています[*1]。

附随業務の内容
① 病院等の施設内で当該病院等に入院もしくは通院する患者及びその家族を対象として行われる業務又は病院等の職員の福利厚生のために行われる業務であって，医療提供又は療養の向上の一環として行われるもの（※1）
② 病院等の施設外で当該病院等に通院する患者を対象として行われる業務であって，当該病院等において提供される医療又は療養に連続して行われるもの（※2）
③ ①及び②に該当する附随業務を，当該医療法人が自らの事業として行わず，当該医療法人以外の者に委託して行う場合における，当該医療法人以外の者への委託

※1　病院等の建物内で行われる売店，敷地内で行われる駐車場業等は附随業務に含まれますが，敷地外に有する当該医療法人所有の遊休資産を用いて行われる駐車場業は附随業務に含まれません。
※2　当該病院等への，又は，当該病院等からの患者の無償搬送は附随業務に含まれますが，当該病院等以外の病院から当該病院等以外の病院への患者の無償搬送は附随業務に含まれません。

2　附帯業務

　例外的に，医療法人は，本来業務及び附随業務のほか，定款又は寄附行為で定めることにより，以下の附帯業務を行うことができます（医療42条各号）。もっとも，医療法人の目的はあくまでも本来業務を行うことにあるので，附帯業務は本来業務の支障とならない範囲で行わなければなりません（同条柱書）。また，医療法人が附帯業務を委託して行うことや，本来業務を行わずに附帯業務のみ行うことはできません*2。

附帯業務の内容
①　医療関係者の養成又は再教育（1号）（※1）
②　医学又は歯学に関する研究所の設置（2号）
③　医療法39条1項に規定する診療所以外の診療所の開設（3号）（※2）
④　疾病予防のために有酸素運動を行わせる施設であって，診療所が附置され，かつ，その職員，設備及び運営方法が厚生労働大臣の定める基準に適合するものの設置（4号）
⑤　疾病予防のために温泉を利用させる施設であって，有酸素運動を行う場所を有し，かつ，その職員，設備及び運営方法が厚生労働大臣の定める基準に適合するものの設置（5号）
⑥　保健衛生に関する業務（6号）
⑦　社会福祉法2条2項及び同条3項に掲げる事業のうち厚生労働大臣が定めるものの実施（7号）（※3）
⑧　老人福祉法に規定する有料老人ホームの設置（8号）

※1　後継者等に学費を援助して医学部等で学ばせることは医療関係者の養成には当たりません*3。
※2　巡回診療所，医師又は歯科医師が常時勤務していない診療所（へき地診療所等）等の経営がこれに当たります*4。
※3　第1種社会福祉事業（社福2条2項）は，ケアハウスの運営を除き，社会医療法人に限って行うことができます*5*6。

3　収益業務

(1)　社会医療法人が行うことができる収益業務

　医療法人は原則として本来業務，附随業務及び附帯業務以外の業務を行うことはできませんが，社会医療法人に限り，本来業務に支障のない限り，定款又

144 第 4 章◇医療法人

は寄附行為に定めることにより，一定の要件の下で，以下の収益業務も行うことができます（医療42条の2第1項）*7。これは，社会医療法人が救急医療やへき地医療等，地域医療において特に必要とされる公益性の高い医療を提供することから，その経営の安定化を図る必要があるために認められているものです。

社会医療法人が行うことができる収益業務
①農業，林業，②漁業，③製造業，④情報通信業，⑤運輸業，郵便業，⑥卸売業・小売業，⑦不動産業，物品賃貸業（建物売買業，土地売買業を除く），⑧学術研究，専門・技術サービス業，⑨宿泊業，飲食サービス業，⑩生活サービス業，娯楽業，⑪教育，学習支援業，⑫医療・福祉（病院，診療所，介護老人保健施設又は介護医療院に係るもの及び医療法42条各号に掲げるものを除く），⑬複合サービス事業，⑭サービス業

(2) 社会医療法人が収益業務を行うための要件

社会医療法人において収益業務を行うことを認めた上記の趣旨から，収益業務により得られた収益は，当該社会医療法人が開設する病院等の経営に充てることを目的としなければなりません（医療42条の2第1項）。

また，収益業務が本来業務に資するものかどうかを判断できるようにするため，収益業務に関する会計と収益業務以外の業務に関する会計は，それぞれ区分して行わなければなりません（医療42条の2第3項）*8。

このほか，収益業務は以下の要件を満たしたものでなければなりません*9。

収益業務の要件
① 一定の計画の下に収益を得ることを目的として反復継続して行われる行為であって，社会通念上業務と認められる程度のものであること
② 社会医療法人の社会的信用を傷つけるおそれがあるものでないこと
③ 経営が投機的に行われるものでないこと
④ 当該業務を行うことにより，当該社会医療法人の開設する病院等の業務の円滑な遂行を妨げるおそれがないこと
⑤ 当該社会医療法人以外の者に対する名義の貸与その他不当な方法で経営されるものでないこと

4 設問の業務について

(1) 病院内における売店の運営

病院内における売店の運営は，患者及びその家族又は病院の職員等が主な利

用者であれば，附随業務として医療法人が行うことができます。

　もっとも，明確な基準はないものの，これらの者以外の一般の利用客による利用が多く，売店の売上げが相当規模に上るのであれば，もはや附随業務の範囲を超えるものであり，医療法人が行うことはできません。

(2) 薬局の運営

　薬局は，上記 **2** の附帯業務⑥保健衛生に関する業務に該当しますので，医療法人は薬局を経営することができます。保健衛生業務とは，保健衛生上の観点から行政庁が行う規制の対象となる業務のすべてをいうのではなく，直接国民の保健衛生の向上を主たる目的として行われる業務を指します。

　具体的には，①薬局，②施術所（あはき法，柔道整復師法に規定するもの），③衛生検査所（臨床検査技師，衛生検査技師等に関する法律に規定するもの），④介護福祉士養成施設（社会福祉士及び介護福祉士法に規定するもの）の経営，⑤介護職員養成研修事業（地方公共団体の指定を受けて実施するもの）等が掲げられています[10]。一方で，公衆浴場，クリーニング所，理容及び美容所の経営は保健衛生業務に含まれないとされています[11]。なお，医療法人とは別個の法人が薬局を運営する場合には，保険薬局は，保険医療機関と一体的な構造とし，又は保険医療機関と一体的な経営を行うことはできないものとされています（健保70条１項・72条１項，保険薬局及び保険薬剤師療養担当規則２条の３第１号）。

　従来，「一体的な構造」とは，保険薬局の土地又は建物が保険医療機関の土地又は建物と分離しておらず，公道又はこれに準ずる道路等を介さずに専用通路等により患者が行き来するような形態のものをいうと解されていたため[12]，薬局が病院と同一敷地内にある場合にはフェンス等を設置するなどする必要がありました。しかし，平成28年10月１日から解釈が変更され，「一体的な構造」とは，①保険医療機関の建物内にあるものであって，当該保険医療機関の調剤所と同様とみられるもの，②保険医療機関の建物と専用通路等で接続されているもの，③①又は②に該当しないが，保険医療機関と同一敷地内に存在するものであって，当該保険薬局の存在や出入口を公道等から容易に確認できないもの，当該保険医療機関の休診日に公道等から当該保険薬局に行き来できなくなるもの，実際には当該保険医療機関を受診した患者の来局しか想定できないもの等，患者を含む一般人が当該保険薬局に自由に行き来できるような構造を有しないものをいうと解されるようになりました[13]。

　これにより，医療法人は，患者の利便性等を考慮のうえ，いわゆる敷地内薬局を設置することができるようになりました。

146 第4章◇医療法人

(3) 遊休不動産の賃貸業

医療法人が病院等の施設として利用していない遊休不動産の賃貸は，収益業務に当たりますので，社会医療法人を除く医療法人はこれを行うことができません[14]。もっとも，医療法人が，遊休不動産となっていた土地に社員寮を建築し，これを病院等の職員に対して相当な賃料で賃貸することは，福利厚生の一環として附随業務に当たるものと考えられます。

〔塚原　健人〕

===== ■注　記■ =====

* 1　厚生労働省「医療法人の業務範囲〈令和4年2月22日現在〉」（https://www.mhlw.go.jp/content/10800000/000901066.pdf）。
* 2　厚生労働省医政局長「医療法人の附帯業務について」平成19年3月30日医政発第0330053号（最終改正：令和6年3月29日）。
* 3　前掲注（＊1）・注（＊2）。
* 4　前掲注（＊1）・注（＊2）。
* 5　前掲注（＊2）。
* 6　「厚生労働大臣の定める医療法人が行うことができる社会福祉事業」平成10年2月9日厚生省告示第15号（最終改正：令和5年4月7日）。
* 7　「厚生労働大臣の定める社会医療法人が行うことができる収益業務」平成19年3月30日厚生労働省告示第92号（最終改正：平成30年3月30日）。
* 8　厚生労働省医政局長「社会医療法人の認定について」平成20年3月31日医政発第0331008号（最終改正：令和6年3月30日）。
* 9　前掲注（＊7）。
*10　前掲注（＊2）。
*11　厚生省医務局長「医療法人の付帯業務等について」昭和42年4月1日医発第432号。
*12　厚生省保険局医療課長ほか「保険医療機関及び保険医療養担当規則の一部改正等に伴う実施上の留意事項について」平成8年3月8日保険発第22号。
*13　厚生省保険局医療課長ほか「『保険医療機関及び保険医療養担当規則の一部改正等に伴う実施上の留意事項について』の一部改正について」平成28年3月31日保医発0331第6号。
*14　厚生省医務局長「医療法人の附帯業務について」昭和31年2月22日医発第137号。

医療法人の解散

医療法人の解散事由と手続について教えてください。

医療法人の解散事由は以下の7つです。
(1) 定款又は寄附行為に定めた解散事由の発生
(2) 目的たる業務の成功の不能
(3) 社員総会の決議（社団医療法人のみ）
(4) 他の医療法人との合併
(5) 社員の欠亡（社団医療法人のみ）
(6) 破産手続開始決定
(7) 設立認可の取消し
医療法人の解散手続は，都道府県知事の認可の要否等，解散事由によって異なります。また，合併及び破産手続開始決定による解散の場合を除き，解散した医療法人は清算人による清算手続が行われます。

☑キーワード

解散事由，都道府県知事の認可，清算手続

解　説

1　医療法人の解散事由

　医療法人の解散事由は，社団医療法人と財団医療法人に共通するものが5つ，社団医療法人に特有のものが2つあります（医療55条1項・3項）。
　(1)　**定款又は寄附行為に定めた解散事由の発生**（医療55条1項1号・3項1号）
　定款又は寄附行為において定めた解散事由が発生すれば，医療法人は解散します。例えば，定款又は寄附行為において，「すべての診療所を廃止したとき」と解散事由を定めた場合，すべての診療所を廃止し，その届出を行うことにより，医療法人は解散することになります[*1]。
　なお，この場合の解散には都道府県知事の認可は不要です（定款又は寄附行為に当該解散事由を定める際に都道府県知事の認可を受けます）。

148 第4章◇医療法人

(2) 目的たる業務の成功の不能 (医療55条1項2号)

当該医療法人の目的を達成することが不可能となったことは，当該医療法人の解散事由となります。「目的たる業務の成功の不能」に当たるかどうかは社会通念に従って判断されますが，理屈上，業務継続が可能であれば該当しないことになります。例えば，「管理者の死亡」の場合には別の者を選任できますし，「焼失等による病院等の廃止」の場合も再建が可能ですので，「目的たる業務の成功の不能」には該当しないと解されています。

目的たる業務の成功の不能を理由に解散する場合は，恣意的な解散等を防ぐため，都道府県知事の認可を受けなければその効力は生じません (医療55条6項)。

(3) 社員総会の決議 (医療55条1項3号・社団医療法人のみ)

社団医療法人では，総社員の4分の3以上の賛成による解散決議により，解散することになります。なお，この解散の決議要件は，定款の定めによって加重軽減することができます (医療55条2項)。

社員総会の決議により解散する場合は，恣意的な解散等を防ぐため，都道府県知事の認可を受けなければその効力は生じません (医療55条6項)。

(4) 他の医療法人との合併 (医療55条1項4号)

他の医療法人との合併により，当事者である医療法人の一部又は全部が解散します。

(5) 社員の欠亡 (医療55条1項5号・社団医療法人のみ)

社団医療法人では，社員の死亡や退社により，社員が1人もいなくなった場合には解散します。

(6) 破産手続開始決定 (医療55条1項6号)

医療法人が債務超過になった場合には，理事もしくは債権者の申立て又は裁判所の職権により，破産手続開始決定がなされ (医療55条4項)，医療法人は解散します。破産手続についてはQ75を参照してください。

(7) 設立認可の取消し (医療55条1項7号)

設立認可が取り消されると医療法人は解散します。設立認可の取消しについてはQ23を参照してください。

2 医療法人の解散手続

(1) 概 要

1のとおり，医療法人には，様々な解散事由がありますが，解散事由によっ

て解散手続は異なります。概要は図のとおりです。

目的たる業務の成功の不能や社員総会の決議による解散の場合は，都道府県知事による認可を要します。一方で，定款又は寄附行為に定めた解散事由の発生や社員の欠亡による解散，設立認可取消しの場合は，都道府県知事への届出で足ります。合併及び破産手続開始決定による解散は，それぞれ，合併手続・破産手続に従います（合併手続についてはQ72を，破産手続についてはQ75を参照してください）。

また，合併及び破産手続開始決定による解散の場合を除き，解散の登記を要し，清算人による清算手続がなされます。

■図　医療法人の解散手続

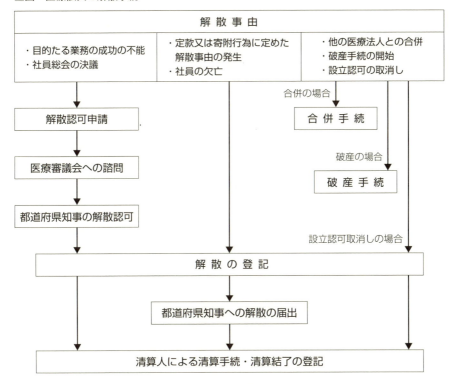

(2)　解散の認可

目的たる業務の成功の不能（上記❶(2)）又は社員総会の決議（上記❶(3)）により解散する場合は，都道府県知事の認可を受ける必要があります（医療55条6

項）。

都道府県知事は，認可処分又は不認可処分をするにあたり，あらかじめ医療審議会に諮問しなければならず（医療55条7項），不認可処分を行う場合は，当該処分を受ける者に対して弁明の機会を付与しなければなりません（医療67条1項）。医療審議会が開催されるのは年数回ですので，スケジュールに配慮する必要があります。

(3) 解散の届出

定款又は寄附行為に定めた解散事由の発生（上記■(1)）又は社員の欠亡（上記■(5)）により医療法人が解散した場合，解散の登記を行ったうえで，清算人は，都道府県知事に対して，解散の届出を行う必要があります（医療55条8項）。

(4) 解散の登記

上記(2)による解散の認可を受けた場合や，定款又は寄附行為に定めた解散事由の発生（上記■(1)）又は社員の欠亡（上記■(5)）により医療法人が解散した場合，解散の登記を行います（組合等登記令7条）。この解散の登記の際，下記(5)の清算人の就任登記も併せて行うのが一般的です。

(5) 清算手続

医療法人が解散したときは，清算の目的の範囲内で，清算が結了するまで清算法人として存続し（医療56条の2），清算手続が行われます。清算手続とは医療法人の事務を終了し，財産を整理する手続であり，原則として理事が清算人に就任して行います（医療56条の3）。

清算手続の主な内容は，①現務の結了，②債権の取立て及び債務の弁済，③残余財産の引渡しです（医療56条の7第1項）。①現務の結了とは，解散当時未了となっている事務を終了させることであり，不動産の賃貸借関係，従業員との雇用関係，取引先との契約関係を終了させることなどをいいます。②債務の弁済手続については，債権者に対する公告及び個別催告（医療56条の8第1項・3項），債務の弁済前における残余財産の引渡しの制限（医療68条）等，一定の債権者保護手続が要求されています。③残余財産の引渡しについては，定款又は寄附行為の定めるところにより，その帰属すべき者に属させることになりますが（医療56条1項），平成19年4月以降に設立された医療法人の場合には，「国若しくは地方公共団体又は医療法人その他の医療を提供する者であって厚生労働省令で定めるもの」に限られることになります（医療44条5項）。

清算手続が終了すると，清算人は，都道府県知事に対して清算結了の届出を行い（医療56条の11），清算結了の日から2週間以内に，その主たる事務所の所

在地において，清算結了の登記を行います（組合等登記令10条）。

〔鈴木　翼〕

■注　記■

＊1　厚生省健康政策局指導課長「医療法人の解散事由について」平成3年9月12日指
　　第61号。

第 5 章

情報管理

患者に関する記録

患者に関する記録にはどのようなものがありますか。それらの記録に関し，記録の種類ごとに，作成義務者，保存義務者，作成方法，保存方法，保存期間について教えてください。また，医療過誤訴訟において患者に関する記録はどのような意味をもちますか。医療過誤訴訟に備えるという意味においては，どのくらいの期間保存する必要がありますか。

　患者に関する記録に関しては，医師法，医療法，療担規則といった各法令において作成義務が定められている記録があり，それぞれ作成義務者，保存義務者，保存期間についても定めがあります。いずれの記録についても，電子媒体での作成・保存が原則として可能ですが，厚生労働省の行政通知において定められた一定の条件を満たす必要があります。

　医療過誤訴訟においては，診療録をはじめとして，看護記録等その他の記録も，適切な医療行為や患者への説明を行ったことを立証するために極めて重要な意義を有しますので，日頃から記録の記載に不備がないようにすることはもちろん，改ざんを疑われないよう，加除訂正の方法，改ざん防止措置にも注意が必要です。

　医療過誤訴訟に備える意味での記録の保存期間については，何年間保存しておけば万全ということはいえませんが，保存期間を定める場合には，その検討材料の一つとして，患者からの損害賠償請求権の消滅時効期間や，刑事事件として立件される場合の公訴時効等をふまえておく必要があると思われます。

☑キーワード

診療録，カルテ，医療過誤，保存期間

 解　説

1　患者に関する記録の種類

　患者に関する記録としては，まず，医師法24条に定める診療録が挙げられます。

　また，診療科目・診療内容に応じて作成・保存が必要となるものとして，麻

156　第 5 章◇情報管理

酢記録（医療規 1 条の10），助産録（保助看42条），救急救命処置録（救急救命士法46条），照射録（診療放射線技師法28条）等が挙げられます。

　さらに，診療に関する諸記録があり，医療法施行規則20条10号によれば，病院日誌，各科診療日誌，処方箋，手術記録，看護記録，検査所見記録，エックス線写真，入院患者及び外来患者の数を明らかにする帳簿，入院診療計画書がこれに当たります。また，健康保険法上の保険医又は保険医療機関の指定を受けている場合，療担規則 9 条に定める記録（保険診療録，療養の給付の担当に関する帳簿及び書類その他の記録）も挙げられます。

　これらの記録の保存期間に関しては，各記録について異なる期間が定められていますが，現実には，これらの記録は一体のものとして 1 つのファイルに綴じられている場合がほとんどであり，現実的には，すべてを（最も保存期間の長い）診療録の保存期間に合わせて少なくとも 5 年間保存するのが妥当と思われます。保存期間の起算日については，保険診療録等の保存期間の起算日が「完結の日」と規定されているのに準じて，起算日に係る規定が存しないその他の記録についても診療等が完結した日からと解すべきでしょう[*1]。

　患者に関する記録について，作成義務者，保管義務者，法定の保存期間及びこれらの根拠法令を表にまとめると，次ページの表のとおりとなります。

2　作成・保存方法

(1)　診療録の記載方法

　医師法上の診療録の記載事項については，医師法施行規則23条において，①患者の住所，氏名，性別及び年齢，②病名及び主要症状，③治療方法（処方及び処置），④診療の年月日とされています。保険医療の場合，保険診療録の様式（療担規則の様式 1 号に定める様式）によることになります（なお，電子媒体による場合については，Q30を参照してください）。

　実務上，上記各記載事項について具体的に何をどこまで記載するのか，また法定事項以外に診療上必要な事項として何を記載するのかは，診療録の作成目的に照らして，各病院や医療従事者において判断することとなります。診療録の作成目的は，第一には，根拠に基づいた適正な医療を，患者に十分説明し同意を得たうえで実施していることを記録に残し，診療行為の適正を期すことにあります。また，後日患者から開示請求がなされ，診療内容についての患者の理解の助けとなることも想定されます。さらに，特に大規模病院においては，チーム医療のための医療従事者間・部署間の情報共有，教育・研修・研究と

Q26◆患者に関する記録　　157

■表　患者に関する記録

記　　録	作成義務者	保管義務者	保存期間	根拠法令
診療録（※1）	医師	病院又は診療所の管理者，作成した医師	5年	医師法24条 同法施行規則23条
助産録	助産師	病院，診療所又は助産所の管理者，作成した助産師	5年	保助看法42条 同法施行規則34条
救急救命処置録	救急救命士	病院，診療所及び消防機関，作成した救急救命士	記載の日から5年	救急救命士法46条 同 法 施 行 規 則25条・26条
照射録	診療放射線技師 （指示をした医師又は歯科医師の署名も必要）	※2	※2	診療放射線技師法28条 同法施行規則16条
診療に関する諸記録	病院	病院	2年	医療法21条1項9号 同法施行規則20条10号
保険診療録，療養の給付の担当に関する帳簿及び書類その他の記録	保険診療録は保険医その他は保険医療機関	保険医療機関	完結の日から3年 ただし保険診療録については完結の日から5年	療担規則8条・9条・22条

※1　麻酔記録については，医療法施行規則1条の10第3項及び4項に言及があるのみですが，診療録の一部と解されます。
※2　照射録の保管義務者，保存期間については法令上規定がありませんが，診療録又は診療に関する諸記録に準じるべきと解されます。

いった目的も重要でしょう。

　したがって，具体的な記載方法については，上記の作成目的のどこに重点を置くか，患者からよく質問を受ける事項の傾向，想定される医療事故の傾向，どのようなチーム医療が想定されるか等を考慮し，日本診療情報管理学会の「診療情報の記録指針」等も参照しつつ，各病院の特性に応じてマニュアルを作成し，医療従事者への研修を実施するのがよいと思われます。

(2) 加除訂正の方法

下記**❸**に述べるように，患者に関する記録の記載は，医療過誤訴訟において重要な意義をもつこともありますので，その記載に誤りがあった場合，直ちに訂正をすべきですが，改ざんを疑われる方法で訂正を行ってしまうと，記録全体の信用性が失われるのみならず，場合によっては証拠隠滅罪（刑104条）に問われる可能性もありますので，その方法には注意が必要です。

この点に関し，「診療報酬請求書等の記載要領等について」*2において，加除訂正の方法について，「修正液を使用することなく，誤って記載した数字等を＝線で抹消の上，正しい数字等を記載すること。なお，請求書等の記載に当たっては，黒若しくは青色のインク又はボールペン等を使用すること。」とされており，紙媒体の診療録その他の患者に関する記録全般についても，同様の加除訂正方法によったうえで，さらに，訂正者の氏名，訂正の理由も付記するのが適切といえます。

電子カルテについては，過去には電子カルテであるにもかかわらず書き換えた際に書換え前の記載が保存されない設定になっていた事案において改ざんが認定された裁判例☆1もありますが，現在は，一般的な電子カルテのシステムにおいては記録の書換え，修正等の更新履歴及びそれらの理由を時系列ですべて保存できる設定になっているはずです。もっとも，不正アクセス等により人為的に改ざんや更新履歴の消去が行われてしまう可能性は技術的に否定できませんので，セキュリティの確保やシステム監査の在り方等の運用面も含め，医療情報システム安全管理ガイドラインに従った電子カルテシステムを導入することに留意すべきです。

(3) 保存方法について

患者に関する記録の保存を行う場所については，診療を行いこれらの記録等を作成した病院・診療所等のほか，一定の基準の下に外部保存も許容されており，「診療録等の保存を行う場所について」*3及び医療情報システム安全管理ガイドラインにおいて，紙媒体の場合及び電子媒体の場合（ネットワークを通じて行う場合を含みます）それぞれについて，外部保存を行う場合の基準が定められています。

また，患者に関する記録は個人情報に該当しますので，医療介護個人情報ガイダンスに沿い，守秘とセキュリティ（安全管理措置等）を確保するとともに，目的外の利用禁止に留意する必要があります（**Q27**，**Q28**参照）。

Q26◆患者に関する記録　*159*

3　医療過誤訴訟に備える観点からの記録の作成・保存

(1)　医療過誤訴訟における記録の意義

　診療録等の作成義務は，本来，医師の診療行為の適正を確保し，患者へのよりよい医療サービス提供を主眼として医師法において規定されているものですが，仮に医療過誤訴訟等のトラブルが発生した場合，適切な医療措置がなされたか否かが問題となり，医療行為がなされた当時作成された書面は重要な証拠となりますので，診療録はもちろんのこと，その他の患者に関する記録も，大きな意義を有します。

　特に，診療録は，裁判所における信用力が高く，診療録に明確に記載された事実については，その事実が存在するものと認定される可能性が極めて高いといえます。逆にいえば，適切な処置を行ったとしても診療録に記載しておかなかったり，記載されていてもその内容が明確でなく異なる解釈も可能な状態となっていたりすると，他の記録や医師等の証言により適切な処置がなされたことを立証するしかないこととなりますが，一般論として，こうした立証は必ずしも容易ではなく，医師にとって不利となる場合が多いといえます。

　また，診療録だけではなく，その他の記録についても，診療録の記載を補完できる場合もあるなど，その医療過誤訴訟における意義は小さなものではありません。特に，看護記録については，診療録と異なり作成した者自身でなければ判読できないということが少なく，また患者の症状の経過等が時系列で記載されていることから，医療過誤訴訟において重要な証拠となることがあります。逆にいえば，看護記録についても，記載に不備があると，経過観察を怠った等の不利な認定がされるおそれがあります。

　さらに，手術等の治療方法についての患者の同意書については，単にこれを取得するだけではなく，患者の同意を得る過程における，治療方法のメリット・デメリット等について説明した内容を記録に残すことも重要です。頻繁に行われる手術等で説明内容を定型化できるものについては，説明書や同意書の書式を弁護士の監修の下で作成しておくべきでしょう。手術等の治療方法について説明文書がある場合も，患者に文書を渡すだけではなく，説明文書に沿って口頭でも丁寧に説明し，その旨を診療録に記載すべきです。説明内容を定型化することが困難な場合についても，厚生労働省が公表している「診療情報の提供等に関する指針」[＊4]等を参考に，一般的に考えられる説明項目（Q51参照）を列挙した説明文書の書式を作成しておくことが考えられます。説明の際の患

160　第5章◇情報管理

者等との間の質疑応答の内容についても，診療録に具体的に記載しておくことで，患者の希望や関心事項に対して説明をしたことや，医師の説明内容を患者が理解していたことを示す証拠となる可能性が高くなるといえます。

(2)　医療過誤訴訟を意識した記録の保存期間

　患者に関する記録の保存期間を検討する場合には，本来，患者に対してよりよい医療サービスを提供する，あるいは，患者からの情報開示請求にできる限り応じられるようにする，という観点が主眼となります。

　もっとも，医療関係者としては，保存期間の検討にあたり，将来，万一医療過誤訴訟が提起された場合への対応を意識することも必要と思われます。医療過誤訴訟は，医療過誤があった場合に，患者が医師又は病院・診療所に対して損害賠償を請求する訴訟ですが，その請求の原因（法的根拠）として，診療契約に基づく場合と，不法行為に基づく場合とが考えられます。また，業務上過失致死傷罪（刑211条）の刑事事件として立件されるリスクもあります。

　この点，人の生命又は身体の侵害に係る損害賠償請求権の消滅時効が損害及び加害者を知った時から5年（民166条1項1号・724条1号・724条の2）とされていることを考慮すると，医療行為の完了後長期間経過してから時効の進行が開始する可能性もありますので，記録は永久保存とすることも考えられますが，保存期間を定める場合には，前記**1**のとおり少なくとも5年間は保存すべきですし，債務不履行や不法行為の長期の消滅時効期間（民166条1項2号・167条・724条2号）に配慮するなら保存期間を20年間とすることも一つの考え方と思われます。

〔遠藤　英明〕

━━■判　例■━━

　☆1　大阪地判平24・3・30判タ1379号167頁。

━━■注　記■━━

　＊1　厚生労働省新型コロナウイルス感染症対策推進本部ほか「新型インフルエンザ等対策特別措置法の改正を踏まえた臨時の医療施設における医療の提供等に当たっての留意事項について」令和3年2月15日事務連絡は，医師法24条に基づき作成された診療録については「当該診療が完了した日から5年の間保存する必要がある」としています。

　＊2　厚生省保険局医療課長ほか「診療報酬請求書等の記載要領等について」昭和51年8月7日保険発第82号（最終改正：令和6年3月27日）。

　＊3　厚生労働省医政局長ほか「診療録等の保存を行う場所について」平成14年3月29日医政発第0329003号・保発第0329001号。

＊4　厚生労働省医政局長「診療情報の提供等に関する指針の策定について」平成15年
　　9月12日医政発第0912001号（最終改正：令和5年1月25日）。公益社団法人日本医
　　師会も，「診療情報の提供に関する指針〔第2版〕」（平成14年10月）を公表してい
　　ます。

27　医療機関における診療情報の取扱いに関する規制

医療機関における診療情報の取扱いに関する規制について教えてください。

　医師その他の医療従事者には，守秘義務が課されており，刑事罰があります。また，診療契約上の守秘義務違反や患者等のプライバシー侵害行為については，民事上の損害賠償責任も負うこととなります。もっとも，診療情報の第三者への提供について，正当な理由が認められれば刑事責任を負いませんし，提供の目的や必要性等から正当化される場合には損害賠償責任も免れることができます。診療情報の第三者への提供が問題となる場面においては，正当な理由があるのか否か，患者等のプライバシーとの関係で正当化されるか否か難しい判断を迫られる場面も多く，個別具体的な事案に応じた検討が必要です。

　また，診療情報は個人情報に該当し得ますので，その取得から廃棄に至るまで，個人情報保護法上の規制にも留意する必要があります。

　これらの規制はそれぞれの目的や要件効果が異なるため，診療情報の取扱いをめぐる具体的な問題が生じた場合には，守秘義務や個人情報保護法等に反しないか，患者等のプライバシー侵害にならないか，また，それによりどのような制裁があり得るのか，それぞれの法分野の視点から検討する必要があります。

☑キーワード

守秘義務，秘密漏示罪，プライバシー，個人情報保護法，要配慮個人情報

解　説

1　守秘義務

(1) 守秘義務の機能

　古来から医師は患者の病歴・病状・健康状態等について守秘義務を負うものとされてきましたが，現代においても，医師及び医療機関の守秘義務は，単なる倫理上の義務ではなく，法的義務となっています（刑134条1項等）。

　守秘義務は，患者のプライバシー保護の機能を果たします。診療情報には，患者の身体状況，病状，治療経過等，通常患者が第三者に知られることを欲しない

事項が多く含まれるうえ，それらは差別・偏見を生じさせることがあるので，診療情報は，プライバシーの中でも特に保護を要する情報であるといえます。

(2)　守秘義務違反の刑事的責任

(a)　刑法における秘密漏示罪

医師の守秘義務については，医師法にはこれに関する規定はありません[*1]が，刑事罰を伴う刑事法の分野においては，複数の法律に医師や医療従事者の守秘義務が明示的に定められています。

まず，医師，薬剤師及び助産師（「これらの職にあった者」を含みます）について，刑法134条1項は「正当な理由がないのに，その業務上取り扱ったことについて知り得た人の秘密を漏らしたときは，6月以下の懲役又は10万円以下の罰金に処する。」と規定しています（秘密漏示罪[*2]）。

「秘密」とは，一般に知られていない事実であって，これを他人に知られないことにつき本人が相当の利益を有すると客観的に認められるものとされており，診療情報については，この「秘密」に該当することに争いはないでしょう。

秘密を「漏らした」の意義については，口頭で告げること，書面で知らせることはもちろん，カルテ等診療情報を記載した書面を放置し第三者の閲読を制止しないなどの不作為によるものも，「漏らした」に該当する可能性があります。

秘密情報の提供が許容される「正当な理由」がある場合には，①本人の承諾がある場合，②法令上秘密事項を告知する義務を負う場合，③第三者の利益を保護する必要がある場合等が含まれます。具体例としては，②については，感染症法12条1項に基づき保健所長を経由して都道府県知事に患者を届け出る場合，③については，患者の家族に，感染症の差し迫った危険を知らせる場合等があります。秘密漏示罪の成否の判断においては主にこの「正当な理由」の有無が問題となりますが，上記①〜③の基準のみでは割り切れず判断に迷う事案も少なくありません。個別具体的事案における判断については，**Q29**を参照してください。

刑事法上の責任を負うのは，あくまで秘密漏示行為を行った医師ら個人となりますが，医療機関において秘密漏示に関与した個人は，教唆犯や幇助犯に問われる可能性もあります。

(b)　その他の刑事法上の守秘義務

刑法以外の法律にも，秘密の漏えいについて刑事罰を定めているものが数多くあります。

例えば，医師，薬剤師及び助産師以外の医療従事者についても，保健師・看護師については，保助看法で守秘義務が定められ，秘密を漏えいした場合には6月以下の懲役又は10万円以下の罰金が科されるほか（保助看42条の2・44条の4第1項），診療放射線技師，臨床検査技師，理学療法士・作業療法士等についても同様に，それぞれの個別法に基づいて秘密の漏えいには50万円以下の罰金が科されます（診療放射線技師法29条・35条1項等）。

また，漏えいによる患者の不利益が特に大きいと考えられる秘密との関係で，漏えいに対する刑罰が加重されているケースもあります。例えば，感染症法においては，感染症患者に対するいわれのない差別や偏見の存在をふまえ，医師が，感染症患者であるかどうかに関する健康診断又は感染症の治療に際して知り得た人の秘密を漏えいした場合の刑罰として，1年以下の懲役又は100万円の罰金が定められており（感染症73条1項），刑法上の秘密漏示罪よりも刑罰が加重されています。精神保健福祉法においても，同様に，精神科病院の管理者・指定医等が同法に基づく職務の執行に関して知り得た人の秘密を漏えいした場合の刑罰が加重されています（精神53条1項）。

　(c)　**診療情報の漏えいに伴うその他の刑事責任**

　患者の診療情報の漏えい行為が以上の刑事法上の守秘義務違反となるか否かにかかわらず，インターネット上に個人を特定し得る診療情報をアップロードする等，患者の診療情報を不特定又は多数の第三者が認識し得る状態に置いた場合，その内容が患者の社会的評価を低下させるようなものであれば，名誉毀損罪（刑230条1項）にも該当し得ることとなります。

　(3)　**守秘義務違反の民事的責任**

　医師（個人医院の場合）又は医療機関（法人経営の場合の当該法人など）と，診療を受ける患者との間には，明文の契約書がなくとも，患者が診察，治療を求め，医師又は医療機関がこれに応じることにより，診療契約が成立します。医師又は医療機関は，診療契約上の付随義務として守秘義務を負うと解されるため，この守秘義務の違反があった場合には，医師又は医療機関は，債務不履行責任（民415条）に基づき，損害賠償義務を負うことになります。

　また，医師その他の医療従事者が診療情報を漏えい等させた場合，当該医療従事者は患者等のプライバシーを侵害したこと等を理由に不法行為責任（民709条）に基づく損害賠償責任も負うこととなります。この場合，医療機関は，使用者責任（民715条）を負う可能性があり，また，医療機関において診療情報管理に問題があったときには，医療機関自体が民法709条の不法行為責任を負う

可能性もあります。

いずれの場合も，診療情報の第三者への提供について正当な理由がある場合や，提供の目的や必要性等から正当化される場合には責任を免れます。また，前記**1**(2)の刑事的責任を負うのは，秘密漏示について故意があった場合に限られますが，民事的責任については，故意があった場合に限られず，診療録等の管理が杜撰であったために盗難に遭い診療情報が漏えいした場合等の，医師や医療機関の過失に基づく場合についても成立します。

2 　個人情報保護法

医療機関が診療情報を取り扱う際には，個人情報保護法を遵守する必要があります[*3]。

(1) 　個人情報保護法の趣旨

個人情報保護法は，個人情報の有用性に配慮しつつ個人の権利利益を保護することを目的としており，医療分野に限らず，官民を通じた個人情報保護の基本理念等を定めるとともに，個人情報を取り扱う事業者等の遵守すべき義務等を定めたものです。

個人情報保護法の中でも医療分野は，個人情報の性質や利用方法等から特に適正な取扱いの厳格な実施を確保する必要がある分野の一つに挙げられており，分野を問わず共通して適用される個情法ガイドライン（通則編）等の各ガイドライン[*4]に加え，個人情報保護委員会及び厚生労働省が，医療介護個人情報ガイダンス及び医療介護個人情報ガイダンスQ&Aを策定しています[*5]。

(2) 　遵守の対象となる情報の内容

個人情報保護法においては，生存する個人を識別することのできる「個人情報」という概念に加えて，特定の個人情報を容易に検索することができるように体系的に構成した「個人情報データベース等」とその構成要素である「個人データ」という概念，また，個人情報取扱事業者（個人情報16条2項）が，開示・内容の訂正・削除等を行うことのできる権限を有する個人データ（ただし，その存否が明らかになることにより公益その他の利益が害されるものとして政令で定められたものは除きます）である「保有個人データ」という概念が定義され，個人データについては単なる個人情報よりも，保有個人データについては個人データよりも，それぞれ厳格な取扱いが事業者に義務づけられています。

医療機関においては，診療録，手術記録，麻酔記録，検査所見記録，エックス線写真，助産録，看護記録，紹介状，処方箋等（以下「診療録等」といいます）

166 第5章◇情報管理

に記載された患者の個人情報が容易に検索可能な状態で整理され，それらの個人情報の開示・内容の訂正・削除等を行う権限を医療機関が有している場合がほとんどです。したがって，医療機関が保有する患者の個人情報は，紙媒体，電子媒体のいかんにかかわらず，すべて「保有個人データ」に該当すると考えて対応する必要があります。また，一般的に「個人情報」，「個人データ」と「保有個人データ」は混同して用いられることが多いので，注意が必要です。以下の解説でも，患者の個人情報のすべてが保有個人データに該当するという想定の下，個人情報，個人データと保有個人データを区別することなく，「個人情報」と呼称します。

　なお，個人情報保護法においては，不当な差別や偏見その他の不利益が生じないようにその取扱いに特に配慮を要するものを「要配慮個人情報」と定めています。診療録等の診療記録に記載された病歴，診療や調剤の過程で，患者の身体状況，病状，治療等について，医療従事者が知り得た診療情報や調剤情報，健康診断の結果及び保健指導の内容，障害（身体障害，知的障害，精神障害等）の事実，犯罪により害を被った事実等はこれに当たるとされますので（医療介護個人情報ガイダンスⅡ3），医療機関が取り扱う患者の個人情報の大部分は要配慮個人情報に該当するといえます。要配慮個人情報は，取得や提供の場面において，一部の義務が一般の個人情報に比べて加重されているため，注意が必要です。

(3) 個人情報保護法に基づく義務の内容

　個人情報保護法上，個人情報の取得・利用から保管や廃棄までの一連の取扱い，また，情報主体である本人からの開示等請求への対応等の各場面において，個人情報取扱事業者には，以下の各義務が課されています。

① 個人情報の取得・利用	
・利用目的をできる限り特定すること	17条
・特定された利用目的の達成に必要な範囲を超えた取扱いの原則禁止	18条
・違法・不当な行為を助長・誘発するおそれがある方法による利用の禁止	19条
・取得の際に利用目的を通知，公表すること。なお，問診票の記入を求める場合など本人から直接取得する場合には，利用目的を明示すること	21条
・偽りその他不正の手段による取得の禁止	20条1項
・要配慮個人情報の取得に際しては，原則として本人の同意を取得すること	20条2項

② 個人情報の保管	
・漏えい，滅失，毀損の防止その他の安全管理のために必要かつ適切な措置をとること	23条
・安全管理が図られるよう従業者・委託先に対し必要かつ適切な監督を行うこと	24条・25条
・漏えい等安全確保に係る事態で個人の権利利益を害するおそれが大きいものが生じたときは，個人情報保護委員会に報告するとともに，本人への通知を行うこと	26条
・正確性，最新性を確保し，また，必要がなくなったときは遅滞なく消去するよう努めること	22条
③ 個人情報の第三者提供	
・第三者提供に際しては，原則として本人の同意を取得すること	27条
・外国にある第三者に提供する場合は，原則として一定の情報を提供したうえで本人の同意を取得すること	28条
・第三者提供にあたり記録を作成し，第三者から提供を受けるときは取得の経緯等を確認し記録を作成すること	29条・30条
④ 個人情報に関する開示請求等への対応※	
・事業者の名称等，利用目的，開示等請求に必要な手続等について公表すること	32条
・本人からの開示，訂正・追加・削除，利用停止・消去等の請求に応じること	33条〜39条
・取扱いに関する苦情の適切かつ迅速な処理に努めること	40条

※ 後記**3**のとおり，国立医療機関及び公立医療機関については，個人情報保護法32条〜39条は適用されず，公的部門における規律が適用されます。

(4) 各　　論

上記の個人情報保護法に基づく各義務のうち，医療機関において特に注意が必要なものについて，以下いくつか取り上げて解説します。

(a) 利用目的の特定，通知・公表

個人情報の取得・利用にあたっては，利用目的をできる限り特定し，通知又は公表したうえで，その範囲で取り扱う必要があります（個人情報17条1項・18条1項・21条）。

既に院内掲示やホームページへの掲載，初診時の説明書面の交付などを行うことで対応済みの医療機関が多数だと思われますが，医療介護個人情報ガイダ

ンス別表2などを参考として，自らの業務に照らして通常必要とされる利用目的が記載されているか確認してください。

また，初診時や入院時等における説明だけでは，個人情報について十分な理解ができない患者も想定されることから，患者が落ち着いた時期に改めて説明を行うなど患者が個人情報の利用目的を理解できるよう配慮し，また，患者等の希望がある場合，詳細の説明や当該内容を記載した書面の交付（電磁的方法による場合を含みます）を行うことも検討されます（医療介護個人情報ガイダンスⅣ5）。

なお，医療介護個人情報ガイダンスでは，医療機関で個人情報が利用される意義について患者等の理解を得ること，及び，医療機関において，法を遵守し，個人情報保護のため積極的に取り組んでいる姿勢を対外的に明らかにすることを趣旨として，個人情報保護に関する方針や利用目的等を対外的に公表することが求められる，ともされています（Ⅰ6）。

(b) 要配慮個人情報の取得

要配慮個人情報の取得にあたっては，原則として本人の同意[*6]が必要です（個人情報20条2項）。もっとも，医療機関が患者の要配慮個人情報を含めた個人情報を取得することは，良質かつ適正な医療の提供等のために必要不可欠ですので，医療機関が要配慮個人情報を書面又は口頭等により患者本人から適正に直接取得した場合には，患者の当該行為をもって，当該情報の取得について同意があったものと考えることができます。

また，要配慮個人情報を第三者提供（個人情報27条1項）の方法により取得する場合，提供元が患者本人から当該情報の取得に関する同意と当該第三者提供に関する同意（次項で解説する「黙示の同意」を含みます）を取得していれば，改めて当該情報の取得について同意を得る必要はないと考えられますので[*7]，提供元の個人情報保護法の遵守状況を確認するとともに，提供元における当該情報の取得方法等を確認するよう努めるべきです（以上につき，医療介護個人情報ガイダンスⅣ6参照）。

なお，これらに当たらない場面であっても，法律上，①法令に基づく場合，②人の生命，身体又は財産の保護のために必要がある場合であって，本人の同意を得ることが困難である場合（例えば，意識不明の患者について家族から本人の病歴を聴取する場合[*8]），③公衆衛生の向上又は児童の健全な育成の推進のために特に必要がある場合であって，本人の同意を得ることが困難であるとき（例えば，他の医療機関等から，当該他の医療機関等において以前治療を行った患者の臨床症例に係る個人情報を観察研究のために取得し，今後の不特定多数の患者に対してより優れた医療

サービスを提供できるようになること等により，公衆衛生の向上に特に資する場合であって，本人からの同意取得が困難であるとき）などについては，要配慮個人情報を同意なく取得できるとされています（個人情報20条2項各号，医療介護個人情報ガイダンスⅣ6，医療介護個人情報ガイダンスQ&A各論2-6等）。医療機関においては，これらの例外事由が適用される場面も多いと考えられますので，あらかじめ同意を得る必要がない場面を確認し，整理しておくことが，迅速な医療の提供につながります。

(c) 個人情報の第三者提供*9

医療機関は，原則として，あらかじめ本人の同意を得ないで，個人情報を第三者に提供してはなりません（個人情報27条1項）。もっとも，例えば他の医療機関と連携を図る場合や医療費を公的医療保険に請求する場合など，患者の個人情報の第三者への提供が当該患者への医療の提供に必要であり，かつ，個人情報の利用目的として一定の事項とともに院内掲示等により明示されている場合は，患者から明示的に留保の意思表示がない限り，黙示の同意が得られているものと考えられ，明示の同意を得ることなく第三者提供が可能となります（医療介護個人情報ガイダンスⅣ9(3)，医療介護個人情報ガイダンスQ&A各論4-7，4-10等）*10。

また，要配慮個人情報の取得の例外と同様に，第三者提供にあたり，法令に基づく場合（例えば，児童虐待に係る通告）等は例外的に同意が不要とされています（個人情報27条1項各号）。医療機関が大学等に対し，当該大学等における学術研究目的で提供する例も考えられますが，このような場合も同意なしに第三者提供が可能とされています（同項7号）。さらに，医療分野の研究開発の促進のため，「医療分野の研究開発に資するための匿名加工医療情報及び仮名加工医療情報に関する法律」（いわゆる次世代医療基盤法）により，一定の要件の下で，本人の同意を取得することなく，医療情報を国の認定を受けた事業者に提供し，当該事業者において特定の個人を識別できないよう加工し，加工後の医療情報を製薬会社等に提供できる仕組みが設けられています。

3　民間の医療機関か，国立・公立の医療機関かによる違い

前記**1**(2)の刑事的責任については，医師や医療従事者個人としての地位・業務に基づくものですので，民間の医療機関に勤める医師らかどうかで違いはありません。前記**1**(3)の民事的責任についても，病院における通常の医療行為は，基本的には，国家賠償法の対象となる「公権力の行使」ではないと考え

170　第5章◇情報管理

られますので，民間の医療機関かどうかで違いはありません。

　また，個人情報の取扱いについても，令和3年個人情報保護法改正により，ほぼすべて*11の国立医療機関及び公立医療機関が民間医療機関と同じ規律に服することとなりました。これに伴い，医療介護個人情報ガイダンスも，ほぼすべての国立医療機関及び公立医療機関に適用されることとなりました（医療介護個人情報ガイダンスＩ3）。ただし，民間部門の規律が適用される国立医療機関及び公立医療機関であっても，開示請求等に係る制度等（個人情報32条～39条等）については，個人情報保護法75条，76条以下等の公的部門における規律が適用されます（個人情報58条・125条等。医療介護個人情報ガイダンスⅢ参照）。

４　総　括

　上記のとおり，医療機関における診療情報の取扱いに関する規制は，刑事法以外にも，民事法，個人情報保護法等複数の法分野にまたがっています。

　これらの問題は別個に検討しなければなりません。例えば，医療機関において，医師が診療情報を治療などの特定した利用目的以外の目的に利用したとしても，漏えいしない限り秘密漏示罪には該当しませんが，個人情報保護法18条1項には違反します。

　そのため，診療情報の取扱いをめぐる具体的な問題が生じた場合には，刑事法・民事法上の守秘義務や個人情報保護法等に反しないか，患者等のプライバシー侵害にならないか，また，それによりどのような制裁があり得るのか，それぞれの法分野の視点から検討する必要があります。

〔長谷川　葵〕

━━■注　記■━━

＊1　医師法7条1項は，医師としての品位を損するような行為のあったときは，厚生労働大臣が戒告，医業停止，免許取消しの処分をすることができると定めており，秘密漏示により処分がなされた例もあります。

＊2　医師の刑法上の秘密漏示罪に関する最高裁判例として，最判平24・2・13刑集66巻4号405頁があります。

＊3　平成27年改正前の個人情報保護法では，5000人分以下の個人情報しか取り扱っていない事業者については，「個人情報取扱事業者」には該当せず，同法の適用対象にはなりませんでしたが（平成27年改正前個人情報2条3項5号，同施行令2条），平成27年改正によりそのような適用除外は撤廃されました。

＊4　個人情報保護委員会は，「通則編」のほか，「外国にある第三者への提供」，「第三者提供時の確認・記録義務編」，「仮名加工情報・匿名加工情報編」，「認定個人情報保護団体編」，「行政機関等編」を策定しており，また，個情法ガイドライン

Q&A，「個人情報の保護に関する法律についてのQ&A（行政機関等編）」等も公表しています。

＊5　このほか，医療関連分野においては，健康保険組合・国民健康保険組合等におけるガイダンス，個人遺伝情報を用いた事業分野におけるガイドラインも策定されています。

＊6　医療介護個人情報ガイダンスⅣ2⑴及び個情法ガイドライン（通則編）2－16では，「個人情報の取扱いに関して同意したことによって生ずる結果について，未成年者，成年被後見人，被保佐人及び被補助人が判断できる能力を有していないなどの場合は，親権者や法定代理人等から同意を得る必要がある」とされており，注意が必要です。なお，本稿執筆時点において，個人情報保護法のいわゆる3年ごと見直しに関する検討が行われているところ（Q28参照），同法上，原則として本人同意の取得が必要とされている場面において，16歳未満のこどもを本人とする個人情報については法定代理人の同意を取得すべきことを法令の規定上明確化することなどが検討されています（個人情報保護委員会「個人情報保護法　いわゆる3年ごと見直しに係る検討の中間整理」令和6年6月27日参照）。

＊7　地域医療情報連携ネットワークを通じて，現に受診中の患者に係る過去の診療情報等を他の医療機関に対して照会する場合について，厚生労働省は，厚生労働省医政局総務課「地域医療情報連携ネットワークにおける同意取得方法の例について」令和2年3月31日事務連絡を公表し，医療介護個人情報ガイダンスⅣ6において，これによることとしています。この事務連絡には，上記の場合において，患者の受診時に，患者への医療の提供のために必要な範囲で，当該ネットワークにより，当該ネットワークに参加する他の医療機関から診療情報等を取得することについて，原則として明示的に患者の同意を得たうえで照会し，診療情報等の提供を受ける旨が記載されています。このほか，上記事務連絡には，地域医療情報連携ネットワークにおいて，他の医療機関に患者の診療情報等を提供する場合の院内掲示の例なども示されていますので，地域医療情報連携ネットワークを活用する際には留意が必要です。

＊8　医療介護個人情報ガイダンスQ&A各論2－6や4－19では，このような場合には，患者本人の意識が回復した後に，家族等から取得した情報の内容とその相手について本人に説明することとされています。

＊9　第三者提供については，Q29やQ56も参照してください。

＊10　なお，医療介護個人情報ガイダンスⅣ2⑴では，「患者・利用者が，意識不明ではないものの，本人の意思を明確に確認できない状態の場合については，意識の回復にあわせて，速やかに本人への説明を行い本人の同意を得るものとする。なお，これらの場合において患者・利用者の理解力，判断力などに応じて，可能な限り患者・利用者本人に通知し，同意を得るよう努めることが重要である。」とされているため，注意する必要があります。

＊11　自衛隊病院のように国に直属する医療機関については，民間部門の規律は適用されず，引き続き公的部門の規律が適用されます（個人情報16条2項1号等参照）。

28 個人情報保護法の遵守体制

個人情報保護法を遵守するためにどのような体制を構築する必要があるのでしょうか。

　医療分野においては，個人情報保護法の制定・改正を受け，個人情報保護委員会及び厚生労働省が医療分野におけるガイダンスやQ&Aを定めており，すべての医療機関は，個人情報保護法，分野を問わず共通して適用される個人情報保護委員会の各ガイドラインだけでなく，医療分野におけるガイダンスなども含めて遵守する必要があります。

　そこで，まず，医療機関の個人情報の取扱いについて基本方針を策定したうえで，責任者を定めるなどして推進体制を整備し，個人情報保護法，個人情報保護委員会の各ガイドライン，医療分野におけるガイダンス等の内容を参照しつつ，関係規程を整備することが必要です。規程どおりの運用を徹底するため，具体的な業務に応じたマニュアルやQ&A集を作成することも推奨されます。

　さらに，第三者からの照会や患者本人からの個人情報開示請求等への対応も必要となりますので，これらを主導する役割をもつ専門の院内委員会を設置することが考えられます。

 キーワード

個人情報保護法，個情法ガイドライン（通則編），医療介護個人情報ガイダンス，安全管理措置

解　説

1　はじめに

　Q27で解説したとおり，個人情報保護法に関して，医療分野においては，個人情報保護委員会及び厚生労働省が，医療介護個人情報ガイダンス及び医療介護個人情報ガイダンスQ&Aを策定しており，個人情報保護法及び分野を問わず共通して適用される個情法ガイドライン（通則編）等の各ガイドラインに重ねて遵守が必要です。

　具体的には，医療機関に対し，以下に解説するような体制を具体的に定める

ことが求められています（医療介護個人情報ガイダンスⅣ7⑵，個情法ガイドライン（通則編）10等参照）。

　なお，本設問では，Q27と同様，患者の個人情報のすべてが保有個人データに該当するという想定の下，個人情報，個人データと保有個人データを区別することなく，「個人情報」と呼称します。

2　具体的な体制づくり

⑴　基本方針の策定

　個人情報の適切な取扱いに取り組むために，まず，基本方針を策定することが重要です。基本方針の策定は義務ではありませんが，以下に解説する体制づくりの指針となります。

⑵　関連規程の整備

　個人情報保護法を遵守する体制を整えるにあたって，個人情報保護に関する規程を作成する必要があります。

　具体的な規程例として，個人情報保護委員会がそのウェブサイト[*1]において，中小企業向けのお役立ちツールとして「個人データ取扱要領（例）」を公表しており，参考になります。なお，個人情報保護法にはいわゆる3年ごとの見直しが規定されていますので[*2]，法改正に合わせた規程の見直しも必要です。

　また，最近は医療機関へのサイバー攻撃等も問題となっており，個人情報を取り扱う情報システムを利用している場合には，当該情報システムの安全管理措置に関する規程等についても，同様に整備が必要です。この点については，厚生労働省が医療情報システム安全管理ガイドラインを公表しており，具体的な安全管理対策が記載されています。医療機関に対するサイバー攻撃に備えた体制整備の詳細については，Q32を参照してください。

　さらに，規程を作成するだけではなく，規程どおりに運用してはじめて個人情報保護法を遵守したことになりますし，診療録の盗難等について医療機関が民事責任を問われた場合も，規程の有無よりもその運用状況が問題となります。そのため，関連規程の整備，周知徹底とともに，規程の内容について，より具体的に業務上の手順に即したマニュアルやQ&A集を作成し，これらに沿った運用を図ることをお勧めします。マニュアルの作成にあたっては，上記お役立ちツールの事務マニュアル及び業務マニュアル[*3]が参考になります。ただし，個人情報保護委員会の公表資料はあくまで中小企業（基本的に従業員数が100人以下の個人情報取扱事業者）向けのものですし，適切な手法はこの内容に限

174   第5章◇情報管理

られないので，医療機関の状況に応じて適宜修正する必要があります。

(3) 個人情報保護推進のための組織体制等の整備

院内の責任体制の明確化を図り，また，上記の規程やマニュアルの作成など具体的な取組みを進めるためには，個人情報保護に関し十分な知識を有する管理者，監督者等を責任者として定めることが重要です。さらに，個人情報保護の推進を図るための院内委員会等を設置することも検討に値します。

これらの責任者，委員会が，以下に解説する各種の具体的な対応を推進する意味でも，中心的な役割を果たすことになります。

また，責任者，委員会は，いったん整備されればその役割が終了するものではなく，個人情報保護推進体制について定期的に自己評価を行い，見直しや改善を行うべき事項について適切な改善を行うことも必要です。

(4) 漏えい等発生時の報告連絡体制の整備

個人情報の漏えい等の事故が発生した場合，又は発生の可能性が高いと判断した場合，個人情報保護委員会への報告や漏えい等した個人情報に係る本人への通知等が必要です（個人情報26条）。特に，令和2年の個人情報保護法改正により，要配慮個人情報が漏えい等した場合におけるこれらの対応が義務化されましたが（同条1項，個人情報規7条1項），**Q27**で解説したとおり，医療機関が取り扱う患者の個人情報の大部分は要配慮個人情報に該当しますので，注意が必要です。具体的な対応の際は，個人情報保護委員会のウェブサイト*4を確認してください。

漏えい等事案の発生に備え，普段から，上記(3)で定めた責任者等への報告連絡体制を整備し，従業員へ周知する必要があります。この様式についても，上記(2)記載のお役立ちツールの緊急時対策基準*5が参考になります。

なお，個人情報漏えい等の情報は，苦情等の一環として，外部から報告される場合も想定されることから，後記(6)で解説する苦情への対応を行う窓口と連携する体制とすることも考えられます。

(5) その他の安全管理措置

以上のような組織体制の整備は，個人情報保護法上求められている安全管理措置（個人情報23条）のうち，一般に「組織的安全管理措置」と呼ばれるものです。このほか，以下のような観点からの安全管理措置が要求されます。

(1) 物理的安全管理措置
・入退室管理の実施，防犯カメラの設置，機器・装置の固定

・診療記録等の所定の保管場所への収納の徹底，院外持出し禁止
　　・スマートフォン，パソコン等の記録機能を有する機器の接続の制限及び機器の更新への対応を行う，など

(2)　技術的安全管理措置

　　・個人情報の取扱いについてID・パスワード等により認証を付与する
　　・アクセス記録を保存する
　　・不正が疑われる異常な記録の存否を定期的に確認する
　　・セキュリティ対策ソフトウェア等を導入し，情報システムやセキュリティ対策ソフトウェアを最新の状態に保持する，など

(3)　人的安全管理措置

　　・従業者の啓発・個人情報保護意識徹底を目的とした，朝礼等の際の定期的な注意喚起や定期的な教育研修，雇用契約や就業規則により秘密保持に関する義務を明確にする，など
　　　　※派遣労働者を受け入れている場合には，当該派遣労働者に対し個人情報の取扱いに係る教育研修を実施するなどの配慮も必要

(4)　外的環境の把握

　　・外国において個人情報を取り扱う場合，当該外国の個人情報の保護に関する制度を理解したうえで，安全管理のために必要かつ適切な措置を講じる

　具体的な安全管理措置の在り方は，医療機関の規模，性質その他の要素によって変わってきます。具体的には，個情法ガイドライン（通則編）10「（別添）講ずべき安全管理措置の内容」や，医療介護個人情報ガイダンス，上記お役立ちツールの自己点検チェックリスト*6などを参照しながら，それぞれの医療機関において適切な取扱いとなるよう検討する必要があります。

　また，診療録等を電子媒体で保存する場合については，医療情報システム安全管理ガイドラインにおいて，電子カルテや通信回線を用いた診療情報の外部保存，受渡しなどについての技術的な安全管理，バックアップの方法について詳細な基準が示されていますので，これらを参照しつつ，情報管理規程を整備することになります。

　なお，医療機関が検査や診療報酬の請求に係る事務等の委託に伴い，個人情報の取扱いを外部に委託する場合，適切な委託先の選定，個人情報の安全管理に必要な対応を盛り込んだ委託契約の締結，及び，定期的な監査等による委託先における個人情報の取扱状況の把握を通じて，当該委託先に対し必要かつ適切な監督をしなければなりませんので（個人情報25条，個情法ガイドライン（通則編）3－4－4，医療介護個人情報ガイダンスⅣ7⑶)，留意が必要です。

176　第5章◇情報管理

⑹　開示等請求，苦情に対応する体制の整備

　Q27で解説したとおり，民間医療機関*7は，本人から個人情報の開示，訂正・追加・削除，利用停止・消去等の請求があった場合，個人情報保護法に定められた場合を除き，遅滞なく本人に対し開示し，又は，個人情報の訂正等や利用停止等に応じる必要があり，これらの請求手続の方法や苦情の申出先については，公表すべきこととされています（個人情報32条〜39条）。また，医療機関は，個人情報の取扱いに関する苦情の適切かつ迅速な処理に努めるとともに，これに必要な体制の整備に努めなければなりません（個人情報40条）。そのため，開示等請求や苦情に対応する窓口を設置したうえで，例えば開示の可否等の対応を検討する委員会を設置するなど（医療介護個人情報ガイダンスⅣ16，医療介護個人情報ガイダンスQ&A各論4−2参照），対応を検討するための体制を整備する必要があります。また，具体的な院内での対応の手順，開示の可否等を請求者に回答するまでの期間，苦情への対応の手順等についても，院内規則等において基準を定めておくことが望ましいと考えられます。

　なお，医療機関においては，個人情報保護法とは別に，いわゆる「カルテの開示」請求の問題があり，厚生労働省が「診療情報の提供等に関する指針」*8を定めています。カルテの開示についてはQ68で詳しく解説していますが，当該指針と個人情報保護法とでは，基本的な理念が異なるため，開示が必要となる範囲やその根拠が微妙に異なってくることに注意が必要です。

⑺　個人情報の保存，廃棄

　個人情報を長期にわたって保存する場合には，保存媒体の劣化防止など個人情報が消失しないよう適切に保存する必要があります。また，本人からの照会等に対応する場合など必要なときに迅速に対応できるよう，インデックスの整備など検索可能な状態で保存しておくことも重要です。

　一方，不要となった個人情報については，遅滞なく廃棄，消去するよう努めることとされています（個人情報22条）。廃棄の場合は，漏えい防止の観点から，焼却や溶解など復元不可能な形にして廃棄し，また，個人情報を取り扱った情報機器を廃棄する場合は記憶装置内の個人情報を復元不可能な形に消去して廃棄する必要があります。これらの廃棄業務を委託する場合には，前記⑸のとおり，個人情報の取扱いについても委託契約において明確に定めましょう。

3　おわりに

　個人情報保護法上，個人情報取扱事業者は個人情報の安全管理のために必要

かつ適切な措置を講じなければならないこととされているところ，医療機関がこの義務とされている内容を遵守しない場合，個人情報保護委員会は，報告徴収，立入検査，指導・助言，勧告及び命令を行うことができます（個人情報146条～148条）。

患者の重要な個人情報を万が一にも漏えいしないよう，また，立入検査等を受けることのないよう，あらかじめ適切な体制を整備しておくことが重要です。情報システムが複雑化している現状からすれば，情報セキュリティ対策に十分な知見を有する者に医療機関内の対応を確認させるなど，必要に応じて外部の知見を有する者による確認を受けることで，改善を図ることも望ましいといえます。

〔長谷川　葵〕

━━━■注　記■━━━

- ＊1　個人情報保護委員会ウェブサイト「法令・ガイドライン等」（https://www.ppc.go.jp/personalinfo/legal/）の「お役立ちツール（※中小企業向け）」の項（以下，単に「お役立ちツール（※中小企業向け）」といいます）を参照。
- ＊2　令和5年11月の第261回個人情報保護委員会より，いわゆる3年ごと見直しに関する検討が開始されました。本稿執筆時点において，「個人データ」の漏えい等又はそのおそれを認識した場合における適切な対処を行うための体制・手順について，認定個人情報保護団体などの第三者の確認を受けることを前提として，個人情報保護委員会への漏えい等報告義務を緩和することなど，種々の検討が行われています（個人情報保護委員会「個人情報保護法 いわゆる3年ごと見直しに係る検討の中間整理」令和6年6月27日参照）。
- ＊3　「お役立ちツール（※中小企業向け）」の「個人データ取扱要領（例）」の「別紙3－1 個人データ等の取扱いに関する事務マニュアル」，「別紙3－2 個人データ等の取扱いに関する業務マニュアル」参照。
- ＊4　個人情報保護委員会ウェブサイト「漏えい等の対応とお役立ち資料」（https://www.ppc.go.jp/personalinfo/legal/leakAction/）参照。
- ＊5　「お役立ちツール（※中小企業向け）」の「個人データ取扱要領（例）」の「別紙2 緊急時対策基準（個人データ事故発生時）」参照。
- ＊6　「お役立ちツール（※中小企業向け）」の「自己点検チェックリスト」参照。
- ＊7　国立医療機関及び公立医療機関における「保有個人情報」（個人情報60条1項）の開示，訂正，利用停止等については，個人情報保護法第5章第4節が適用され，「個人情報ファイル簿」の作成及び公表については同法75条が適用されます。
- ＊8　厚生労働省医政局長「診療情報の提供等に関する指針の策定について〔医師法〕」平成15年9月12日医政発第0912001号（最終改正：令和5年1月25日）。

29　第三者からの診療情報の提供依頼

　以下の第三者から患者の診療情報の提供を依頼された場合，医療機関として，応じてもよいでしょうか。
　(1)　患者の家族
　(2)　死亡した患者の遺族
　(3)　警察・検察，裁判所又は弁護士会
　(4)　患者の職場
　(5)　製薬会社

(1)　患者に判断能力がある場合は，一部の例外的場面を除き，家族からの依頼に応じて診療情報を提供する前に本人の同意を得るべきです。他方で，患者が意識不明の場合など，患者に判断能力がない場合には，治療等を行うにあたり必要な範囲で，本人の同意なく病状等を家族に説明することができると考えられますし，説明が義務づけられる可能性すらあるように思われます。もっとも，患者の家族間に対立がある場合には，諸般の事情を考慮したうえで，慎重に対応する必要があります。

(2)　遺族からの依頼に応じて診療情報を提供することは，基本的に許容されますし，死因説明義務等の形で提供が義務づけられる可能性もあります。もっとも，遺族間での対立がある場合には，諸般の事情を考慮したうえで，やはり慎重に対応する必要があります。また，死亡した患者の診療情報に遺族の個人情報ないし遺族固有の人格権に関わる情報が含まれている場合には，個人情報保護法や遺族のプライバシー等にも注意が必要です。

(3)　警察・検察からの診療情報の提供依頼については，強制捜査のみならず，任意捜査であったとしても，多くの場合，患者本人の同意なく応じることが許容されるのではないかと思われます。裁判所からの文書送付嘱託や調査嘱託についても同様です。弁護士会からの照会については，本人の同意なく応じたとしても，個人情報保護法には違反しませんが，守秘義務やプライバシーとの関係で必ずしも正当化されるわけではないため，慎重に検討したうえで判断する必要があります。

(4)　患者の職場からの依頼があっても，原則として，患者本人の同意なく診療情報を提供してはなりません。もっとも，労働安全衛生法上の健康診断結果（法定の項目）等については，本人の同意なく事業者へ報告することができます。

(5) 製薬会社からの依頼についても，診療情報の提供には，原則，患者本人の同意が必要ですが，医薬品の適正使用のために必要な情報収集活動に協力する場合には，本人の同意なく提供することができます。また，研究の場面では，いわゆる公衆衛生例外や学術研究例外に当たり，本人の同意なく提供できる場合もありますが，研究に関する諸規制が適用されるため留意する必要があります。

☑キーワード

個人情報保護法，第三者提供，守秘義務，プライバシー，診療情報の提供等に関する指針，キーパーソン，死因説明義務，強制捜査，任意捜査，調査嘱託，文書送付嘱託，弁護士会照会，労働安全衛生法，製薬会社，人を対象とする生命科学・医学系研究に関する倫理指針

> ### 解　説

1　患者の家族からの依頼

(1)　患者が判断能力を有している場合

医療機関が保有する患者の診療情報は，通常，個人データに該当するため(Q27参照)，患者の家族相手であっても，判断能力を有している患者の診療情報をあらかじめ患者の同意を得ることなく提供することは，原則として，個人情報保護法27条1項*1や刑事上・民事上の守秘義務に違反するとともに，患者のプライバシーを侵害する*2☆1ことになると考えられます (Q27参照)。

例外として，まず，個人情報保護法との関係では，例えば，患者本人と家族に対し同時に病状説明を行う場合には，当該家族に対する診療情報の提供について，患者の黙示の同意があると考えられます (医療介護個人情報ガイダンスⅣ9.(3)。なお，医療介護個人情報ガイダンスにおける黙示の同意については，Q27を参照してください)*3。このほか，大災害や感染症等により多数の傷病者が一時に搬送され，患者の家族からの問合せに迅速に対応するためには，患者本人の同意を得るための作業を行うことが著しく不合理であるような場合には，「人の生命，身体又は財産の保護のために必要がある場合であって，本人の同意を得ることが困難であるとき」(個人情報27条1項2号) に当たり，患者の同意を得ることなく，家族に存否情報等を回答することができると考えられます (医療介護個人情報ガイダンスⅣ9.(2)②，医療介護個人情報ガイダンスQ&A各論4-17)。そして，これらの場合には，個人情報保護法に違反しないのみならず，守秘義務やプライバ

シーとの関係でも正当化されるのではないかと思われます。

　なお，家族に対する診療情報の提供に関しては，患者が末期的疾患に罹患し，余命が限られているが，患者本人にこれを告知すべきではないと医療機関が判断した場合には，その診断結果の重大性に照らし，診療契約上の付随義務として，少なくとも連絡が容易な家族等への接触を試み，接触できた家族等への告知の適否を検討し，告知が適当と判断したときは，その診断結果等を説明すべき義務を負うと判断した判例☆2（以下「平成14年最判」といいます）が存在します。もっとも，これは，患者に対する告知を行わない場合について判示した判例にすぎません。患者に対し適切な説明を行っている場合については，さらに近親者へ告知する必要はないとした裁判例☆3も存在するところです。したがって，判断能力のある患者本人に対し，適切に治療法等の説明を行っている場合には，さらに家族に対して，診療情報を提供する義務を負う可能性は低いように思われます。

　以上に照らせば，患者に判断能力がある場合，家族からの依頼に応じて診療情報を提供するにあたっては，一部の例外的場面を除き，事前に患者の同意を得るべきです。

⑵　患者が判断能力を有していない場合

　個人情報保護法上の同意に関しては，本人が判断能力を有していない場合，法定代理人等から得る必要があるとされています（個情法ガイドライン（通則編）2−16）。したがって，判断能力を有しない患者に法定代理人等がいる場合において，家族から診療情報の提供を求められた際には，当該法定代理人等の同意を得ることで提供することが可能です。

　また，法定代理人等がいない場合でも，治療等を行うにあたり必要な範囲で，意識不明の患者の病状や重度の認知症の高齢者の状況を家族に説明するような場合は，本人の同意を得なくとも，個人情報保護法に違反しないと考えられます（個人情報27条1項2号，医療介護個人情報ガイダンスⅣ9．⑵②。なお，医療介護個人情報ガイダンスⅣ2．⑵にも留意が必要です）。この場合，刑事上・民事上の守秘義務や患者のプライバシーとの関係でも正当化されるかが別途問題となりますが，平成14年最判等に照らせば，正当化される可能性は高いと考えられますし＊4，むしろ，家族への説明が義務づけられる可能性さえあるように思われます。なお，「診療情報の提供等に関する指針」＊5（以下「診療情報提供指針」といいます）も，「患者が成人で判断能力に疑義がある場合は，現実に患者の世話をしている親族及びこれに準ずる者」が患者に代わって診療記録の開示を求め

ることができるとしています。

(3) 判断能力を有していない患者の家族間に対立がある場合

　判断能力を有していない患者について，家族から診療情報の提供を依頼された場合の中でも，実務上，どのように対応すべきか問題となることが多いのは，患者の家族間に対立がある場合，例えば，キーパーソン[6]とされている家族が他の家族への診療情報の提供を拒絶している場合です。

　このような場合に関する裁判例としては，患者の妹がキーパーソンとされていたところ，医師がキーパーソンから患者の元夫にはこれ以上介入してもらいたくない旨を告げられ，元夫には患者から距離を置いてもらうこととしていた事案において，医師が元夫に対し，患者の病室内の出来事を伝えるなどした行為はキーパーソンに対する不法行為に該当しないと判示したもの[4]が存在します。もっとも，同裁判例は，患者ではなくキーパーソンに対する不法行為該当性について判断したものにすぎませんので，上記の場合における対応の参考となるものではありません。

　実務的には，患者が判断能力を有していた時に示していた意思・要望，当該キーパーソンは患者が判断能力を有していた時に選定した者か否か，患者が選定したのであればその趣旨（単に家族間の意見の取りまとめや医療機関との連絡窓口となることを求める趣旨か，それとも，患者が判断能力を有しない状態になった場合における医療的決定のすべてを当該キーパーソンのみに委ねる趣旨か），キーパーソン及び他の家族と患者との関係性（患者との同居，相当程度の頻度での接触その他患者の意思を推測する能力を窺わせる事情の有無），当該診療情報提供の意義（患者に係る医療的決定のために必要な情報提供か，それとも，単に他の家族の不安を緩和するための情報提供か），キーパーソンが他の家族への診療情報の提供を拒絶する理由（提供予定の診療情報に，他の家族からキーパーソンに対する責任追及につながり得る事実が含まれている等），これらに関するキーパーソンや他の家族の主張の裏づけの有無といった諸般の事情を考慮したうえで，弁護士に相談しながら慎重に対応を検討していくほかないように思われます。

2　死亡した患者の遺族からの依頼

　個人情報保護法は，「個人情報」を「生存する個人に関する情報」に限定しているため（個人情報2条1項），死亡した患者の情報は同法の対象外です[7]。刑事上も，秘密漏示罪（刑134条1項）の「人の秘密」には，一般に，死者の秘密は含まれないと解されています。また，民事上も，プライバシーのような人

格権が死者について，一般に認められているとはいえません＊8。したがって，遺族からの依頼に応じて死亡した患者の診療情報を提供することは，基本的に許容されます。

　また，遺族への診療情報の提供が義務づけられる可能性＊9☆5もあります。例えば，ある裁判例☆6において，裁判所は，患者の診療にあたった医師としては，当該患者が死亡した場合には，遺族に対し，それまでの診療内容や死亡に至った経緯・原因等について誠実に説明すべき不法行為法上の注意義務を負っていると述べたうえで，医師がカルテを改ざんし，改ざん後の記載内容があたかも診察時の所見，認識であったかのように遺族に説明した行為はかかる注意義務に違反するとして，不法行為責任を認めました。このような死因説明義務（患者の死後，遺族に死亡に至る診療経過を説明する義務）については，法律構成等は様々であるものの，肯定する裁判例が相当数存在しているところです＊10。

　なお，診療情報提供指針9＊11も，患者が死亡した際には遅滞なく，遺族に対して，死亡に至るまでの診療経過，死亡原因等についての診療情報を提供しなければならないとしているほか，診療記録の開示を求め得る遺族の範囲について，患者の配偶者，子，父母及びこれに準ずる者（これらの法定代理人を含みます）と定めています。

　以上に照らせば，遺族からの診療情報の提供依頼については，応じた方がよい場合が多いでしょう。

　もっとも，遺族間で対立があり，一部の遺族が他の遺族への診療情報の提供を拒絶している場合には，安易に提供するべきではありません。患者の生前の意思・名誉等，提供を求める遺族及び提供を拒絶する遺族と患者との関係性，提供を求める理由及び提供を拒絶する理由，これらに関する各遺族の主張の裏づけの有無等を考慮したうえで，慎重に対応する必要があります。

　このほか，死亡した患者の診療情報に，遺族の個人情報ないし遺族の名誉やプライバシー等の遺族固有の人格権に関わる情報が含まれている場合には，一部の遺族のこれらの情報の他の遺族への提供が個人情報保護法違反やプライバシー侵害等にならないかといった点も検討する必要が生じるため，注意が必要です。

3　警察・検察，裁判所又は弁護士会からの依頼

(1)　警察・検察からの依頼＊12

警察・検察といった捜査機関から患者の診療情報の提供を求められる場合に

は，強制捜査の場合（刑訴218条等）と任意捜査の場合（刑訴197条1項本文・2項）があります。いずれの場合も，患者の同意が得られれば，提供しても問題はないのですが，これらの場合，捜査機関から捜査上の秘密との関係で患者に知らせてはならないといわれることが多いかと思います。

(a) 強制捜査の場合

強制捜査の場合であっても，医師等は，業務上委託を受けて保管又は所持する物で，他人の秘密に関するものについては，押収を拒むことができます（押収拒絶権。刑訴105条）。押収を拒絶することができるものは，委託を受けて保管又は所持するものに限らず，事務の委託の結果として作成されたものも含まれると解されていますので，カルテもこれに含まれます。また，「秘密」とは，客観的に秘密であるだけでなく，委託の趣旨において秘密とされるものも含まれると解するのが通説であり，これに当たるかどうかは医師等が判断でき，裁判所は原則としてその判断に拘束されると考えられています。ただし，患者が同意した場合及び医師等が患者以外の第三者のためだけに権利を濫用して押収を拒絶していると認められる場合（例えば，医師等が患者と意思を通じて患者の知人である第三者を逮捕から免れさせる目的で押収を拒絶する場合）には，押収を拒絶することはできません。

もちろん，押収拒絶権は権利であって義務ではなく，押収を拒絶するかどうかは医師等の判断に委ねられていますから，押収を拒絶しないこともできます。押収を拒絶しない場合は，「法令に基づく場合」（個人情報27条1項1号）に当たり（個情法ガイドライン（通則編）3－1－5(1)），個人情報保護法には違反しません。また，後述のとおり，任意捜査で求められた範囲内の診療情報を提供する場合ですら，多くの場合，刑事上・民事上の守秘義務や患者のプライバシーとの関係でも正当化されるのではないかと思われること等からすれば，強制捜査において，押収を拒絶しない場合に守秘義務違反やプライバシー侵害になる可能性は低いと考えられます。

(b) 任意捜査の場合

任意捜査のうち，捜査関係事項照会（刑訴197条2項）の場合，回答を拒否してもペナルティはないものの，相手方は回答する義務があるとされているため*13，これに応じて診療情報を提供する場合には「法令に基づく場合」（個人情報27条1項1号）に当たると解されています。その他の任意捜査の場合についても，これへの協力は任意であるものの，法令上の具体的な根拠に基づいて行われるものであることから，同様に，「法令に基づく場合」（同号）に当たると

解されています（医療介護個人情報ガイダンスQ&A各論4−24）。したがって，捜査関係事項照会を含む任意捜査に応じて診療情報を提供しても，個人情報保護法には違反しないと考えられます。

　他方で，刑事上・民事上の守秘義務や患者のプライバシーとの関係では，理論上は，無制限に正当化されるわけではありません。もっとも，医師が治療の目的で救急患者から尿を採取して薬物検査をしたところ，覚せい剤反応があったため，警察に通報した事案において，特段，厳格な判断基準を示すこと等なく，医師の行為は正当行為として許容されるべきで，守秘義務に違反しないと判示した判例[7]や，医師が覚醒剤取締法違反の嫌疑で捜査中の警察の要請に応じ，治療目的で採取した患者の尿の残りを任意提出した行為について，捜査に協力するという公益上の理由があり，意識障害の原因を明らかにするという治療目的もあったから，何ら不当な点はないとした裁判例[8]等に照らせば，捜査機関から求められた範囲内の情報を提供する限りでは，多くの場合，守秘義務やプライバシーとの関係でも正当化されるのではないかと思われます*14。

　なお，実務的には，書面によらない任意捜査を受けた場合，捜査機関による正式な捜査であることを確認するため，捜査関係事項照会書等の書面で照会するよう要請すべきです。また，任意捜査に応じて診療情報を提供する判断をした場合には，提供の範囲を求められた事項に限定することはもちろん，後でトラブルが生じた場合に備えて，当該提供を求めた捜査官の役職，氏名を確認するとともに，その求めに応じ提供したことを後日説明できるように，提供した内容や対応等を記録に残すといった点に留意する必要があります（医療介護個人情報ガイダンスQ&A各論4−25参照）。

(2)　裁判所からの依頼

　裁判所から患者の診療情報の提供を要請される場合としては，例えば，文書送付嘱託（民訴226条）や調査嘱託（民訴186条）*15[9]の場合があります。

　これらに応じる場合，「法令に基づく場合」（個人情報27条1項1号）に当たり，患者の同意なく診療情報を提供しても個人情報保護法には違反しません（個情法ガイドラインQ&A1−63）。

　また，下級審裁判例ではありますが，文書送付嘱託に応じて医療機関がカルテを送付した事案において，民事紛争解決制度の高度な公益性をふまえ，送付嘱託に応じることは，特段の事情がない限り違法性が阻却される旨を述べたうえで，医師の損害賠償責任を否定した裁判例が複数存在していること[10][11]等に照らせば，多くの場合，刑事上・民事上の守秘義務や患者のプライバシーと

の関係でも，正当化されるのではないかと思われます。

(3) 弁護士会からの依頼

弁護士会から患者の診療情報の提供を要請される場合としては，弁護士法23条の2に基づく弁護士会照会があります。弁護士は，弁護士法23条の2に基づき，受任している事件に関して，所属する弁護士会を通して公務所又は公私の団体に照会して必要な事項の報告を求めることができるとされています。

弁護士会照会についても，これに応じて患者の同意なく診療情報を提供したとしても，「法令に基づく場合」（個人情報27条1項1号）に当たり，個人情報保護法に違反しませんが（医療介護個人情報ガイダンスQ&A各論4-4，個情法ガイドラインQ&A 7-16），刑事上・民事上の守秘義務や患者のプライバシーとの関係では，必ずしも正当化されるわけではありません。

例えば，診療情報ではなく前科及び前歴を開示した事案ですが，照会の理由が具体的に記載されていない弁護士会照会に応じて特定人のすべての前科及び前歴を回答したことが違法とされた判例[12]が存在します。

他方で，下級審裁判例ではありますが，弁護士会照会を受けた照会先は，弁護士会のした，照会申出に必要性・相当性ありとする判断をひとまず信頼することが許され，その照会が明白に不必要又は不合理であると認めるに足りる特段の事情が認められない限り，これに対して報告しても不法行為は成立しないと述べたものもあります[13]。また，弁護士会照会に対する報告を拒絶する行為が（弁護士やその依頼者ではなく）弁護士会に対する不法行為を構成しない旨を判示した判例[14]の補足意見ではありますが，郵便法8条2項に基づく守秘義務が，弁護士会照会に対する公法上の報告義務に常に優先するとは限らず，各照会事項について，照会を求める側の利益と秘密を守られる側の利益を比較衡量して報告拒絶が正当であるか否かを判断すべきであるとしたうえで，正当な理由のない報告義務違反により不法行為が成立する余地を肯定したものがあります。

以上の裁判例等に照らせば，弁護士会照会によって診療情報の提供を要請された場合には，安易に提供することも，安易に提供を拒絶することも適当ではなく，守秘義務やプライバシーとの関係でも正当化されるかを慎重に検討したうえで，提供するか否かを判断する必要があります。

4 　患者の職場からの依頼

(1) 原　　則

186   第5章◇情報管理

　患者の職場の上司等から，患者の病状に関する問合せや，休職中の患者の職場復帰の見込みに関する問合せを受ける場合のように，職場から医療機関に診療情報の提供を依頼されることがあります。そのような場合であっても，患者の同意を得ずに病状や回復の見込みといった診療情報を回答してはなりません（医療介護個人情報ガイダンスⅣ9.⑴）。患者の同意を得ずに回答した場合，個人情報保護法のみならず，刑事上・民事上の守秘義務にも違反するとともに，患者のプライバシーを侵害することにもなると考えられます。

⑵　労働安全衛生法上の健康診断結果等

　事業者は，労働安全衛生法上，医師・歯科医師による健康診断（労安衛66条）や医師による面接指導（労安衛66条の8第1項等）を実施する必要があります。また，事業者には，これらの結果の記録（労安衛66条の3・66条の8第3項等）や当該結果に係る医師・歯科医師からの意見聴取（労安衛66条の4・66条の8第4項等）が義務づけられているほか，健康診断の結果に関しては，労働者に対する通知（労安衛66条の6）も義務づけられています。そして，事業者が健康診断や面接指導の実施を医療機関に委託した場合において，事業者がこれらの義務を遂行するためには，健康診断及び面接指導の結果が医療機関から報告されなければなりません。このため，健康診断や面接指導を受託した医療機関によるこれらの結果（健康診断の結果については法定の項目[16]）の報告は，「法令に基づく場合」（個人情報27条1項1号）に当たるとされており，医療機関が労働者本人の同意なく事業者にこれらを報告したとしても，個人情報保護法に違反しません（「雇用管理分野における個人情報のうち健康情報を取り扱うに当たっての留意事項」[17]第3・7⑵・⑷）。また，かかる報告については，刑事上・民事上の守秘義務や患者のプライバシーとの関係でも正当化されるのではないかと思われます。

　これに対し，労働者数50人以上の事業場において実施が義務づけられているストレスチェック（労安衛66条の10第1項）に関しては，これを実施した医師等は，労働者の同意を得ずにストレスチェック結果を事業者に提供してはならないとされているため（同条2項），注意が必要です[18]。

　なお，労働安全衛生法上の健康診断や面接指導，ストレスチェック等を実施した医師等には，同法上の守秘義務も課されます（労安衛105条）。

5　製薬会社からの依頼

　医療機関から製薬会社への診療情報の提供には，原則，患者の同意が必要です（個人情報27条1項）。例外として，製薬会社のMR[19]による医薬品の適正使

用のために必要な情報収集活動に対し，必要な範囲*20で情報提供を行う場合には，このような協力が努力義務とされていることから（医薬68条の2の6第2項），「法令に基づく場合」（個人情報27条1項1号）に当たり，本人の同意を得ることなく提供することができます（医療介護個人情報ガイダンスQ&A各論4-11，「製薬企業における個人情報の適正な取扱いのためのガイドライン」*21〔以下「日薬連ガイドライン」といいます〕Ⅲ.2）。

　また，研究の場面ではありますが，患者の臨床症例に係る個人データを，有効な治療方法や薬剤が十分にない疾病等に関する疾病メカニズムの解明を目的とした研究のために製薬会社に提供する場合であって，本人の転居等により有効な連絡先を保有しておらず本人からの同意取得が困難であるときや，同意を取得するための時間的余裕や費用等に照らし，本人の同意を得ることにより当該研究の遂行に支障を及ぼすおそれがあるときには，いわゆる公衆衛生例外（個人情報27条1項3号）に当たり，本人の同意を得ることなく提供することができると考えられています（個情法ガイドラインQ&A 7-25，医療介護個人情報ガイダンスⅣ9.(2)③）。この場合，研究のためという利用目的の達成に不要と考えられる患者の氏名，生年月日等の情報を削除又は置換するなどして，提供する個人データを真に必要な範囲に限定することが必要です（個情法ガイドラインQ&A 7-25）。

　研究の場面では，このほか，学術研究機関等（個人情報16条8項）が個人データを学術研究目的で，共同して学術研究を行う第三者に提供する場合（いわゆる学術研究例外。個人情報27条1項6号）などにおいても，本人の同意を得ない第三者提供が許容されています。学術研究例外については，例えば，①大学（その附属病院を含みます）による基礎研究，②大学と製薬会社による共同研究，③製薬会社による製品化という一連のプロジェクトの場合，②の共同研究における大学から製薬会社への診療情報の提供がこれに当たる可能性があります（日薬連ガイドラインⅤ.(2)等）。ただし，学術研究例外は，「個人の権利利益を不当に侵害するおそれがある場合」（個人情報27条1項6号）には適用されないため，やはり，提供する診療情報を必要な範囲に限定するなどの可能な措置を講じるべきです（個情法ガイドライン（通則編）3-6-1(6)）。

　なお，研究の場面では，「人を対象とする生命科学・医学系研究に関する倫理指針」*22等の診療の場面とは異なる規制が適用されるため*23，留意する必要があります。

〔辻野　沙織〕

188　第5章◇情報管理

▓判　例▓

- ☆1　大阪地判令4・1・27（令和2年（ワ）第12394号）WLJ。
- ☆2　最判平14・9・24裁判集民207号175頁・判タ1106号87頁。
- ☆3　名古屋地判平19・6・14判タ1266号271頁。
- ☆4　東京地判平25・11・22（平成24年（ワ）第35699号）WLJ。
- ☆5　大阪地判令元・6・5判タ1470号104頁・判時2431＝2432合併号79頁。
- ☆6　高松高判平27・10・7（平成27年（ネ）第18号・平成27年（ネ）第203号）LEX/ DB。
- ☆7　最決平17・7・19刑集59巻6号600頁。
- ☆8　東京高判平9・10・15東高刑時報48巻1〜12号67頁。
- ☆9　東京高判平24・10・24判タ1391号241頁・判時2168号65頁。
- ☆10　大阪高判平19・2・20判タ1263号301頁。
- ☆11　東京地判平24・8・31（平成24年（ワ）第10781号）WLJ。
- ☆12　最判昭56・4・14民集35巻3号620頁。
- ☆13　鳥取地判平28・3・11金法2040号94頁。
- ☆14　最判平28・10・18民集70巻7号1725頁。

▓注　記▓

＊1　個人情報保護法上，そもそも，個人情報は特定した利用目的の範囲内で利用しなければならず，目的外利用は禁止されています（利用目的規制。個人情報17条1項・18条1項）。このため，個人データに該当しない個人情報を第三者に提供する場合など，第三者提供規制（個人情報27条1項）に抵触しない場合でも，利用目的規制に抵触するケースは存在します。したがって，厳密には，利用目的規制への抵触の有無も検討すべきですが，解説の便宜上，本項目では，第三者提供規制についてのみ検討します。

＊2　ある患者の治療に無関係の医師が，当該患者の子からの働きかけに応じて，当該患者のカルテを閲覧したうえで，病名，治療方針等の情報を開示した行為につき，プライバシー侵害を認めた大阪地判令4・1・27（注（☆1））が存在します。

＊3　医療介護個人情報ガイダンスⅣ2.(2)は，家族等への病状説明については，患者への医療の提供に必要な利用目的と考えられるとしたうえで，本人以外の者に病状説明を行う場合は，あらかじめ病状説明を行う家族等の対象者を確認し，同意を得ることが「望ましい」とするにとどまりますが，個人情報保護委員会・厚生労働省「『医療・介護関係事業者における個人情報の適切な取扱いのためのガイダンス（案）』に関する意見募集結果」平成29年4月14日No.43では，「黙示の同意として認められている家族等への病状説明については，本人と家族に対し同時に説明を行う場合に限定しています」との見解が示されています。

＊4　米村滋人『医事法講義〔第2版〕』（日本評論社，2023）149頁では，守秘義務を定める刑事・行政上の諸規定における「正当な理由」がある場合には，家族に対する説明を行う場合が含まれる旨の見解が示されています。

＊5　厚生労働省医政局長「診療情報の提供等に関する指針の策定について〔医師法〕」平成15年9月12日医政発第0912001号（最終改正：令和5年1月25日）。

Q29◆第三者からの診療情報の提供依頼 *189*

* 6 　東京地判平25・11・22（後掲注（☆4））において，裁判所は，「キーパーソン（key person）とは，患者と一緒に医師の説明を聞いたり，患者が意思表示できない場合に代わって判断を下したりする診療経過に重要な役割を果たす者をいう」と事実認定しています。

* 7 　ただし，医療介護個人情報ガイダンスＩ4は，患者の死亡後も，当該患者の情報を保存している場合には，個人情報と同等の安全管理措置を講ずるものとしています。

* 8 　死者に対する，生存者の場合であればプライバシー侵害となるような行為については，遺族の敬愛追慕の情の侵害による不法行為責任が認められる余地はありますが，少なくとも，遺族間で対立がない場合において，遺族からの依頼に応じて診療情報を提供する場面では，あまり問題とならないように思われます。

* 9 　本文で後述する死因説明義務のほか，死亡した患者の相続人に対する個人情報保護法に基づくカルテ等の開示義務の有無も問題となり得ます。この点に関連し，医療機関の裁判例ではありませんが，父の損害賠償請求権を相続した子（原告）との関係で，当該損害賠償請求権の発生要件が充足されているか否かを直接的に示す，原告の父の死亡に係る原告の母の遺族給付等に関する調査結果復命書等の情報が，旧「行政機関の保有する個人情報の保護に関する法律」12条1項（現在の個人情報保護法76条1項に相当します）の「自己を本人とする保有個人情報」に当たる旨を判示した裁判例として，大阪地判令元・6・5（注（☆5））があります。

*10 　林誠司「遺族に対する死因説明及び診療記録開示に関する研究序説―死因説明義務に関する裁判例及び学説の分析から」松久三四彦先生古稀記念『時効・民事法制度の新展開』（信山社，2022）361頁～388頁では，死因説明義務に関する裁判例の詳細な分析等がなされており，参考になります。

*11 　医療介護個人情報ガイダンスＩ8は，患者が死亡し，遺族から診療経過等について照会が行われた場合，患者本人の生前の意思，名誉等を十分に尊重しつつ，特段の配慮が求められるとしたうえで，医療関係事業者は，診療情報提供指針の規定により，遺族に対して診療情報の記録の提供を行うものとしています。

*12 　診察した患者に虐待等が疑われる場合の通告・通報については，Q56を参照してください。

*13 　警察庁刑事局刑事企画課長ほか「適正な捜査関係事項照会の運用について」令和6年2月27日丁刑企発第17号ほか等。

*14 　なお，医療介護個人情報ガイダンスQ&A各論4－25においては，警察や検察等捜査機関からの照会や事情聴取により求められた医療情報を提供することが民法上の不法行為を構成することは，通常は考えにくいと思われる旨の見解が示されています。

*15 　調査嘱託に対する嘱託先の回答義務は，調査嘱託をした裁判所に対する公法上の義務ではあるものの，嘱託先が回答義務に違反した場合に，調査嘱託を求めた訴訟当事者に対する不法行為が成立する余地を認めた裁判例が存在します（注（☆9）東京高判平24・10・24）。

*16 　厚生労働省「労働者の心身の状態に関する情報の適正な取扱いのために事業者が講ずべき措置に関する指針」平成30年9月7日労働者の心身の状態に関する情報の適正な取扱い指針公示第1号（最終改正：令和4年3月31日）は，健康診断の結果

について，法定の項目と法定外項目を区別しています。さらに，厚生労働省「事業場における労働者の健康情報等の取扱規程を策定するための手引き」（平成31年3月）2.⑶②は，法定項目については，法令に基づいて把握するものであるため，事業者による収集に際して労働者の同意を不要とする一方で，法定外項目の事業者による収集については，人の生命，身体又は財産の保護のために必要がある場合であって，本人の同意を得ることが困難であるとき等の個人情報保護法に定められた例外に当たる場合を除き，労働者の同意が必要としています。

＊17　個人情報保護委員会事務局長ほか「雇用管理分野における個人情報のうち健康情報を取り扱うに当たっての留意事項」平成29年5月29日個情749号・基発0529第3号（最終改正：令和5年10月27日）。

＊18　ただし，労働安全衛生法上のストレスチェックの結果の通知を受けた，労働安全衛生規則52条の15の要件を満たす労働者が申し出たときは，事業者には面接指導の実施が義務づけられるところ（労安衛66条の10第3項），事業者が，当該労働者がかかる要件を満たしているかを確認するために，医療機関に対し，ストレスチェック結果の提供を求めた場合，医療機関としては，当該労働者の当該申出をもってストレスチェック結果の提供への同意とみなすことができ，改めて労働者本人の同意を得ることなく事業者にストレスチェック結果を提供したとしても，個人情報保護法に違反しないと考えられます（前掲注（＊17）第3・7⑶）。

＊19　「医薬品，医薬部外品，化粧品，医療機器及び再生医療等製品の製造販売後安全管理の基準に関する省令」2条5項の医薬情報担当者をいいます。

＊20　製薬会社への情報提供を必要な範囲に限るべきことは，医療介護個人情報ガイダンス等において繰り返し強調されています。例えば，医療介護個人情報ガイダンスⅣ9.⑸は，医師等がMR等との間で医薬品の投薬効果などについて情報交換を行う場合に，必要でない氏名等の情報を削除せずに提供することを「適切ではない例」として挙げています。医療介護個人情報ガイダンスQ&A各論4−11も，製薬会社が行う製造販売後調査において，製薬会社が定める様式に従って情報提供することを求めたうえで，必要とされていない情報まで提供することがないよう注意喚起しています。

＊21　日本製薬団体連合会「製薬企業における個人情報の適正な取扱いのためのガイドライン」平成17年1月（最終改訂：令和6年5月23日）。

＊22　「人を対象とする生命科学・医学系研究に関する倫理指針」令和3年3月23日文部科学省・厚生労働省・経済産業省告示第1号。本指針は，行政指導指針に位置づけられ，違反しても刑事罰等の制裁はありませんが，本指針等の遵守が厚生労働科学研究費補助金等の交付条件とされており（厚生労働科学研究費補助金等取扱規程12条1項2号），違反があった場合には補助金の返還，補助金の交付対象外（最大5年間）とする措置をとられる可能性があります。

＊23　研究は，目の前の特定の患者の利益の追求のみを目的として行われる診療とは異なり，一般化可能な知識を獲得して将来の他の患者の利益を追求する目的をもって行われるため，診療の場面とは異なる規制が適用されます。

第 6 章

IT

30 電子カルテの導入・運用等上の留意点

電子カルテとは何ですか。
また，電子カルテの導入・運用等を行ううえで留意すべき点について教えてください。

　電子カルテとは，患者の診療情報を電子的に保存・更新するとともに，保存された情報の検索・分析，閲覧等の機能を有するシステムをいいます。
　電子カルテの導入・運用等を行うに際しては，厚生労働省の「医療情報システムの安全管理に関するガイドライン」を遵守する必要があります。特に，同ガイドラインが，患者に関する記録を電子媒体により作成・保存するための3要件（①見読性の確保，②真正性の確保，③保存性の確保）や電子媒体により外部保存する際の基準を満たすための具体的な対策を示している点には注意が必要です。
　また，クラウドサービス型の電子カルテの場合，サービスを提供する事業者が保存された患者の個人データを取り扱うこととなっているか否かによって，個人情報保護法上の取扱いが変わるため留意が必要です。
　現在，政府主導で，電子カルテの標準化を含めた医療DXが推進されているため，その動きにも注視していく必要があります。

☑ キーワード

電子カルテ，医療DX，電子処方箋，3省2ガイドライン，e-文書法，個人情報保護法

解　説

1　電子カルテの概要

　電子カルテとは，患者の病状や治療経過等の多様な診療情報を電子的に保存し更新するとともに，保存された情報の検索・分析，閲覧等の機能を有するシステムをいいます[*1]。電子カルテには，大きく分けて，システムを医療機関において保有し運用するオンプレミス型と，システムを医療機関において保有せずに運用するクラウドサービス型（患者に関する記録は，医療機関外部のサーバーに保存されます）とがあります。

194　第6章◇IT

　医療機関は，電子カルテの導入により，紙媒体のカルテから処方箋やレセプトに必要事項を転記する必要がなくなって業務が軽減される，患者の過去の病歴・検査結果や投薬歴を素早く参照することができるといったメリットを享受することができます。また，後述のとおり，医療DXにおいては，電子処方箋管理サービスの運用が既に開始されているほか，電子カルテ情報共有サービスの構築が予定されているところ，電子カルテのシステム改修によってこうしたサービスも効率的に利用できるようになります。

2　医療情報システム安全管理ガイドライン

⑴　3省2ガイドライン

　厚生労働省が策定した医療情報システム安全管理ガイドラインは，医療機関等において，すべての医療情報システム（医療に関する患者情報〔個人識別情報〕を含む情報を取り扱うシステム全般）の導入，運用，利用，保守及び廃棄に関わる者を対象とし，医療情報システムの安全管理に関して，遵守事項及びその考え方等を示すものです。医療情報システム安全管理ガイドラインは，法令ではないものの，医療情報システムの安全管理に関し，厚生労働大臣が法を執行する際の基準となります（医療情報システム安全管理ガイドラインQ&A経Q−3）。したがって，医療機関が電子カルテの導入・運用等を行うに際しては，例えば，リスク分析・評価をふまえ，対応方針を策定し，リスク管理方針を決定したり，医療情報システム安全管理責任者及び企画管理者を設置するなど（医療情報システム安全管理ガイドライン経営管理編2.1【遵守事項】①，3.1.2【遵守事項】②），医療情報システム安全管理ガイドラインを遵守する必要があります＊2。

　医療情報システム安全管理ガイドラインは，概説編，経営管理編，企画管理編及びシステム運用編の4つから構成されています。まずは概説編を確認のうえ，安全管理の統制を行うべき経営層は経営管理編を，安全対策の管理や組織的な対応に対する対策を行うシステムの安全管理者は企画管理編を，技術的な対応に対する対策を行うシステムの運用担当者はシステム運用編を中心に確認するのがよいでしょう。医療情報システムがオンプレミス型かクラウドサービス型か，システム運用専任の担当者がいるかいないかという医療機関の特性に応じた区分もされているので，概説編を確認する際は，併せて，自身の医療機関がどの項目を参照すべきか，簡略化可能な項目は何かを整理する必要があります。

　また，医療機関等との契約等に基づいて医療情報システムやサービスを提供

する事業者等（以下「提供事業者」といいます）に対しては，総務省・経済産業省により医療情報システム等提供事業者ガイドライン（医療情報システム安全管理ガイドラインと合わせて「3省2ガイドライン」と呼ばれています）が策定されています。この医療情報システム等提供事業者ガイドラインの対象には，クラウドサービス型の電子カルテを提供している事業者のみならず，オンプレミス型の電子カルテに対する保守サービスを提供している事業者等も含まれます*3。医療情報システム等提供事業者ガイドラインは，医療機関ではなく，あくまで提供事業者が遵守すべきものですが，医療機関は同ガイドライン等に掲げる基準を満たした提供事業者を選定すること等が求められており（医療情報システム安全管理ガイドライン概説編4.4），医療機関としても認識しておくべきものです。

(2) 電子保存3要件

患者に関する記録については，医師法，医療法，療担規則といった各法令において作成・保存義務が課せられているところ（Q26参照），e-文書法及びe-文書法厚労省令に基づき，以下の要件（以下「電子保存3要件」といいます）を満たす限り（「民間事業者等が行う書面の保存等における情報通信の技術の利用に関する法律等の施行等について」*4〔以下「施行通知」といいます〕参照），書面ではなく電子媒体により作成・保存することも認められています。

① 見読性の確保（e-文書法厚労省令4条4項1号，施行通知第2・2(3)①）

　　必要に応じ電磁的記録に記録された事項を出力することにより，直ちに明瞭かつ整然とした形式で使用に係る電子計算機その他の機器に表示し，及び書面を作成できるようにすること。

　　(ア) 情報の内容を必要に応じて肉眼で見読可能な状態に容易にできること。

　　(イ) 情報の内容を必要に応じて直ちに書面に表示できること。

② 真正性の確保（e-文書法厚労省令4条4項2号，施行通知第2・2(3)②）

　　電磁的記録に記録された事項について，保存すべき期間中における当該事項の改変又は消去の事実の有無及びその内容を確認することができる措置を講じ，かつ，当該電磁的記録の作成に係る責任の所在を明らかにしていること。

　　(ア) 故意又は過失による虚偽入力，書換え，消去及び混同を防止すること。

　　(イ) 作成の責任の所在を明確にすること。

③ 保存性の確保（e-文書法厚労省令4条4項3号，施行通知第2・2(3)③）

電磁的記録に記録された事項について，保存すべき期間中において復元可能な状態で保存することができる措置を講じていること。

したがって，電子カルテは，この電子保存3要件を満たすものでなければなりませんが，そのための具体的な対策が医療情報システム安全管理ガイドラインシステム運用編別添「e−文書法対応に求められる技術的対策（見読性，真正性，保存性）」等[5]において示されています。例えば，上記「②真正性の確保」との関係では，電子カルテに，代行入力が行われた場合に，誰の代行がいつ誰によって行われたかの管理情報を，代行入力のつど記録する機能があることの確認等が求められています（医療情報システム安全管理ガイドラインシステム運用編14.【遵守事項】⑧）。医療情報システム安全管理ガイドラインはe−文書法が医療分野において執行される際の指針でもあり，これに違背した状態は，法令を遵守していないとみなされる可能性があるため（医療情報システム安全管理ガイドラインQ&A経Q−4），注意が必要です。

なお，e−文書法厚労省令4条1項2号では，紙等の媒体で作成された診療録等をスキャナ等で電子化し，保存することも認められています。電子カルテを導入していたとしても，他の医療機関から紙やフィルムで診療情報提供書等を受け入れざるを得ない場合などには，このような対応のニーズもあるでしょう。もっとも，スキャナ等で電子化した場合には元の紙等の媒体の記録と同等にはなりませんし，スキャナ等が電子化できる範囲外にある情報を漏らしてしまう可能性もあるため，このような電子化は慎重に行う必要があります（医療情報システム安全管理ガイドラインシステム運用編16.1）。また，このような電子化を行う場合の遵守事項等が医療情報システム安全管理ガイドライン企画管理編16，同システム運用編16等に示されているため[6]，留意が必要です。

(3) 電子媒体により外部保存する際の基準

クラウドサービス型の電子カルテ等では，患者に関する記録を電子媒体により外部保存することとなりますが，「診療録等の保存を行う場所について」[7]及び「診療録等の外部保存に関するガイドライン」[8]（現在は廃止されています）により，一定要件下で，患者に関する記録も電子媒体による外部保存が可能であることが明確にされました。

現在では，医療情報システム安全管理ガイドラインにおいて，上記「診療録等の保存を行う場所について」記載の診療録等を電子媒体により外部保存する際の基準を満たすための対策等が詳細に示されています[9]。クラウドサービス型の電子カルテのようにネットワークを通じて外部保存する場合[10]，上記

の電子保存3要件に加え（医療情報システム安全管理ガイドラインシステム運用編別添等），院内において運用管理規程を定めたうえで（同経営管理編3.2等），提供事業者との間の契約で，責任分界に関する取決め，守秘義務や違反した場合のペナルティ，医療情報システム等提供事業者ガイドラインを遵守すること，保存した情報について独断で分析・解析等を実施してはならないこと等を明確に定めること（医療情報システム安全管理ガイドライン企画管理編2.【遵守事項】①，7.【遵守事項】⑤等）などが求められています。また，提供事業者の選定にあたっては，例えば，「サービス仕様適合開示書」（医療情報システム等提供事業者ガイドライン参照）の確認などを通じて，提供事業者の情報セキュリティ対策状況を確認することや，提供事業者がプライバシーマーク認定又はISMS認証を取得していることの確認などが必要ですし，運用上も，契約書等で合意した保守作業に必要な情報以外の情報を閲覧させないことや，医療情報システム等提供事業者ガイドラインの遵守状況を提供事業者から定期的に報告を受ける等して確認することなどが必要となります（医療情報システム安全管理ガイドライン企画管理編7.【遵守事項】⑤・⑥等）。このほか，医療情報システム安全管理ガイドラインには，あらかじめ患者に対し，外部保存の委託について，その安全性やリスクを含めて院内掲示等を通じて説明し，理解を得るといった患者との関係での遵守事項も定められているため（同企画管理編7.【遵守事項】⑩），注意が必要です。

3 クラウドサービス型の電子カルテに係る個人情報保護法上の取扱い

上記 2 (3)のとおり，一定の要件を満たせばクラウドサービス型の電子カルテを利用することも認められますが，このような場合，電子カルテの提供事業者が保存された患者の個人データを取り扱うこととなっているか否かによって，個人情報保護法上の取扱いが変わってきますので留意が必要です。

まず，提供事業者が保存された個人データを取り扱うこととなっている場合は，通常，「個人データの取扱いの全部又は一部を委託することに伴って……提供」（個人情報27条5項1号）しているものに該当し[11]，当該提供事業者への個人データの提供について患者本人の同意を得る必要はないものの，当該提供事業者を監督（個人情報25条）する必要があると考えられます。ただし，提供事業者が外国事業者である場合は，個人データの提供にあたり，患者本人に所定の情報を提供したうえで同意を取得するといった対応が必要となることがある（個人情報28条）ため，注意が必要です。

一方で，提供事業者が保存された個人データを取り扱わないこととなってい

198　第6章◇IT

る場合（提供事業者との間で，当該提供事業者がサーバーに保存された個人データを取り扱わない旨が定められており，適切なアクセス制御を行っている場合等）には，上記のような規制はかかりません（個情法ガイドラインQ&A 7-53，12-3)*12。

　なお，提供事業者が保存された個人データを取り扱うか否かにかかわらず，医療機関は，提供事業者内にある患者の個人データにも適切な安全管理措置を講じる必要があるところ（個人情報23条），外国にある第三者の提供するクラウドサービス型の電子カルテを利用する場合や，外国に設置されたサーバーに個人データが保存される場合等*13には，かかる安全管理措置の一環として，当該外国の個人情報保護制度等を把握したうえで，個人データの安全管理のために必要かつ適切な措置を講ずるとともに，講じた措置の内容等を本人の知り得る状態に置く必要があることにも併せて留意すべきです（個人情報23条・32条1項4号，個人情報令10条1号，個情法ガイドラインQ&A 10-24，10-25，12-3等）。

4　医療DXの推進

(1)　電子カルテの標準化等

　厚生労働省は，令和2年7月，ポストコロナに向けて「新たな日常にも対応したデータヘルスの集中改革プラン」として，①全国で医療情報を確認できる仕組みの拡大，②電子処方箋の仕組みの構築，③自身の保健医療情報を活用できる仕組みの拡大の3つのアクションを行うことを発表しました。その後，令和4年6月7日に閣議決定された「経済財政運営と改革の基本方針2022」の中で，「全国医療情報プラットフォームの創設」，「電子カルテ情報の標準化等」，「診療報酬改定DX」を進める方針が示され，これらを推進するため内閣官房に「医療DX推進本部」が設置されました。その会議の中では，将来的に，電子カルテ情報を標準化しデータの互換性を確保するとともに，小規模な医療機関向けに標準型電子カルテを開発するなどして，患者自身の保健医療情報を活用できる全国医療情報プラットフォームの拡大を図る構想が掲げられるなど，検討が進められてきました。

　令和5年6月2日には，医療DX推進本部において「医療DXの推進に関する工程表」が公表され，蘇生処置等の関連情報や歯科・看護等の領域における関連情報などの標準規格化を進めていくことや，上記標準型電子カルテの整備等を通じて遅くとも2030年には概ねすべての医療機関において，必要な患者の医療情報を共有するための電子カルテの導入を目指すこと等が確認されました。また，上記全国医療情報プラットフォームとの関係では，令和5年度内

に，他の医療機関や薬局と電子カルテ情報等を共有・交換する仕組み（電子カルテ情報共有サービス）*14に係るシステム開発に着手するとともに，令和6年度中に，電子カルテ情報の標準化を実現した医療機関等から順次運用を開始することとされました。

さらに，令和6年度診療報酬改定では，オンライン資格確認により取得した診療情報等を実際に活用可能な体制を整備するとともに，電子処方箋及び電子カルテ情報共有サービスを導入し，医療DXに対応する体制を確保していることを評価する，医療DX推進体制整備加算が新設されました。

このような政府主導の医療DXに伴い，この数年のうちに電子カルテが大きく普及する可能性もあるので，このような動きにも注視していく必要があります*15。

(2) 電子処方箋

従来，電子媒体による処方箋の保存，作成は認められていませんでしたが，平成28年にe-文書法厚労省令が改正され，処方箋の電磁的記録による作成，交付及び保存が可能とされるとともに，施行通知の改正や「電子処方せんの運用ガイドライン」*16の策定も行われました。同ガイドラインでは，地域医療連携ネットワークを活用した電子処方箋の運用が想定されていましたが，普及には至らなかったため，電子処方箋の普及の在り方の検討が進められました。その後，データヘルス改革の一環として，全国的な仕組みとして電子処方箋の運用を開始することが決定され，上記「電子処方せんの運用ガイドライン」の廃止と「電子処方箋管理サービスの運用について」*17の発出を経て，令和5年1月から電子処方箋管理サービスの運用が開始されました。

電子処方箋管理サービスでは，マイナンバーカード等によるオンライン資格確認等システムの仕組みを用いて，医療機関・薬局間で電子化された処方箋の授受を行えるようになったほか，患者本人の同意を得た場合は，複数の医療機関や薬局で直近に処方・調剤された情報の参照，それらを活用した重複投薬等チェックなども行えるようになりました。

電子処方箋管理サービスは，電子カルテ情報共有サービス*18とともに，上述の全国医療情報プラットフォームを構成するものであり，各地で導入拡大に向けた取組みがされています。電子処方箋のさらなる機能拡充等に係るシステム開発や運用ルールを検討する厚生労働省のワーキンググループ等も開催されているため，こちらも動向を見守っていく必要があります。

〔長谷川　葵〕

200　第6章◇IT

━━━━━━━━■注　記■━━━━━━━━

＊1　標準的電子カルテ推進委員会「最終報告」（平成17年5月17日）Ⅰ。

＊2　医療介護個人情報ガイダンスⅣ7.(4)においても，医療機関が医療情報システム
　　を導入したり，診療情報の外部保存を行う場合には，医療情報システム安全管理ガ
　　イドラインによることとされています。また，医療情報システム安全管理ガイドラ
　　インは，保険診療点数表においても引用されているため，保険医療機関としても遵
　　守が必要です（医療情報システム等提供事業者ガイドライン1.1.2)。

＊3　総務省・経済産業省「医療情報を取り扱う情報システム・サービスの提供事業者
　　における安全管理ガイドライン第1.1版（案）に対する意見と考え方」No.4，
　　No.39。

＊4　厚生労働省医政局長ほか「民間事業者等が行う書面の保存等における情報通信の
　　技術の利用に関する法律等の施行等について〔医師法〕」平成17年3月31日医政発第
　　0331009号・薬食発第0331020号・保発第0331005号（最終改正：平成28年3月31日）。

＊5　医療情報システム安全管理ガイドラインの旧版（第5.2版）の本編では，7におい
　　て，電子保存3要件を満たすための対策等が示されていました。第5.2版（本編）の
　　各記載内容の第6.0版における記載箇所については，医療情報システム安全管理ガイ
　　ドラインの別添「第5.2版→第6.0版項目移行対応表」を参照してください。

＊6　医療情報システム安全管理ガイドラインの旧版（第5.2版）の本編では，9に，
　　e-文書法に基づいてスキャナ等により電子化して保存する場合の指針が含まれてい
　　ました。

＊7　厚生労働省医政局長ほか「診療録等の保存を行う場所について〔医療法〕」平成14
　　年3月29日医政発第0329003号・保発第0329001号（最終改正：平成25年3月25日）。

＊8　厚生労働省医政局長「診療録等の外部保存に関するガイドラインについて」平成
　　14年5月31日医政発第0531005号。

＊9　医療情報システム安全管理ガイドラインの旧版（第5.2版）の本編では，8を中心
　　に記載されていました。

＊10　診療録等の電子媒体による外部保存には，クラウドサービス型の電子カルテのよ
　　うにネットワークを通じて行うものと，オンプレミス型の電子カルテのバックアッ
　　プデータを磁気テープ等に記録したうえで外部保存する場合のように，可搬媒体で
　　行うものがあるところ，両者で参照すべき医療情報システム安全管理ガイドライン
　　の記載は必ずしも一致しないため，注意が必要です。例えば，可搬媒体を用いた外
　　部保存の場合には，遺失防止の観点から，可搬媒体の搬送時に搬送用ケースを封印
　　する等の処置を施すことが求められています（医療情報システム安全管理ガイドラ
　　インシステム運用編12.3.1)。

＊11　提供事業者が，保存された患者の個人データについて，提供事業者の営業活動の
　　ために分析・解析を実施することとなっている場合等は，個人情報保護法上の委託
　　には該当せず，患者の同意が必要となります（個情法ガイドラインQ&A7-37参
　　照）。

＊12　この点に関し，あるSaaS事業者について，「個人データを取り扱わないこととなっ
　　ている場合」に該当せず，同SaaS事業者は，個人情報取扱事業者としてユーザから
　　個人データの取扱いの委託を受けて個人データを取り扱っていたといえると判断さ

れた事例が存在し，参考になります（個人情報保護委員会「株式会社エムケイシステムに対する個人情報の保護に関する法律に基づく行政上の対応について」令和6年3月25日 News Release参照）。

*13　なお，医療情報システム安全管理ガイドラインでは，医療情報を外部保存する際の受託事業者の選定にあたっては，国内法の適用があることや，逆にこれを阻害するような国外法の適用がないことなどを確認することが求められています（医療情報システム安全管理ガイドライン企画管理編7.【遵守事項】⑤・⑥，医療情報システム安全管理ガイドラインQ&A企Q−26）。同様に，医療情報システム等提供事業者ガイドラインでも，医療情報及び当該情報に係る医療情報システム等が国内法の執行の及ぶ範囲にあることを確実とすることが求められています（医療情報システム等提供事業者ガイドライン6.1）。

*14　本稿執筆時点において，名称は「電子カルテ情報共有サービス」となり，診療情報提供書などのいわゆる3文書6情報を共有可能な仕組みとなることが予定されています。

*15　医療DXの動向については，厚生労働省のウェブサイト「医療DXについて」（https://www.mhlw.go.jp/stf/iryoudx.html）も参照してください。

*16　厚生労働省医政局長ほか「電子処方せんの運用ガイドラインの策定について」平成28年3月31日医政発0331第31号・薬生発0331第11号・保発0331第27号・政社発0331第2号。

*17　厚生労働省医薬・生活衛生局長ほか「電子処方箋管理サービスの運用について」令和4年10月28日薬生発1028第1号・医政発1028第1号・保発1028第1号（最終改正：令和5年12月28日）。

*18　前掲注（*14）参照。

31 オンライン診療の実施上の留意点

当院では医師がビデオ通話を使って診療を行うオンライン診療を積極的に取り入れていこうと考えています。オンライン診療の実施にあたって留意すべき事項について教えてください。

A オンライン診療の実施にあたっては，厚生労働省「オンライン診療の適切な実施に関する指針」の遵守が求められることに留意すべきです。

 キーワード

オンライン診療，オンライン受診勧奨，遠隔医療，無診察治療等の禁止

解　説

1　オンライン診療と指針

　新型コロナウイルス感染症（COVID-19）の蔓延の影響もあり，近年，オンライン診療[*1]（医師-患者間において，パソコンやスマートフォンなどの情報通信機器を通して，患者の診察及び診断を行い診断結果の伝達や処方等の診療行為をリアルタイムにより行う行為）の普及が進んでいます[*2]。

　また，薬機法の令和元年度の改正により，改正前は基本的に不可とされていた処方箋による調剤時のオンライン服薬指導が令和2年9月1日より実施可能となったほか，令和5年1月26日から電子処方箋管理サービス[*3]の運用も開始されました。これらと薬剤の配送を組み合わせることにより，患者は自宅に居ながらにして，受診から薬剤の受取りまでを完結することが可能になるため，オンライン診療は今後もますます普及していくと考えられます[*4]。

　厚生労働省は，こうしたオンライン診療に関して，「オンライン診療の適切な実施に関する指針」[*5]（以下「オンライン診療指針」といいます）を策定し，「考え方」，「最低限遵守する事項」及び「推奨される事項」等を示すとともに，「『オンライン診療の適切な実施に関する指針』に関するQ&A」[*6]（以下「オンライン診療指針Q&A」といいます）を公表しています。

オンライン診療指針は，保険診療か自由診療かを問わず（オンライン診療指針Q&A-1），オンライン診療及びオンライン受診勧奨（医師-患者間において，情報通信機器を通して患者の診察を行い，医療機関への受診勧奨をリアルタイムにより行う行為）に適用されるため*7（オンライン診療指針Ⅲ(2)），これらを行う場合には，オンライン診療指針に従う必要があります。

2　無診察治療等の禁止への抵触について

⑴　無診察治療等の禁止

医師法20条本文は，「医師は，自ら診察しないで治療をし，若しくは診断書若しくは処方せんを交付……してはならない。」と，いわゆる無診察治療等の禁止を定めています。

オンライン診療は，対面診療ではないため，従前より，無診察治療等の禁止に抵触しないかが議論されてきました。

⑵　オンライン診療指針の策定に至る経過

この点については，平成9年12月24日に「情報通信機器を用いた診療（いわゆる「遠隔診療」）について」*8（以下「平成9年遠隔診療通知」といいます）が発出され，直接の対面診療による場合と同等ではないにしてもこれに代替し得る程度の患者の心身の状況に関する有用な情報が得られる場合には，遠隔診療を行うことは直ちに医師法20条に抵触するものではないという基本的考え方が示されました*9。

その後，情報通信機器を用いた診療の適切な普及のためには，その医療上の必要性，安全性及び有効性等を担保する必要があるとの考えから，平成30年2月より，厚生労働省において，「情報通信機器を用いた診療に関するガイドライン作成検討会」が開催され，その検討結果をふまえて，オンライン診療指針が策定されました。

⑶　オンライン診療指針における整理

オンライン診療指針では，「最低限遵守する事項」を遵守してオンライン診療を実施する場合には，医師法20条に抵触するものでないと整理されています（オンライン診療指針Ⅴ）。

仮に医師法20条に違反すると，50万円以下の罰金が科されます（医師33条の3第1号）。また，治療に関して患者側から損害賠償を請求された際に，医師法20条に反する無診察治療等があれば，治療に際して医師側に落ち度（過失）があったことを示す事情として考慮される可能性があります。

したがって，医師法20条との関係でも，オンライン診療指針の「最低限遵守する事項」を遵守することが不可欠です。

3 オンライン診療指針における「最低限遵守する事項」について

以下では，オンライン診療指針において定められている「最低限遵守する事項」について，特に基本的かつ重要と思われる点を解説します。

(1) **患者への説明と合意**（オンライン診療指針Ⅴ1.(1)②）

オンライン診療は，医師と患者間の合意に基づき行う必要があります。合意にあたり，医師は，患者がオンライン診療を希望する旨を，書面（電子データを含みます）に署名をもらうなどして明示的に確認することが必要です（オンライン診療指針Q&A-3）。

また，合意を得るに先立ち，医師は患者に対し，次の3点を説明する必要があります。

① 触診等を行うことができない等の理由により，オンライン診療で得られる情報が限られていることから，対面診療を組み合わせる必要があること[*10]

② オンライン診療の実施の都度，医師がオンライン診療の実施の可否を判断すること

③ オンライン診療にあたって定めるべき「診療計画」の内容（下記(5)参照）

(2) **患者の症状に応じた実施可否判断**（オンライン診療指針Ⅴ1.(2)②）

オンライン診療の実施の可否については，一般社団法人日本医学会連合が示す「オンライン診療の初診に適さない症状」[*11]等をふまえて医師が判断し，オンライン診療が適さない場合には対面診療を実施する，あるいは，対面診療が可能な医療機関を紹介することとされています。また，緊急性が高い症状の場合には速やかに対面診療を促す必要があります。

(3) **「かかりつけの医師」による初診の原則**（オンライン診療指針Ⅴ1.(2)②）

オンライン診療では，得られる情報が視覚及び聴覚に限られる中で，疾病の見落としや誤診を防ぐ必要があります。また，医師が患者から心身の状態に関する適切な情報を得るためには，日頃から医師・患者間で信頼関係を築いておく必要があります。このような観点から，初診[*12]からのオンライン診療は，原則として「かかりつけの医師」（日頃より直接の対面診療を重ねている等，患者と直接的な関係が既に存在する医師〔オンライン診療指針Q&A-5〕）が行うこととされています。

もっとも，過去の診療録等から必要な医学的情報を把握でき，患者の症状と合わせて医師が可能と判断した場合には，「かかりつけの医師」以外の医師による初診からのオンライン診療も実施可能です。

また，必要な医学的情報を把握できていない初診の患者についても，「診療前相談」（医師−患者間で映像を用いたリアルタイムのやりとりを行い，医師が患者の症状及び医学的情報を確認する行為）によって必要な情報を把握し，医師・患者の双方がオンライン診療の実施に合意した場合には，「かかりつけの医師」以外の医師がオンライン診療を実施することも可能とされています（オンライン診療指針Ⅲ(1)等）。

(4) 急病急変患者に係る対面診療の原則（オンライン診療指針Ⅴ1.(2)②）

急病急変患者[*13]については原則として，直接の対面による診療を行う必要があります。もっとも，直接の対面による診療を行った後，患者の容態が安定した段階に至った場合には，オンライン診療の適用を検討してもよいとされています。

(5) 「診療計画」の策定と保存（オンライン診療指針Ⅴ1.(3)②）

医師は，オンライン診療を行う前に，患者の心身の状態について，直接の対面診療により十分な医学的評価（診断等）を行い，その評価に基づいて，①オンライン診療で行う具体的な診療内容（疾病名，治療内容等），②オンライン診療と直接の対面診療，検査の組合せに関する事項（頻度やタイミング等），③オンライン診療を行わないと判断する条件と，条件に該当した場合に直接の対面診療に切り替える旨，④触診等ができないこと等により得られる情報が限られることをふまえ，患者が診察に対し積極的に協力する必要がある旨，⑤情報漏えい等のリスクをふまえた，セキュリティリスクに関する責任の範囲（責任分界点）及びそのとぎれがないこと等の明示などを含む「診療計画」を定め[*14]，オンライン診療による診療が完結した日から2年間[*15]は保存しなければなりません。

この「診療計画」が適切に作成・保存されているか否かは，令和6年度における医療法25条1項に基づく立入検査の際に，診療録等で確認するとともに，必要に応じて指導を行うこととされている点であり，注意が必要です[*16]。

なお，初診からのオンライン診療を行う場合には，「診療計画」の作成に代えて，診察の後にその後の方針（例えば，次回の診察の日時及び方法並びに症状の増悪があった場合の対面診療の受診先等）を患者に説明することとされています[*17]。

(6) 医師・患者双方の本人確認（オンライン診療指針Ⅴ1.(4)②）

原則として，医師と患者双方が身分確認書類を用いてお互いに本人であるこ

との確認を行うことが必要です。また,「医籍登録年」を伝えるなど,医師が医師の資格を保有していることを患者が確認できる環境を整えておくことなども必要とされています。

(7) 薬剤処方に係る制限 （オンライン診療指針Ⅴ1.(5)②）

オンライン診療における処方に関し,現にオンライン診療を行っている疾患の延長とされる症状に対応するために必要な医薬品については,医師の判断により処方可能です。

他方で,初診からのオンライン診療の場合,及び,新たな疾患に対して医薬品の処方を行う場合,一般社団法人日本医学会連合が示す「オンライン診療の初診での投与について十分な検討が必要な薬剤」[*18]等の関係学会が定める診療ガイドラインを参考に処方を行う必要があります。また,初診からのオンライン診療の実施の場合には,診断に必要な情報が十分に得られないことがあり得るため,処方医による一定の診察頻度を確保して患者の観察を十分に行う必要があるという観点から,基礎疾患等の情報が把握できていない患者に対する8日分以上の処方は行わないこととされています（オンライン診療指針Q&A-21）。

(8) 診察方法 （オンライン診療指針Ⅴ1.(6)②）

オンライン診療を行っている間,患者の状態について十分に必要な情報が得られていると判断できない場合には,速やかにオンライン診療を中止し,直接の対面診療を行うことが必要です。

また,オンライン診療においては,リアルタイムの視覚及び聴覚の情報を含む情報通信手段を採用することとされており,補助的な手段として,画像や文字等による情報のやりとりを活用することは可能なものの,文字,写真及び録画動画のみのやりとりで完結してはならないとされています。したがって,例えば,チャット機能のみによるオンライン診療は認められません（オンライン診療指針Q&A-22）。

(9) 医師の所在・確保すべき体制 （オンライン診療指針Ⅴ2.(1)②）

医師は,必ずしも医療機関においてオンライン診療を実施する必要はないものの,第三者に患者の心身の状態に関する情報が伝わることのないように物理的に外部から隔離される空間において実施しなければなりません。

また,緊急やむを得ない場合を除き,医療機関に居る場合と同等程度に患者の心身の状態に関する情報を得られる体制を整える必要があります。患者の急病急変時に適切に対応するため,患者が速やかにアクセスできる医療機関において直接の対面診療を行える体制を整えておくことも必要です。

Q31◆オンライン診療の実施上の留意点　207

⑽　**患者の所在**（オンライン診療指針Ⅴ 2 . ⑵②等）

　患者がオンライン診療を受ける場所については，清潔かつ安全であることやプライバシーが保たれるように物理的に外部から隔離される空間であることが求められています。

　さらに，医療は，病院・診療所等の「医療提供施設」又は患者の「居宅等」で提供されなければならないため（医療 1 条の 2 第 2 項），これら以外の場所に居る患者にオンライン診療を提供する場合には，基本的に診療所開設手続が必要となります[19]。

　ここで，「居宅等」には，患者の居宅のみならず，医療法施行規則 1 条各号が定める場所も含まれ，「医療を受ける者が療養生活を営むことができる場所」も含まれるため（同条 5 号），その範囲が問題となります。この点につき，「居宅等」とは，「患者の日常生活等の事情によって異なるが，居宅と同様に長時間にわたり滞在する場所であるため，療養生活を営むことができる場所」と考えられています[20]。したがって，個々の患者の日常生活等の事情に左右されるものの，患者の職場や学校，通所介護事業所等についても，「居宅等」に当たり，オンライン診療を受診する患者の所在として認められる場合があります（オンライン診療指針Q&A－23[21]）。ただし，このような場合であっても，特定多数人に対してオンライン診療を受診する機会を提供する場合は，基本的に診療所開設手続が必要となるため，注意が必要です（医療 1 条の 5 第 2 項参照）。

4　オンライン診療指針のその他の内容

　オンライン診療指針では，以上のほかにも，患者が看護師等といる場合のオンライン診療（D to P with N），患者が医師といる場合のオンライン診療（D to P with D），通信環境（情報セキュリティ・プライバシー・利用端末），医師教育／患者教育，質評価／フィードバック，エビデンスの蓄積等について，様々な事項が定められています。

　例えば，通信環境に関して医療機関が行うべき対策としては，患者に対して，オンライン診療の実施に伴うセキュリティリスクを説明し，オンライン診療に用いるシステムを利用することについての合意を得たうえで，双方が合意した旨を診療録に記載することや，医療情報システムに影響を及ぼす可能性があるオンライン診療システムを使用する際には，いわゆる 3 省 2 ガイドライン[22]に沿った対策を併せて実施すること等が求められています（オンライン診療指針Ⅴ 2 . ⑸ 1 ））。

また，医師教育／患者教育に関しては，オンライン診療を実施する医師は，厚生労働省が指定する研修を受講しなければならないなどとされています（オンライン診療指針Ｖ3.(1)）。

これらの事項は，「最低限遵守する事項」とはされていないものの，診療報酬の算定に影響し得るため，留意が必要です。例えば，オンライン診療による初診を行った場合に「初診料」を算定するには，オンライン診療指針に沿って診療を行うことや施設基準への適合及び届出等が必要とされており，また，当該施設基準として，オンライン診療指針に沿って診療を行う体制を有すること等が求められています。

〔久保田　萌花〕

=== ■注　記■ ===

＊1　オンライン診療については，厚生労働省のウェブサイト「オンライン診療について」（https://www.mhlw.go.jp/stf/index_0024_00004.html）及び「遠隔医療に関するホームページ」（https://www.mhlw.go.jp/stf/index_0024.html）に関連する通知等が掲載されています。

＊2　新型コロナウイルス感染症が拡大したことにより，厚生労働省医政局医事課ほか「新型コロナウイルス感染症の拡大に際しての電話や情報通信機器を用いた診療等の時限的・特例的な取扱いについて」令和2年4月10日事務連絡において，時限的・特例的な取扱いとして，患者から求められた場合における初診からの電話を用いた診療や，オンライン診療指針よりも緩和された要件の下でのオンライン診療等が許容されましたが，この時限的・特例的な取扱いは，令和6年3月31日をもって終了しました。

＊3　電子処方箋については，Q30を参照してください。

＊4　医療機関がオンライン診療の導入・実施を検討する際には，厚生労働省「オンライン診療の利用手順の手引き書」（令和6年3月）や同第5章「関係する通知，ガイドライン等」に掲載された資料，総務省「遠隔医療モデル参考書－オンライン診療版－（改訂版）」（令和6年5月）などが参考になります。

＊5　厚生労働省医政局長「『オンライン診療の適切な実施に関する指針』の策定について」平成30年3月30日医政発0330第46号（最終改訂：令和5年3月30日）。

＊6　厚生労働省医政局医事課長「『オンライン診療の適切な実施に関する指針』に関するQ&Aについて」平成30年12月26日医政医発1226第3号（最終改訂：令和6年4月1日）。

＊7　オンライン診療指針Q&A－28では，国内に所在する日本の医療機関の医師が，国外に所在する患者にオンライン診療やオンライン受診勧奨を実施する場合についても，診察・診断・処方等の診療行為は国内で実施されていることから，医師法，医療法やオンライン診療指針が適用されるとされています。この場合，患者の所在する国における医事に関する法令等も併せて遵守する必要があるため留意が必要です。

なお，オンライン診療指針は，患者個人の心身の状態に応じた医学的判断を行わない遠隔健康医療相談には適用されません（オンライン診療指針Ⅲ(2)ⅲ）。

＊8 厚生労働省健康政策局長「情報通信機器を用いた診療（いわゆる「遠隔医療」）について」平成9年12月24日健政発第1075号（最終改正：平成23年3月31日）。

＊9 平成9年遠隔診療通知に関しては以下の事務連絡等が発出されています。
・厚生労働省医政局長「情報通信機器を用いた診療（いわゆる「遠隔診療」）について」平成27年8月10日事務連絡
・厚生労働省医政局長「情報通信機器を用いた診療（いわゆる「遠隔診療」）について」平成29年7月14日事務連絡
・厚生労働省医政局医事課長「インターネット等の情報通信機器を用いた診療（いわゆる「遠隔診療」）を提供する事業について」平成28年3月18日医政医発0318第6号

＊10 オンライン診療のみで必要な情報が得られ，結果として，対面診療を行うことなく治療が完結することはあり得るものの，オンライン診療は対面診療と適切に組み合わせて行うことが基本とされています（オンライン診療指針Q&A－9，オンライン診療指針Ⅳ ⅰ，Ⅴ 1.(2)②ⅸ）。

＊11 一般社団法人日本医学会連合「日本医学会連合 オンライン診療の初診に関する提言」令和3年6月1日（最終改訂：令和4年11月24日）4頁以下参照。

＊12 継続的に診療している場合においても，新たな症状等（既に診断されている疾患から予測された症状等は除きます）に対する診察を行う場合や，疾患が治癒した後又は治療が長期間中断した後に再度同一疾患について診察する場合も，「初診」に含むとされています。なお，オンライン診療指針における「初診」は，診療報酬における「初診料」の算定上の取扱いとは必ずしも一致しないため注意が必要です（オンライン診療指針Q&A－4）。

＊13 オンライン診療指針Q&A－10によれば，急病急変患者とは，急性に発症又は容態が急変し，直ちに対面での診療が必要となるような患者を指します。急性発症であっても症状が軽い患者は必ずしも該当せず，医師の判断で初診からのオンライン診療を行うことが可能とされています。なお，判断にあたっては，一般社団法人日本医学会連合が示す「オンライン診療の初診に適さない症状」（前掲注（＊11））等を参考にすべきとされています。

＊14 オンライン診療指針Q&A－12では，「診療計画」の内容は，通常診療録に記載するような内容であると考えられるため，「診療計画」を診療録と一体的に作成することは可能とされています。

＊15 「最低限遵守する事項」としての保存期間は2年間ですが，診療録と合わせて5年間保管することが望ましいとされています（オンライン診療指針Q&A－13）。

＊16 厚生労働省医政局長「令和6年度の医療法第25条第1項の規定に基づく立入検査の実施について」令和6年5月31日医政0531第7号Ⅳ，セ，①。この通知では，厚生労働省医政局医事課長「オンライン診療における不適切な診療行為の取扱いについて」平成30年12月26日医政医発1226第2号において示されている，医師法20条に違反するおそれのある診療行為の有無についても，診療録等で確認し，必要に応じて指導を行うほか，指導を行っても改善がみられないなど悪質な場合には，厚生労働省医政局医事課に情報提供することとされていました。

210 第6章◇IT

＊17　厚生労働省「『オンライン診療の適切な実施に関する指針（改訂案）』に係るご意見の募集の結果について」令和4年1月28日7番参照。

＊18　前掲注（＊11）20頁以下参照。

＊19　近時，デジタルデバイスに明るくない者等の医療の確保の観点から，へき地等に限らず都市部を含め，公民館等にオンライン診療のための医師が常駐しない診療所の開設を可能とすることについて，検討が行われ，厚生労働省医政局総務課長「特例的に医師が常駐しないオンライン診療のための診療所の開設について」令和6年1月16日医政総発0116第2号が発出されました。この通知によれば，診療所開設申請等を受けた都道府県知事等が，特例的にオンライン診療のための医師非常駐の診療所を開設する必要性を確認し，必要性があると認めた場合には，このような診療所の開設も認められます。さらに，同通知では，オンライン診療によって住民の受診機会が確保されると必要性が認められた場合において，オンライン診療が医療機関の事業として行われる場合で，定期的に反復継続して行われることのない場合又は一定の地点において継続して行われることのない場合については，厚生省医務局長「巡回診療の医療法上の取り扱いについて」昭和37年6月20日医政発第554号（最終改正：平成24年10月1日）により，新たに診療所開設の手続を要しない場合があることも示されました。

＊20　厚生労働省医政局「遠隔医療の更なる活用について」（令和5年11月29日第104回社会保障審議会医療部会「資料1」）。

＊21　オンライン診療指針Q&A-23には，患者が学校等でオンライン診療を受診する場合の留意点等が詳細に記載されています。

＊22　いわゆる3省2ガイドラインについては，Q30及びQ32を参照してください。

サイバー攻撃に備えた体制整備

医療機関に対するサイバー攻撃に備えて，日頃からどのような体制を整備しておく必要がありますか。

　医療法，個人情報保護法等の法令並びに各種のガイドライン等をふまえた体制整備が必要です。

☑キーワード

情報インシデント，サイバー攻撃，サイバーセキュリティ，個人情報保護法，安全管理措置，安全管理ガイドライン

解　説

1　はじめに

　近時，医療機関がサイバー攻撃を受けた事例が複数報告されています。その中には，医療提供体制に支障が生じた事例も含まれています。このような状況を受けて，厚生労働省は，「医療機関等におけるサイバーセキュリティ対策の強化について（注意喚起）」（令和4年11月10日事務連絡）等において，医療機関に対し，サイバー攻撃に備えて適切な対策を講じるよう繰り返し注意喚起しています。また，令和5年4月1日には，改正医療法施行規則が施行され，病院等の管理者は，医療の提供に著しい支障を及ぼすおそれがないように，サイバーセキュリティ[*1]を確保するために必要な措置を講じなければならないとする規定が新設されました（医療規14条2項）。医療機関にとって，サイバー攻撃に備えた体制整備は，ますます重要な課題となっています。

　以下，医療機関に対するサイバー攻撃に備えた体制整備について，法的な側面から解説します。

2　医療法17条及び医療法施行規則14条2項並びに医療情報システム安全管理ガイドライン等をふまえた体制整備

(1)　医療法17条及び医療法施行規則14条2項

212　第6章◇IT

　医療法17条は，病院等の管理者が構造設備等につき遵守すべき事項を医療法施行規則において定めるものとしています。これを受けて，医療法施行規則14条2項は，病院等の管理者に対し，医療の提供に著しい支障を及ぼすおそれがないように，サイバーセキュリティを確保するために「必要な措置」を講じなければならないとしています。厚生労働省は，この医療法施行規則14条2項の「必要な措置」として，最新の「医療情報システムの安全管理に関するガイドライン」(医療情報システム安全管理ガイドライン)[2]を参照のうえ，サイバー攻撃に対する対策を含めセキュリティ対策全般について適切な対応を行うことを求めています[3]。

(2)　医療情報システム安全管理ガイドライン

　医療情報システム安全管理ガイドラインは，医療情報システムの安全管理や，e-文書法への適切な対応に関し，厚生労働大臣が法を執行する際の基準となるものです。

　医療情報システム安全管理ガイドラインは，複数の編に分かれており，さらに別添，特集，Q&A等多数の関連文書が存在することから，全体では相当の分量となりますが，医療機関等が優先的に取り組むべき事項については，別途チェックリスト及びマニュアルが公開されています[4]。また，上記「特集」文書のうち，「[特集]医療機関等におけるサイバーセキュリティ」(以下「特集サイバーセキュリティ」といいます)は，医療情報システム安全管理ガイドラインの中で，サイバーセキュリティに関係する部分を要約したまとめ文書です。まずは，医療情報システム安全管理ガイドラインの概説編，特集サイバーセキュリティ及びチェックリストを一読し，全体像を把握したうえで，概説編の案内に従い，医療情報システム安全管理ガイドラインの各編を読み進めていくとよいでしょう。

　なお，厚生労働省は，病院が医療情報システム安全管理ガイドラインを遵守していたと認められる状況下で起こった情報セキュリティインシデントについては，一定程度の法的責任を果たしていたということが可能だと考えられるとの見解を示しており[5]，今後，医療情報システム安全管理ガイドラインの遵守は，医療法など公法上の義務だけでなく，不法行為法など私法上の義務違反の有無にも影響を及ぼし得ると考えられます。

(3)　医療情報システム等提供事業者ガイドライン

　医療情報システム安全管理ガイドラインに関連して，総務省・経済産業省は，「医療情報を取り扱う情報システム・サービスの提供事業者における安全

管理ガイドライン」（医療情報システム等提供事業者ガイドライン）を定めています[6]。医療情報システム等提供事業者ガイドラインは，主に医療機関等との契約等に基づいて医療情報システム等を提供する事業者を対象とするものですが，医療機関等の側でも把握しておくべきガイドラインです。医療情報システム安全管理ガイドラインは，医療機関等に対し，医療情報システム等提供事業者ガイドラインの基準を満たした医療情報システム・サービス事業者を選定し，必要に応じて医療情報システム等提供事業者ガイドラインの遵守状況を確認するなど当該事業者を管理することを求めています[7]。また，医療情報を医療機関等の外部に委託して保存する場合には，厚生労働省の通知[8]により，医療情報システム安全管理ガイドライン及び医療情報システム等提供事業者ガイドラインを遵守している事業者を選定する必要があります[9]。

(4) 医療機関における医療機器のサイバーセキュリティ確保のための手引書

医療機関で使用される医療機器は医療安全に直接関係するところ，一般社団法人日本医療機器産業連合会は，医療機関における医療機器のサイバーセキュリティ対策を確実に行い医療機器の医療安全を確保することを目的に，「医療機関における医療機器のサイバーセキュリティ確保のための手引書」（以下「手引書」といいます）を作成しています。

そして，医療情報システム安全管理ガイドラインは，医療機器のサイバーセキュリティの対策については，手引書等をふまえて，医療機器の製造販売業者と必要な連携を図ることが求められるとしており[10]，手引書も「医療法等で求められているように，医療に関わる全ての行為は医療機関等の管理者の責任で行うことになりますので，医療機器の医療安全の確保のためのサイバーセキュリティ対策についても医療機関の責任で行います」[11]としていることから，理論上は，医療法施行規則14条2項との関係でも，手引書等をふまえた医療安全の確保のための医療機器のサイバーセキュリティ対策が必要になり得ると考えられます。

3 個人情報保護法及び医療介護個人情報ガイダンスをふまえた体制整備

個人情報保護法は，個人情報取扱事業者に対し，その取り扱う個人データについて安全管理措置を講ずることを義務づけるとともに（個人情報23条），個人データの安全管理が図られるよう，従業者に対する監督を義務づけています（個人情報24条）[12]。これを受けて，医療介護個人情報ガイダンスは，安全管理措置や従業者の監督に関し，医療・介護関係事業者の参考になる取組みを具体

214　第6章◇IT

的に示しており，サイバー攻撃に備えた体制整備に関して参考になります。

　また，個人情報保護法は，個人データの取扱いを委託した個人情報取扱事業者に対し，個人データの安全管理が図られるよう，受託者の監督を義務づけています（個人情報25条）。これを受けて，医療介護個人情報ガイダンスは，医療・介護関係事業者が業務を委託する場合における委託先の監督及び留意事項について，具体的に解説しており，こちらもサイバー攻撃に備えた体制整備に関して参考になります。

　さらに，個人情報保護法は，サイバー攻撃その他の要因により，個人データの漏えい等が発生し，個人の権利利益を害するおそれがある場合には個人情報保護委員会への報告及び本人への通知を行うことを義務づけています（個人情報26条）。

　医療介護個人情報ガイダンスでは，以上のほか，個人情報保護法等をふまえた情報の安全管理について解説がなされていますので，個情法ガイドライン（通則編）（特に「10　（別添）講ずべき安全管理措置の内容」）等と併せて参照すべきです。医療情報システム安全管理ガイドラインも，医療情報システムの安全管理は，患者の診療情報をはじめとする機微な個人情報について適切な取扱いが行われていることが前提となることから，医療介護個人情報ガイダンスを十分理解するように求めています*13。

〔増田　拓也〕

====■注　記■====

* ＊1　ここでは，サイバーセキュリティ基本法2条の「サイバーセキュリティ」の定義（電磁的方式により記録され，又は発信され，伝送され，もしくは受信される情報の漏えい，滅失又は毀損の防止その他の当該情報の安全管理のために必要な措置並びに情報システム及び情報通信ネットワークの安全性及び信頼性の確保のために必要な措置が講じられ，その状態が適切に維持管理されていること）が引用されています。
* ＊2　医療情報システム安全管理ガイドラインは，随時，改定がなされており，本設問では「第6.0版」（令和5年5月）に基づいて解説します。
* ＊3　以上，厚生労働省大臣官房・医薬産業振興・医療情報審議官「医療法施行規則の一部を改正する省令について」令和5年3月10日産情発0310第2号。
* ＊4　厚生労働省「医療機関におけるサイバーセキュリティ対策チェックリスト」（令和6年5月），同「医療機関におけるサイバーセキュリティ対策チェックリストマニュアル～医療機関・事業者向け～」（令和6年5月）。なお，医療法の規定に基づく立入検査要綱（厚生労働省医薬局長ほか「医療法第25条第1項の規定に基づく立入検査要綱」平成13年6月14日医薬発第637号・医政発第638号〔最終改正：令和6

年5月31日〕）におけるサイバーセキュリティの確保の検査基準には，当該チェックリストに必要な事項が記入されていることを確認し，さらに当該チェックリスト所定のインシデント発生時の連絡体制図の提示を求めることにより，その有無を確認することと記載されています。

＊5　厚生労働省「『医療情報システムの安全管理に関するガイドライン　第6.0版』に関するQ＆A」（令和5年9月）経Q−3。

＊6　総務省・経済産業省「医療情報を取り扱う情報システム・サービスの提供事業者における安全管理ガイドライン　第1.1版」（令和5年7月改定）。

＊7　医療情報システム安全管理ガイドライン概説編4.4。

＊8　厚生労働省医政局長ほか「診療録等の保存を行う場所について〔医療法〕」平成14年3月29日医政発第0329003号・保発第0329001号（最終改正：平成25年3月25日）。

＊9　医療情報システム安全管理ガイドライン経営管理編5.1。なお，事業者管理については企画管理編7も参照してください。

＊10　医療情報システム安全管理ガイドラインシステム運用編8.2。

＊11　手引書3.1。

＊12　なお，病院等の管理者の従業者に対する監督業務を定める医療法15条1項・2項の規定は，個人情報全般についての安全管理義務も含むと解されています（医療介護個人情報ガイダンスⅣ7.⑴②参照）。

＊13　医療情報システム安全管理ガイドライン概説編1。

33　ランサムウェア攻撃への対応

　当院のコンピュータがランサムウェアに感染し，データが暗号化されて使用不能になりました。犯行グループから「身代金を支払わなければデータを公開する」と脅迫されています。どう対応すればよいですか。身代金の支払を拒否し，仮に患者に損害が発生した場合，その賠償責任を負うことになるのでしょうか。

　身代金の支払は基本的に推奨されません。また，病院が身代金を支払わなかったこと自体をもって損害賠償責任を負うケースは，相当に限定されるものと考えられますが，専門家の意見を聴取する等して，判断過程の合理性を担保することが重要です。また，身代金を支払わなかったこと自体をもって責任を問われなかったとしても，病院が患者の情報を安全に管理するために必要な措置を怠った結果，患者の情報が漏えいしたと認められる場合には，病院が損害賠償責任を負う可能性があります。

☑キーワード
　サイバー攻撃，サイバーセキュリティ，ランサムウェア，身代金，情報漏えい，損害賠償

解　説

 ランサムウェアとは

　ランサムウェアとは，感染したパソコンに特定の制限（データの暗号化など）をかけ，その制限の解除と引換えに金銭（いわゆる身代金）を要求する，不正なプログラムです[*1]。最近では，単に特定の制限をかけるだけではなく，データを窃取して，そのデータを公開しないことに対する身代金を要求する「二重の脅迫」を行うケースが多くを占めるようになっています。
　ランサムウェアは，独立行政法人情報処理推進機構の「情報セキュリティ10大脅威　2021」（令和3年2月）において，社会的に影響が大きかった脅威（組織）の1位にランクインして以降，「情報セキュリティ10大脅威　2024」（令和6年2

月）に至るまで，4年連続で1位に位置づけられており，近時もっとも猛威を振るっているセキュリティ脅威の一つです。

2 身代金の支払は基本的に推奨されないこと

　内閣サイバーセキュリティセンター（NISC）の「サイバーセキュリティ関係法令Q&Aハンドブック〔Ver2.0〕」（令和5年9月）によれば，ランサムウェアによる攻撃で要求された身代金を支払うことを直接禁止する法令はないとされていますが，厚生労働省は，「医療機関等におけるサイバーセキュリティ対策の強化について（注意喚起)」[*2]において，「サイバー攻撃をしてきた者の要求に応じて金銭を支払うことは，犯罪組織に対して支援を行うことと同義」との認識等を示したうえで，「金銭の支払いは厳に慎むべきである。」としています。

　また，厚生労働省の上記注意喚起や，経済産業省の「最近のサイバー攻撃の状況を踏まえた経営者への注意喚起」（令和2年12月18日）等でも指摘されているように，身代金の支払により，暗号化されたデータが必ず復元される保証はありませんし，仮に支払に応じると，犯行グループや他の攻撃者から，「身代金を支払ってくれる病院」と認識され，さらなる攻撃の対象となりかねないという問題があります。

　よって，身代金の支払は，基本的に推奨されません。

　なお，一部の犯罪組織に対する支払等は，外国為替及び外国貿易法[*3]，公衆等脅迫目的の犯罪行為等のための資金等の提供等の処罰に関する法律等により規制されています。

3 身代金の支払拒否と損害賠償責任

　患者が病院に対し身代金を支払わなかったことによる損害の賠償を請求する場合，その根拠として，診療契約の違反，又は不法行為を主張することが想定されます。

　この問題について先例となるべき裁判例は見当たりませんが，上述のとおり，国が支払は厳に慎むべきであると注意喚起していること，暗号化されたデータが必ず復元される保証はないこと，仮に支払に応じるとさらなる攻撃の対象となりかねないことなどを考慮すれば，病院が身代金を支払わなかった場合に，そのこと自体をもって，診療契約上の債務不履行，又は不法行為法上の過失があると評価され，病院が損害賠償責任を負うケースは，相当に限定され

218　第6章◇IT

るものと考えられます。

　さらに一歩進んで検討すると，病院の場合，サイバー攻撃により，患者の生命に関わる事態が生じることも考えられます。患者の生命に関わり，かつ代替手段が見当たらない場合には，病院が身代金の支払を迫られる状況が生じ得ることは否定できないと考えます＊4。もっとも，そのような状況においても，前述のとおり，暗号化されたデータが必ず復元される保証はないこと等を考慮すれば，病院が身代金を支払わないと判断したこと自体をもって，病院が損害賠償責任を負うケースは，なお限定されるものと考えられますが，そのような状況における身代金の支払の適否について支配的な見解は見当たりませんので，ケースバイケースで慎重に検討する必要があります。実務上の対応としては，サイバー攻撃に関する有識者，弁護士等の専門家に意見聴取する等して，判断過程の合理性を担保することが重要と考えます＊5。

4　安全管理措置の懈怠と損害賠償責任

　病院が身代金を支払わなかったことそれ自体によっては責任を問われなかったとしても，病院が患者の情報を安全に管理するために必要な措置を怠った結果，患者の情報が漏えいした場合には，診療契約上の債務不履行，又は不法行為に基づく損害賠償責任を負う可能性があります（医療機関に求められる，サイバー攻撃に備えた体制整備についてはQ32参照）。

　個人情報の漏えいと損害賠償責任に関しては，ある程度裁判例の蓄積があります。例えば，最高裁は，要旨，通信教育等を目的とする会社が管理していた受講生の氏名，性別，生年月日，住所及び電話番号並びにその保護者の氏名等の情報が漏えいされた事案において，漏えいにより保護者のプライバシーが侵害されたと判断しました（精神的損害の有無及びその程度等について審理を尽くさせるため原審に差し戻しました）[1]。その差戻控訴審は，その保護者の精神的損害（慰謝料）として1000円の支払義務を認めています[2]。

　また，損害額の考え方ですが，同差戻控訴審判決は，損害額の認定にあたり，漏えいの態様，情報の性質，漏えいの範囲，実害の有無，漏えい後の対応等の事情を総合的に考慮しています。また，別事件の判決として，各事情の重みづけは必ずしも明らかではありませんが，情報の性質や2次被害等に着目し，比較的高額の慰謝料（被害者1人当たり3万円）を認定した裁判例[3] ＊6，及びその控訴審判決[4]があります。これらの判決の事案は，要旨，エステティックサロンが管理する個人情報が流出したというものですが＊7，その控訴審判

決は，「エステティック特有の身体的もしくは美的感性に基づく価値評価をくだすべき身体状況に係るものである個人情報を提供することは，まさに……各人が誰にも知られたくない種類の価値観に関係した個人情報を申告するものにほかならない。」としたうえで，流出したエステティックサービスに係る情報は「流出データ回収の完全性に対する不安ないしは精神的苦痛に対する慰謝料請求や，大学在籍に係る個人識別情報の開示に関する慰謝料請求につき判定されるべき場合よりは，通常，より高い保護を与えられてしかるべき種類の情報であると認められる」などとして，原判決が認定した慰謝料の額（被害者1人当たり3万円）を維持しています＊8。これらの裁判例の考え方を参考にすると，秘匿すべき必要性が高い性質の医療情報の漏えいがあった場合，氏名，住所等の単純な情報が漏えいした事案と比較して，慰謝料が高くなる可能性があると考えられます＊9。もっとも，筆者は，医療情報だから1人当たり何万円を超える損害賠償責任を負うなどという単純な問題ではないと考えます。確かに，病院が管理する患者の医療情報は，類型的には，単純な個人情報に比べて，秘匿すべき必要性が高いと考えられますが，例えば，単に患者が骨折しているというだけの情報であれば，それが，誰にも知られたくない種類の価値観に関係する情報とは必ずしもいえないと考えられますから＊10，損害賠償責任との関係では，単純に結論するのではなく，具体的な事情を個別に検討する必要があります。

　また，前掲最判平29・10・23（注（☆1））の差戻控訴審判決（注（☆2））においても，漏えい後の会社側の対応のうち，発覚後直ちに対応を開始し，被害の拡大を防止する手段を講じ，監督官庁に対する報告及びその指示に基づく調査報告を行い，顧客にお詫びの文書を送付するとともに，顧客の選択に応じて金券を配布するなどしていたことが，慰謝料を減額する方向で考慮されたと解されることから，漏えい発覚後に迅速かつ適切な対応を行い，被害者に対しても誠実な対応を行うことは，事後の裁判において，慰謝料を減額する要素として考慮される可能性があります。病院へのサイバー攻撃等による障害発生時の対応の考え方については，厚生労働省が策定した「医療機関におけるサイバーセキュリティ対策チェックリストマニュアル〜医療機関・事業者向け〜」の「Ⅱ3　インシデント発生に備えた対応」，当該項目で示されている医療情報システム安全管理ガイドラインの該当箇所などが参考になります。

〔増田　拓也〕

220　第6章◇IT

■判　例■

- ☆1　最判平29・10・23判タ1442号46頁・判時2351号7頁。
- ☆2　大阪高判令元・11・20判時2448号28頁。
- ☆3　東京地判平19・2・8判タ1262号270頁・判時1964号113頁。
- ☆4　東京高判平19・8・28判タ1264号299頁。

■注　記■

- ＊1　「Ransom（身代金）」と「Software（ソフトウェア）」を組み合わせた造語です。
- ＊2　厚生労働省医政局特定医薬品開発支援・医療情報担当参事官室ほか「医療機関等におけるサイバーセキュリティ対策の強化について（注意喚起）」令和4年11月10日事務連絡。
- ＊3　北朝鮮系のサイバー攻撃グループ「ラザルス・グループ」に対し資産凍結等の措置を実施した例として，外務省・財務省・経済産業省「北朝鮮の核その他の大量破壊兵器及び弾道ミサイル関連計画その他の北朝鮮に関連する国際連合安全保障理事会決議により禁止された活動等に関与する者に対する資産凍結等の措置の対象者の追加について」（令和4年12月2日）参照。
- ＊4　人命に関わる場合について，独立行政法人情報処理推進機構は，「情報セキュリティ10大脅威 2021」（令和3年2月）において，ランサムウェアの「被害を受けた後の対応」として，「例外措置」としたうえで，「推奨はされないが金銭を支払う（暗号化されたファイルが人命に関わる場合等）」と記載していました。ただし，同機構の「情報セキュリティ10大脅威 2022」（令和4年3月）には，当該記載がなく，特定の病院が身代金を支払わずにシステムの再構築を行った事例を紹介したうえで，（「例外措置」ではなく）「例外ケース」として「過去には，組織の事情により，金銭を支払ったケースもあった。」との記載にとどまっており，注意が必要です。
- ＊5　特定非営利活動法人デジタル・フォレンジック研究会らが合同編集した「データ被害時のベンダー選定チェックシート Ver.1.0」では，ランサムウェアの被害に遭い，データ復旧事業者に復旧作業を依頼する前に，データ復旧事業者との間で，身代金の支払をしないことを契約書等により合意していない場合，復旧事業者に勝手に身代金を支払われてしまう可能性を否定できないと指摘されており，身代金の支払をしないと方針を決定した場合には，復旧事業者等による勝手な支払がなされないように留意する必要があります。
- ＊6　同判決は，慰謝料に加えて，被害者1人当たり5000円の弁護士費用を損害として認定しています。
- ＊7　報道によれば約3万7000件の個人情報が漏えいしたとの指摘があります。
- ＊8　同判決の事案では，漏えいの被害者に実害（迷惑メール，ダイレクトメール，いたずら電話等）が生じたことも，相当の重みをもって考慮されたのではないかと考えられます。同判決は，迷惑メール等の実害を主張立証せず，既に漏えいに関し3000円の支払を受けていた被害者について，ほかの被害者と区別して1万7000円の慰謝料を認定しています。
- ＊9　やや特殊な事例ですが，医療法人がクリニックの待合室において他者の面前で患

者の脂肪溶解注射の施術歴を口頭で伝えた行為について慰謝料3万円を認定した裁判例として，東京地判令2・6・24（平成30年（ワ）第9342号・第31855号・第31856号）判例集未登載があります。

*10　ある人が骨折しているという情報自体は，「価値観」と異なり，その人の外見から明らかである場合もあり，この点からも，医療情報だから何万円などという単純な考え方は相当でないと考えられます。

第 7 章

労　　働

34 職員の労働時間管理・副業兼業

　医師や看護師その他医療スタッフの労働時間の管理に関して気をつけるべきことはありますか。
　雇用中の医師が他の医療機関でアルバイト（副業・兼業）をしているのですが，この場合に労働時間管理との関係で気をつけるべき点を教えてください。

　法定労働時間である 8 時間／日，40時間／週を超えて労働させるには，36協定を締結する必要があることに加えて，これを超過した労働時間や法定休日の労働については時間外割増賃金を支払う義務があります。労働時間の上限については，原則として，解説で述べる上限規制の一般則のとおりとなりますが，「医業に従事する医師」については，令和 6 年 3 月末までは上限規制の適用がなく，同年 4 月以降も例外的に，上限規制の特別則が適用されます。
　また，使用者は，安全配慮義務を負いますので，労働時間の把握をする義務もあります。とりわけ，アルバイト（兼業）をしているケースに関しては，労働基準法上，副業・兼業も通算して上限規制が適用されますので，副業・兼業状況を把握したうえで労働時間管理を行う必要があります。

☑キーワード
　36協定，上限規制，医師の働き方改革，副業・兼業

解　説

1　労働時間規制

　医療機関に勤務する医師や看護師その他医療スタッフは，原則として労働基準法上の労働者（労基 9 条）に該当します。
　そのため，医療スタッフがいわゆる管理監督者（労基41条 2 号）に該当しない限り，法定時間外労働（ 8 時間／日，40時間／週）又は休日労働（以下，これらを合わせて「時間外・休日労働」といいます）を行わせようとする場合は，事前に労働基準法36条に基づく労使協定（36協定）を締結したうえで，就業規則等に時間

外・休日労働を行わせることがある旨を規定しておく必要があります。また，時間外労働をさせた場合は所定の割増賃金を支払う必要もあります（Q36参照）。

このような労働時間規制に関しては，平成30年の法改正により，時間外・休日労働についての上限規制（以下「一般則」といいます）が設定されました（労基36条3項〜6項）。具体的な規制は次ページに掲げる表1の「一般則」欄記載のとおりです。

2　医師の特別則

他方，「医業に従事する医師」*1については，医療の特性・医師の特殊性を考慮して令和6年3月末までの間は**1**の上限規制を適用せず，また，同年4月以降は，固有の上限規制の特別則（以下「特別則」といいます）が適用されることになりました（労基141条）。なお，たとえ医師であっても医業に従事していなければ，一般則が適用されることに注意が必要です。

医師の特別則の内容は，次ページ表1の「特別則」欄記載のとおりですが，具体的には，医療機関で患者に対する診療に従事する勤務医（以下「診療従事勤務医」といいます）に原則的に適用される「A水準」，地域医療提供体制の確保の観点から定められた「B水準」及び「連携B水準」，臨床研修や専門研修，高度特定技能の育成の観点から定められた「C-1水準」及び「C-2水準」に分けられます。これらのうちB水準，連携B水準，C-1水準及びC-2水準は，いずれも直近の実績等を考慮のうえ各都道府県によって指定された医療機関のみを対象とした特例となります*2。

(1)　各水準の概要

(a)　A　水　準

A水準は，令和6年4月以降，診療従事勤務医に対して適用される原則的な水準となります。B水準，連携B水準，C-1水準又はC-2水準の指定をいずれも受けていない医療機関に勤務している診療従事勤務医や，たとえ指定を受けていたとしても指定される事由となった業務に従事していない診療従事勤務医には，この原則的な水準であるA水準が適用されることになります。

次ページ表1のとおり，上限規制の「原則」自体は一般則の場合と同様ですが，臨時的な必要がある場合における特別条項の適用には大きな差異があります。まず，特別条項の適用回数に限定が付されていませんし，複数月平均による上限規制もありません。そして，1年当たりの時間外・休日労働時間の上限が960時間と緩和されたうえで，後記(2)(b)の追加的健康確保措置②を実施する

Q34◆職員の労働時間管理・副業兼業　　227

■表1　36協定に基づく時間外・休日労働の上限規制

		原　則 （時間外労働のみ）	臨時的な必要がある場合【特別条項】 （時間外労働＋休日労働）		
			1月当たり	1年当たり	特別条項 適用回数
一般則	診療従事勤務医以外の医療スタッフ ※管理監督者を除く	・45時間以内／月 ・360時間以内／月	100時間未満／月 かつ 直近2〜6か月平均がいずれも80時間以内／月	720時間以内／年	6か月（6回）以内／年
特別則	診療従事勤務医の原則的な水準 （A水準）	・45時間以内／月 ・360時間以内／月	100時間未満／月 ※追加的健康確保措置②の実施により例外的取扱い可 複数月平均による上限なし	960時間以内／年	制限なし
特別則	地域医療確保暫定特例水準 （B水準）	・45時間以内／月 ・360時間以内／月	100時間未満／月 ※追加的健康確保措置②の実施により例外的取扱い可 複数月平均による上限なし	1860時間以内／年	制限なし
特別則	同　上 （連携B水準）	・45時間以内／月 ・360時間以内／月	100時間未満／月 ※追加的健康確保措置②の実施により例外的取扱い可 複数月平均による上限なし	1860時間以内／年 ※個々の医療機関における上限は960時間以内／年	制限なし
特別則	集中的技能向上水準 （C-1，C-2水準）	・45時間以内／月 ・360時間以内／月	100時間未満／月 ※追加的健康確保措置②の実施により例外的取扱い可 複数月平均による上限なし	1860時間以内／年	制限なし

228 第7章◇労　　働

ことによって例外的に，1月当たりの時間外・休日労働時間の上限100時間を
超えて時間外・休日労働を行わせることが認められています。

　⒝　B水準及びC基準

　B水準及び連携B水準は，必要な地域医療が適切に確保されるかという観点
から設定された水準であり，あくまで2035年度末までの暫定的な特例と取り扱
われている点に留意が必要です。他方で，C-1水準及びC-2水準は，2035年
度末以降も対象の医療機関において適用される見込みです。

　B水準，連携B水準，C-1水準及びC-2水準の詳細な内容については，こ
こでは割愛しますので，前ページ表1のほか，厚生労働省が公表した「医師の
働き方改革に関する検討会　報告書」（平成31年3月28日）＊3（以下「検討会報告書」
といいます）及び「中間とりまとめ」（令和2年12月22日）＊4を参照してください。

　⑵　追加的健康確保措置

　上記の各水準の適用を受ける診療従事勤務医に一般則を超えて時間外・休日
労働を行わせる場合には，通常の健康福祉確保措置（労基則17条1項5号）に加
え，以下の追加的健康確保措置を講ずることが要請されています。なお，B水
準・C水準ではすべてが法的義務とされている一方，A水準では努力義務とさ
れているものもあります。

　⒜　追加的健康確保措置①（A水準では努力義務）

　追加的健康確保措置①（A水準では努力義務）は，連続勤務時間制限及び勤務
間インターバルの確保を求めるとともに，急患の対応等やむを得ない事情に
よってこれらが例外的に実施できなかった場合には，疲労回復のための代償休
息を付与するという内容になっています。その概要は次ページ表2のとおりで
あるほか，前記「中間とりまとめ」（注（＊4））を参照してください。

　⒝　追加的健康確保措置②（A水準でも法的義務）

　追加的健康確保措置②（A水準でも法的義務）は，長時間労働による負担や健
康状態は個々人によって異なることをふまえ，面接指導によって個人ごとの健
康状態をチェックし，その結果医師が必要と認める場合には，医療機関の管理
者に就業上の措置を講ずることを求める内容になっています。

　㋐　面接指導　　医療機関の管理者は，1か月に100時間以上の時間外・休
日労働が見込まれる医師（以下「面接指導対象医師」といいます）を抽出したうえ
で，その時間外・休日労働が100時間以上に達する前に，面接指導対象医師に
対し，以下の各事項について確認する必要があります。

　①　前月の休日及び時間外・休日労働時間（副業・兼業も自己申告により通算）

Q34◆職員の労働時間管理・副業兼業 *229*

■表2　追加的健康確保措置①

	追加的健康確保措置①		
	連続勤務時間制限	勤務間インターバル	代償休息
診療従事勤務医の原則的な水準（Ａ水準） ※努力義務（実際に定める36協定の上限時間数が一般則を超えない場合は努力義務なし。改正医療法110条１項）	通常の日勤及び宿日直許可がある宿日直に従事する場合： 始業から24時間以内に９時間の連続した休息時間を確保（15時間の連続勤務時間制限） 宿日直許可がない宿日直に従事する場合： 始業から46時間以内に18時間の連続した休息時間を確保（28時間の連続勤務時間制限） ※宿日直許可のある宿日直中に連続して９時間以上従事する場合は，９時間の連続した休息時間が確保されたものとみなす。この場合に通常の勤務時間と同様の労働が発生した場合には，当該労働時間に相当する時間の休息を事後的に付与する「配慮義務」を負う。 ※勤務間インターバルについては，事前に勤務シフト等で予定されたものであることが原則となる。		予定された９時間又は18時間の連続した休息時間中に長時間の手術や急患の対応等のやむを得ない理由により発生した労働に従事した場合は，従事した労働時間に相当する時間数について，疲労回復に効果的な休息の付与という観点に留意しつつ，以下の方法で休息時間（代償休息）を付与 ・所定労働時間中における時間休の取得 ・勤務間インターバルの延長
地域医療確保暫定特例水準（Ｂ水準，連携Ｂ水準） ※義務			
集中的技能向上水準（Ｃ-１，Ｃ-２水準） ※臨床研修医を除く ※義務			
Ｃ-１水準が適用される臨床研修医 ※義務	原則： 始業から24時間以内に９時間の連続した休息時間を確保（15時間の連続勤務時間制限） やむを得ない理由により上記によることができない場合： 始業から48時間以内に24時間の連続した休息時間を確保（24時間の連続勤務時間制限） ※勤務間インターバルについては，事前に勤務シフト等で予定された時点で確保されている必要がある。		以下の①～③の要件のいずれも満たす場合に限り，例外的に代償休息を付与することで勤務間インターバル中に労働に従事させることが可能となる。 ①臨床研修における必要性から，オンコール又は宿日直許可のある宿日直への従事が必要な場合に限ること ②臨床研修医の募集時に代償休息を付与する形式での研修を実施する旨を明示すること ③代償休息の必要性が生じた診療科の研修期間の末日又は翌月末日のいずれか早い日までの間において，できるだけ早期に代償休息を付与すること

230　第7章◇労　　働

②　直近2週間の1日平均睡眠時間

③　「労働者の疲労蓄積度の自己診断チェックリスト」[5]

④　面接指導の希望

また，管理者は，面接指導の実施を担当する医師（以下「面接指導実施医師」といいます。なお，管理者が自ら面接指導実施医師にはならないよう要請されています）に対し，面接指導の実施にあたり必要な情報を提供しなければなりません[6]。

提供されたかかる情報をベースに，面接指導実施医師は，面接指導対象医師に対し，その勤務の状況等を確認したうえで，必要に応じて睡眠や休息等に関する助言や保健指導を行った後，報告書及び意見書を作成して管理者に報告することになります。

なお，かかる面接指導の実施時期については，時間外・休日労働が1か月当たり100時間以上となる頻度（「低」から「高」までの3段階）ごとに，概要表3のとおり整理されているので，参考にするとよいでしょう[7]。

■表3　面接指導の実施時期

水準	A水準	A・B・連携B・C水準	B・連携B・C水準
時間外・休日労働が100時間以上となる頻度	低い		高い
睡眠及び疲労の状況の事前確認の実施時期	当該月の時間外・休日労働が80時間を超えた後	ある程度の疲労蓄積が想定される時期（当該月の時間外・休日労働が80時間前後となる時期が望ましい）	毎月あらかじめ決めておいた時期に行うことも可能
面接指導の実施時期	事前確認で一定の疲労の蓄積が予想される場合[注]は当該月の時間外・休日労働が100時間に到達する前に実施しなければならない。	※ただし，当該月の時間外・休日労働が100時間に到達する前に実施しなければならない。	※ただし，当該月の時間外・休日労働が100時間に到達する前に実施しなければならない。

注　一定の疲労蓄積が予想される場合とは下記のいずれかに該当した場合である。
①　前月の時間外・休日労働時間数：100時間以上
②　直近2週間の1日平均睡眠時間：6時間未満
③　疲労蓄積度チェック：自覚症状がⅣ又は負担度の点数が4以上
④　面接指導の希望：有

出典：「医師の働き方改革の推進に関する検討会 中間とりまとめ」参考資料18頁

（イ）　就業上の措置　　管理者は，面接指導実施医師から提出された報告書及び意見書をふまえ，医師の健康確保のために必要な就業上の措置を講ずる必要があります。特に，1か月の時間外・休日労働時間が155時間を超えた診療従

事勤務医については，時間外労働の制限等の労働時間を短縮するために必要な措置を遅滞なく講じなければならないとされていることには留意すべきです。

具体的な就業上の措置としては，「検討会報告書」が当直・連続勤務の禁止及び制限，就業内容・場所の変更，時間外労働・就業日数・就業時間の制限，変形労働時間制や裁量労働制の対象からの除外，特定の日数の休暇・休業を例示していますので，まずは，面接指導対象医師の業務内容・状況等を考慮しつつ，これらの措置の実施を検討することになるでしょう。

3　医療機関の労働時間把握義務

使用者である医療機関は，安全配慮義務の一環として，労働者である医療スタッフの労働時間を適正に把握し，その業務の量又は内容を調整するなどして適切に管理する必要があります。長時間労働等によって雇用する医療スタッフが健康を害してしまうと労働災害と認定されるおそれがありますし，医療機関としても，安全配慮義務違反を理由とした債務不履行責任や不法行為責任を問われる危険があります（Q43参照）。

労働時間管理について，従来は，厚生労働省の通達等において使用者の責務と記載されるにとどまっていましたが，働き方改革の過程で，使用者は，法令上，「タイムカードによる記録，パーソナルコンピュータ等の電子計算機の使用時間の記録等の客観的な方法その他の適切な方法」により労働者の労働時間の状況を把握しなければならないと定められました（労安衛66条の8の3，労安衛則52条の7の3）。医療スタッフ，特に医師の労働時間を正確に把握するためには，上記のタイムカード等による客観的な記録に加え，自己研鑽等の労働時間以外の時間区分の確認・記録，医師の自己申告による始業・終業時間の把握，当該自己申告内容と客観的な記録が整合しているかの確認などを通じた柔軟な対応が求められることになります（自己研鑽等の労働時間該当性については，Q35参照）。

4　副業・兼業時間の管理

「労働時間は，事業場を異にする場合においても，労働時間に関する規定の適用については通算する。」と定められており（労基38条1項），これは事業主が異なる場合であっても同様と解釈されています。したがって，前記**1**及び**2**の上限規制を含む労働基準法上の労働時間規制との関係上，副業・兼業先での労働時間を通算して対応する必要があります[8]。すなわち，副業・兼業先で

の労働時間と通算して上限規制を超えた場合にはそれ以上労働させられません
し，割増賃金の支払義務が生じる場合もあります。

　副業・兼業先における労働状況の把握方法については，自己申告等によって
把握すれば足りるとされています。もっとも，例えば，医療機関において副
業・兼業先による医師の過酷な労働状況について認識し，又は容易に認識し得
る状況にあれば，積極的に副業・兼業先での労働時間を把握等していく必要が
あるでしょう。

　医療機関においては，労働時間規制の遵守や安全配慮義務違反のリスクの未
然防止のため，副業・兼業にあたっては事前の許可申請や届出を求めるととも
に，面談等での自己申告によって副業・兼業先を含む勤務の状況を的確に把握
することが必要であり，そして，把握した状況をふまえて，適切に労働時間の
調整等を行うことが重要になります。

〔北村　恵眞〕

■注　記■

＊1　「医業に従事する医師」に，患者への診療を直接の目的とする業務を行わない医
　　　師（産業医，検診センターの医師，裁量労働制が適用される医師等）が含まれない
　　　ことに留意する必要があります（厚生労働省「医師の働き方改革に関するFAQ
　　　（2023年6月7日ver.）」〔https://www.mhlw.go.jp/content/10800000/001129071.
　　　pdf〕Q_A-3）。
＊2　B水準・連携B水準・C-1水準・C-2水準の指定については，「医師の働き方改
　　　革　2024年4月までの手続きガイド（2023年4月発行）」（https://www.mhlw.
　　　go.jp/content/001115352.pdf）を参照してください。
＊3　https://www.mhlw.go.jp/content/10800000/000496522.pdf
＊4　https://www.mhlw.go.jp/content/10800000/000708161.pdf
＊5　「2023年改正版」が厚生労働省のウェブサイトで公開されています（https://
　　　www.mhlw.go.jp/content/001084057.pdf）。
＊6　前掲注（＊4）「中間とりまとめ」参照。
＊7　前掲注（＊4）「中間とりまとめ」参照。
＊8　厚生労働省「副業・兼業の促進に関するガイドライン（令和4年7月8日改定
　　　版）」（https://www.mhlw.go.jp/content/11200000/000962665.pdf）。

35 労働時間該当性（宿日直，自己研鑽，オンコール等）

次の各時間は労働時間に該当しますか。
(1) 医師が宿日直勤務をする時間
(2) 医師が病院内で研鑽をする時間
(3) 医師がオンコール待機をしている時間
(4) 医療スタッフが訪問診療のために移動している時間

(1) 宿日直勤務がいわゆる断続的労働に該当し，かつ，労働基準監督署から許可が得られていれば，労働時間と取り扱わないことが可能です。
(2) 所定労働時間内に病院内等において研鑽を行う場合は，労働時間に該当します。また，所定労働時間外に研鑽を行う場合は，当該研鑽が上司の明示・黙示の指示により行われるのであれば労働時間に該当すると考えられています。
(3) オンコール待機時間中に労働から離れることが保障されているかという観点から，個別具体的に労働時間該当性が判断されます。したがって，病院からの呼出しの頻度が高かったり，極めて短時間で病院に到着することが義務づけられていたり，外出制限等の厳しい行動制限が付されているような場合は，オンコール待機時間が労働時間に該当する可能性が高まると思われます。
(4) 医療スタッフによる自由利用が保障されていない場合，例えば，訪問診療の業務に従事するため，事業場から患者宅への移動に要した時間や，患者宅間の移動時間であって，その時間が通常の移動に要する程度の時間である場合は，労働時間に該当すると思われます。

☑キーワード

労働時間，時間外割増賃金，宿日直，研鑽，オンコール，訪問診療

解 説

1 労働基準法上の労働時間とは

労働時間（労基32条）とは，判例上，「労働者が使用者の指揮命令下に置かれ

234　第7章◇労　　働

ている時間」をいい，この「労働時間に該当するか否かは，労働者の行為が使用者の指揮命令下に置かれたものと評価することができるか否かにより客観的に定まるものであって，労働契約，就業規則，労働協約等の定めのいかんにより決定されるべきものではない」と考えられています☆1。

　以下，医療スタッフの労働時間該当性において実務上問題が生じやすい局面である宿日直勤務，自己研鑽，オンコール待機及び訪問診療について説明します。

2　宿日直勤務

(1)　宿日直勤務と「断続的労働」の許可基準

　宿日直勤務中，医療スタッフは，一般的には病室の定時巡回，検温・検脈等の軽度・短時間の業務を行うことになりますが，これらの業務のために病院内に待機する時間，つまり手待時間が生じます。かかる手待時間については，断続的労働として行政官庁（労働基準監督署）の許可を得ることで，労働時間と取り扱わないことも可能になります（労基41条3号）。

　この点，断続的労働として認められる労働とは，作業自体が本来間欠的に行われ，作業時間が長く継続することなく中断し，しばらくして再び同じような態様の作業が行われ，また中断するというように繰り返されるものをいいます。そして，宿日直勤務についても断続的労働に該当する場合があり，労働基準監督署の許可を条件に労働時間規制の対象から除外することを認めています。

　かかる宿日直勤務の許可基準については通達が具体的に規定しており＊1，医師，看護師等の宿日直勤務許可基準として次に掲げる条件のすべてを満たし，かつ，宿直の場合には夜間に十分な睡眠がとれる必要があります。病院は，この許可基準を遵守しながら宿日直勤務制度を運用する必要がありますが，その詳細については各通達を確認するとよいでしょう。

---

① 宿日直勤務が，通常の勤務時間の拘束から完全に解放された後のものであること
② 宿日直中に従事する業務は，一般の宿日直業務以外には，特殊の措置を必要としない軽度の又は短時間の業務に限ること
③ 上記①，②以外に，一般の宿日直の許可の際の条件を満たしていること

---

(2)　留意事項
(a)　深夜割増賃金の支払の要否

労働基準監督署の許可を得た宿日直勤務であっても深夜労働規制の適用につ

いては除外されませんが，宿直手当に深夜割増賃金（労基37条4項）を含むことを明記するとともに，宿直手当が深夜割増賃金よりも多額であれば，宿直手当とは別に深夜割増賃金を支給する必要はありません。ただし，宿直手当の金額については，事業場において宿直又は日直の勤務に就くことの予定されている同種の労働者に対して支払われる賃金（労働基準法37条の割増賃金の基礎となる賃金に限ります）の1人1日平均額の3分の1を下らないものである必要があります。

(b) 通常業務が発生したときの取扱い

そもそも宿日直勤務は，その許可の条件からも明らかなように，特殊の措置を必要としない軽度又は短時間の業務のみを行うことが前提とされていますが，たとえ宿日直勤務中であっても，突発的な事故による応急患者の診療又は入院，患者の死亡，出産等に対応しなければならない事態が生じ得ます。

このような軽度又は短時間とはいえない業務が生じた場合には，当該業務に従事した時間については労働時間として取り扱い，時間外割増賃金等を支払う必要があります。そのため，たとえ許可を得た宿日直勤務であっても，通常業務に従事した時間については区別して管理する必要があります。

また，宿日直勤務中に通常業務に従事した時間が継続的に発生するような場合は，たとえ労働基準監督署の許可が取り消されていなかったとしても，労働時間規制の対象外である宿日直勤務として取り扱うことができなくなるおそれがあります。このような場合，病院は，宿日直勤務中の手待時間を労働時間として取り扱ったうえで，時間外割増賃金等を支払うとともに労働時間の上限規制に抵触しないよう留意する必要が生じますし，医療法等に基づく施設基準を意識しつつ宿日直勤務制度を維持すべきか検討する必要も出てきます。

3 研 鑽

(1) 研鑽時間の労働時間該当性

研鑽時間の労働時間該当性については，厚生労働省通達＊2がその基本的な考え方を明らかにしています。すなわち，まずは研鑽が所定労働時間内に行われているか，あるいは所定労働時間外に行われているかで区分けしたうえで，医師が所定労働時間内に病院内等において研鑽を行う場合は，当然に労働時間に該当すると考えられています。また，所定労働時間外に研鑽を行う場合は，当該研鑽が上司の明示・黙示の指示により行われるのであれば，たとえ診療等の本来業務との直接の関連性がなかったとしても，労働時間に該当するとされます。

236　第7章◇労　　働

　実際の裁判例においても概ね同様の考え方が示されており，心臓血管内科に
新たに配属された看護師向け，又は院外の救急救命士と合同で実施していた勉
強会等について，所定労働時間外の開催であったものの，上司から発表や講義
等を担当するよう打診や割振りがあり，若手医師にとって講義等の担当を断る
ことが実質的に困難な状況にあったとして，上司から指示されていたと評価で
き，また，勉強会の内容が通常業務との関連性が認められることを理由に，労
働時間に該当すると判断されました[2]。

(2)　留意事項

　病院は，(1)の厚生労働省通達や裁判例を参考に研鑽時間が労働時間に該当す
るか否かを判断する必要がありますが，あらかじめ医療スタッフに対して，ど
のようなケースであれば労働時間と取り扱うべきかをわかりやすく周知してお
くことが重要です。

　また，上司から医師に対して研鑽を推奨又は提案する際は，研鑽が業務指示
かどうかを明示的に伝え，かつ，その伝えた内容を客観的に記録・保存してお
くことが有用です。さらには，逆に，業務指示とは無関係に病院内で所定労働
時間外の研鑽を行いたいのであれば，事前にそのための所定の手続を書面等で
明確化し，日頃から医師に対して当該手続を周知徹底しておくことも重要で
しょう。

4　オンコール待機

(1)　オンコール待機時間の労働時間該当性

　オンコール待機時間は，診療業務に従事はしていませんが呼出しのために一
定の制約を受けることから，どのような場合にオンコール待機時間が労働時間
に該当するか否かが問題となりますが，労働から離れることが保障されている
かという観点から，個別具体的に判断されることになります。つまり，オン
コールの制度設計や実際の運用状況は病院や診療科ごとに様々ですが，一般的
には，病院からの呼出しの頻度がどの程度あるか，呼び出された場合にどの程
度迅速に病院に到着することが義務づけられているか，病院からの呼出しを受
けて診療業務等に従事するためにオンコール待機時間中の生活・活動がどの程
度制限されているか等の事情が総合的に考慮されます[*3]。

　実務上，近隣のホテルや病院が借りたマンション等をオンコール待機の場所
と定め，病院の費用負担で医師に宿泊させるというケースもみられますが，こ
の場合も，待機時間中にどの程度自由な行動が保障されているかという観点に

基づいて，個別具体的な事情を勘案して，労働時間への該当性が判断されることになると思われます。単に病院がオンコール待機のための病院に近い場所を無償で提供しているだけであれば大きな問題はないでしょうが，それを超えて，医師に当該場所に滞在することを求め，外出制限等の厳しい行動制限を付す場合は，オンコール待機時間が労働時間に該当する可能性が高まります。

　この点，宿日直担当医からの呼出しに備えて，それ以外の医師が1名待機することとなっていた「宅直」と呼ばれる制度の待機時間について，争われた裁判例があります。この裁判例では宅直勤務は労働時間に該当しないと判断されましたが，その理由として，「労働者が使用者の指揮命令下に置かれているというためには，その前提として，使用者の労働者に対する業務命令が存在することが必要である。」と判示し，当該病院の内規等に宅直制度の規定がなく，産婦人科医の間で自主的に定められたものである等が認定され，宅直勤務に関する業務命令はなかったと認定されています☆3。もっとも，これはあくまでも内規等がなく自主的な活動であったことを前提とした裁判例となりますので，当該裁判例が存在するからといって，オンコール待機時間は労働時間に該当しないなどという過度な一般化は危険でしょう。

(2)　留意事項

　オンコール待機については，オンコール手当を支払っているケースが多いと思われます。

　仮にオンコール待機時間が労働時間に該当しなければ，病院は，オンコール手当と，実際に呼び出されて診療に従事した時間に関する時間外割増賃金等を支払えば足ります。他方，仮にオンコール待機時間が労働時間に該当するようであれば，オンコール待機時間に関する時間外割増賃金等を支払う必要が生じますし，Q34の労働時間の上限規制に抵触しないよう留意する必要もあります。

5　訪問診療における移動時間の労働時間該当性

　訪問介護労働者の移動時間等に関する通達＊4は，「使用者が，業務に従事するために必要な移動を命じ，当該時間の自由利用が労働者に保障されていないと認められる場合には，労働時間に該当する」としており，かかる考え方は訪問診療にも同様に当てはまると思われます。例えば，訪問診療の業務に従事するため，事業場から患者宅への移動に要した時間や，患者宅間の移動時間であって，その時間が通常の移動に要する程度の時間である場合は労働時間に該当すると思われます。

238　第7章◇労　　働

　なお，労働基準法38条の2は，いわゆる事業場外労働のみなし労働時間制について定めています。ただ，訪問診療の場合，病院から患者宅へ行き，患者宅から病院へ戻る場合が多いと思われますので，事業場外労働のみなし労働時間制が適用できるようなケース，つまり「労働時間を算定し難いとき」に該当するようなケースは限定的と思われます。

〔北村　恵眞〕

===■判　例■===

☆1　最判平12・3・9民集54巻3号801頁。
☆2　長崎地判令元・5・27労判1235号67頁。
☆3　大阪高判平22・11・16労判1026号144頁・労経速2093号3頁。

===■注　記■===

＊1　労働次官「労働基準法の施行に関する件」昭和22年9月13日発基第17号，労働省労働基準局長ほか「労働基準法関係解釈例規について」昭和63年3月14日基発第150号ほか，厚生労働省労働基準局長「医師，看護師等の宿日直許可基準について」令和元年7月1日基発0701第8号。
＊2　厚生労働省労働基準局長「医師の研鑽に係る労働時間に関する考え方について」令和元年7月1日基発0701第9号。
＊3　「医師の働き方改革の推進に関する検討会　中間とりまとめ」参考資料（https://www.mhlw.go.jp/content/10800000/000720676.pdf）41頁。
＊4　厚生労働省労働基準局長「訪問介護労働者の法定労働条件の確保について」平成16年8月27日基発第0827001号，厚生労働省労働基準局監督課長ほか「訪問介護労働者の移動時間等の取扱いについて（周知徹底）」令和3年1月15日基監発0115第1号・老認発0115第2号。

36 医師からの残業代請求

年俸制の医師が，未払残業代があると当院に全員請求してきましたが，認められるのでしょうか。

年俸制を採用している場合でも，医師が法定時間外労働をすれば，医療機関は原則として年俸額とは別に割増賃金を支払う必要があります。割増賃金を支払う必要がないのは，固定残業代制度を導入したうえで実際の法定時間外労働時間が固定残業代が想定する時間外労働時間を超えていない場合や，医師が管理監督者（労基41条2号）に該当する場合等，例外的な場合に限られます。

☑キーワード

残業代，年俸制，固定残業代，管理監督者

解 説

1 年俸制と残業代の関係

(1) 割増賃金の支払

使用者は，労働者に時間外労働・休日労働をさせた場合には，割増賃金を支払う必要があります。

時間外労働に対する割増賃金は，通常の賃金の2割5分以上（月60時間超の時間外労働に対する割増率は5割以上）とされており，休日労働に対する割増賃金は，通常の賃金の3割5分以上とされています。また，深夜労働（22時から翌日5時までの時間帯の労働）に対する割増賃金は，通常の賃金の2割5分以上とされています。そのため，時間外労働が深夜業となった場合には合計5割以上の割増賃金を支払う必要がありますし，休日労働が深夜業となった場合には合計6割以上の割増賃金を支払う必要があります。

(2) 年俸制と残業代の関係

医療機関では，医師の賃金体系において，年俸制を採用している場合が少なくありません。そして，医療機関では，医師に対して割増賃金を支払う必要が

あるという意識が薄く，割増賃金を一切支払わなくてよい制度であるという理解の下で年俸制を採用していることも多いと思われます。

しかし，年俸制それ自体は時間外労働の割増賃金を免れさせる効果はなく，年俸制を採用していても，医師が法定労働時間を超えて働いたのであれば，医療機関は原則として年俸額とは別に割増賃金を支払う必要があります。

もっとも，固定残業代制度を導入している場合や医師が管理監督者に該当する場合等，例外的な場合には，割増賃金を支払わなくてよい場合があります。

2 固定残業代制度

(1) 固定残業代制度とは

割増賃金の支払方法として，毎月の支払賃金額の中に，実際の時間外労働等の有無にかかわらず一定時間時間外労働等をするものとして，あらかじめ定額の割増賃金を支払うという措置がとられる場合があります（固定残業代制度）。

固定残業代制度を導入した場合，実際の時間外労働時間等が固定残業代で想定されている時間外労働時間等以下であれば，別途割増賃金を支払う必要はありません。一方，固定残業代で想定されている時間外労働時間等を超えて時間外労働等をした場合には，超えた分に対し，別途割増賃金を支払う必要があります。

(2) 固定残業代制度が有効となるための要件

判例によれば，固定残業代の支払が有効となるためには，①通常の労働時間の賃金に当たる部分と割増賃金に当たる部分とが判別でき（明確区分性），かつ，②当該支払が時間外労働等の対価として支払われたといえること（対価性）が必要です[1]。

そして，年俸制で固定残業代を導入する場合には，基本給等に割増賃金部分を組み込む方法（いわゆる「組込型」）が多くみられますが，この方法では，上記要件のうち主に①明確区分性が問題となります。

(3) 明確区分性に関する判例

明確区分性について判示した判例のうち，年俸制の医師が勤務先の医療機関に対して割増賃金を請求した近年の判例では，雇用契約において時間外労働等に対する割増賃金を年俸に含める旨の合意がされていたとしても，当該年俸のうち時間外労働等に対する割増賃金に当たる部分が明らかにされておらず，通常の労働時間の賃金に当たる部分と割増賃金に当たる部分とを判別することができない，つまり明確区分性を欠くとして固定残業代制度が無効と判断されて

います☆2。

このように，明確区分性の要件を満たすためには，雇用契約書の規定上，単に年俸額に割増賃金を含む旨を規定するだけでは足りず，「年俸額○○円中，時間外労働，休日労働，深夜労働分の月△△円（年□□円）を含む。」というように，年俸に含まれる割増賃金の合計額を記載する必要があります。他方で，各割増賃金額の内訳（時間外労働分は○○円，休日労働分は○○円，深夜労働分は○○円）の記載の要否については，議論があるものの，雇用契約書に割増賃金額の定めがあれば割増賃金額は確定できるため，時間外・休日・深夜の区別ができなくても，通常の労働時間の賃金と割増賃金との明確区分性に欠けるところはないと解されています*1。

(4) 固定残業代制度が無効とされた場合

固定残業代制度が無効と判断された場合，「固定残業代」で支払済みとしていた時間外労働時間について，割増賃金を支払う必要があります。しかも，その際には，割増賃金の基礎賃金の時間単価に，「固定残業代」としていた部分を含めなければならなくなるので，多額の割増賃金を支払う必要があります。

例えば，ある医師との雇用契約上，年俸2000万円（基本給1600万円・固定残業代400万円〔年間の想定時間外労働時間400時間〕），1年当たりの所定労働時間を2000時間と設定していた場合，医療機関は，当該医師の基礎賃金の時間単価を8000円（1600万円÷2000時間）と考えていたはずです。ところが，固定残業代が無効とされると，基礎賃金は1600万円ではなく2000万円になり，その時間単価は1万円（2000万円÷2000時間）になります。その結果，当該医師が年間の想定時間外労働時間どおりに時間外労働をした場合，割増賃金として400万円ではなく，500万円（基礎賃金の時間単価1万円×割増賃金率1.25×400時間）を支払わなければなりません。つまり，支払済みであるはずの割増賃金を別途500万円も支払わなければならなくなるのです。

さらに，これが訴訟等で争われた場合，裁判所から，付加金の支払を命じられる可能性もあります（労基114条）。付加金とは，労働者の請求により，裁判所が裁量により支払を命じる金銭（最大で未払割増賃金と同額）のことであり，付加金の支払を命じる判決が確定すると，使用者に支払義務が生じます。

このように，固定残業代が無効とされた場合の影響は非常に大きいので，年俸制に組込型の固定残業代を導入している医療機関は，雇用契約書の規定上，明確区分性の要件が満たされているか否かを強く意識する必要があります。

242 第7章◇労　　働

3 管理監督者

(1) 管理監督者とは

　管理監督者とは，労働条件の決定その他労務管理について経営者と一体的な立場にある者をいい，管理監督者に当たる労働者には，労働基準法で定められた労働時間，休日等に関する規制が適用されません（労基41条2号）。そのため，管理監督者に当たる労働者が時間外労働・休日労働をしても，割増賃金を支払う必要はありません。ただし，深夜労働に対する割増賃金は発生しますので，注意が必要です。

　医療機関においても，一定の役職や地位にある医師を対象に，管理監督者と扱い，割増賃金を支払っていない場合があると思われます。しかし，以下に解説するとおり，管理監督者に該当するか否かは，役職名ではなく実態を考慮して厳格に判断されます。

(2) 管理監督者該当性の考慮要素

　下級審裁判例の多くは，管理監督者に該当するか否かの判断にあたって，以下の(a)～(c)の要素を吟味する傾向にあります。

(a)　事業主の経営上の決定に参画し，労務管理上の決定権限を有していること（経営者との一体性）

　　例えば，部下の採用，解雇，人事考課等の人事権限や部下らの勤務割等の決定権限が与えられており，実質的にこれらに関与することが職務内容に含まれていることは，管理監督者性を肯定する方向の要素となる。

(b)　自己の労働時間についての裁量を有していること（労働時間の裁量）

　　例えば，遅刻，早退等をしても賃金が控除されず，人事考課でもマイナス評価など不利益な取扱いや制裁を受けることがない場合や，勤務時間中に病院内に常駐する必要がない等，労働時間に関する裁量が認められていることは，管理監督者性を肯定する方向の要素となる。

(c)　管理監督者にふさわしい賃金等の待遇を得ていること（賃金等の待遇）

　　例えば，年間に支払われた賃金の総額が，当該医療機関において管理監督者とされていない者の賃金総額よりも相当程度高額であることは，管理監督者性を肯定する方向の要素となる。

　このように，一定の役職や地位にある医師であっても，上記(a)～(c)の要素を満たさない場合は管理監督者に該当せず，年俸制を導入していても割増賃金を支払う必要があります。

〔小川　紘一〕

Q36◆医師からの残業代請求　　*243*

■判　例■

☆1　最判平6・6・13裁判集民172号673頁・労判653号12頁，最判平24・3・8裁判集民240号121頁・労判1060号5頁，最判平30・7・19裁判集民259号77頁・労判1186号5頁等。

☆2　最判平29・7・7裁判集民256号31頁・労判1168号49頁。

■注　記■

＊1　佐々木宗啓ほか編著『類型別　労働関係訴訟の実務〔改訂版〕Ⅰ』（青林書院，2023）190頁。

妊娠・出産

女性看護師が妊娠しました。どのようなことに気をつけなければなりませんか。また、男性看護師の妻が出産した場合はどうですか。

妊娠した女性看護師に対しては、産前休業を取得させる必要があります（労基65条1項）。また、産後の女性看護師に対しては、産後休業を取得させる必要があり（同条2項）、要望に応じて、育児休業も取得させる必要があります（育介5条1項・3項・4項）。

妻が出産した男性看護師に対しても、要望に応じて、出生時育児休業（産後パパ育休）・育児休業を取得させる必要があります（育介5条1項・3項・4項・9条の2）。

このほかにも、妊娠・出産した女性看護師から請求があった場合には、時間外労働、休日労働又は深夜業をさせることができなくなる（労基66条2項・3項）等の制度・措置があります。

医療機関は、職員のこれらの制度利用等を理由として、当該職員に不利益な取扱いをしてはいけません。

また、医療機関は、職場における妊娠・出産・育児休業等に関するハラスメントの防止措置を講じる必要があります。

☑ キーワード

産休、育休、産後パパ育休、妊娠・出産・育児休業等を理由とする不利益取扱い、マタハラ

 解　説

1　妊娠・出産に関する制度・措置や育児休業等の制度・措置

労働基準法は妊産婦を保護するための様々な規定を置いています。その代表例が産前産後休業（以下「産休」といいます）であり、使用者は、6週間（多胎妊娠の場合は14週間）以内に出産予定の女性労働者が休業を請求した場合、その者を就業させることができず、産後8週間を経過しない女性労働者を原則として就業させることができません（労基65条1項・2項）。

Q37◆妊娠・出産　　245

　また，育児介護法は，少子高齢化や労働人口縮小傾向という社会情勢を背景に，労働者が仕事と家庭を両立させる（ワーク・ライフ・バランス）ための様々な規定を置いています。その代表例が育児休業（育休）であり，男女労働者は，その養育する１歳未満の子（保育所に入れない場合等は最長２歳まで延長可）について，事業主への申出により育児休業を取得することができます（育介５条１項・３項・４項）。さらに，令和３年の法改正（令和４年４月１日施行）により，男性の育休取得促進のために，男性の育休取得ニーズが高い子の出生直後の時期に，これまでの育休よりも柔軟で休業を取得しやすい枠組みとして，出生時育児休業（産後パパ育休）が新たに設けられました（育介９条の２）。

　育休，産後パパ育休の詳細は，以下のとおりです。

	育　休	産後パパ育休
対象期間・取得可能日数	原則子が１歳（最長２歳）まで	子の出生後８週間以内に４週間まで取得可能
申出期限	原則１か月前まで	原則休業の２週間前まで
分割取得	分割して２回取得可能（取得の際にそれぞれ申出）	分割して２回取得可能（はじめにまとめて申し出ることが必要）
休業中の就業	原則就業不可	労使協定を締結している場合に限り，労働者が合意した範囲で休業中に就業することが可能

　このほか，労働基準法及び育児介護法が規定する，妊娠・出産した女性労働者が利用できる制度・措置や育児中の男女労働者が利用できる制度・措置として，以下のものがあります。

妊娠・出産した女性労働者が利用できる制度・措置	育児中の男女労働者が利用できる制度・措置
妊娠中の軽易な業務への転換（労基65条３項）	子の看護休暇（育介16条の２）
変形労働時間制の適用制限，時間外・休日・深夜労働の禁止（労基66条）	所定外労働の制限（育介16条の８）
育児時間（労基67条）	時間外労働・深夜業の制限（育介17条・19条）
	所定労働時間の短縮措置等（育介23条１項・２項）

246　第7章◇労　　働

2　妊娠・出産・育児休業等を理由とする不利益取扱い

(1)　概　　要

　妊娠・出産・育児休業等を理由とする不利益取扱いは，法律により禁止されています（雇均9条3項，育介10条）。

　以下の表は，厚生労働省のパンフレット＊1（以下「厚生労働省パンフレット」といいます）をもとに，どのような事由を理由としたどのような取扱いが，妊娠・出産・育児休業等を理由とする不利益取扱いに当たるかの概要をまとめたものです（具体的な内容はパンフレットを参照してください）。

男女雇用機会均等法が定める「妊娠・出産等に関する事由」の例

□ 妊娠・出産
□ 産休の請求・取得
□ 母性健康管理措置（妊婦検診等）を求める又は措置を受ける
□ 軽易業務への転換の請求等
□ 妊娠・出産に起因する症状により労務提供ができない，労働能率が低下
□ 育児時間の請求・取得

育児介護法における不利益取扱い禁止の対象となる制度等の例

□ 育児休業	□ 時間外労働の制限
□ 産後パパ育休	□ 深夜業の制限
□ 子の看護休暇	□ 本人・配偶者の妊娠・出産等の申出
□ 所定外労働の制限	

不利益取扱いの例

□ 解雇・雇止め
□ 契約更新回数の引下げ
□ 降　格
□ 減　給
□ 不利益な配置変更
□ 退職や正社員を非正規社員とするような契約内容変更の強要
□ 賞与等における不利益な算定
□ 不利益な自宅待機命令
□ 昇進・昇格の人事考課で不利益な評価を行う
□ 仕事をさせない，もっぱら雑務をさせるなど就業環境を害する行為をする

(2) 不利益取扱いに伴う法的責任

医療機関は，職員に対して(1)の不利益取扱いを行った場合，公法上及び私法上の責任を負う可能性があります。

(a) 公法上の責任

医療機関が不利益取扱いを行った場合，男女雇用機会均等法違反及び育児介護法違反を理由に行政指導等の対象となります（雇均29条，育介56条）。また，是正勧告に従わない場合には，医療機関名が公表される可能性もあります（雇均30条，育介56条の２）。

(b) 私法上の責任等

医療機関が不利益取扱いを行ったことによって，職員に財産的・精神的損害を与えた場合には，不法行為として損害賠償請求の対象となる可能性があります（民709条・710条）。

加えて，男女雇用機会均等法及び育児介護法違反の行為は，無効となる可能性があります。例えば，妊娠・出産を理由とする解雇は男女雇用機会均等法９条３項違反ですが，この条項は強行規定なので，解雇は無効になります。その場合，解雇した職員との雇用関係はこれまでどおり存続することになります。また，当該職員が復職するまでの間の賃金は，原則として，医療機関が支払わなければなりません（民536条２項）。

3　妊娠・出産・育児休業等に関するハラスメント

(1) 概　要

男女雇用機会均等法11条の３及び育児介護法25条は，職場における妊娠・出産・育児休業等に関するハラスメントについて，事業主に防止措置を講じることを義務づけています。職場における妊娠・出産・育児休業等に関するハラスメントとは，「職場」において行われる上司・同僚からの言動（妊娠・出産したこと，育児休業等の利用に関する言動）により，妊娠・出産した「女性労働者」や育児休業等を申出・取得した「男女労働者」の就業環境が害されることをいいます（このようなハラスメントを，以下「マタハラ」といいます）。

ただし，業務分担や安全配慮等の観点から，客観的にみて，業務上の必要性に基づく言動によるものはマタハラに当たりません。厚生労働省パンフレットでは，業務上の必要性に基づく言動とマタハラの違いを紹介していますので，参考にしてください。

(2) マタハラの類型

248　第7章◇労　　働

　マタハラは、①産休・育休等の育児介護法等が対象とする制度・措置の利用に関する言動により就業環境が害されるもの（制度等の利用への嫌がらせ型）と、②女性労働者が妊娠したこと、出産したこと等に関する言動により就業環境が害されるもの（状態への嫌がらせ型）に分類されます。

（a）　制度等の利用への嫌がらせ型

　「制度等の利用への嫌がらせ型」で対象となる制度等は、以下のものをいいます。

男女雇用機会均等法が対象とする 制度又は措置	育児・介護休業法が対象とする 制度又は措置
①産前休業 ②妊娠中及び出産後の健康管理に関する措置（母性健康管理措置） ③軽易な業務への転換 ④変形労働時間制での法定労働時間を超える労働時間の制限、時間外労働及び休日労働の制限並びに深夜業の制限 ⑤育児時間 ⑥坑内業務の就業制限及び危険有害業務の就業制限	①育児休業（産後パパ育休を含む） ②介護休業 ③子の看護休暇 ④介護休暇 ⑤所定外労働の制限 ⑥時間外労働の制限 ⑦深夜業の制限 ⑧育児のための所定労働時間の短縮措置 ⑨始業時刻変更等の措置 ⑩介護のための所定労働時間の短縮等の措置 ※⑧〜⑩は就業規則にて措置が講じられていることが必要です

出典：厚生労働省パンフレット11頁

　㋐労働者がこれらの制度等の利用の請求や申出（以下「請求等」といいます）を上司に相談したこと、実際に請求等をしたこと、制度等を利用したことについて、上司が解雇その他不利益な取扱いを示唆すること、㋑上司・同僚が制度等の利用の請求等又は制度等の利用を阻害すること、㋒上司・同僚が制度等を利用したことにより嫌がらせ等をすることは、いずれも「制度等の利用への嫌がらせ型」のマタハラに当たると考えられています。

　なお、㋐及び㋑の行為者が上司の場合は、1回の行為でもマタハラに当たると考えられています。他方で、㋑の行為者が同僚である場合や㋒の場合は、繰り返し又は継続的に行われるもの（やめてほしいと伝えたのに、やめてくれない場合を含みます）がマタハラに当たると考えられています。

　「制度等の利用への嫌がらせ型」のマタハラの具体例は厚生労働省パンフ

レットで紹介されていますので、そちらを参照してください。

(b) 状態への嫌がらせ型

「状態への嫌がらせ型」のマタハラとは、女性労働者が妊娠したこと、出産したこと等に関する言動により就業環境が害されるものをいいます。

具体的には、女性労働者が妊娠・出産等したことにより、㋐上司がその女性労働者に対し、解雇その他の不利益な取扱いを示唆することや、㋑上司・同僚がその女性労働者に対し、繰り返し又は継続的に嫌がらせ等をすることがこれに当たると考えられています。

なお、㋐は1回でもマタハラに当たると考えられていますが、㋑は繰り返し又は継続的に行われるもの（やめてほしいと伝えたのに、やめてくれない場合を含みます）がマタハラに当たると考えられています。また、マタハラに当たるのは、客観的にみて、一般的な女性労働者であれば、就業するうえで看過できない程度の支障が生じるようなものを指すと考えられています。

「状態への嫌がらせ型」のマタハラの具体例も厚生労働省パンフレットで紹介されていますので、そちらを参照してください。

(3) マタハラ防止措置

医療機関はマタハラの防止措置を講じなければなりません（雇均11条の3、育介25条）。防止措置を講じないままマタハラが発生した場合、医療機関は、ハラスメントを受けた労働者から、安全配慮義務違反や使用者責任を問われ、直接損害賠償責任を負う可能性があります。

厚生労働省の指針[2]は、マタハラを事前に防止するために事業主が講じるべき具体的な措置を定めていますが、その多くはパワハラ・セクハラに関する防止措置と同様ですので、本項目では割愛します（パワハラ対策として事業主が講ずべき措置については、Q39参照）。

なお、上記の指針は、マタハラ対策に特有の措置として、マタハラの原因や背景となる要因を解消するため、業務体制の整備など、事業主や妊娠等した労働者その他の労働者の実情に応じ、必要な措置をとることを求めています。具体的には、妊娠等した労働者の周囲の労働者への業務の偏りを軽減するよう、適切に業務分担の見直しを行うこと等が挙げられます。

〔小川 紘一〕

■注 記■

*1 厚生労働省都道府県労働局雇用環境・均等部（室）「職場における・パワーハラ

スメント対策・セクシュアルハラスメント対策・妊娠・出産・育児休業等に関する
ハラスメント対策は事業主の義務です！（令和 5 年11月作成）」（https://www.
mhlw.go.jp/content/11900000/001019259.pdf）。

＊2 「事業主が職場における妊娠，出産等に関する言動に起因する問題に関して雇用
管理上講ずべき措置等についての指針」平成28年 8 月 2 日厚生労働省告示第312号。

38　非正規職員の待遇格差

　当院の看護師には正規職員と有期雇用職員がおり，正規職員の方が基本給が高く，多くの手当も支給されています。有期雇用職員から，同じ仕事をしているのだから給与が違うのはおかしいといわれましたが，どうでしょうか。

A　基本給・賞与等の待遇のそれぞれについて，正規職員と有期雇用職員等との間で，不合理と認められる相違を設けることはできません。この不合理か否かの判断にあたっては，①職務の内容，②職務の内容及び配置の変更の範囲，③その他の事情が考慮され，不合理と判断される違いがある手当等については，通常，有期雇用職員等についても正規職員と同様に給付することを検討すべきことになります。なお，実務上の対応にあたっては，厚生労働省のガイドラインやマニュアル等が参考になります。

☑キーワード

正規職員，有期雇用職員，パート職員，同一労働同一賃金ガイドライン

――― 解　説 ―――

1　「同一労働同一賃金」に関する法律等

(1) 短時間有期労働者法

　設問の看護師の主張は，「同一労働同一賃金」と呼ばれる考え方に拠ったものです。「同一労働同一賃金」の導入は，同一企業・団体におけるいわゆる正規職員とパート職員・有期雇用職員（以下「有期雇用職員等」といいます）との間の不合理な待遇差の解消を目指すもので，その基本となる考え方は，短時間有期労働者法 8 条及び 9 条に示されています。

　このうち，同法 9 条は，事業主は，①職務内容（業務の内容及びその責任の程度）と②職務内容・配置の変更の範囲が同じ場合，有期雇用職員等であることを理由として，基本給・賞与その他の待遇のそれぞれについて，差別的取扱いをしてはならないことを規定しています。

252　第7章◇労　　働

　もっとも，実際に，正規職員と有期雇用職員等について，①職務内容と②職務内容・配置の変更の範囲が同じであるといえることはあまりありません。そのため，正規職員と有期雇用職員等の待遇の相違が実務上問題になるのは，ほとんどの場合，同法8条に違反していないかどうかという点です。同条は，事業主は，基本給・賞与その他の待遇のそれぞれについて，その待遇の性質・目的に照らして適切と認められる事情を考慮して，不合理[*1]と認められる相違を設けてはならないと規定しています。そして，不合理か否かの判断にあたっては，①職務内容，②職務内容・配置の変更の範囲，③その他の事情が考慮されます（③その他の事情としては，①や②に関連する事情に限定されません）。想定される事情としては，例えば，職務の成果，能力，経験，合理的な労使の慣行，事業主と労働組合との間の交渉といった労使交渉の経緯などの諸事情があります[*2]。

(2)　同一労働同一賃金ガイドライン

　不合理か否かの判断の基準を示すものとして，厚生労働省は，いわゆる「同一労働同一賃金ガイドライン」[*3]を定めています。このガイドラインは，その考え方に反したとしても「不合理と認められる等の可能性がある」にとどまり，裁判所の判断を拘束するものではありませんが，実務上参考となるものです。

　このガイドラインによれば，例えば，基本給については，どのような性質・形態の賃金制度（職能給，勤続給など）にするかは基本的に労使の決定に委ねたうえ，それぞれの形態の中で正規職員と有期雇用職員等の間の均衡を図ることが求められます。また，賞与については，例えば，業績等への貢献に応じて支給する性質の場合，有期雇用職員等に対しても，業績等への貢献に応じた支給をすることが求められます。

2　実務上の対応

　以上をふまえた実務上の対応としては，それぞれの待遇（賃金に限らず，教育訓練・福利厚生などの待遇全般に及びます）について，その支給状況や違いの理由等について整理し，違いが不合理と判断される場合には，その是正を行うべきこととになります（これらの違いの内容等については，有期雇用職員等から説明を求められた場合には，説明する義務が生じます〔短時有期14条2項〕）。違いが不合理かどうか，については，近時，多数の裁判例が出ていますので，参考にしてください[*4]。なお，具体的な手順については，厚生労働省の「パートタイム・有期雇用労働

法対応のための取組手順書」*5・「不合理な待遇差解消のための点検・検討マニュアル」*6が参考になります。

本項目では，便宜上，賃金を例として解説します。

(1) 手当等の状況の確認

まず，正規職員及び有期雇用職員等の給与明細書の欄を確認し，会社が支給している給与，賞与，手当を列挙するとともに，それぞれの支給目的や違いを整理します。

(2) 違いが不合理か否かの点検・検討

そして，支給状況に違いがある場合，個々の賃金の性質・目的を明確化・言語化します。例えば，通勤手当の性質・目的は，通常，「通勤に要する費用を補塡するため」などとなるでしょう。

不合理か否かの判断にあたっては，前記**1**(1)のとおり，①職務内容，②職務内容・配置の変更の範囲，③その他の事情が考慮されます。

違いが，この①〜③のいずれにも関係しない賃金については，違いは不合理と判断されることになるでしょう。例えば，通勤手当については，通勤手段・通勤距離が同じ場合，通常，①〜③のいずれとも関係しない以上，正規職員と有期雇用職員等との間に違いがあれば，その違いは不合理と判断されることが多いでしょう。また，時間外手当の割増率，精皆勤手当等についても，正規職員と有期雇用職員等との間の違いは，①〜③のいずれとも関連せず，その違いは不合理と判断されることが多いでしょう。

これに対して，基本給については，正規職員と有期雇用職員等との間で異なる賃金制度を設けているケースでは，①と②が異なるといえる場合には，違いの不合理性は否定される傾向にあります。

(3) 違いが不合理であると判断される場合の対応

違いが不合理と判断せざるを得ない賃金については，通常，有期雇用職員等についても，正規職員と同様に給付することを検討すべきでしょう。正規職員の条件引下げにより対応することも考えられますが，この場合には，労働条件の不利益変更（労契9条・10条）の問題が生じます。

なお，不合理な違いがあるのに適切に対応しない場合には，労働基準監督署から指導等を受けたり，有期雇用職員等から不法行為に基づく損害賠償請求を受けたりするなどのリスクがあります。

〔川上　善行〕

254　第7章◇労　　働

■注　記■

* ＊1　正規職員よりも有期雇用職員等に有利な賃金の支給が行われている場合には，ここでの「不合理」とはいえないと解されています。
* ＊2　厚生労働省労働基準局長ほか「短時間労働者及び有期雇用労働者の雇用管理の改善等に関する法律の施行について」平成31年1月30日基発0130第1号・職発0130第6号・雇均発0130第1号・開発0130第1号（最終改正：令和5年10月12日）第3・3⑸。
* ＊3　正式名称は「短時間・有期雇用労働者及び派遣労働者に対する不合理な待遇の禁止等に関する指針」（平成30年12月28日厚生労働省告示第430号）。
* ＊4　改正前労働契約法20条に関する裁判例も含め，例えば，ハマキョウレックス事件判決（最判平30・6・1民集72巻2号88頁：住宅手当等の相違が争点），長澤運輸事件判決（最判平30・6・1民集72巻2号202頁：基本給等の相違が争点），大阪医科薬科大学（旧大阪医科大学）事件判決（最判令2・10・13裁判集民264号63頁・労判1229号77頁：賞与等の相違が争点），メトロコマース事件判決（最判令2・10・13民集74巻7号1901頁：退職金の相違が争点），日本郵便（東京）事件（最判令2・10・15裁判集民264号125頁・労判1229号58頁：病気休暇等の相違が争点），日本郵便（東京・大阪・佐賀）事件（最判令2・10・15裁判集民264号95頁・労判1229号5頁等：夏期冬期休暇・扶養手当等の相違が争点）。
* ＊5　https://www.mhlw.go.jp/content/001133577.pdf
* ＊6　https://www.mhlw.go.jp/stf/newpage_03984.html

39 パワハラ・セクハラ

当院診療部長が高圧的な態度をとっており部下の勤務医やコメディカルが萎縮しているという話が聞こえてきました。どう対応したらよいですか。

A
　まず，診療部長がどのような行為をしているか，それがパワーハラスメント（以下「パワハラ」といいます）に当たるか，など，事実調査をします。調査事実確認の結果，パワハラが確認できた場合は，被害者に対する配慮のための措置及び行為者に対する適切な措置を必ず講じなければなりません。
　ハラスメント問題に対しては，事業主に対し，必要な体制整備その他の雇用管理上必要な措置を講じる義務が課せられています。具体的には，院長や各管理職が「ハラスメントは許さない」というメッセージを日頃から繰り返し，ハラスメント禁止規定を定めたうえで，相談に対応する担当者を定めたり，相談対応の留意点のマニュアルを作成したりするなどして相談窓口を整備し，その存在を周知する必要があります。

☑キーワード

パワハラ，セクハラ，労働施策総合推進法

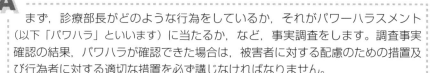

1　医療機関におけるパワハラ対応の必要性

(1) 医療機関という職場の特殊性

　医療機関は，一般企業のオフィスと異なり，患者の生命・身体の危険と隣り合わせで，極めて緊張感の高い職場です。加えて，同じ医師間，看護師間でも目に見えない力関係があり，医師を頂点とするピラミッド構造という独特の秩序があります。ここに，不規則・長時間労働が多いことや，閉鎖的な職場環境であることも重なり，独特の慣習や風土が生まれやすく，ハラスメントが起きやすい職場であるといえます。

(2) 改正労働施策総合推進法（いわゆるパワハラ防止法）の全面施行

　令和元年に改正されパワハラ措置義務を定めた労働施策総合推進法が令和4

256　第7章◇労　　働

年4月1日から全面施行となり，すべての事業主に対し，パワハラ防止措置を講じることが義務化されました。これによって，医療機関においても，上記の特殊性を意識しつつ，パワハラ防止体制の構築・運用を進めることが急務となりました。

2　パワハラとは

(1)　職場におけるパワハラの定義

　職場におけるパワハラとは，職場において行われる①優越的な関係を背景とした言動であって，②業務上必要かつ相当な範囲を超えたものにより，③労働者の就業環境が害されるものであり，①〜③の3つの要素をすべて満たすものをいいます（労働施策推進30条の2第1項）[*1]。

　なお，実質上職務の延長と考えられるものは，勉強会への道中や懇親会の場であっても「職場」に該当することがあります。

(a)　「職場における優越的な関係を背景とした」言動

　業務を遂行するにあたって，当該言動を受ける労働者が行為者に対して抵抗や拒絶することができない蓋然性が高い関係を背景として行われる言動を指します。職務上の地位が上位の者による言動がその典型例ですが，「同僚又は部下からの集団による行為で，これに抵抗又は拒絶することが困難であるもの」という，いわゆる「逆パワハラ」もこれに該当します。

(b)　「業務上必要かつ相当な範囲を超えた」言動

　社会通念に照らし，明らかに業務上必要性がない，又はその態様が相当でない言動を指します。例えば，業務上明らかに必要性のない言動（いじめ・嫌がらせ目的の言動など）や業務を遂行するための手段として不適当な言動（大勢の前で叱責するなど）等がこれに該当します。一方，客観的にみて業務上必要かつ相当な範囲で行われる適正な業務指示や指導はこれに該当せず，パワハラではありません[*2]。

　また，その判断にあたっては，当該言動の目的，当該言動を受けた労働者の問題行動の有無や内容・程度を含む当該言動が行われた経緯や状況，業種・業態，業務の内容・性質，当該言動の態様・頻度・継続性，労働者の属性（経験年数や年齢，障害の有無，外国人か否か）や心身の状況（精神的又は身体的な状況や疾患の有無），行為者の関係性等の事情を総合的に考慮します。

(c)　「労働者の就業環境が害される」

　当該言動により，労働者が身体的又は精神的に苦痛を与えられ，就業環境が

不快なものとなったために能力の発揮に重大な悪影響が生じる等の当該労働者が就業するうえで看過できない程度の支障が生じることを指します。

誤解されがちなところですが，ある労働者が「自分はパワハラの被害に遭った」と感じても，それで直ちにパワハラと認められるわけではありません。あくまで「平均的な労働者の感じ方」，すなわち「同様の状況で当該言動を受けた場合に，社会一般の労働者が，就業するうえで看過できない程度の支障が生じたと感じるような言動であるかどうか」が基準となります。

(2) パワハラの類型

パワハラは，①身体的な攻撃（暴行・傷害），②精神的な攻撃（脅迫・名誉棄損・侮辱・ひどい暴言），③人間関係からの切離し（隔離・仲間外し・無視），④過大な要求（業務上明らかに不要なことや遂行不可能なことの強制・仕事の妨害），⑤過小な要求（業務上の合理性なく能力や経験とかけ離れた程度の低い仕事を命じることや仕事を与えないこと），⑥個の侵害（私的なことに過度に立ち入ること）の各類型に分類されるとされています。各類型の具体的な内容は，厚生労働省パンフレットを参照してください[3]。

なお，個別の事案の具体的な状況次第で判断が異なることもあり得ますので，パワハラに該当するか微妙なものも含め，広く相談に対応する必要があります。

3 パワハラ対策のための取組み

(1) 講じなければならない措置

■で説明したとおり，令和4年4月1日からすべての事業主に対して，パワハラ防止措置（次ページの①〜⑩の措置）を講じることが義務化されました。医療機関も，この措置を必ず講じなければなりません。この措置を講じないままパワハラが発生した場合，安全配慮義務違反や使用者責任を問われ，事業者が直接損害賠償責任を負うことがあります。その意味でも，職場におけるパワハラを加害者・被害者だけの問題と捉えるのではなく，事業者自身の問題と捉えて主体的に取り組む必要があります。

次ページに厚生労働省のパンフレットの記載を要約したものを掲示しますが，それぞれの詳細な取組み例についてはパンフレットを参照してください[4]。

《事業キの方針の明確化及びその周知・啓発》	
①パワハラの内容とパワハラを行ってはならない旨の方針を明確化し，管理監督者を含む労働者に周知・啓発する。	例：院長，管理職からのメッセージを発信する，研修を実施する。
②パワハラの行為者については厳正に対処する旨の方針・対処の内容を就業規則等に規定し，管理監督者を含む労働者に周知・啓発する。	（管理職向けと一般職員向けで分けて行う）
《相談に応じ，適切に対応するために必要な体制の整備》	
③相談窓口をあらかじめ定め，労働者に周知する。	例：相談に対応する担当者を定める，外部機関に相談対応を委託する，電話・メールでも相談に乗る。
④相談窓口の担当者が，相談内容や状況に応じ適切に対応できるようにするとともに，パワハラ発生のおそれがある場合や，パワハラに該当するか否か微妙な場合であっても，広く相談に対応する。	例：あらかじめ作成した留意点などを記載したマニュアルに基づき対応する，相談窓口担当者に対し相談対応研修を行う。
《事後の迅速かつ適切な対応》	
⑤事案に係る事実関係を迅速かつ正確に確認する。	例：相談者の了解を得たうえで第三者からも事情聴取する。
⑥パワハラが生じた事実が確認できた場合には，速やかに被害者に対する配慮のための措置を適正に行う。	例：被害者と行為者の間の関係改善に向けての援助，行為者の配置転換，行為者の謝罪，被害者の労働条件上の不利益の回復。
⑦パワハラが生じた事実が確認できた場合には，行為者に対する措置を適正に行う。	例：懲戒処分，行為者の配置転換。
⑧再発防止に向けた措置として，パワハラに関する方針を改めて周知・啓発する（パワハラが生じた事実が確認できなかった場合でも）。	例：院長，管理職から改めてメッセージを発する，改めて研修を実施する。
《併せて講ずべき措置》	
⑨相談者・行為者等のプライバシーを保護するために必要な措置を講ずるとともに，その旨を労働者に対して周知する。	例：あらかじめ作成した留意点などを記載したマニュアルに基づき対応する，相談窓口担当者に対し相談対応研修を行う。
⑩相談したこと，事実関係の確認に協力したこと等を理由として，解雇その他不利益な取扱いをされない旨を定め，労働者に周知・啓発する。	例：パワハラの相談等を理由として相談者が不利益な取扱いをされない旨を就業規則に定めたり，社内報等の資料に記載する。

医療機関の特殊性から特に検討を要するのは，①②と⑤⑦⑩です。

①②について，パワハラ防止のために最も重要なのはトップのメッセージです。しかし，医療機関は各人の職務ごとに指揮系統が異なり，一般企業と比べてトップのメッセージが届きにくく，医療機関の規模によっては，院長がせっかくパワハラ禁止のメッセージを発しても各職員に必ずしも十分に伝わらない可能性があります。そこで，院長のみならず，管理職の地位にある医師や看護師等の幹部職員からも，同様のメッセージを繰り返し発信することが必要です。

管理職から適切なメッセージを発信してもらうためには，一般職員とは別に管理職向けの研修を行うことが効果的です。管理職向けの研修では，パワハラ概念を正しく捉え，適正な指導と違法と目される言動との違いをよく理解して適正な指導に努めてもらうようにするとともに，自身の部門でパワハラが起こらないように日頃から労働者間のコミュニケーションを促すこと等を特に伝えます。

⑤⑦⑩について，医療機関においては，職務遂行能力や人員数の観点から，替えの効かない職員が存在しますが，こうした職員がパワハラを行った場合に，配置転換・懲戒処分することが事実上困難な場合があります。しかし，だからといって，パワハラの相談があった際に，あえて適切な事実確認を行わずにパワハラを不問に付したり，ましてや相談者を冷遇するようなことがあってはいけません。そうした対応は，職場の士気を低下させ，職員の離反や退職を招く原因となりかねません。また，こうした事業運営上の不都合を生じさせないためにも，日頃のトップのメッセージを通じた，替えの効かない職員への周知・啓発が重要になります。

(2) 事業主の責務・望ましい取組み

労働施策総合推進法は，事業者が職場におけるパワハラを行ってはならないことその他職場におけるパワハラに起因する問題に対する労働者の関心と理解を深めるなどの責務を定めています（労働施策推進30条の3第2項・3項）。これは努力義務であり，講じていないからといって直ちに違法になるわけではありませんが，訴訟等になった際に事業主に不利に働くおそれがあります。

また，患者やその家族，取引先等からの著しい迷惑行為（暴行，脅迫，暴言，著しく不当な要求等）があった場合の相談先をあらかじめ設定し周知することや，当該迷惑行為に1人で対応させないようにするといった取組みを行うことが望ましいとされています。

260　第7章◇労　　働

これらの詳細については厚生労働省パンフレットを参照してください[5]。

4　セクハラ

医療機関は女性職員が多く働いており，セクシュアルハラスメント（以下「セクハラ」といいます）対応も重要です。

(1)　セクハラの定義・内容

職場におけるセクハラとは，職場において行われる性的な言動に対するその雇用する労働者の対応により当該労働者がその労働条件につき不利益を受け，又は当該性的な言動により当該労働者の就業環境が害されることをいいます（雇均11条1項）[6]。

「性的な言動」とは，性的な内容の発言（執拗な食事の誘い等も含みます）及び性的な行動（必要なく身体へ接触すること等）を指します。上司，同僚に限らず，取引先，患者又はその家族も当該言動を行う者に該当し得ます。

職場におけるセクハラは，大きく，対価型セクハラと環境型セクハラに分けられます。対価型セクハラとは，労働者の意に反する性的な言動に対する労働者の対応（拒否や抵抗）により，当該労働者が解雇，降格，減給等の不利益を受けることをいいます。院内において日頃から性的な事柄について公然と発言していたが，抗議されたため，抗議した職員を降格することなどがその典型例です。また，環境型セクハラとは，労働者の意に反する性的な言動により当該労働者の就業環境が害されることをいいます。同僚が院内において性的な内容の情報を意図的かつ継続的に流布したため，情報を流布された労働者が苦痛に感じて仕事が手につかないことなどがその典型例です。

(2)　セクハラに該当するか否かの判断において留意すべき点

2(1)で述べたのと同様に，ある労働者が「セクハラの被害に遭った」と感じても，それで直ちにセクハラと認められるわけではありません。被害を受けた労働者が女性である場合には「平均的な女性労働者の感じ方」，男性である場合には「平均的な男性労働者の感じ方」が基準となります。

また，意に反する身体的接触によって強い精神的苦痛を被ったという場合には，1回の行為でもセクハラに該当する可能性があります。言動の性質上，セクハラに該当するためには言動の継続性又は繰返しが必要となるものであっても，被害を受けた労働者が明確に抗議しているにもかかわらず放置された状態又は心身に重大な影響を受けていることが明らかな場合には，セクハラに該当すると判断することも可能です[7]。

(3) セクハラ対策のための取組み

　事業者は，セクハラ対策においても，**3**(1)で述べたものと同様の措置を講じなければならず，**3**(2)で述べたものと同様の責務を負っています[8]。ここでも，セクハラを許さないとのトップのメッセージが最重要であり，セクハラ相談には迅速かつ適切に対応することが必要です。詳細については厚生労働省パンフレットを参照してください[9]。

〔五井　恕〕

■注　記■

[1]　厚生労働省「職場におけるパワーハラスメント対策が事業主の義務になりました！～～セクシュアルハラスメント対策や妊娠・出産・育児休業等に関するハラスメント対策とともに対応をお願いします～～」(https://www.mhlw.go.jp/content/11900000/000611025.pdf)　2頁。

[2]　前掲注（[1]）3頁。

[3]　前掲注（[1]）4頁。

[4]　前掲注（[1]）20頁～29頁。

[5]　前掲注（[1]）33頁。

[6]　「事業主が職場における性的な言動に起因する問題に関して雇用管理上講ずべき措置等についての指針」平成18年厚生労働省告示第615号（最終改正：令和2年1月15日）。

[7]　前掲注（[1]）8頁。

[8]　前掲注（[1]）19頁以下。

[9]　前掲注（[1]）20頁～29頁。

●参考文献●

(1)　「事業主が職場における優越的な関係を背景とした言動に起因する問題に関して雇用管理上講ずべき措置等についての指針」令和2年1月15日厚生労働省告示第5号。

(2)　厚生労働省雇用環境・均等局長「労働施策の総合的な推進並びに労働者の雇用の安定及び職業生活の充実等に関する法律第8章の規定等の運用について」令和2年2月10日雇均発0210第1号。

(3)　厚生労働省「事業主の皆さまへ　NOパワハラ」(https://www.mhlw.go.jp/file/06-Seisakujouhou-11900000-Koyoukintoujidoukateikyoku/0000189292.pdf)。

40 能力不足を理由とする解雇

能力が極めて低く，ミスばかりするスタッフがいます。解雇は可能ですか。

解雇に至る前にまず注意・指導等を丁寧に行い，さらに配転などを実施し，それでも著しい能力不足が改善しないという状況になってはじめて普通解雇が可能です。ただし，医師や看護師など高度な専門性を有する職種の場合には，その職種に期待された能力が明らかに不足しているのであれば，普通解雇が可能です。

 キーワード

解雇権濫用，能力不足，新卒採用者，中途採用者，専門職

解　説

1　解雇権濫用法理

通常の就業規則では，普通解雇に関する条項において，能力不足や勤務不良を解雇事由の一つとして定めています。しかしながら，解雇事由に該当するからといって，普通解雇が当然に有効とはなりません。

労働契約法16条は，「解雇は，客観的に合理的な理由を欠き，社会通念上相当であると認められない場合は，その権利を濫用したものとして，無効とする。」としています（同条の定める内容を「解雇権濫用法理」といいます）。したがって，普通解雇が有効となるには，就業規則に定める解雇事由に該当するというだけでは足りず，その普通解雇が「客観的に合理的な理由を欠き，社会通念上相当であると認められない場合」に当たらないことが必要となります。

2　能力不足を理由とする普通解雇

(1) 普通解雇の有効性の判断基準

事務職等のスタッフは，一般的に業務内容が特定されているわけではなく，職場におけるオン・ザ・ジョブ・トレーニング（OJT）を含む教育や様々な職

務経験を通じて自らの職務能力全般を向上させていくことが予定されています。また，日本の雇用の大きな特徴といわれる長期雇用システムにおいては，長期間（定年まで）勤務を続けていくことが想定されているため，定年に至る前での解雇は労働者にとって非常に不利益が大きいともいわれています。

そのため，事務職等のスタッフに対する普通解雇が有効か否かが争われる裁判においては，裁判所は普通解雇が有効であると容易に認めることはなく，かなり厳格な判断を示す傾向にあります。具体的には，①単なる職務上の能力不足があるというだけでは足りず，その能力不足の程度が著しいことが必要です。また，②医療機関として改善のために注意・指導を含む様々な取組みをしたにもかかわらず，一向に改善の見込みがないことも必要といえます。

(2) 能力不足の程度が著しいことについて

能力不足の程度が著しいか否かは，当該スタッフの問題行動がどのようなものか，どれくらいの頻度で生じているのか，医療機関の経営・運営にどの程度の支障が生じているのか等の観点をふまえて総合的に判断されます。

能力不足の程度に関連して，実務上よく問題となるのは，人事評価が低いことが能力不足の程度が著しいことを示す根拠となるか否かです。結論として，人事評価が低いことは能力不足の一応の根拠にはなるものの，それだけで能力不足の程度が著しいことの立証が可能とはいえません。なぜなら，人事評価はあくまで相対評価であって，他の従業員と比較した結果にすぎない一方，普通解雇に必要な能力不足はその程度が著しいか否かという絶対評価にほかならないからです。むしろ人事評価について気をつけないといけないのは，普通解雇を検討しているスタッフの人事評価がさほど悪くないというケースです。能力が著しく不足しているという実態があるにもかかわらず，人事評価が厳格に行われておらず，標準程度や標準より若干悪い程度にとどまっている例も決して珍しくはありません。この場合，人事評価がさほど悪くないことをもって能力不足の程度が著しくはないと評価され，普通解雇が無効と判断されてしまうこともあるため，注意が必要です。

(3) 是正のための注意・指導等について

普通解雇をするためには，能力不足の程度が著しいだけではなく，是正のために注意・指導を含む様々な取組みをしたこと，それにもかかわらず改善の見込みがないことも必要となります。

設問では「ミスばかりするスタッフ」を解雇したいとのことですが，医療機関としてミスが頻発している状況を認識しているのであれば，ミスが発生する

たびに上司から注意・指導を重ねておくことが必要です。また，この注意・指導はミスに対する単なる指摘にとどまるものではなく，そのミスの原因や改善策・予防策などもふまえた具体的な注意・指導でなければなりません。加えて，このような具体的な注意・指導をしたにもかかわらず，いまだミスが頻発してしまうのであれば，ミスの原因が職場環境にあることも考えられますので，注意・指導を重ねるだけではなく，是正のための取組みの一つとして配転を実施することによって職場環境を変えることも必要です。このように職場環境を変えてもミスが頻発するのであれば，ミスの原因は職場環境ではなく当該スタッフにあると評価することが可能となります。なお，最近では，能力不足のスタッフに対して，業務改善プログラム（PIP）を設けることもあります。これは，上司などと協議して一定期間での目標やとるべき行動を決定し，日々その進捗を確認しながら当該スタッフの能力不足改善につなげていくというもので，注意・指導の方法の一つとして参考になります。

　是正のための注意・指導について重要なことは，注意・指導の対象であるミスや注意・指導の内容を記録化することです。具体的には，ミスの内容や注意・指導の内容をできる限り特定したうえ，書面やメールの形式にして当該スタッフに示しておくことが必要です。こうすることによって，当該スタッフはいかなるミスについてどのような注意・指導を受けているのかを明確に認識できるという点で教育的な効果が期待できるとともに，仮に裁判となった際には，当該スタッフに数々のミスがあったこと，ミスに対して再三の注意・指導をしたものの改善されなかったこと等を立証することが容易となります。このような記録化が十分になされていない場合，裁判において当該スタッフが能力不足であることや繰り返し注意・指導をしたものの改善の見込みがないことを立証しようとしても，その客観的な証拠がないために立証することが難しく，普通解雇が無効と判断されるおそれがあります。

⑷　経験者として中途採用した事務職について

　事務職には新卒採用者だけでなく中途採用者もいます。中途採用者には，医療機関での勤務経験がなく医療機関側としても特に何らかの経験やスキルを有していることを期待して採用したわけではない人もいれば，他の医療機関での勤務経験やスキルを有していることから即戦力として採用した人（例えば，前職の経験を買われて総務部長として中途採用された事務職など）もいます。

　後者については，求められる能力が新卒採用者とは異なり，当初から相応の能力が備わっていることが労働契約上も想定されているといえ，OJTを通じた

Q40◆能力不足を理由とする解雇　　265

教育・指導も通常は想定されていません。したがって，能力不足を理由として普通解雇する場合に(3)に記載したような様々な取組みがすべて要求されるものではなく，ケースバイケースで必要な取組みを実施すれば足りると考えられます。ただ，解雇の可否の検討にあたっては，労働契約締結に際しその中途採用者にどのような経験やスキルが期待されていたのか，期待された経験やスキルに照らして能力がどの程度不足しているのかについては留意する必要があります。期待された経験やスキルによっては，相応の注意・指導や配転を行う必要があることもあります。

3　医師・看護師などの専門職について

(1)　採用時に想定されていた専門性や能力が重要

　医師や看護師など高度な専門性を有する専門職のスタッフを採用する場合には，勤務当初からその専門性や能力を存分に発揮してもらうことが想定されており，資格に見合った専門性や能力を有していることが当然に期待されています。したがって，専門職のスタッフの解雇の可否については，**2**（特に(4)「経験者として中途採用した事務職について」）において述べた内容が同じく当てはまります。特に，医師や看護師の採用時にどのような専門性や能力を有することが想定されていたかをふまえて検討することが重要です。

　なお，医師や看護師などの専門職はそのミスが患者の生命・身体の危険に直結してしまうおそれがあるという特殊性があります。そのため，能力不足のスタッフに高度な業務を任せないという判断に至り，結果，当初の想定と比べて簡単な業務しか命じておらず，特段のミスが生じていないというケースがままあります。こうなると，当該スタッフが医療機関の想定していた専門性や能力に欠けるという立証が難しくなってしまい，結果として，普通解雇のハードルが高くなることは否定できません。患者の生命・身体の安全を最優先としつつ，専門性や能力に欠けるという立証のために，ケースによっては，上司が一定期間常時監督するなどの多大な時間や労力が必要となることもあります。

(2)　専門職に対する配転について

　専門職であるからといって，配転を検討する必要がないわけではありません。例えば，手術室に勤務する看護師の能力が低いというケースにおいては，当該看護師を外来や病棟など手術室以外の部署へ異動させずに解雇することは難しいと考えられます。

　一方，医師や看護師といった高度な専門性を有する職種の場合は，労働契約

上職種が限定されていると解されるため，本人の同意なく医師や看護師から事務職へ配転するなどといった当該職種以外への配転は契約上認められていません。裁判例としては，外科医からがん治療サポートセンター長（外科診療を行わない役職）への配転を命じた事例[1]，看護師から労務職（洗濯場勤務やレントゲン室雑務）への配転を命じた事例[2]，検査技師から外来受付担当への配転を命じた事例[3]などにおいて，配転が無効と判断されています。

　以上から，医師・看護師などの専門職の普通解雇を検討する場合，その専門職の範囲内での配転は実施しつつ，事務職等への配転までは行わないとの対応で問題ないと考えられます[*1]。

〔有岡　一大〕

=== ■判　例■ ===

☆1　広島高岡山支決平31・1・10労判1201号5頁・判タ1459号41頁。
☆2　仙台地判昭48・5・21労判178号37頁・判時716号97頁。
☆3　福岡地決昭58・2・24労判404号25頁。

=== ■注　記■ ===

＊1　これに対し，本人の同意により限定された職種外への配転を行うことは可能ですから，「労働契約上職種や勤務地が限定された労働者に対しても，労働契約上の限定範囲を超えた配転や出向を提案することを含めて，できる限りの解雇回避努力を行うことが使用者には求められる。」（水町勇一郎『詳解労働法〔第3版〕』（東京大学出版会，2023）1020頁）という見解もありますので，職種外への配転を提案しなかった場合にその点を争われる可能性も否定できません。

41 メンタルヘルス不調のスタッフ

業務遂行に支障をきたしているメンタルヘルス不調のスタッフに対して，どのように対応すればよいですか。

　メンタルヘルス不調のスタッフに対しては，産業医等の受診を勧告し，繰り返しの勧告にもかかわらずスタッフが応じない場合には，受診命令を検討します。受診命令を拒否した場合には懲戒処分も考えられますが，受診するよう丁寧に粘り強く説得を続けることが重要です。

　業務外の事情に起因するメンタルヘルス不調によりスタッフが債務の本旨に従った労務提供ができない場合，私傷病休職させることを検討します。

　スタッフの理解を得たうえで休職を開始させることを目指しますが，使用者の説得にもかかわらずスタッフが私傷病休職を拒否する場合もあり得ます。そのような場合には，労務受領拒否，懲戒処分も考えられます。

　休職期間中は，スタッフ本人からの病状報告，主治医の診断，産業医等の診断，労務担当者との面談，リハビリ出勤等を通じて，使用者側で復職可否について適切に判断するための情報収集を行います。

　債務の本旨に従った労務提供ができるまでに治癒した場合には，復職させることになります。治癒の判断基準としては，以前は，従前の職務を通常程度行える健康状態に回復したといえることとされていました。もっとも，原則として従前業務への復帰を基準と解すべきと考えつつ，近時は，個々の事案で様々な裁判例があります。治癒の判断にあたっては，主治医，産業医等の意見が重要となります。

　休職期間中に治癒せず，そのまま休職期間が満了した場合には，就業規則の定めにより解雇ないし当然退職となりますが，合意退職とすることも考えられます。

　なお，業務に起因するメンタルヘルス不調についてはこの限りではありません。

☑キーワード

　メンタルヘルス，主治医，産業医，受診命令，私傷病休職，休職命令，懲戒処分

268　第7章◇労　　働

解　説

1　メンタルヘルス不調が疑われるスタッフがいた場合

(1)　受診勧告

　メンタルヘルス不調によりスタッフの業務遂行に支障が生じることがあります。そのような場合，債務の本旨に従った労務提供をなし得るように治療・回復させることが必要です。また，使用者は，労働契約上，安全配慮義務を負います（労契5条）。したがって，メンタルヘルス不調のスタッフに対しては，産業医・指定医（以下「産業医等」といいます）への受診を勧告することが考えられます。

　スタッフが勧告に応じて任意に産業医等を受診した場合には，スタッフの状態が確認できるよう，診断書等を入手すべきです。

(2)　受診命令

　使用者から受診勧告したにもかかわらずスタッフが拒否した場合，指定した病院での受診を命ずることができるか問題となります。この点，就業規則に定めがあり，目的との関係で合理性・相当性を肯定し得るのであれば，指定した病院での受診命令は可能と考えられます[1]。

　就業規則上，受診命令の根拠が定められていない場合であったとしても，労使間の信義・公平の観念に照らし合理性・相当性が認められるのであれば，受診命令は有効と考えられますが[2]，疑義が生じないようあらかじめ就業規則に定めておくべきです。

(3)　受診命令を拒否したスタッフへの懲戒処分

　スタッフが受診命令を拒否した場合，業務命令違反による懲戒処分が考えられます。懲戒処分が有効となるためには，スタッフの状態や周囲に与える影響，受診命令の回数等諸般の事情をふまえて，合理性・相当性が認められる必要があります（労契15条）。

　もっとも，できる限り紛争化することを避けるべく，懲戒処分に先立ってスタッフには受診するよう丁寧に粘り強く説得を続け，訴訟等に備えて経緯については記録化することが重要です。

(4)　業務への配慮・異動・休職命令

　具体的状況により使用者が行うべき対応は様々ですが，スタッフの病状や意向等次第では，業務軽減等の配慮を行って就労を継続させたり，業務負担の軽

い別の部署に異動させて就労させることも考えられます。

もっとも，業務への配慮や異動によっても，使用者がスタッフの不完全な労務提供を受け入れがたいという場合は，休職命令の発令を検討することになります。

2 私傷病休職

(1) 私傷病休職とは

休職とは，労働者に労務へ従事させることが不能・不適当とする事情が生じた場合に，使用者が労働契約関係を維持しつつ労務への従事を免除・禁止することと考えられています。このうち私傷病休職とは，業務外での傷病により欠勤が一定期間続いた場合等に行われます。私傷病により労務提供できない場合，労働契約の債務不履行として普通解雇事由に当たると考えられますが，休職は，そのような労働者に私傷病から回復し復職する機会を与えることで，解雇を猶予する制度です。休職制度は，就業規則に定められることが通常です。

(2) 私傷病休職の開始

労働者は労務提供義務を負いますが（労契6条，民623条），これはただ仕事をしていればよいというものではなく，債務の本旨に従った労務提供，すなわち，質・量が通常程度の業務遂行が必要となります（民493条）。したがって，使用者は，労働者が通常程度の業務遂行をなし得ない場合に休職させることが可能となります。就業規則に定められる休職事由としては，欠勤が一定期間続いた場合のほか，欠勤期間にかかわらず，通常の労務提供ができずその回復に一定の期間を要するとき等があります。通常，私傷病休職は休職命令の発令により開始します。

もっとも，休職命令の発令によってスタッフを私傷病休職させる場合でも，使用者とスタッフとで話し合って，スタッフの納得を得て，休職を開始させることを目指します。

休職命令を拒否して出勤を継続するような場合には，不完全な労務提供の受領を拒否し，賃金の支払を拒むことができると考えられます。また，懲戒処分を行うことも考えられます。受診命令を拒否する場合と同様，休職して療養に専念するよう丁寧に粘り強く説得を続けることが重要です。

(3) 休職期間中の情報収集

使用者としては，スタッフが改めて業務に復帰できるよう私傷病休職を開始したにもかかわらず，スタッフが療養に専念せず，私傷病が回復しなければ本

末転倒です。また，復職可否の見極めや，復職させる場合のタイミング・院内の業務等の調整の観点からも，スタッフの状況を適時に把握することが重要です。そのため，休職期間中のスタッフに関し定期的に情報収集することが必要となります。

　情報収集については，スタッフ本人から病状報告させることや，主治医から情報収集することが考えられますが，スタッフ側からの情報のみによるのではなく，産業医等への受診や労務担当者との面談，使用者として制度を設けた場合は後述のリハビリ出勤を行う等したうえで，使用者側からも情報収集を行い，復職可否について適切に判断するための材料を揃える必要があります。

　なお，プライバシー等の関係から情報収集について本人の同意を得る必要があります。

3　復職に向けて

⑴　復職可否の判断

　債務の本旨に従った労務提供ができる程度に治癒した場合には復職させることになります。治癒の判断基準としては，以前は，従前の職務を通常程度行える健康状態に回復したといえることとされていました。

　もっとも，最判平10・4・9裁判集民188号1頁・労判736号15頁〔片山組事件〕では，自宅での治療命令に関する事案ではありますが，「労働者が職種や業務内容を特定せずに労働契約を締結した場合においては，現に就業を命じられた特定の業務について労務の提供が十全にはできないとしても，その能力，経験，地位，当該企業の規模，業種，当該企業における労働者の配置・異動の実情及び難易等に照らして当該労働者が配置される現実的可能性があると認められる他の業務について労務の提供をすることができ，かつ，その提供を申し出ているならば，なお債務の本旨に従った履行の提供があると解するのが相当である。」と判断されました。その後の裁判例で，復職可否の判断にあたり，同様の判断をしたものがあります☆3。

　また，職種が限定された労働者について，直ちに従前業務に復帰できない場合でも，比較的短期間で復帰が可能な場合には，短期間の復帰準備期間を提供したり，教育的措置をとることなどが信義則上求められると判断した裁判例もあります☆4。

　このように，治癒は，原則として従前業務への復帰を基準と解すべきと考えますが，近時は個々の事案で様々な裁判例があります。

(2) 医師の判断

　メンタルヘルス不調における復職可否の判断にあたっては，医師の意見が極めて重要な意味をもちます。

　実際は，労働者の主治医による復職を可とする内容の診断書が提出されるところから，復職可否の判断のプロセスが始まることが一般的であり，その後，産業医等による診断等を経て，復職可否の判断がなされます。

　復職の可否に関して，主治医は復職を可と診断し，産業医等は復職を不可と診断するなど，主治医の判断と産業医の判断が相反することもあります。このように主治医，産業医等の意見が対立した際は，使用者としては，いずれかの意見を安易に採用するのではなく，当該スタッフの業務内容やメンタルヘルス不調に対するそれぞれの医師らの理解，専門性を前提に，総合的に判断する必要があります。

(3) リハビリ出勤

　復職に向けて試しに勤務を行う，いわゆるリハビリ出勤という制度を設けることがあります。厚生労働省の「〔改訂〕心の健康問題により休業した労働者の職場復帰支援の手引き」[*1]において，試し出勤制度として，「模擬出勤：勤務時間と同様の時間帯にデイケアなどで模擬的な軽作業を行ったり，図書館などで時間を過ごす。」，「通勤訓練：自宅から勤務職場の近くまで通勤経路で移動し，職場付近で一定時間過ごした後に帰宅する。」，「試し出勤：職場復帰の判断等を目的として，本来の職場などに試験的に一定期間継続して出勤する。」が例として挙げられています。労働者の職場復帰を円滑に行える，復職可否の判断材料にし得る等のメリットがあります。

　一方で，リハビリ出勤は，制度の定め方によっても法的性質が異なりますが，例えば，休職期間中に復職可否の判断に用いるために行われる場合で業務に従事しないときには，通勤途中や会社内でケガをしても，労災保険が適用されない可能性があります。また，リハビリ出勤によってスタッフの病状が悪化した場合，使用者が安全配慮義務違反による責任を負うこともあり得ます。このように，リハビリ出勤にはデメリットもあります。

　したがって，リハビリ出勤制度を導入するかどうかの判断にあたっては，慎重な検討が必要となります。

　なお，厚生労働省の上記手引きに，「作業について使用者が指示を与えたり，作業内容が業務（職務）に当たる場合などには，労働基準法等が適用される場合がある（災害が発生した場合は労災保険給付が支給される場合がある）

272　第7章◇労　　働

ことや賃金等について合理的な処遇を行うべきことに留意する必要があ」ると
されており，使用者として，リハビリ出勤を業務と考えないのであれば，その
考えに即した規定を就業規則に設け，実務上も運用することが重要です。

4　復職ができない場合

　休職期間中に復職可の判断に至らず，そのまま休職期間が満了することもあ
ります。

　その場合の対応としては，2つのパターンが考えられます。

　まず，休職期間が満了した場合には解雇するというものです。もっとも，解
雇にあたっては，客観的合理的な理由や社会的相当性が求められ（労契16条），
また，少なくとも30日前に予告するか，予告しない場合には30日分以上の予告
手当を支払う必要があります（労基20条1項）。このように，解雇には種々のハー
ドルがあります。

　そこで，就業規則に，休職期間満了時に休職事由が消滅しない場合には当然
に退職となる旨を定めておくことが考えられます。

　ただし，いずれの方法によっても，スタッフの意思を介在させることなく労
働契約関係を消滅させた場合には，争いが生じる可能性は否定できません。そ
のため，改めてスタッフに対し説明を尽くして，合意退職を目指すことが望ま
しいといえます。

5　メンタルヘルス不調が業務上の疾病に当たる場合

　メンタルヘルス不調が，私傷病に当たらず，業務上の疾病に当たる場合，労
働基準法19条1項により，休業期間及びその後30日間は解雇が認められません
（ただし，打切補償等の例外があります〔労基81条，労災19条，労基19条〕）。また，この
場合，私傷病を前提とした休職期間満了による当然退職も認められないと考え
られます☆5。

　メンタルヘルス不調と労災の関係については，**Q43**を参照してください。

〔加古　洋輔〕

╔══■判　例■═════════════

　☆1　最判昭61・3・13裁判集民147号237頁・労判470号6頁〔電電公社帯広電報電話
　　　局事件〕。

　☆2　東京高判昭61・11・13労判487号66頁・判タ634号131頁〔京セラ事件〕，大阪地決
　　　平15・4・16労判849号35頁〔大建工業事件〕。

☆3　　大阪地判平11・10・4労判771号25頁・労経速1743号20頁〔東海旅客鉄道事件〕。

☆4　　大阪高判平13・3・14労判809号61頁〔全日本空輸事件〕。

☆5　　大阪地判平24・4・13労判1053号24頁〔医療法人健進会事件〕。

■注　記■

＊1　　厚生労働省・独立行政法人労働者健康安全機構「〔改訂〕心の健康問題により休
業した労働者の職場復帰支援の手引き」（https://www.mhlw.go.jp/content/0005610
13.pdf）。

院外での盗撮を理由とする懲戒処分

医療スタッフが院外で盗撮をして、警察に逮捕されました。どうすればよいでしょうか。懲戒解雇することはできますか。

「盗撮で逮捕された」といっても、具体的にどういうことをした容疑なのか（盗撮の日時・場所・対象・方法、被害者との関係等）、本人はその事実を認めているのか争っているのか等、まずは状況を確認し、本件が報道される可能性や、刑事処分・身柄拘束についての見通しを立てることが必要です。

懲戒処分を検討するにあたっては、本件盗撮が私生活上の行為であることをふまえて、就業規則の懲戒事由に形式的に該当するかだけでなく、医療機関の社会的評価を毀損するものであるか否かを検討します。また、懲戒解雇は、使用者との信頼関係が破壊され、当該医療スタッフを医療機関外に排除しなければ院内の秩序の維持が困難となるような場合にとるべき選択肢ですので、私生活上の行為であることも考慮に入れ、その相当性について慎重に検討することが求められます。

☑ キーワード
逮捕、懲戒解雇、私生活上の非行、解雇予告手当

1 初動対応

(1) 逮捕後の流れ

まず前提として、逮捕後の流れを整理すると、警察は逮捕してから48時間以内に検察官に事件を送致し、検察官は、事件送致を受けてから24時間以内かつ逮捕から72時間以内に身柄拘束が必要かどうかを判断し、必要と判断した場合には裁判官に勾留請求をします。裁判官が勾留を認めた場合、最大20日間勾留されます。検察官が勾留を請求しなかったときや、裁判官が勾留を認めなかったときは、その時点で釈放されます。

勾留された場合、その期間に取調べなどの捜査が進められ、検察官が、起

訴・不起訴の判断をします。検察官が裁判で立証できるだけの十分な証拠がないと判断した場合や，犯罪の軽重・被害者の意向・反省状況などから起訴を猶予するのが相当と考えた場合などは，不起訴となります。不起訴となればその時点で釈放されます。

起訴（公判請求）された場合，刑事裁判が始まり，判決が言い渡されるまでには一般に数か月を要します。起訴後は保釈（保釈保証金を納付することを条件に判決までの間，身柄拘束を解く制度）によって釈放される可能性がありますが，そうでなければ判決まで勾留による身柄拘束が続きます。

盗撮行為は，性的姿態撮影等処罰法*1や都道府県の迷惑防止条例によって懲役刑（拘禁刑）又は罰金刑が科されることになっており，有罪判決であればそれらの刑が言い渡されます。宣告刑が罰金刑や執行猶予付懲役刑であれば，（それまで身柄を拘束されていた場合も）その時点で釈放されます。実刑が言い渡されそれが確定した場合は，服役を終えるまで身柄拘束が続くことになります。なお，盗撮事案については，初犯で本人が事実を認めている場合，本人が同意すれば略式起訴（公判廷での裁判ではなく，裁判官が証拠書類を読んで有罪か否かや罰金の額を決める簡略化された裁判を求める手続）とされることが多く，この場合は，勾留満期日に略式起訴がなされ，同日釈放されます。

このように，盗撮で逮捕されたといっても，具体的にどういうことをした容疑なのか（盗撮の日時・場所・対象・方法，被害者との関係等），本人はその事実を認めているか争っているか等によって，刑事処分・身柄拘束についての今後の見通しは違ってきます。

(2) 状況の把握

医療機関としては，医療スタッフが逮捕されたとの情報に接した場合には，まず，逮捕された医療スタッフが今後どの程度欠勤することになるのか，医療機関名が報道される可能性があり，医療機関内外に説明やプレスリリースが必要になるような事件なのか等を判断するため，情報を収集し状況を確認する必要があります。刑事裁判で有罪になったわけではなく，あくまで被疑者の段階ですから，本人が事実を争っている場合，本人が盗撮をしたという前提で対応できないことに留意が必要です。

面会制限が付されていない場合，身柄拘束されている警察署に上司が面会に行って，本人の話を聞くことが考えられます。直接の面会が難しい場合には，家族や弁護人に連絡して状況を確認することが考えられます。

もっとも，本人が事実関係を医療機関に秘匿したいと考えることもあり，本

人や家族，弁護人に連絡をとっても，必ずしも正確な状況を把握できないこともあります。

(3) 起訴休職

逮捕直後は有給休暇の取得や欠勤として処理していても，起訴され，出勤できない状態が続くことになった場合は，起訴休職の規定を適用することが考えられます。

就業規則上，「刑事事件で起訴された者はその事件が裁判所に係属する間はこれを休職とする」といった起訴休職の規定が置かれていることがあります。当然に休職となるのではなく，使用者が「休職とすることができる」場合として規定されていることもあります。また，起訴休職の規定はなくとも，休職とすることができる事由として「その他使用者が休職させる必要があると認めたとき」等の包括的な定めが置かれていることもあります。

もっとも，就業規則に上記のような定めがあっても，休職扱いをされる労働者が受ける不利益に鑑み，起訴されたという事実のみによって，直ちに休職扱いすることが認められるものではなく，引き続き就労することにより使用者の対外的信用が失墜し又は職場秩序の維持に障害が生じる等により就労を禁止するのもやむを得ない場合，あるいは当該労働者の継続的な労務提供が不可能ないし困難な場合でなければならないと解されています[1]。

2 懲戒処分

(1) 私生活上における非行を懲戒の対象とできるか

懲戒処分をするためには，医療スタッフの行為が就業規則の定める懲戒事由に該当すること（懲戒事由該当性）が必要です。そこで，医療機関としては，収集した情報をふまえて，医療スタッフの行為が就業規則の具体的な懲戒事由に当たるかを検討します。

もっとも，懲戒権の行使は，使用者の秩序維持に必要な範囲で行うことができるものであり，使用者の秩序維持とは何らの関連性を有しない労働者の私生活上の言動を対象として懲戒権を行使することは許されません。就業規則には，「（使用者の）名誉，対面，信用を毀損したとき」や「犯罪行為を犯したとき」を懲戒事由として掲げるものが多くありますが，裁判例は，上記のような包括的な条項を限定解釈して，労働者の私生活上の行為は事業活動に直接関連を有するもの及び使用者の社会的評価の毀損をもたらすもののみが懲戒処分の対象となるとしています[2]。

したがって，院外での盗撮行為が犯罪行為に当たるだけでなく，それによって実質的に医療機関の社会的評価が毀損されたか否かを検討することになります。

(2) 懲戒処分の選択

次に，就業規則等で当該懲戒事由について規定されている懲戒処分の「種類」(懲戒解雇，諭旨解雇，出勤停止，減給，けん責等)の中から，本件についての懲戒処分を選択します。

懲戒処分の内容は，非違行為の性質・態様その他の事情に照らして社会通念上相当なものであること(相当性)が必要です。当該行為の性質・態様や当該スタッフの勤務歴その他の情状を適切に酌量せずにした処分や，過去の同種事案の懲戒処分と比較して重すぎる処分は，懲戒権の濫用として無効とされるリスクがあります。特に懲戒解雇は，懲戒処分として労働契約を解除して労働者を医療機関外に排除するものですから，事案が悪質，重大又は繰り返し行われているような場合で，医療機関外に排除しなければ秩序の維持が困難となるような事由でなければならないと解されています☆3。

犯罪行為が私生活上の非行である場合，懲戒処分の相当性の判断にあたっても，当該非行が業務に関係のない私生活の範囲内で行われたことが考慮され，相当性は厳しく問われます。

さらに，懲戒処分は，手続的な相当性を欠く場合にも，社会通念上相当なものと認められず，懲戒権の濫用となります。懲戒処分をするには，就業規則や労働協約上定められた手続を遵守して行う必要があり，そのような規定がない場合にも，本人に弁明の機会を与えることが要請されます。

3 懲戒解雇に関する問題

(1) 起訴休職との関係

就業規則に起訴休職の規定があっても，起訴内容が懲戒解雇事由に該当する場合には，起訴休職させずに直ちに懲戒解雇できないかという点については議論があるところですが，「休職とする」旨の定めがある場合は，原則として休職させることが労働契約の内容になっていると解される可能性がありますので，起訴休職を優先させるのが相当です(そのため，使用者としては，起訴休職の規定を設けることは慎重にすべきです)。

(2) 懲戒解雇が難しい場合の対応

懲戒解雇の要件を満たさない場合であっても，他の従業員や患者との関係等

から，医療機関として医療スタッフを職場に戻すのは難しいケースもあります。そのような場合，退職勧奨して，退職金の上乗せをする等して医療スタッフに合意退職してもらうよう試みることも選択肢となります。

また，普通解雇の要件に該当しないかを検討することも考えられます。

(3) 懲戒解雇をした場合の退職金の支払の要否

就業規則に，懲戒解雇をする場合は，退職金を不支給又は減額とすることがある旨を定めている例が多くあります。もっとも，退職金は，賃金の後払的な性格を有していますので，懲戒解雇であるからといって当然に不支給にできるわけではなく，労働者のそれまでの勤続の功を抹消ないし減殺してしまうほどの著しく信義に反する行為があった場合に限って，全額不支給又は一部不支給とすることができると解されています[4]。

(4) 懲戒解雇をした場合の解雇予告手当の支払の要否

労働基準法は，労働者を解雇しようとする場合においては，原則として，少なくとも30日前に予告するか，30日分以上の平均賃金の支払を求めています（労基20条1項）。

例外として，天災地変その他やむを得ない事由のために事業の継続が不可能となった場合，又は労働者の責めに帰すべき事由に基づいて解雇する場合に，行政官庁の認定を受けることにより，支払をしないことができます。そして，「労働者の責めに帰すべき事由」とは，労働者が予告期間を置かずに即時に解雇されてもやむを得ないと認められるほどに重大な規律違反又は背信行為を意味すると解されています[*2]。

したがって，懲戒解雇をする場合も，予告手当を支払うか，事前に所轄労働基準監督署長の認定を受ける手続をとることが必要です。

〔髙橋　直子〕

■■判　例■■

☆1　福岡高判平14・12・13労判848号68頁〔明治学園事件〕，東京地判平15・5・23労判854号30頁〔山九事件〕，東京地判平11・2・15労判760号46頁・労経速1708号3頁〔全日本空輸事件〕ほか参照。

☆2　最判昭49・2・28民集28巻1号66頁・労判196号24頁〔国鉄中国支社事件〕，最判昭49・3・15民集28巻2号265頁・労判198号23頁〔日本鋼管事件〕ほか参照。

☆3　最判昭58・9・16裁判集民139号503頁・労判415号16頁〔ダイハツ工業事件〕，東京地判平28・7・19労判1150号16頁〔クレディ・スイス証券事件〕ほか参照。

☆4　東京地判平7・12・12労判688号33頁〔旭商会事件〕，東京高判平15・12・11労判867号5頁・判時1853号145頁〔小田急電鉄事件〕ほか参照。

■注　記■

＊1　正式な名称は「性的な姿態を撮影する行為等の処罰及び押収物に記録された性的な姿態の影像に係る電磁的記録の消去等に関する法律」。

＊2　昭和23年11月11日基発第1637号，昭和31年3月1日基発第111号。

43　スタッフの自殺と医療機関の責任

　自殺したスタッフの遺族から，自殺の原因は当院における長時間労働のため当院に責任があると主張されていますが，当院はそのようなことはないと考えています。当院はどう争ったらよいでしょうか。

　自殺の原因が長時間労働だとすれば労災認定がされ，また，自殺に使用者の安全配慮義務違反が認められれば医療機関が損害賠償責任を負います。
　労災認定については，労働基準監督署（以下「労基署」といいます）による調査の場面において誤った認定がなされないよう，適切に対応する必要があります。なお，従前は労基署による労災認定を使用者が争う方法はないと認識されていたのに対し，近年，労災保険料の算定におけるメリット制を実質的な根拠として争う余地が議論されていたところ，最高裁は，使用者が労災認定を争うことはできないとしつつ，メリット制の適用を受ける特定事業主は自己に対する保険料認定処分の段階で労災認定が要件を充たさないものであったことを主張できる旨の判断を示しています。
　医療機関の損害賠償責任の関係では，使用者の安全配慮義務違反の有無，及び使用者の違反と自殺との間の相当因果関係が争点となりますので，これらの点について，医療機関として認識する事実関係を客観的資料に基づき適正に主張する必要があります。

☑キーワード

労働災害，労災認定，安全配慮義務違反，過労自殺，業務起因性

――― 解　説 ―――

1　労災保険制度と労災民事賠償請求

(1)　労働災害に関する請求

　労働災害（業務に起因する労働者の負傷，疾病，傷害又は死亡。以下「労災」といいます）が生じた場合，被災者（スタッフ）又は遺族としては，労災保険制度に基づく保険給付を請求することになります。
　労災保険ではカバーされない損害（例えば，休業損害及び逸失利益等のうち労災保

険給付の基準額を超える部分や慰謝料など）があれば，その賠償を求めて使用者（医療機関）に対し安全配慮義務違反に基づく損害賠償請求（労災民事賠償請求）を行うことがあります。

(2) 労災保険制度と労災民事賠償請求の関係等

労災保険制度による給付は，被災者（スタッフ）又は遺族が請求し，労基署長が支給決定（いわゆる労災認定）をすることにより行われます（労災12条の８第２項，労基75条）。労災保険制度は業務自体が有する危険が現実化して労働者に傷病等をもたらした場合に使用者が負う危険責任を前提とするものですから，使用者の過失の有無は問われず，業務起因性（当該傷病等と業務との間に一定の因果関係があること）の有無が問題となります。

他方，労災民事賠償請求は民法一般の不法行為責任ないし債務不履行責任に基づくものですから，使用者側に過失ないし帰責事由が認められる必要があり，そのうえで，過失等と傷病等との相当因果関係が問題となります。

このように，労災保険制度と労災民事賠償請求は，その制度の趣旨目的を異にし，要件も異なりますから，労災認定がされたとしても，労災民事賠償請求が当然に認められるわけではありません。

2 過労自殺と労災認定

(1) 自殺に関する労災認定

自殺については，労働者の故意による死亡として，労災保険制度の対象とならないのが原則ですが（労災12条の２の２第１項），心理的負荷による精神障害の労災請求事案について，国は認定の基準として「心理的負荷による精神障害の認定基準」*1（以下「認定基準」といいます）を定めており，同基準によれば，自殺の前に所定の精神障害を発病していて，かつ，その精神障害の発病が業務によるといえるのであれば，自殺の業務起因性が認められることになります。

したがって，過労自殺の労災認定にあっては，自殺前に所定の精神障害を発病していたか否かに加え，その精神障害の業務起因性の有無が問題となります。

(2) 精神障害の業務起因性の判断基準

認定基準によれば，次の①～③の要件をすべて満たす精神障害は業務上の疾病として取り扱うこととされています。

① 対象疾病を発病していること。

② 対象疾病の発病前概ね６か月の間に，業務による強い心理的負荷が認め

られること。

③ 業務以外の心理的負荷及び個体側要因により対象疾病を発病したとは認められないこと。

(a) **対象疾病の発病（要件①）**

認定基準では，業務に関連して発病する可能性のある精神障害は，主としてICD-10[*2]のF2からF4に分類される精神障害であるとされています。

また，対象疾病の発病の有無，発病時期及び疾患名は「ICD-10 精神及び行動の障害 臨床記述と診断ガイドライン」（以下「診断ガイドライン」といいます）に基づき医学的に判断するとされていますが，精神障害の治療歴のない事案については，「うつ病エピソードのように症状に周囲が気づきにくい精神障害もあることに留意しつつ関係者からの聴取内容等を医学的に慎重に検討」するものとしています。

実務上も，精神障害の治療歴のない方が自殺した事案では精神障害の発病の有無が問題となることが多く，このような場合，職場や家庭での生前の様子もふまえ，精神障害の症状が現れていたといえるかが争われることになります。

(b) **業務による強い心理的負荷（要件②）**

認定基準は，業務による心理的負荷の評価にあたっては，「発病前おおむね6か月の間に，対象疾病の発病に関与したと考えられるどのような出来事[*3]があり，また，その後の状況がどのようなものであったのかを具体的に把握し」，それらによる心理的負荷の強度はどの程度であるかについて，「『強』，『中』，『弱』の三段階に区分」し，「心理的負荷の全体を総合的に評価して『強』と判断される場合」には，認定要件を満たすものとしています。

また，過労（長時間労働）については，発病直前の1か月に概ね160時間を超える時間外労働を行った場合や，発病直前の連続した2か月間に1月当たり概ね120時間以上の時間外労働を行った場合などには心理的負荷の総合評価を「強」とするなど，長時間労働それ自体を対象疾病を発病させ得る心理的負荷として位置づけています。

(c) **業務以外の心理的負荷及び個体側要因（要件③）**

認定基準では，業務以外の心理的負荷については，対象疾病の発病前概ね6か月の間に，対象疾病の発病に関与したと考えられる業務以外の出来事（例えば，事件，事故，災害の体験など）の有無を確認し，出来事が1つ以上確認できた場合は，それらの出来事の心理的負荷の強度をふまえ，それが発病の原因であると判断することの医学的な妥当性を慎重に検討するものとしています。ま

た，業務による強い心理的負荷が認められる事案について，顕著な個体側要因（例えば，重度のアルコール依存状況があるなど）がある場合には，それが発病の主因であると判断することの医学的な妥当性を慎重に検討するものとしています。

(3) 医療機関における過労自殺についての労災認定の実例

平成27年4月から後期研修医として公立病院の消化器外科に勤務していた医師が平成28年1月下旬に自殺した事案において，労基署は，当該医師の平成27年4月1日から同年9月30日までの間の労働時間を客観資料に基づき認定したうえで，当該医師は過重な労働により平成27年9月頃にICD-10「F32.9うつ病エピソード，特定不能のもの」を発病したものであり，その発病に業務起因性が認められ，当該医師の自殺は当該精神障害による病的な心理のもとでなされたものであるとして労災認定をしました[4]。

そのほかにも，研修医として総合病院の産婦人科に勤務していた医師が自殺した近年の事案において，労基署は，当該医師は「気分障害」を発病したこと，その発病前1か月の時間外労働は173時間であり，心理的負荷が「強」であることなどを認め，労災認定をしたことなどが報じられています。

このような事例からは，長時間に及ぶ時間外労働が認定されたうえで，それ自体が対象疾病を発病させ得る心理的負荷であると評価されたことが窺われ，被災者の労働時間の認定が労災認定の大きなポイントになるといえます。

この点，医療機関のスタッフのうち，特に医師については，総稼働時間の中で業務としての労働時間と自己研鑽の時間を明確に区別することが困難であることなどから，労働時間の認定に際し医療機関側と被災者側の考えが対立することが少なくありません。医療機関の労務管理としては，日頃から，スタッフの自己研鑽の時間を除いた正確な労働時間を客観的な資料をもって把握しておくことが必要です。

(4) 労災認定の場面での病院の立場

(a) 労基署による調査等への関与

労災認定の主体は労基署長ですから，使用者である医療機関がこれに直接関与することはありません。ただし，労災保険法施行規則23条2項が，事業主に被災者等の求めに応じて保険給付を受けるために必要な証明をする義務を課している関係で手続上の一定の関与は必要になりますし，労基署による調査が始まれば，資料の提出要請や事情聴取，立入検査等を受ける可能性があります（労災46条・48条）ので，その対応も必要となります。

284　第7章◇労　　働

　上記**1**(2)のとおり，労災保険制度と労災民事賠償請求は異なる制度であり，労災認定がされたからといって直ちに医療機関の民事上の賠償責任も肯定されるわけではありませんが，実際上，労災認定の有無が労災民事賠償請求に影響を与えることは否定できません。したがって，医療機関としてスタッフの自殺が労災に当たらないと考える場合には，労災認定の場面でもそのことをしっかりと説明しておくべきでしょう。

　具体的には，スタッフの遺族からの事業主証明の求めに対して直ちに証明することは避け，労災保険法施行規則23条の2に基づく労基署長に対する意見書にて労災に該当しないと考える理由を説明することが考えられます。労基署による調査の関係では，労基署に重要な事実が伝わらなかったり，あるいは不確かな内容が事実として伝わったりしないよう，上記(2)の過労自殺についての労災認定の基準等をふまえながら，事実関係を調査し，資料を収集するなどの整理・準備をしたうえで対応することが必要です。

(b)　労基署により労災認定がなされた場合

　労基署が労災支給処分（労災認定）をした場合，使用者が当該労働者の負傷等は業務に起因するものではないと主張して労基署による同処分を争うことができるか否かという問題があります。すなわち，いわゆるメリット制（労保徴12条3項）が適用される特定事業主においては，自らの事業場における労働者について発生した業務災害に対する労災支給処分がなされた場合，当該労災支給処分の額がメリット収支率に反映され，労働保険料額が増大するという不利益を被る可能性があるため同処分を争う法的利益がある一方，使用者が同処分を争うことを許すと被災労働者の法的地位が不安定になってしまう，という問題です。

　この点，従来は使用者が労災支給処分を争うことはできないというのが通説的見解でしたが，近年，上記のような労働保険料に係る不利益を被る可能性に言及して，特定事業主について，自らの事業に係る労災支給処分がされた場合に，同処分の取消しを求めて争うことを認める趣旨の高裁裁判例が相次いで出たため☆1☆2，新たに議論が深まっていました（なお，これらの裁判例では，使用者に対する保険料認定処分の段階で先行する労災支給処分の違法性を主張することは許されないことを前提としています）。

　例えば，厚生労働省労働基準局が実施した「労働保険徴収法第12条第3項の適用事業主の不服の取扱いに関する検討会」においては，上記各高裁裁判例の存在をふまえながらも，使用者が労災支給処分を争うことを認めると被災労働

者の法的地位が不安定となり，労災保険法の趣旨にも反するなどとして，使用者は労災支給処分を争うことはできないとの立場を堅持することが適当であると結論づけています（令和 4 年12月13日付け同検討会報告書。同報告書では，労災支給処分を争えないことによる使用者の不利益に対しては，使用者に対する保険料認定処分の段階で先行する労災支給処分の支給要件非該当を主張することを許容するとともに，その結論は被災労働者に対する労災支給処分の有効性に影響を与えないとの取扱いを含めた必要な措置を講じることが適当であるとしています）。

　このような議論状況の中，あんしん財団事件（前掲注（☆ 2 ））に係る上告審が係属していたため，その判断が注目されていましたが，最高裁は，令和 6 年 7 月 4 日，東京高裁の判断を覆し，特定事業主は労災支給処分の取消しを求めて争うことはできない旨の判断を示しました[☆3]。この最高裁判決の射程等については判例解説や評釈を待つ必要がありますが，最高裁判決はその判示の中で，特定事業主は自己に対する保険料認定処分についての不服申立て又はその取消訴訟において，保険料認定処分自体の違法事由として，客観的に支給要件を満たさない労災保険給付の額が基礎とされたことにより労働保険料が増額されたことを主張することができる旨を併せて述べていますので，少なくとも，今後，使用者としてメリット制を根拠として労災認定を争う必要がある場合には，自己に対する保険料認定処分についての不服申立て又はその取消訴訟において争うことになるでしょう。

(5)　設問における対応

　設問の事案では，医療機関としては長時間労働による自殺ではないと考えているとのことですが，まずは，実際の労働時間や業務内容を客観的な資料から確認したうえ，職場での人間関係のほか，生前の言動等についても調査し，上記(2)の業務起因性の判断基準に照らしていかなる理由で業務起因性を否定できるのかを検討する必要があります。そのうえで，上記(4)のとおり，誤った労災認定がなされないよう，労基署に対して事実関係や医療機関の考えを適切に説明するとともに，仮に労災認定がされてしまった場合で，メリット制の関係でこれを争う必要がある場合には，保険料認定処分についての不服申立て又はその取消訴訟において労災認定を争うか否かを検討することになります。

3　過労自殺と労災民事賠償請求

(1)　過労自殺に関する労災民事賠償請求のリーディングケース

　過労自殺を理由とする労災民事賠償請求のリーディングケースとしては，電

通事件最高裁判決[4]（以下「電通事件最判」といいます）があります。

　電通事件最判は，大手広告代理店勤務の労働者Aが，長時間労働を1年余り継続した後にうつ病にり患して自殺した事案において，使用者に「労働者に従事させる業務を定めてこれを管理するに際し，業務の遂行に伴う疲労や心理的負荷等が過度に蓄積して労働者の心身の健康を損なうことがないよう注意する義務」があることを前提に，Aが恒常的に時間外労働をしており，これによりうつ病にり患し，衝動的，突発的に自殺するに至ったこと，Aの上司には，Aの恒常的な長時間労働及びその健康状態の悪化を認識しながらAの業務量を適切に調整するための措置をとらなかった注意義務違反（過失）があることを認めるとともに，うつ病の発症等に関する知見をふまえてAの業務の遂行とうつ病り患による自殺との間の相当因果関係を認めて，会社の使用者責任（民715条）に基づく損害賠償責任[5]を認めました。

　このように，過労自殺を理由とする労災民事賠償請求については電通事件最判が一定の判断基準を示しており，以降，多くの下級審裁判例でも概ねこれに沿った判断がされていますので，設問の事案でも，医療機関として，電通事件最判やその後の裁判例をふまえ，ポイントを押さえた主張立証をすることが重要になります。

(2)　過失／安全配慮義務違反についてのポイント

　電通事件最判の判断のポイントを抽出すると，①客観的な業務の過重性[6]が認められる場合，②使用者において労働者の健康状態の悪化を認識していれば，その状況を改善するための措置（負担軽減措置）をとる義務が生じ，これを怠ったことが過失／安全配慮義務違反に当たると評価される，といえます。

　したがって，医療機関としては，客観的にみて業務が過重なものではなかったことや，健康状態の悪化を認識し得なかったことなどを主張していくことになりますが，過重な業務が精神障害の発症につながるとの知見が既に広く知られていることを考慮すると，業務の過重性を認識していれば，通常は健康状態の悪化の可能性も認識し得たといえるため，客観的な業務の過重性が最大のポイントになります。

　具体的には，客観的データに基づいて時間外労働時間が量的に過重となっていないこと（暗数となっている時間外労働がないか，という観点も重要です），業務内容からして特段心理的負荷がかかるものではなく，質的にも業務が過重ではなかったことなどを，根拠に基づいて説明していく必要があります。

(3)　相当因果関係についてのポイント

電通事件最判は，労働者が恒常的に時間外労働に従事する中でうつ病にり患し自殺に至ったという経緯に加え，うつ病の発症等に関する知見を考慮して，業務の遂行とうつ病り患による自殺との間の相当因果関係を認めています。上記「知見」は，同判決当時の行政基準であり，認定基準の前身である「心理的負荷による精神障害等に係る業務上外の判断指針」*7 に整合的な内容ですが，電通事件最判はこれに依拠すべきことは明言しておらず，あくまで「知見」の一つとして位置づけたものと解されます。とはいえ，行政基準は専門家の検討をふまえた知見に基づき策定されたものですので，相当因果関係の有無を判断するうえで大いに参考になりますし，実際にも，これをふまえて相当因果関係を判断している下級審裁判例が多くみられるところです。

したがって，労災民事賠償請求の場面でも，基本的に前記**2**(2)で述べた内容が妥当し，精神障害発症の兆候の有無や客観的業務過重性のほか，他原因（業務外の心理的負荷）の有無がポイントになり，認定基準を参考に，相当因果関係について具体的な根拠に基づいて説明することが求められるでしょう。

(4) 医療機関での過労自殺が問題とされた事例

医療機関での過労自殺が問題とされた裁判例としては，①臨床検査技師が自殺した事案につき，認定基準に沿って相当因果関係を肯定し，過重な時間外労働を把握し得たにもかかわらず何らの対策もとらなかったとして医療機関の安全配慮義務違反を認めた事例☆5，②公立病院の専門医1年目の医師が自殺した事案につき，過重労働と上司によるパワハラを認め，認定基準の知見を参考に相当因果関係を肯定し，これらの状況を認識しながら何らの対策も講じなかったとして医療機関の安全配慮義務違反を認めた事例☆6，③臨床検査技師が自殺した事案につき，認定基準の知見を参考に相当因果関係を肯定したうえ，時間外労働等の状況を把握し，あるいは容易に把握し得たにもかかわらず，具体的，実効的な措置を講ずることを怠っていたとして医療機関の安全配慮義務違反を認めた事例☆7，④小児科医（部長代行）が自殺した事案につき，認定基準の前身である行政基準の知見を参考に相当因果関係を肯定した一方，当該医師本人が過重業務等の原因を自ら解消する権限を有していたことなどに触れ，その健康が損なわれて何らかの精神障害を起こすおそれにつき医療機関において具体的客観的に予見することはできなかったとして安全配慮義務違反を否定した事例☆8（なお，地裁と高裁で業務過重性〔医師の当直勤務の評価〕の判断が分かれており〔地裁は否定，高裁は肯定〕，その意味でも参考となります）などがあります。

全体的な傾向としては，認定基準の知見に照らし，業務の過重性が肯定でき

288　第7章◇労　　働

る場合には原則として相当因果関係が認められたうえ，特段の事情がない限り
安全配慮義務違反が認められているといえます。そのため，考慮事項の中では
客観的業務過重性が大きなウェイトを占めているといえるでしょう。

〔進藤　諭〕

---■判　例■---

☆1　東京高判平29・9・21労判1203号76頁・労経速2341号29頁〔総生会事件〕。
☆2　東京高判令4・11・29労判1285号30頁・労経速2505号3頁〔あんしん財団事件〕。
☆3　最判令6・7・4（令和5年（行ヒ）第108号）裁判所HP。
☆4　最判平12・3・24民集54巻3号1155頁〔電通事件〕。
☆5　札幌地小樽支判令元・6・12（平成28年（ワ）第71号）裁判所HP。
☆6　広島高松江支判平27・3・18労判1118号25頁・判時2281号43頁〔公立八鹿病院組合ほか事件〕。
☆7　札幌高判平25・11・21労判1086号22頁・判タ1419号106頁〔雄心会事件〕。
☆8　東京高判平20・10・22労経速2023号7頁〔立正佼成会事件〕。

---■注　記■---

＊1　厚生労働省労働基準局長「心理的負荷による精神障害の認定基準について」令和5年9月1日基発0901第2号。
＊2　ICDとは International Statistical Classification of Diseases and Related Health Problems の略称で，異なる国や地域から，異なる時点で集計された死亡や疾病のデータの体系的な記録，分析，解釈及び比較を行うため，世界保健機関憲章に基づき，世界保健機関（WHO）が作成した分類で，「疾病及び関連保健問題の国際統計分類」と訳されます。ICD－10とは「疾病及び関連保健問題の国際統計分類第10回改訂版」を指します。
＊3　認定基準の別表1参照。（業務上の）事故や災害の体験，仕事の失敗・過重な責任の発生等，役割・地位の変化等，対人関係といった観点から，具体例が挙げられています。
＊4　新潟地判令4・3・25（平成29年（ワ）第498号）LEX/DBにおける前提事実を参照。
＊5　電通事件最判は不法行為責任について判断したものですが，安全配慮義務違反についての判断を示したものとして，最判平26・3・24裁判集民246号89頁・労判1094号22頁〔東芝（うつ病）事件〕があります。
＊6　電通事件最判ではもっぱら「量的な過重性」が問題となりましたが，「質的な過重性」（業務内容による心理的負荷）という観点も問題になり得ます。
＊7　労働省労働基準局長「心理的負荷による精神障害等に係る業務上外の判断指針について」平成11年9月14日基発第544号。

勤務医師の退職

当院の勤務医師が自院開業のために退職するとのことです。何か気をつけるべきことはありますか。

　勤務医師が近隣に開業することで，患者を奪われるおそれは否定できないため，就業規則に退職後の競業避止義務を定めたり，退職時に競業避止義務を定めた誓約書を提出してもらったりするとよいでしょう。ただし，競業避止義務は当該医師の職業選択の自由を制限するおそれがある等の理由から，期間や地域・診療科を限定するなどの注意が必要です。また，患者情報の持出しを未然に防ぐという観点から，競業避止義務だけでなく秘密保持義務を併せて定めておくべきです。さらに，当該医師による医療スタッフ等の引抜きにも注意をしておく必要があります。

キーワード

競業避止義務，秘密保持義務，患者情報持出し，医療スタッフ等の引抜き

解　説

1　勤務医師が退職して自院を開業することに伴うトラブル

　勤務医師が退職して自院を開業するというケースは，医療機関の経営上，決して珍しいものではありません。しかし，仮に近隣に同じ診療科の医療機関が開設されるとなれば，患者の取合いが生じるなど，経営上の不利益が生じることも否定できません。そのため，このような事態が生じないよう対策を講じる必要があります。

　また，医療スタッフを自院に引き抜こうとする可能性も否定できません。
　このようなトラブルを避けるために気をつけるべきことを以下に示します。

2　競業避止義務

(1)　競業避止義務とは
　勤務医師が退職した後，いかなる事業を行うかは原則として自由です。しか

しながら，勤務医師が自院を開業することで患者を奪われるような事態が生じることは，医療機関の経営上，避けなければなりません。

そのため，勤務医師に退職後の競業避止義務を負わせることが考えられます。競業避止義務とは，使用者である医療機関と競合するような事業を営まない義務のことです。この競業避止義務を就業規則で定めたり，退職時に誓約書を提出してもらったりすることによって，勤務医師に競業避止義務を負わせることができれば，患者を奪われるといったトラブルを避けることができます*1。

(2) 競業避止義務の内容及び有効性

しかしながら，就業規則や誓約書に競業避止義務を定めたとしても当然に有効とは限りません。なぜなら，競業避止義務は退職者の職業選択の自由を制限するおそれがあるため，職業選択の自由を過度に制限しない範囲の競業避止義務のみが有効であると考えられているからです。裁判所から過度な制限であると評価されてしまうと，せっかく定めた競業避止義務も無効となってしまいます。

したがって，競業避止義務を定めるとしても，無効と評価されないような内容にしておくことが重要です。

競業避止義務が有効か無効かを判断する要素について，勤務医師が退職して自院を開業するケースでは，特に以下の要素が重要になると考えられます。

(a) 競業禁止の地域

勤務医師が退職して自院を開業することにより医療機関が被る不利益は患者の奪い合いが生じることであるため，患者の奪い合いが生じないような遠方の地域まで競業を禁止する必要はありません。必要性のない地域での競業まで禁止していると，職業選択の自由を過度に制限しているとして無効とされるおそれが高まります。

競業を禁止する地域についてどの程度まで許容されるかは，医療機関の規模や診療科等をふまえて総合的に判断されますが，一般論として，近隣市町村という範囲内であれば制限の程度は低いと考えられる一方，関東・関西といった広い地域になると制限の程度は高いと評価されるでしょう。

(b) 競業禁止の期間

競業禁止の期間が長ければ長いほど，職業選択の自由を制限する程度が高いと評価されます。そのため，1年以内にしておくのが無難です。2年以上の長期間となると，競業避止義務自体が無効と解される可能性が高くなります。

(c) 競業禁止の業務範囲

診療科等の限定もなく一切の医業を禁じることは、実質的に勤務医師の職業選択の自由を大きく制限することになりかねません。そのため、診療科を限定する（例えば、自院において外科に所属していた医師に対して、外科に関する医業のみ禁止する）ことなどを検討すべきです[*2]。

(d) 代償措置の有無

一般的に、競業禁止措置を講じる対価として相当額の金銭を交付していると、競業避止義務が有効と評価される可能性が高くなります。

この点、医療機関としては勤務期間中に勤務医師に支払っている年収は高額であり、別途金銭を支払わなくとも実質的に競業禁止に対する代償措置を講じていると主張することも考えられなくはありません。しかしながら、そもそも医師の年収は世間一般と比べて高額であり、それまでに支払った年収も専門性の高さや業務の責任等を反映したものと考えられるため、競業禁止に対する代償措置と評価される可能性は低いといわざるを得ません。

したがって、代償措置として金銭を交付する場合には競業措置の対価であることを明示しておくことが重要です。

3 患者情報の持出し（秘密保持義務）

医療機関における患者情報は、医療機関にとって「顧客リスト」であると同時に、当該患者にとって最もセンシティブな個人情報でもあります。そのため、医療機関としては、勤務医師が退職する際に患者情報が持ち出されるという事態は絶対に避けなければなりません。退職の申出があったらPCのログを確認したりするなどして、患者情報が持ち出されていないかを確認しておくべきであり、また患者情報を持ち出しにくいシステムを構築するなどして、患者情報が持ち出されるリスクを低減する策を講じることが重要です。

また、患者情報の持出しを未然に防止するという観点から、就業規則において退職後も秘密保持義務を負う旨の規定を設けたり、退職時に秘密保持義務を負う旨を含む誓約書を提出してもらったりするなどの対応をとることが考えられます。

万が一患者情報が持ち出されてしまった場合には、当該医師に対して不正競争防止法等を根拠とする患者情報の使用差止めや損害賠償請求を行うとともに、個人情報保護委員会に対して要配慮個人情報の漏えい等報告を行うなどの対応が必要となります。

4 医療スタッフ等の引抜き

医療スタッフ等の引抜きは、使用者に対する誠実義務違反の問題であると解されています。

在職中であれば、労働者は使用者に対して誠実義務を負っているものと解されますので、将来の開業を目的として従業員を引き抜こうとする行為は誠実義務違反に該当します。一方、退職後であれば、退職者が使用者に対して当然に誠実義務を負っているとまでは解されていないため、退職後の引抜行為について直ちに誠実義務違反であるとしてその責任を追及することはできません。

この点、引抜行為を禁止するような特約がない事例において、当該引抜行為が社会的相当性を著しく欠くような方法・態様で行われた場合には違法と評価され不法行為責任を負うとした裁判例[1]があります。ただ、「社会的相当性を著しく欠く」かどうかの判断が難しいうえ、そのような評価がなされるような方法・態様でない限り医療機関として何ら対応できないというのは医療機関の経営として好ましいものではありません。

そのため、退職時に従業員を引き抜く行為を禁じる旨の内容を定めた誓約書を取得しておくことが重要です。そうしておくことで、引抜行為を予防することができるうえ、仮に誓約書に反して引抜行為がなされたとしても、誓約書に定める従業員引抜禁止条項に違反したとして、損害賠償請求等を行うことができます。

5 誓約書を取得する難しさ

上記のとおり、勤務医師の退職に伴うトラブルについては、退職時に誓約書を取得しておくのが効果的です。

問題は、事後的にトラブルが生じそうな勤務医師であればあるほど、退職時に誓約書に署名・押印することを拒否される可能性が高いという点です。そのため、退職時に誓約書を取得するという運用を確保しつつ、併せて（重複していたとしても）就業規則に規定を設けることは決してむだなことではなく、むしろ有用な方法です。

さらにいえば、入職時に誓約書を取得する方法も考えられます。ただ、この方法は、誓約書に署名・押印をしてもらいやすいというメリットがある一方、紛争が発生した後に「入職時のため署名・押印を拒否することはできなかった。自由な意思に基づく合意ではなかった。したがって、誓約書記載の義務は

Q44◆勤務医師の退職　293

負っていない」との主張がなされるおそれは否定できません。また，人事管理
という観点からは，入職時に退職後の競業避止義務，秘密保持義務及び誠実義
務を負わされる誓約書を求められることにより，勤務医師の勤労意欲を阻害し
てしまうかもしれません。したがって，入職時に誓約書を取得するか否かは，
上記のメリット・デメリットをふまえて判断する必要があります。

〔有岡　一大〕

■判　例■

☆1　大阪地判平14・9・11労判840号62頁。

■注　記■

＊1　就業規則や誓約書がなくても，例外的に，退職後の競合行為が「社会通念上自由
　　競争の範囲を逸脱した違法なもの」と評価されるような高度に悪質な事例であれば
　　損害賠償請求等が認められる場合があります。ただし，このような請求が認められ
　　るケースは限られていますので，就業規則や誓約書によって対応しておくことが重
　　要です。

＊2　診療科ごとに高度な専門化が進んでいる医療界において，診療科を限定したとし
　　ても，地域・期間を限定しない場合には，職業選択の自由を大きく制限していると
　　評価されてしまう可能性は高いといわざるを得ません。そのため，地域・期間を限
　　定したうえで競業を禁止する診療科を限定する方法などが有用です。

団体交渉

当院を解雇された看護師が地域労組に加入して、解雇無効を訴えて団体交渉を申し入れてきました。どう対応したらよいですか。

　団体交渉において解雇無効を訴えてきた場合、正当な理由なく団体交渉を拒否すると不当労働行為となる可能性があります。団体交渉に応じるにあたっては、交渉事項をふまえて対応方針をよく吟味し、誠実に交渉する必要があります。団体交渉を申し入れられた場合、速やかに、団体交渉に精通する弁護士に相談することが重要です。

☑キーワード

不当労働行為、義務的団交事項、誠実交渉義務

解　説

1　地域労組との団体交渉

(1)　団体交渉とは

　団体交渉とは、労働者が労働組合を通じて使用者と労働条件その他の待遇等について行う交渉をいいます。労働者の団体交渉権は日本国憲法28条によって保障されています。

(2)　地域労組とは

　一口に労働組合といっても、特定の企業内で組織される労働組合（企業別組合）から労働者なら誰でも加入できる労働組合まで様々です。このうち地域労組とは、企業別組合に組織されにくい労働者（パートタイム労働者等）を対象に、一定地域で企業の枠を超えて組織される労働組合のことをいいます。

　近年、労働者が、自身の解雇、残業代不払、セクハラ・パワハラを含む各種のハラスメント等の雇用関係上の問題を解決するために、地域労組に駆け込むケースが増えています。「自分の病院には労働組合がないから団体交渉とは無縁だ」と思っていても、突然、見知らぬ労働組合から団体交渉の申入れがくる

可能性はあるのです。

2 団体交渉の申入れへの具体的対応

(1) 団体交渉に応じなければならないか

　団体交渉の申入れは，労働組合から団体交渉申入書（団交申入書）が送付されること等によって行われます。団交申入書には団体交渉の議題（交渉事項）が書かれていますので，病院側は，団交申入書を受け取ったら，まずは交渉事項を確認して団体交渉に応じるか否かを検討します。

　この点，労働者に団体交渉権があるといっても，すべての交渉事項について団体交渉に応じる必要はありません。使用者が団体交渉を義務づけられている事項（義務的団交事項）は一定の範囲に限定され，賃金や労働時間等の労働条件その他の待遇がこれに含まれます。一方，純粋な経営管理事項（使用者の経営や人事に関する事項等）は義務的団交事項ではなく，これが交渉事項とされた場合には，団体交渉に応じないという対応も考えられます。

　もっとも，使用者が「正当な理由」なく団体交渉を拒否すること（団交拒否）は，不当労働行為として法律で禁止されています（労組7条2号）。病院側が団交拒否をすると，地域労組は，不当な団交拒否だとして，都道府県労働委員会に不当労働行為の救済申立てを行う場合があり，労働委員会が団交拒否に「正当な理由」なしと判断すると，団体交渉に応ずべきことを内容とする救済命令が出されます（使用者が確定した救済命令に違反すると過料に処せられます）。また，裁判所や労働委員会は「正当な理由」を狭く解釈する傾向にありますので，交渉事項が義務的団交事項であるか否かは必ずしも明確ではありません。

　そのため，実務上は，交渉事項が義務的団交事項ではないと解釈できる場合でも団体交渉の申入れ自体を拒むのではなく，団体交渉の場で義務的団交事項であるか否かを協議するといった対応が無難です。

(2) 労働組合が指定した日時・場所に従う必要があるか

　団交申入書には団体交渉の日時・場所が指定されているのが通例ですが，これに従う必要はありません。使用者には団体交渉に応じる義務はあっても，その日時・場所は労使間の協議で決めるべきものだからです。

　病院側としては，日時の設定にあたって，準備期間が十分に確保できる日程にするほか，開始時刻も通常業務に支障が出ない業務時間外にする必要があります。交渉時間も，交渉事項次第ですが，2時間以内に抑えるのがよいでしょう。

場所も，①怒号が飛び交う団体交渉になる可能性がある（病院内の会議室だと職員や患者等に不安感を与えかねない），②出席者の人数を絞れる（組合事務所だと多数の組合員が続々と出席してくる可能性がある），③交渉時間を限定できる等の理由から，外部の貸会議室等で行うのが無難です。

なお，開催日をいたずらに先延ばししたり，病院側の希望日時・場所にこだわって団体交渉に応じないでいると，不当労働行為となるリスクがありますので，ある程度柔軟に対応する必要があります。

(3) 誰を団体交渉の出席者にするべきか

病院側の出席者を誰にするべきかは，病院側で決めることができます。

労働組合から院長の出席を求められても，これに従う義務はありません。かえって，すべての決定権限をもつ院長が出席すると，団体交渉の場で決断を求められるリスクがあるなど，デメリットが大きいと思われます。

他方で，病院側から交渉権限がある者が1人も出席しないと，団体交渉を無意味にするという点で，不当労働行為となるリスクがあります。そのため，病院側の出席者は，人事の責任者（事務長，人事課長等），事実関係を最も把握する職員（設問の場合なら直属の上司等），弁護士等の3〜4名程度とするのがよいでしょう。

なお，労働組合側の出席者が多数になるのを避けるため，出席者は労使双方3〜4名程度とすることを労働組合にあらかじめ申し入れておく必要があります。

3 団体交渉当日の対応

(1) 誠実交渉義務

使用者は団体交渉に誠実に応じる義務（誠実交渉義務）を負います。

誠実交渉義務とは，労働組合の要求・主張をただ聞くだけではなく，交渉事項に対する使用者の回答について，根拠を具体的に説明したり根拠資料を示す等して対応し，合意達成の可能性を模索する義務をいいます。誠実交渉義務に反する交渉をすると，不当労働行為になるリスクがあるので注意が必要です。

労働組合は組合員の言い分を聞くだけで，それ以上の事実関係を把握していない場合があります。使用者から回答の根拠や根拠資料を出すことで労働組合が態度を軟化させる場合もありますので，労働組合から要求があれば，極力資料を開示する等して，団体交渉に誠実に対応している姿勢をみせるべきです。

以上のとおり，使用者は誠実交渉義務を負いますが，労働組合の要求・主張

を受け入れたり，譲歩する義務まではありません。団体交渉には，譲れるもの
は譲り，譲れないものは譲らないという姿勢で臨むのがよいでしょう。

　また，議論を尽くしても合意に至らない場合には，団体交渉を打ち切っても
不当労働行為にはなりません。もっとも，何をもって議論を尽くしたといえる
のかは判断が難しいところです。交渉事項次第ですが，最低3回程度の交渉は
覚悟すべきであり，一方的な交渉打切りは不当労働行為になるリスクがありま
す。

(2)　その他の留意点

　団体交渉では，労働組合から録音の許可や議事録の作成・確認を求められる
場合があります。

　録音にはメリット・デメリットがあり，慣れない使用者側の担当者を萎縮さ
せるおそれがある反面，労働組合に乱暴な言動を自重させる側面もあります。
互いにメモをとればよい等として原則として録音を断るか，あるいは労使双方
で録音するか，状況に応じて対応を検討する必要があります。

　団体交渉を行ったら，後々不当労働行為か否かをめぐって紛争になったとき
に備えて，議事録を作成しておく必要があります。もっとも，労働組合から送
られてきた議事録への署名押印は断るべきです。なぜなら，議事録の内容次第
では，労働協約（労働組合と使用者との間の労働条件その他に関する協定）や合意内容
として使用者側を拘束する結果を招くなど，法的にみて単なる団体交渉の記録
以上の意味をもつ場合があるからです。議事録は共同で作成する必要はなく，
あくまで労使各自の責任で作成すれば足ります。そして，団体交渉の結果，何
らかの合意に至った場合には，別途合意書を取り交わせばよいのです。

4　最後に

　本項目では団体交渉への対応上の留意点について説明しました。もっとも，
実際の対応にあたって，不当労働行為にならないように何をどうするべきかは
難しい問題です。団体交渉に精通する弁護士とよく相談して進めてください。

〔薄井　琢磨〕

46 人材紹介サービスの利用

職業紹介事業者から紹介されたスタッフを雇いましたが，そのスタッフは能力が低く，院内に迷惑をかけた挙句にすぐにやめてしまいました。職業紹介事業者に対して責任追及できますか。また，今後同じようなトラブルになることは避けたいと思いますが，人材紹介サービスを利用する場合にはどのようなことに注意すればよいでしょうか。

職業紹介事業者は，医療機関に対し，スタッフの候補者を紹介するのが仕事であり，候補者の能力や適格性の判断は，スタッフを雇用する医療機関が行うべきものとされています。したがって，紹介されたスタッフの能力が低かったことや適格性を欠いていたことを理由に，職業紹介事業者に対して責任追及することは原則としてできません。これをふまえ，人材紹介サービスを利用する場合には，①職業紹介事業者を慎重に選定すること，②人材紹介契約の内容をしっかり確認すること，③職業紹介事業者の担当者と綿密なコミュニケーションをとること，④自らの責任で納得のいく人材を選定し採用することの4点に注意する必要があります。

☑ キーワード

人材紹介，職業紹介，職業安定法，返戻金

解　説

1　人材紹介サービスの概要と法規制

職業紹介事業者（以下「紹介事業者」といいます）が提供する人材紹介サービスには様々なものがありますが，人材紹介サービスを大きく分けると，次のとおり，登録型，サーチ型，再就職支援型という3つの類型があります。

類　型	サービス内容
登　録　型	求人者と求職者それぞれからの依頼に基づき，双方の希望条件に適う最適なマッチングを仲介するサービス。最もベーシックな類型。

サーチ型	求人者の依頼に基づき，求人者の希望条件に合致する最適な人材をサーチ（検索）し，求人者に就職するよう勧奨するサービス。いわゆる「ヘッドハンティング」，「スカウト」とも呼ばれる類型。
再就職支援型	事業規模の縮小などで雇用を継続することが難しくなった企業等の依頼に基づき，当該企業等に在職している従業員等の再就職を支援するサービス。「アウトプレースメント」とも呼ばれる類型。

　この人材紹介サービスの3つの類型は，一般に，「求人及び求職の申込みを受け，求人者と求職者との間における雇用契約の成立をあっせんする」ものですので，職業安定法上の「職業紹介」に該当し（職安4条1項），同法による規制の対象となります。

　そして，職業安定法は，人材紹介サービス等の適正な運営を確保するため，紹介事業者及び求人者（医療機関など）による労働条件等の明示（職安5条の3），求人等に関する情報の的確な表示（職安5条の4），求職者等（医師，看護師など）の個人情報の取扱い（職安5条の5）等について定めるとともに，有料職業紹介についてはすべて許可制（職安30条）としています。

2　紹介事業者の義務と責任

(1)　職業安定法上の努力義務

　職業安定法は，紹介事業者の求人者に対する義務について「職業紹介事業者は，……求人者に対しては，その雇用条件に適合する求職者を紹介するように努めなければならない。」（職安5条の8）という努力義務を課しています。

(2)　契約上の義務と責任

　紹介事業者と求人者との間で締結される人材紹介契約は民法上の準委任契約に該当しますので，紹介事業者は人材紹介サービスの履行に際して善良なる管理者の注意をもって委任事務を遂行すべき義務を負います（民656条・644条）。そのため，求職者の紹介がその善管注意義務に違反したと認められる場合には，紹介事業者は求人者に対して債務不履行による損害賠償責任等を負うことになります。

　なお，人材紹介契約における紹介事業者の求人者に対する義務及び責任については，当事者の合意によって民法と異なる定めをすることも可能ですので，人材紹介契約に紹介事業者の義務及び責任に関する規定があればその規定に従うことになります。

300　第7章◇労　　働

(3)　裁判例の状況

　上記のとおり，紹介事業者は人材紹介サービスの履行に際して善管注意義務を負っていますが，紹介事業者が紹介した求職者が求人者の求める能力・適格性を有していなかった場合，求人者は紹介事業者に対して責任追及できるのでしょうか。以下，紹介事業者の善管注意義務に関し，調査義務，情報提供義務等が争点となった裁判例を紹介します。

　まず，紹介事業者が紹介した求職者の職務経歴や取得資格の記載がほとんど虚偽であったことについて，紹介事業者の調査義務が争点となった事案があります。裁判所は，紹介事業者には，人材紹介契約の履行に関し善良なる管理者の注意義務をもって業務遂行する義務があることを認めたうえで，職業安定法の規定に照らせば，紹介事業者は求職者の申告した学歴，職歴を裏づけ調査する義務までは負わないとし，求職者に対して口頭の質問によって職歴，履歴の確認を行い，それに対する求職者の応答を評価することについては，本来求人者において面接時に行うべきものであるとして，求人者による損害賠償請求を棄却しました☆1。

　また，紹介事業者が紹介した医師の勤務態度が不良であり，医師としての能力も極めて低かったこと等について，紹介事業者の情報提供義務違反等が争点となった事案では，裁判所は，紹介事業者は求人者である医療法人に対し，契約をするかどうかを判断するために必要な情報を提供する義務を負っているとしましたが，職業安定法の規定に照らすと，紹介事業者が医療法人に提供すべき情報としては，求職者である医師の申告した情報で足り，それ以上に医師の能力や適格性について情報を収集して医療法人に提供する義務を負わないと判示しました☆2。

(4)　紹介事業者に対する責任追及の可否

　上記裁判例をふまえると，紹介事業者が求人者に提供すべき情報としては，求職者の申告した情報で足り，紹介事業者は，求職者の申告した学歴，職歴等について裏づけ調査等をしたり，求職者の能力や適格性について情報を収集して提供したりする義務までは負わない（むしろ，求職者の学歴，職歴等や能力，適格性を調査・判断するのは，求人者たる医療機関の責任になる）と解されます。したがって，紹介事業者から紹介された求職者の職歴等が虚偽であったことや，求職者が求人者の求める能力や適格性を有していなかったことを理由に，紹介事業者に対して責任追及をすることは困難であると考えられます。

　ただし，紹介事業者が，紹介する求職者の職歴等が虚偽であるとの情報や，

求職者の能力や適格性について雇用契約を締結するかどうかの判断に影響を及ぼすような情報を得ていたにもかかわらず，その情報を提供していなかった場合には，紹介事業者に対して責任追及できる可能性があります（上記裁判例[☆3]でも，裁判所は，紹介事業者が紹介する医師の能力や適格性について情報を得ていた場合には，これを医療法人に対して提供する義務を負っていたということができるとしています）。もっとも，その場合でも，紹介事業者の損害賠償責任等が認められるためには，紹介事業者が紹介の当時これらの情報を得ていたことについて求人者が立証する必要がありますので，立証のハードルが高いことに注意が必要です。

(5) 返戻金制度

このように紹介事業者に対する責任追及は容易ではありませんが，返戻金制度（求職者が就職後早期に離職等をした場合に，紹介事業者が求人者に対して紹介手数料を返還する制度）が設けられている場合は，紹介事業者に対して紹介手数料の返還を求めることができます。この点，返戻金制度を設けることは法律上の義務ではありませんが，当事者間の合意によって人材紹介契約に定めることが可能であり，厚生労働省の指針[*1]でもこの返戻金制度を設けておくことが望ましいとされています。

3 人材紹介サービス利用上の注意点

深刻な人手不足の中，医師・看護師などの医療従事者確保のために紹介事業者を利用した医療機関等の求人者がその対応に苦慮する事例が発生しており，厚生労働省及び都道府県労働局が医療機関等に対して注意を呼びかけています[*2][*3]。

厚生労働省等による注意喚起もふまえて人材紹介サービスを利用する際の注意点を整理すると，以下のとおりです。

(1) 紹介事業者を慎重に選定すること

有料職業紹介は許可制とされていますが，残念ながら悪質な紹介事業者も存在します。厚生労働省の運営する「人材サービス総合サイト」[*4]には紹介事業者の許可番号だけではなく，紹介による就職者数や離職者数，紹介手数料，返戻金制度などに関する情報も掲載されていますので活用しましょう。

また，紹介事業者が，求人申込みから就職までのプロセスや平均的な期間，紹介手数料などについて丁寧に説明してくれるか，医療機関の求める人材の要件（能力，技術，経験年数など）を丁寧に聞き取る姿勢があるか，医療機関と求職者の意向のすり合わせに努める姿勢があるかなど，紹介事業者の姿勢を見定め

ることも重要です。

なお，厚生労働省の委託事業である「医療・介護・保育分野における適正な有料職業紹介事業者の認定制度」*5や「職業紹介優良事業者認定制度」*6も，紹介事業者を選定する際の一つの目安となるでしょう。

⑵　人材紹介契約の内容をしっかり確認すること

人材紹介契約については，紹介事業者の業務内容のほか，どの時点でいくらの紹介手数料が発生するのか，返戻金制度は合理的な内容となっているか（制度を設けていない場合，その理由は何か），紹介事業者の責任の範囲や免責はどのように定められているか，しっかりと確認しましょう。特に，返戻金制度は，法律上の制度ではなく各契約で定められるものですので，返戻金が発生する期間や金額割合のほか，返戻金が発生する事由も契約の文言により解釈されることになります。したがって，返戻金制度がどのような文言で規定されているのか注意する必要があります。

また，事前に説明を受けた内容と契約書の内容に齟齬がないかを確認するとともに，不明な点や納得できない点があれば，契約締結前に必ず協議や交渉をしておきましょう。

⑶　紹介事業者の担当者と綿密なコミュニケーションをとること

必要とする人材の能力や適格性などは医療機関の側から紹介事業者に具体的に伝えなければ伝わりませんので，ミスマッチを防ぐためには，紹介事業者の担当者と綿密なコミュニケーションをとる必要があります。

そして，口頭のやりとりだけでは行き違いが生じることがありますし，採用後にトラブルが発生して，採用当時のやりとり（医療機関が求める人材の要件等として何を伝えたか，それに対して紹介事業者が提供すべき情報を提供していたか等）が問題となることもありますので，求める人材の要件等については求人票などの書面やメールなどの電子媒体を利用してやりとりし，その記録を残しておくことも大切です。

⑷　自らの責任で納得のいく人材を選定し，採用すること

紹介事業者を利用する場合でも，採用するかどうかを最終的に決めるのは求人者ですので，紹介事業者が適切な人材を選んでくれているだろうと紹介事業者任せにするのではなく，自ら入念な面接などを行い，求職者が求められる能力や技術を身につけているか，職場に順応できそうかなどを十分に確認することが重要です。

また，これは紹介事業者を利用する場合に限りませんが，法律に従って労働

条件を明示することはもちろん，求める人材の要件や職場の雰囲気，待遇などについて求職者に十分な情報提供をしておくことが，採用後のトラブルを防ぐために有効です。

〔齋藤　愛実〕

■判　例■

☆1　東京地判平16・8・30（平成15年（ワ）第12183号）LLI/DB。
☆2　東京地判平26・7・15（平成24年（ワ）第16178号・平成25年（ワ）第9301号）LEX/DB。
☆3　前掲注（☆2）東京地判平26・7・15。

■注　記■

＊1　「職業紹介事業者，求人者，労働者の募集を行う者，募集受託者，募集情報等提供事業を行う者，労働者供給事業者，労働者供給を受けようとする者等がその責務等に関して適切に対処するための指針」平成11年11月17日労働省告示第141号（最終改正：令和5年3月31日厚生労働省告示第165号）。
＊2　厚生労働省・都道府県労働局「職業紹介サービスを利用する際はご注意ください！」（令和2年1月版）（https://www.mhlw.go.jp/content/11907000/000653346.pdf）。
＊3　厚生労働省「職業紹介サービス利用の注意点」（平成26年10月版）（https://www.mhlw.go.jp/file/06-Seisakujouhou-11650000-Shokugyouanteikyokuhakenyukiroudoutaisakubu/0000060816.pdf）。
＊4　厚生労働省職業安定局ウェブサイト「人材サービス総合サイト」（https://jinzai.hellowork.mhlw.go.jp/JinzaiWeb/）。
＊5　「医療・介護・保育分野における適正な有料職業紹介事業者の認定制度」（厚生労働省委託事業）（https://www.jesra.or.jp/tekiseinintei/）。
＊6　「職業紹介優良事業者認定制度」（厚生労働省委託事業）（https://www.jesra.or.jp/yuryoshokai/）。

第 8 章

医療行為

47 医師でなければ行えない業務

医師でなければ行えない業務にはどのようなものがありますか。タトゥー施術はどうでしょうか。

A 医師でなければ行えない業務は「医業」です。「医業」とは、「反復継続の意思を以って医行為をすること」をいい、「医行為」とは、「医療及び保健指導に属する行為のうち、医師が行うのでなければ保険衛生上危害を生ずるおそれのある行為」をいいます。治療行為はもちろんのこと、治療行為を目的とした検査・診察行為のほか、コンタクトレンズの処方のために行われる検眼、レーザー脱毛等もこれに含まれます。タトゥー施術は「医療及び保健指導に属する行為」ではなく医師でなければ行えない業務には当たりませんが、これと類似するアートメイクは「医療及び保健指導に属する行為」であり医師でなければ行えない業務といえます。

☑ キーワード

医業、医行為、タトゥー事件

解 説

1 「医業」の意義

医師法17条は、「医師でなければ、医業をなしてはならない。」と定め、これに違反した場合には、「3年以下の懲役若しくは100万円以下の罰金に処し、又はこれを併科する」こととしています(医師31条1項1号)。ここにいう「医業」とは、「反復継続の意思を以って医行為をすること」と解されています☆1。

「医行為」の意義については、「医師が行うのでなければ保健衛生上危害を生ずるおそれのある行為」との解釈が通説と評されてきましたが、近年最高裁は、タトゥー事件において、「医行為とは、医療及び保健指導に属する行為のうち、医師が行うのでなければ保健衛生上危害を生ずるおそれのある行為をいう」との解釈を示しました☆2。同最高裁決定は、「ある行為が医行為に当たるか否かについては、当該行為の方法や作用のみならず、その目的、行為者と相

308　第8章◇医療行為

手方との関係，当該行為が行われる際の具体的な状況，実情や社会における受け止め方等をも考慮した上で，社会通念に照らして判断」すべきことも示しています。

2　「医行為」該当性が問題となり得る行為

医行為は，治療行為に限られず，治療行為を目的とした検査や診察行為も含まれます[*1]。また，人体の生命や健康が現実に危険にさらされなくても，無資格者が行うことにより抽象的な危険を生じる場合は医行為となります[☆3]。

医行為の概念は一義的に明らかなわけではなく，個々の行為の態様に応じ個別具体的に判断されるものですが，タトゥー事件最高裁決定以前，医行為該当性が問題となり得るいくつかの行為について，裁判例や行政解釈において見解が示されていました。例えば以下のとおりです。

① 採取された被検査物についての血液型の検査，血液検査，糞便検査，淋菌検査等は医行為に該当しないが，検査結果に基づいてその病名を判断する行為は医行為に該当する[*2]。

②(ア) 美容を目的とした二重瞼，隆鼻，瘢痕剥離及び植皮，植毛等の整形手術をなす行為，

(イ) 美容を目的として，いぼ，あざ等を除去するため薬品を塗察する行為，

(ウ) (ア)(イ)に付随して注射，投薬等を行う行為は医行為に該当する[*3]。

③(ア) レーザー光線又はその他の強力なエネルギーを有する光線を毛根部分に照射し，毛乳頭，皮脂腺開口部等を破壊する行為（レーザー脱毛）[☆4]，

(イ) 針先に色素を付けながら，皮膚の表面に墨等の色素を入れる行為（アートメイク）[☆5]，

(ウ) 酸等の化学薬品を皮膚に塗布して，しわ，シミ等に付して表皮剥離を行う行為（ケミカル・ピーリング）は医行為に該当する[*4]。

タトゥー事件最高裁決定によって行政解釈に変更の可能性がないとはいえませんが，少なくとも上記に挙げた例については，最高裁決定の判断基準に照らしても，引き続き医行為と解されると考えられます（下記**3**も参照してください）。

3　タトゥー施術の医行為該当性

1で述べたように，タトゥー事件最高裁決定は，「ある行為が医行為に当たるか否かについては，当該行為の方法や作用のみならず，その目的，行為者と

相手方との関係，当該行為が行われる際の具体的な状況，実情や社会における受け止め方等をも考慮した上で，社会通念に照らして判断」すべきとしたうえで，「タトゥー施術行為は，装飾的ないし象徴的な要素や美術的な意義がある社会的な風俗として受け止められてきたものであって，医療及び保健指導に属する行為とは考えられてこなかったものである。」こと，「タトゥー施術行為は，医学とは異質の美術等に関する知識及び技能を要する行為であって，医師免許取得過程等でこれらの知識及び技能を習得することは予定されておらず，歴史的にも，長年にわたり医師免許を有しない彫り師が行ってきた実情があり，医師が独占して行う事態は想定し難い。」ことといった事情の下では，タトゥー施術行為が「社会通念に照らして，医療及び保健指導に属する行為であるとは認め難く，医行為には当たらない」と判断しました。

なお，タトゥー施術とアートメイクとは，その施術方法が類似しているため，アートメイクについても医行為には該当しないこととなるのか問題となります。この点，タトゥー事件最高裁決定の判例解説では，アートメイクを含む美容整形手術は，身体外表に外科手術等を施し，より美しくさせたり若返らせたりするものであり，医師の知識と技能とは異質の知識や技能が要求される行為ではないうえ，美容外科が形成外科の一部をなすものとして医師によって担われ，医学部で美容整形外科に関する教育が行われているなど，医師により行われる医療として発展し，社会通念上もそのような行為として認識されていることをふまえると，美容整形手術やアートメイクも，医療及び保健指導に属する行為と判断されることになるとの見解が示されています[5]。実際，タトゥー事件最高裁決定後に発出された行政解釈においても，アートメイクは医行為に該当するとされています[6]。

4 介護現場等において医行為該当性が問題となり得る行為

医療機関以外の高齢者介護・障害者介護の現場等において判断に疑義が生じることの多い行為であって，原則として医行為ではないと考えられるものについては，これらの行為を介護職員が安心して行うことができるよう，行政解釈が示されているので，最後にこれを紹介します[7]。

① 体温測定
② 自動血圧測定器・半自動血圧測定器による血圧測定
③ 一定の患者に対するパルスオキシメータの装着，動脈血酸素飽和度の確認

310 第8章◇医療行為

④ 軽微な切り傷，擦り傷，やけどの処置（ガーゼの交換を含む）

⑤ 一定の条件の下での，皮膚・爪への軟膏の塗布，湿布の貼付，点眼薬の点眼，服薬の介助

⑥ 通常の爪切り，歯磨き，耳掃除，ストマ装具のパウチにたまった排泄物の廃棄，自己導尿の補助，浣腸

⑦ 一定のストマ装置の交換

⑧ 在宅介護等の介護現場におけるインスリン投与の準備・片づけ

⑨ 持続血糖測定器のセンサー貼付，測定値の読取り

⑩ 経管栄養の準備・片づけ

⑪ 膀胱留置カテーテルの蓄尿バッグの尿量等の確認，尿廃棄

⑫ 有床義歯（入れ歯）の着脱・洗浄

ただし，病状が不安定であること等により専門的な管理が必要な場合には，上記①～⑫は，医行為とされる場合もあり得ます。

〔松原　香織〕

■判　例■

☆1　最判昭28・11・20刑集7巻11号2249頁。

☆2　最決令2・9・16刑集74巻6号581頁〔タトゥー事件〕。

☆3　最判平9・9・30刑集51巻8号671頁（原審東京高判平6・11・15高刑47巻3号299頁。コンタクトレンズの処方のために行われる検眼及びテスト用コンタクトレンズの着脱の各行為を医行為と判断した事例）。

☆4　東京地判平14・10・30判時1816号164頁。

☆5　東京地判平2・3・9判時1370号159頁。

■注　記■

＊1　探膿針を使用して患部化膿の有無を検査する行為（大判大12・12・22刑集2巻1009頁），レントゲン照射機を使用して診察する行為（大判昭11・6・16刑集15巻798頁）等。

＊2　厚生省医務局医務課長「診療所開設許可に関する疑義について」昭和23年8月12日医第312号。

＊3　厚生省医務局医事課長「医師法第17条の疑義について」昭和39年6月18日医事第44号。

＊4　厚生労働省医政局医事課長「医師免許を有しない者による脱毛行為等の取扱いについて」平成13年11月8日医政医発第105号。

＊5　前掲注（☆2）最決令2・9・16〔タトゥー事件〕の判例解説として，池田知史・最判解刑令和2年度159頁。

＊6　厚生労働省医政局医事課長「医師免許を有しない者によるいわゆるアートメイクの取扱いについて」令和5年7月3日医政医発0703第5号。

＊7　厚生労働省医政局長「医師法第17条，歯科医師法第17条及び保健師助産師看護師
　　　法第31条の解釈について（通知）」平成17年7月26日医政発第0726005号，厚生労働
　　　省医政局医事課長「ストーマ装具の交換について」平成23年7月5日医政医発0705
　　　第3号，厚生労働省医政局長「医師法第17条，歯科医師法第17条及び保健師助産師
　　　看護師法第31条の解釈について（その2）」令和4年12月1日医政発1201第4号。

48 医療スタッフの行える業務

看護師やそれ以外の医療スタッフは、どのような業務ができますか。

　　看護師は、傷病者等に対する療養上の世話を行い、医師の指示のもと診療の補助を行うことができます。助産師は、正常分娩の助産、妊婦等の保健指導のほか、看護師の業務も行うことができます。臨床検査技師は、医師の指示の下、検体検査、診療の補助としての採血、検体採取、生理学的検査及びこれらに関連する行為を行うことができます（採血、検体採取及びこれらに関連する行為については、医師の具体的指示が必要です）。その他の有資格医療従事者の行える業務については、それぞれの関連法令において定められています。無資格の医療スタッフは、有資格者の業務独占の範囲に含まれない業務を行うことができます。

☑ キーワード

業務独占，看護師の特定行為，タスク・シフト／シェアリング

解　説

1 医療スタッフの職種

　医療は、医師、看護師、薬剤師、事務職員等の幅広い医療スタッフによって支えられています。医療スタッフの職種には、①有資格者でなければ従事できない職種と、②そのような資格がなくとも従事できる職種とがあります。
　①には、医師、歯科医師、薬剤師、保健師、助産師、看護師、准看護師、理学療法士、作業療法士、視能訓練士、言語聴覚士、義肢装具士、診療放射線技師、臨床検査技師、臨床工学技士、管理栄養士、栄養士、歯科衛生士、歯科技工士、あん摩マッサージ指圧師、はり師、きゅう師、柔道整復師、救急救命士が挙げられます[1]。
　②には、看護助手や医療事務職員等が挙げられます。

2 医療に関する業務独占

（1）はじめに

医師法17条は，「医師でなければ，医業をなしてはならない。」と定め，これに違反した場合の罰則も設けています（医師31条1項1号）。そして，「医業」は，「反復継続の意思を以って，医行為（医療及び保健指導に属する行為のうち，医師が行うのでなければ保健衛生上危害を生ずるおそれのある行為）を行うこと」と解されています（Q47参照）。しかし，医師（以下では「歯科医師」を含みます）の免許を受けていない者でも，特定の資格をもつ者には，医師の指示の下に一定の医行為を業として行うことが認められています。

また，医行為に当たらない行為でも，特定の資格をもたない者が業として行うことが禁止されているものもあります。

以下では，看護師・准看護師，助産師，臨床検査技師を例にとって，その行える業務及びその資格をもたない者が行えない業務について説明します。

(2) 看護師・准看護師

(a) 看護師・准看護師の業務

看護師及び准看護師は，傷病者もしくはじょく婦に対する療養上の世話又は診療の補助を行うことを業とする者をいいます（保助看5条・6条）。

「療養上の世話」は，看護師及び准看護師の本来の業務であり，医師が行わなくても保健衛生上危害を生ずるおそれのない行為（症状観察，食事の世話，清拭及び排泄の介助，生活指導等）をいいます。したがって，「療養上の世話」は医行為ではなく，医師の指示なく看護師は単独で，准看護師は看護師の指示を受けて，これを行うことができます。

他方，「診療の補助」は身体的侵襲の比較的軽微な医行為についての補助であり，具体例として，採血，皮下注射，点滴，医療機器の操作，処置等が挙げられます。そして，これらの行為は医行為の一部であることから，保助看法37条本文が「保健師，助産師，看護師又は准看護師は，主治の医師又は歯科医師の指示があった場合を除くほか，診療機械を使用し，医薬品を授与し，医薬品について指示をしその他医師又は歯科医師が行うのでなければ衛生上危害を生ずるおそれのある行為をしてはならない。」としているとおり，原則として，医師の指示がなければ行うことができません（ただし，臨時応急の手当をする場合は，医師の指示は不要です〔保助看37条ただし書〕）。

(b) 「医師の指示」の態様

看護師が診療の補助を行うつど医師から出す指示が「医師の指示」に該当することは明らかですが，「医師の指示」の態様はこれに限りません。

診療の補助のうちの特定行為（看護師が手順書により行う場合には，実践的な理解

力，思考力及び判断力並びに高度かつ専門的な知識及び技能が特に必要とされるものとして厚生労働省令＊2で定める行為〔保助看37条の2第2項1号〕）について，特定行為研修を受けた看護師が行う場合には，そのつど医師の指示を求めることなく，医師があらかじめ作成した手順書（医師による包括的指示の形態の一つ）により行うことが可能とされています（同条1項）。特定行為の具体例としては，人工呼吸管理や持続点滴中の降圧剤や利尿剤等の薬剤の投与量の調整，中心静脈カテーテルの抜去や末梢留置型中心静脈注射用カテーテルの挿入等が挙げられます。

　また，実施するにあたって高度かつ専門的な知識及び技能までは要しない薬剤の投与，採血・検査については，特定行為研修を修了した看護師に限らず，医師が事前に取り決めたプロトコール（事前に予測可能な範囲で対応の手順をまとめたもの）に基づいて，看護師は患者の状態に応じて柔軟な対応を行うことも可能とされています＊3（准看護師についても同様と考えられます）。救急外来における採血・検査についても同様です。

(c)　「診療の補助」の範囲

　看護師及び准看護師が行うことのできる「診療の補助」の例は前記(a)のとおりですが，後述する医師から他の医療関係職種へのタスク・シフト／シェアリングを推進する観点から，厚生労働省の通知＊4には，以下の行為が「診療の補助」に該当することが明示されています。

① 　血管造影・画像下治療において，造影剤の投与や，治療終了後の圧迫止血等の行為を行うこと。なお，エックス線撮影等の放射線照射は，看護師が行うことはできません。

② 　静脈注射・皮下注射・筋肉注射（ワクチン接種のためのものを含む），静脈採血（静脈路からの採血を含む），動脈路からの採血，静脈路確保，静脈ライン・動脈ラインの抜去及び止血（小児・新生児に対して行う場合も含む）

③ 　尿道カテーテル留置，末梢留置型中心静脈注射用カテーテルの抜去，皮下埋込み式CVポートの穿刺，胃管・EDチューブの挿入及び抜去，手術部位（創部）の消毒，鶏眼処置，創傷処置，ドレッシング抜去，抜糸，軟膏処置，光線療法の開始・中止（小児・新生児に対して行う場合も含む）

　なお，厚生労働省の通知＊5では，タスク・シフト／シェアリングの観点から，看護師による診療前の情報収集も医師の診察に係る負担軽減に資するとされています。

(d)　無資格者による行為

　傷病者等に対する療養上の世話及び診療の補助は，原則として看護師及び准

看護師のみが業として行うことができるとされており（保助看31条・32条），他の法律で許容されている場合でないのに看護師又は准看護師の資格のない者（医師，保健師及び助産師を除きます）が傷病者等に対する療養上の世話及び診療の補助を業として行うことはできません。違反した場合は罰則も設けられています（保助看43条1項1号）。

(3) 助 産 師

(a) 助産師の業務

助産師は，助産又は妊婦，じょく婦もしくは新生児の保健指導を行うことを業とする女子をいい（保助看3条），これら「助産」及び「妊婦等の保健指導」のほか，看護師の業務（「傷病者等に対する療養上の世話」及び「診療の補助」）も行うことができます（保助看31条2項）。

「妊婦等の保健指導」は，助産師本来の業務であり，医師が行わなくても保健衛生上危害を生ずるおそれのない行為（授乳や沐浴等についての指導，乳房マッサージ等）をいいます。したがって，「妊婦等の保健指導」は医行為ではありません。

他方，「助産」は分娩の介助であり，分娩開始後の消毒，排尿介助，分娩中の母体のバイタルサインのチェック，娩出時の会陰保護，胎盤娩出の取扱い等を含みます。助産は医行為の一部であるものの，保助看法38条本文が「助産師は，妊婦，産婦，じょく婦，胎児又は新生児に異常があると認めたときは，医師の診療を求めさせることを要し，自らこれらの者に対して処置をしてはならない。」としていることの反対解釈から，医師の指示がなくとも助産師が単独で，正常分娩の助産を扱うことができます。また，助産師は，へその緒を切り，浣腸を施しその他助産師の業務に当然に付随する行為についても，単独で行うことができます（保助看37条ただし書）。

反対に，助産師が，妊婦，産婦，じょく婦，胎児又は新生児に異常があると認めたときは，自ら処置をしてはならず，医師の診療を受けさせなければなりません（ただし，臨時応急の手当を行う場合を除きます〔保助看38条ただし書〕）。助産師が，骨盤位牽出術や吸引・鉗子分娩等の産科手術を行うことはできません。

(b) 無資格者による行為

助産及び妊婦等の保健指導は，原則として助産師のみが業として行うことができるとされており，助産師の資格のない者（医師を除きます）が助産及び妊婦等の保健指導を業として行うことはできません（保助看30条）。違反した場合は罰則も設けられています（保助看43条1項1号）。

316 第8章◇医療行為

(4) 臨床検査技師

(a) 臨床検査技師の業務

　臨床検査技師は，医師の指示の下に，人体から排出され，又は採取された検体の検査として厚生労働省令（臨床検査技師規1条）で定めるもの（検体検査。具体的には微生物学的検査，免疫学的検査，血液学的検査，病理学的検査，生化学的検査，尿・糞便等一般検査，遺伝子関連・染色体検査）及び厚生労働省令（臨床検査技師規1条の2）で定める生理学的検査（心電図検査〔体表誘導によるものに限る〕，心音図検査，脳波検査〔頭皮誘導によるものに限る〕等）を行うことを業とする者をいいます（臨床検査技師2条）。

　臨床検査技師は，診療の補助として，医師の指示の下，①採血，②検体採取（鼻腔拭い液等の採取，医療用吸引器を用いた喀痰の採取，内視鏡用生検鉗子を用いた消化管の病変部位組織の一部の採取等〔臨床検査技師令8条の2〕），③生理学的検査及び④これらに関連する行為として厚生労働省令（臨床検査技師規10条の2）で定める行為を行うことができます。（臨床検査技師20条の2第1項）（①，②及び④には医師の具体的な指示が必要です）。④の行為は，後述するタスク・シフト／シェアリングの推進のため，令和3年医療法改正により追加されました（同改正によって，検体採取行為の範疇も拡大しました）。①～④の行為は，看護師の業務独占の範囲である「診療の補助」に当たりますが，法律上，業務独占の例外として臨床検査技師が行うことが認められているのです。

(b) 無資格者による行為

　臨床検査技師の資格をもたない者が，上記(a)①～④の行為を行った場合には，保助看法31条・32条違反となります。検体検査については，臨床検査技師のみが業として行うことができるとの規定はなく業務独占の対象ではないため，資格をもたない者がこれを行うことを禁止する法律はありません。

(5) タスク・シフト／シェアリング

　上記までで述べたとおり，医師以外の医療従事者が業として行える医行為や，特定の資格をもった者だけが行える行為の範囲には外縁が設けられています。

　しかし，個々の行為が具体的にどの行為に当たるのかということは，医療従事者の専門的知識及び技術の向上，時代的要因，国民の理解等により変化するものです。特に近年では，チーム医療の推進や，医師の労働時間短縮のためのタスク・シフト／シェアリングの推進が喫緊の課題となっています。厚生労働省は，上記(2)でも紹介したように医師以外の医療従事者の行える行為に関する

解釈を示す通知[6]を発してタスク・シフト／シェアリングを推進しています
し，令和3年5月の医療法改正において，臨床検査技師，臨床工学技士，診療
放射線技師及び救急救命士の業務範囲が拡大されたのも，タスク・シフト／
シェアリングの推進の一環です。

　医療関係職種間のタスク・シフト／シェアリングは，規制改革推進会議におい
いて在宅医療の観点から議論されるなど，今後も変化が見込まれますので，議
論の動向には注意が必要です。

3　無資格者の行うことのできる医療に関する業務

　看護助手（看護補助者）や医療事務職員等の無資格の医療スタッフも，チーム
医療を担う一員であり，有資格者の業務独占の範囲に含まれない業務を行うこ
とができるため，タスク・シフト／シェアリングの担い手として期待されてい
ます。

　看護助手は，看護師・准看護師の指導の下に，原則として療養生活上の世話
（食事，清潔，排泄，入浴，移動等），病室内の環境整備やベッドメーキングのほ
か，病棟内において，看護用品及び消耗品の整理整頓，看護師が行う書類・伝
票の整理及び作成の代行，診療録の準備等の業務を行うことができるとされて
います[7]。

　医療事務職員も，医師の指示の下，診療録等の代行入力，各種書類の記載，
医師が診察をする前に，医療機関の定めた定型の問診票等を用いて，診察する
医師以外の者が患者の病歴や症状などを聴取する業務，日常的に行われる検査
に関する定型的な説明，同意書の受領，入院時のオリエンテーション，院内で
の患者移送・誘導，症例実績や各種臨床データの整理，研究申請書の準備，カ
ンファレンスの準備，医師の当直表の作成等の業務を行うことができるものと
されています[8]。

〔松原　香織〕

───■注　記■───

* 1　厚生労働省「令和5年版厚生労働白書 資料編」44頁。
* 2　保健師助産師看護師法第37条の2第2項第1号に規定する特定行為及び同項第4
　　　号に規定する特定行為研修に関する省令2条・別表第1。
* 3　厚生労働省医政局長「現行制度の下で実施可能な範囲におけるタスク・シフト／
　　　シェアの推進について」令和3年9月30日医政発0930第16号。
* 4　前掲注（＊3）。

318　第8章◇医療行為

＊5　前掲注（＊3）。

＊6　前掲注（＊3）。

＊7　厚生労働省保険局医療課長ほか「基本診療料の施設基準等及びその届出に関する手続きの取扱いについて」令和2年3月5日保医発0305第2号29頁。

＊8　前掲注（＊3）17頁～18頁。

49 医師による国内未承認医薬品の輸入に係る注意点

輸入代行業者を利用して，国内で薬機法上の製造販売承認を受けていない医薬品を輸入し，患者の治療に使用したいと考えていますが，輸入時及び輸入後に注意すべき点を教えてください。

　治療上緊急性があり，国内に代替品が流通していない医薬品を医師が自己の責任の下，自己の患者の治療等に供することを目的として，輸入確認申請を行い，輸入確認を受けたうえで輸入することは禁止されていません。まずは治療上の緊急性がない場合など，輸入確認を受けることができない場合に該当しないか検討する必要があります。

　輸入手続の代行を輸入代行業者に委託する場合，薬機法等に違反している業者に委託すると，輸入確認を受けることができなくなるため，業者選定にあたっては注意が必要です。

　輸入後は，当該医薬品を輸入者である医師の責任の下で保管管理し，当該医師の患者の治療等のためにのみ使用すること，広告する場合には，国内未承認医薬品を用いた自由診療広告に係る限定解除要件を満たすようにすること等に注意する必要があります。

☑ キーワード

未承認医薬品，医療従事者個人用，輸入確認，輸入代行業者，医療広告，自由診療

1 輸入確認制度と医療従事者個人用としての輸入

　医薬品（医薬2条1項）は人の生命・健康に直接関わるものであるため，薬機法は，有効性や安全性について十分な検討のうえ確認された医薬品に限って国内流通を認めています。具体的には，国内で販売又は授与する目的で医薬品を輸入する場合には，当該医薬品について，原則，製造販売承認（医薬14条1項）を受けることが要求され[1]，たとえ海外の薬事制度の下で規制当局により承認されていたとしても，国内で製造販売承認を受けていない医薬品（以下「国

320　第8章◇医療行為

内未承認医薬品」といいます）の販売・授与等をすることは禁じられています（医薬55条2項・1項）。

　これに対し，医師が厚生労働大臣[2]に申請して確認（以下「輸入確認」といいます）を受けたうえで，自己の患者の治療等に使用することを目的として，製造販売承認を受けることなく医薬品を輸入することは禁じられていません（医薬56条の2第1項，医薬規218条の2の2第3項4号参照）。もっとも，「当該医薬品を使用しようとする者の疾病の種類及び状況，輸入しようとする医薬品及びこれに代替する医薬品の本邦における生産又は流通等を勘案して，医師……が，疾病の診断，治療又は予防等の目的で使用するために当該医薬品を輸入する必要があると認められない場合」には，輸入確認を受けることができず（医薬56条の2第2項1号，医薬規218条の2の3第1項2号），輸入することはできません。

　この点，「医薬品等輸入手続質疑応答集（Q&A）（令和6年3月26日版）」[3]（以下「輸入手続Q&A」といいます）Q&A47においては，「治療上緊急性があり，国内に代替品が流通していない医薬品等を，自己の責任のもと，自己の患者の治療等に供することを目的」とした場合（これを目的とするものを，以下「医療従事者個人用」といいます）に輸入確認申請の対象となる旨，「国内に代替品が流通している医薬品とは，有効成分，用量，投与方法等が同一であって，国内で入手可能な医薬品（効能効果等が異なる場合を含む）が存在する」ものをいう旨，及び「国内製品に比べ安価である，患者が海外製品の使用を希望している，承認品と添加物が異なる等の理由は認められ」ない旨が示されています。また，輸入手続Q&Aで示されている解釈ではないものの，「治療上の緊急性」とは，「患者の生死に関わる場合」や「今，輸入した医薬品等をもって治療しないと，その機会を逸してしまう場合」等を指すものとされています[4]。

　患者の治療に使用するために医薬品を輸入する際には，以上を参考に，医療従事者個人用として輸入確認を受けることができない場合[5]に該当しないか検討する必要があります。

2　医療従事者個人用としての輸入手続について

(1)　通関までの手続

　医療従事者個人用として医薬品を輸入する場合，地方厚生局（通関する税関に応じて関東信越厚生局又は近畿厚生局）に対して輸入確認申請を行い，輸入確認を受ける必要があります。なお，輸入した医師以外が使用する医薬品もまとめて一人の医師が申請することはできません（輸入手続Q&A47）。

申請は，郵送又は医薬品等輸入確認情報システム[*6]を利用したオンラインで行います。郵送で申請を行う場合の提出書類は，輸入確認申請書2通，商品説明書，必要理由書，医師の免許証の写し，仕入書（invoice）の写し，荷送り状の写し等ですが（医薬56条の2第1項，医薬規218条の2の2第2項・3項1号・2号・4号・8号，「医薬品等輸入確認要領」[*7]〔以下「医薬品等輸入確認要領」といいます〕[*8]第4・第5），例えば，厚生労働省が「最適使用推進ガイドライン」[*9]を策定した革新的医薬品を輸入する場合には，必要理由書において，「最適使用推進ガイドライン」を理解し，その策定趣旨に沿って治療を進める旨を誓約するとともに，患者から同意書を取得し添付することが求められる[*10]など，特別な取扱いがなされているケースもありますので，注意が必要です。詳細は，関東信越厚生局[*11]又は近畿厚生局のウェブサイト[*12]を確認してください。これらのウェブサイトには，提出書類の様式や記載要領等も掲載されています。

　輸入確認に係る審査の結果，問題等が認められなかったときは，輸入確認証が発給されます。税関への輸入申告の際には，これを提示することで通関が可能です[*13]。

(2)　輸入代行業者に委託する場合の注意点

　(a)　医療従事者個人用として医薬品を輸入する際には，上記の輸入手続の代行を業者に委託することが少なくないように思われます。

　輸入代行業者に委託すること自体は禁止されていませんが，当該輸入代行業者が薬機法に違反していた場合，輸入確認を受けることができなくなってしまいます（医薬56条の2第2項2号）。したがって，輸入代行業者に委託する場合には，当該業者が薬機法違反行為をしていないかに注意する必要があります。

　例えば，輸入代行業者が国内未承認医薬品である商品のリストを不特定多数の者に示し，その輸入の希望を募っている場合，国内未承認医薬品の広告を禁止した薬機法68条に違反している可能性があります。また，海外の販売業者から医薬品が輸入者である医師に直接送付されるのではなく，輸入代行業者があらかじめ注文を見込んで個人使用目的（医薬56条の2第1項，医薬規218条の2の2第3項3号等）として輸入していた医薬品を医師に渡したり，医師の依頼に応じて自らの資金で医薬品を輸入し，医師に渡したりしている場合，無許可での製造販売等に該当し，薬機法12条1項等に違反しています[*14]。

　輸入代行業者を選定する際に当該業者が一切薬機法違反行為をしていないことを確認するのは困難ですが，少なくとも，当該業者のウェブサイトにおいて国内未承認医薬品の広告が行われていないか，輸入代行業者の手元に輸入しよ

322　第8章◇医療行為

うとする医薬品が届くことはないかといった点については，確認すべきでしょう。

　(b)　このほか，輸入代行業者に委託する場合には，輸入確認申請手続についても，郵送での申請の場合には輸入者からの委任状が必要となるなどの若干の相違があります。詳細は，医薬品等輸入確認要領第4・2を参照してください。

3　輸入後の注意点

(1)　輸入した医薬品の取扱い

　医療従事者個人用として輸入した医薬品は，医師が自己の責任の下，自己の患者の治療等に供することを前提としており，医師は輸入した当該医薬品について，他の医師等に販売・授与等をすることはできません（医薬55条2項・1項）。当該医薬品については，輸入者である医師の責任の下で，保管管理し，自己の患者の治療等のためにのみ使用する必要があります[15]。医療機関としては，他の通常の医薬品と同様に取り扱ってしまうことがないよう注意が必要です。

　輸入後の医薬品の取扱いに関しては，例えば，日本臨床血液学会医薬品等適正使用評価委員会が，医師が個人輸入したサリドマイドの適正使用の指針として，「多発性骨髄腫に対するサリドマイドの適正使用ガイドライン」[16]（以下「サリドマイド適正使用ガイドライン」といいます）[17]を制定しています。同ガイドラインには，サリドマイドは個人輸入を行った担当医師及び責任医師の監督下で薬剤部門において責任薬剤師が保管すること，責任薬剤師は誤用されないようにサリドマイドとその他の薬剤を分離保管すること，サリドマイドを使用する担当医師はサリドマイド治療について説明文書を用いた情報提供を行い，使用についての同意書を取得すること，説明文書の内容及び同意書の書式についてはあらかじめ倫理委員会等の承認を得ておくこと等が記載されており（サリドマイド適正使用ガイドラインA総論Ⅳ・Ⅴ，B各論Ⅳ・Ⅴ），サリドマイド以外の輸入後の医薬品の取扱方法を検討するうえでも，一定程度参考になると考えられます。

(2)　国内未承認医薬品を用いた治療の広告

　薬機法上，国内未承認医薬品の広告は禁止されているため（医薬68条），輸入した医薬品を販売又は無償での授与をする旨を広告に記載することは薬機法違反となる可能性があります。もっとも，医療広告として，医薬品による診断や

治療の方法等を広告する際には，医療行為として医薬品を使用又は処方する旨であれば，薬機法上の広告規制の対象とはならないと解されています（医療広告ガイドライン第6・3）。したがって，輸入した医薬品に関連する広告を行う場合には，あくまで医療行為についての広告となるよう，広告内容を慎重に検討する必要があります。

　また，医療広告であっても，国内未承認医薬品を用いた治療については，いわゆる限定解除（医療6条の5第3項，医療規1条の9の2）の要件を満たさない限り広告することができません。加えて，自由診療の広告に必要となる通常の限定解除要件を満たす記載のみでは，国内未承認医薬品を用いた自由診療を広告するための限定解除要件を満たすことはできないとされています。このため，広告内容を検討する際には，医療広告ガイドライン第5・2，「医療広告規制におけるウェブサイトの事例解説書（第4版）」*18 3－2(27)・(28)・(29)等を参考に，国内未承認医薬品を用いた自由診療広告に係る限定解除要件を満たすことができるように注意する必要があります。医療広告規制については，以上のガイドライン等のほか，Ｑ8も参照してください。

〔黒瀧　海詩〕

=== ■注　記■ ===

- ＊1　当該医薬品に対する製造販売承認のほか，事業者に対する製造販売業許可（医薬12条1項）や製造業許可（医薬13条1項）等も必要となります。
- ＊2　輸入確認に係る厚生労働大臣の権限は，地方厚生局長に委任されています（医薬81条の4第1項，医薬規281条1項7号）。
- ＊3　厚生労働省医薬局監視指導・麻薬対策課「医薬品等輸入手続質疑応答集（Q&A）について」令和6年3月26日事務連絡。
- ＊4　近畿厚生局のウェブサイト「医師等が治療に用いるために輸入する場合」（https://kouseikyoku.mhlw.go.jp/kinki/iji/ishitou_1.html）の「A　医師等が自己の患者の診断又は治療を目的とした場合（※獣医師が自己の患畜の治療等を目的として人用の医薬品等を輸入する場合もこれに準ずる）」の項に掲載されている「必要理由書」に係る「書き方・記載時の注意事項（記載要領）」。
- ＊5　例えば，ミフェプリストンを含有する医薬品については，ミフェプリストン及びミソプロストールからなる製剤（メフィーゴパック）が国内で承認されたこと，並びにメフィーゴパックが厳格に管理されていること等を勘案すると，「治療上緊急性があり，国内に代替品が流通していない医薬品等を自己の責任のもと，自己の患者の治療等に供することを目的とした場合」とは認められないため，原則として，医療従事者個人用としての輸入確認をしないこととされています（厚生労働省医薬・生活衛生局監視指導・麻薬対策課長「医師等のミフェプリストン製剤の個人輸入に係る輸入確認証の発給について」令和5年5月15日薬生監麻発0515第3号）。

*6　詳細は厚生労働省のウェブサイト「医薬品等輸入確認情報システム」（https://www.mhlw.go.jp/stf/seisakunitsuite/bunya/kenkou_iryou/iyakuhin/kojinyunyu/topics/index_00021.html）を参照してください。

*7　厚生労働省医薬品監視指導・麻薬対策課長「医薬品等輸入確認要領の改正について」令和6年6月28日医薬監発0628第3号。

*8　医薬品等輸入確認要領第3・2.⒀ア①によれば，医療従事者個人用として一定の医薬品（「数量にかかわらず医薬品を自ら使用する目的で輸入する場合に該当するか否かについて確認する必要があるもの」）を輸入する場合，地方厚生局において，医師が患者その他の治療等の関係者に対し，輸入しようとする医薬品等の説明を行っているか否かの確認が行われることとなっているため，注意が必要です。

*9　厚生労働省は，新規作用機序を有する革新的な医薬品については，最新の科学的見地に基づく最適な使用を推進する観点から，承認に係る審査と並行して最適使用推進ガイドラインを作成し，当該医薬品の使用に係る患者及び医療機関等の要件，考え方及び留意事項を示すこととしています（厚生労働省医薬・生活衛生局医薬品審査管理課長ほか「最適使用推進ガイドラインの取扱いについて」令和4年9月30日薬生薬審発0930第1号・保医発0930第1号）。

*10　厚生労働省医薬・生活衛生局監視指導・麻薬対策課長「革新的医薬品の個人輸入の取扱いについて」平成29年3月31日薬生監麻発0331第2号（最終改正：令和2年9月11日）。

*11　関東信越厚生局のウェブサイト「医薬品等の輸入手続について」（https://kouseikyoku.mhlw.go.jp/kantoshinetsu/iji/yakkanhp-kaishu-2016-3.html）。

*12　前掲注（*4）参照。

*13　厚生労働省医薬局長「『医薬品，医療機器等の品質，有効性及び安全性の確保等に関する法律に係る医薬品等の通関の際における取扱要領』の改正について」令和6年6月28日医薬発0628第4号別添第2⑷。

*14　これらの具体例の詳細については，厚生労働省医薬局長「個人輸入代行業の指導・取締り等について」平成14年8月28日医薬発第0828014号を参照してください。

*15　医療従事者個人用として医薬品を輸入する場合，医師は，「治療上必要な理由の説明及び使用にあたって一切の責任を……負う旨」を必要理由書において誓約します（医薬品等輸入確認要領第5・2.⑽参照）。かかる誓約について，前掲注（*4）記載の「必要理由書」に係る「書き方・記載時の注意事項（記載要領）」には，「私，厚生労太郎は自らの責任において，輸入した医薬品等について，管理等を行い，自己の患者の診断又は治療に使用し，生じる全ての責任を負います。」という記載例が示されています。

*16　日本臨床血液学会医薬品等適正使用評価委員会「多発性骨髄腫に対するサリドマイドの適正使用ガイドライン」（平成16年12月10日）。

*17　医師がサリドマイド製剤等を個人輸入する際に提出する必要理由書には，サリドマイド適正使用ガイドラインを参考にしてサリドマイド製剤等を厳重に管理する旨等の誓約を記載することとされています（厚生労働省医薬・生活衛生局医薬安全対策課長ほか「医師等のサリドマイド製剤等の個人輸入に係る輸入確認証の発給について」令和3年3月15日薬生安発0315第1号・薬生監麻発0315第5号2.⑴及び同別紙（記載例））。

＊18　厚生労働省医政局総務課「医療広告規制におけるウェブサイト等の事例解説書（第4版）について」令和6年3月28日事務連絡。

第8章◇医療行為

  医師の義務

医師の義務には、どのようなものがありますか。

> 医師は、患者に対する善管注意義務をはじめ、様々な法的義務を負担していますが、医師法が規定する義務としては、応招義務（医師19条1項）、診断書等の交付義務（医師19条2項）、無診察治療の禁止（医師20条）、異状死体等の届出義務（医師21条）、処方箋の交付義務（医師22条）等があります。

キーワード

診断書、虚偽記載、処方箋、リフィル処方箋、電子処方箋

解説

本設問では、医師法が規定する各種義務のうち、診断書等の交付義務と処方箋の交付義務について説明します（応招義務についてはQ61で、無診察治療の禁止についてはQ31で、異状死体等の届出義務についてはQ70でそれぞれ取り扱いますので、そちらを参照してください）。

1 診断書等の交付義務

診察、検案又は出産への立会いを行った医師は、診断書、検案書、出生証明書又は死産証書（以下、合わせて「診断書等」といいます）の交付を請求された場合、「正当の事由」がない限り、これらを交付する義務を負担しています（医師19条2項）。医師の発行する診断書等の証明文書が官公署に対する添付書類や保険金請求等の証明として社会的に重要であることを受けて、かかる診断書等の交付義務が課されているわけです。

(1) 「診断書」とは

診断書とは、通常の診断書及び死亡診断書を、検案書とは、死体検案書及び死胎検案書をいいます[*1]。ここでいう通常の診断書が具体的に何を指すのかについては法定されていませんが、一般的には、「診断の結果知りえた疾病、創傷、健康状態につき、病名、創傷の部位程度、治療に要する日数、健康状態

の良否などについての判断が示され」た文書が該当します*2。

実務上，患者が医師に対して診断書等に特定の内容を記載するよう求めてくることがありますが，上記のような通常の診断書の範囲を超えるようなレベルであれば，これに応じる必要はありません☆1。

(2) 「正当の事由」とは

いかなる場合に診断書等の交付を拒める「正当の事由」が認められるかが問題となりますが，学説上，以下のような場合が挙げられています*3。

① 診断書等が恐喝や詐欺等不正目的で使用される疑いが高い場合

② 患者以外の者から請求されて，交付すると患者のプライバシーが侵害されるおそれのある場合

③ 患者に病名や症状が知られると，診療上重大な支障を生ずるおそれがある場合

上記①～③以外であっても「正当の事由」が認められるケースはありますので，何か心配があるときは弁護士等に相談して対応することが望ましいでしょう。

(3) 虚偽記載に対する法的責任

医師が診断書等に虚偽記載をした場合，当該医師が公務員であるときは虚偽公文書作成等罪（刑156条）が成立します。当該医師が公務員でないときは，当該診断書等が公務所（役所や裁判所，検察庁等）への提出が予定されているものについて虚偽診断書等作成罪（刑160条）が成立します。また，診断書等の虚偽記載は，医師としての品位を損なう行為であって医師の倫理に反することから行政処分の対象となり得ますし，第三者に損害が発生すれば損害賠償請求の対象になる可能性もあります。

2 処方箋交付義務

(1) 交付義務が生じるケースとその例外

医師は，「患者に対し治療上薬剤を調剤して投与する必要があると認めた場合」には，原則として処方箋を交付しなければならず（医師22条1項），処方箋に記載すべき事項は医師法施行規則21条のとおりです。このような処方箋交付義務が規定された趣旨は，医師と薬剤師の業務分担（医薬分業）を実現する点にあり，患者が処方箋の交付を請求するか否かにかかわらず原則として交付しなければならない点で前記**1**の診断書等と異なります。

もっとも，ここでいう「患者に対し治療上薬剤を調剤して投与する必要があ

ると認めた場合」には，単に診断のみの目的で投薬する場合や，処置として薬剤を施用する場合は含まれません[4]。したがって，例えば，検査のためバリウムを患者に飲ませたり，外傷を負った患者の患部に外用薬を塗布するだけであれば，処方箋の交付は不要とされています。

　また，医師法22条1項ただし書が例外事由を規定しており，患者側が処方箋の交付を必要としない旨を申し出た場合や同項各号が規定する場合も，処方箋の交付は不要とされています。具体的には，入院患者であって特に患者側から処方箋を交付するよう申出がない場合や，予後が不良とされる疾病やほとんど治癒の見込みが少ないとされる疾病にかかっており処方箋を交付することが診療について不安を与える場合が挙げられます[5]。

(2)　処方箋に関する近時の改正

(a)　リフィル処方箋

　令和4年4月から，リフィル処方箋の取扱いが開始されました。これは，症状が安定している患者について，一定期間内であれば，同じ処方箋を最大3回まで繰り返し使用できる仕組みです。

　従前どおりの処方箋を交付すべきか，リフィル処方箋を交付すべきかについては，医師が患者の個別具体的な症状をふまえて判断すべき事項です。そのため，たとえ患者からリフィル処方箋を交付するよう希望があったとしても当該希望に拘束されません。

　リフィル処方箋を交付することは，患者が長期間にわたり医療機関を受診しない可能性を高めることになりますので，リフィル処方箋を交付する際は，医師において従前どおりの処方箋を交付するケースよりも慎重に検討判断すべきでしょう。

(b)　電子処方箋

　令和5年1月から，電子処方箋の取扱いも開始されました。これは，電子的に処方箋の運用を行う仕組みであり，電子処方箋を提供すれば，医師法22条1項に基づく処方箋を交付したものとみなされます（医師22条2項）。

　厚生労働省からは「電子処方箋の運用ガイドライン」や「電子処方箋導入に向けた準備作業の手引き」が公表されており，医療機関において電子処方箋を導入するためには，これらをふまえた対応が必要となります。初期の事務負担は小さくないものの，医療機関のみならず患者やその家族にもメリットがあるため，今後は電子処方箋の提供がスタンダードになることが予想されます。医療機関においては電子処方箋を提供できるよう，上記ガイドライン等に則して

的確に対応することが期待されているといえます。

〔大寺　正史〕

■判　例■

☆1　東京地判平29・8・22（平成29年（ワ）第12684号）WLJ参照。

■注　記■

＊1　厚生省健康政策局総務課編『医療法・医師法（歯科医師法）解〔第15版〕』（医学通信社，1991）387頁。

＊2　平野龍一ほか編『注解特別刑法5医事・薬事編(1)〔第二版〕』（青林書院，1992）63頁。

＊3　医師法19条1項が規定する応招義務について，厚生労働省医政局長「応招義務をはじめとした診察治療の求めに対する適切な対応の在り方等について」令和元年12月25日医政発1225第4号が発出されたため，今後，同条2項が規定する診断書等の交付義務の解釈にも影響が生じてくる可能性があります。

＊4　厚生省医務・薬務局長「新医薬制度の実施について」昭和31年3月13日薬発第94号。

＊5　前掲注（＊4）。

51 インフォームド・コンセントと医師の説明義務

病状や治療方針について，患者にどこまで説明する必要がありますか。

患者の身体への侵襲を伴う診療行為が正当化されるためには，原則として診療に先立ち医師が患者に十分な情報を提供し，患者がその内容を理解したうえで診療について同意していること（いわゆるインフォームド・コンセント）が必要であるとするのが現在の通説的見解です。

医師の説明義務は，上記の患者への十分な情報提供を，医師に課せられた診療契約上の義務として捉えたものです。

医師は治療に先立ち，患者に，①現在の症状及び診断病名，②予後，③処置及び治療の方針，④治療の効果とリスク，⑤代替的治療法がある場合には，その内容及び効果とリスク，⑥治療を実施しない場合のメリット，デメリット等について十分に説明し，理解を得るように努めなければなりません。

☑ キーワード

説明義務，インフォームド・コンセント，自己決定権，正当業務行為，医学的適応性，医術的正当性

解　説

1　侵襲を伴う診療行為が正当化される要件

(1) 患者の自己決定権

診療行為は患者の病気の治癒や生命の維持を目的とするものですが，その過程において患者の身体への侵襲を伴ったり，投薬による副作用で生理的機能を害する（例えば，手術の際に皮膚や筋肉を切開したり，臓器の一部を切除する）ことがあり，このような行為は外形的には，刑法上の傷害罪に当たり得るものです。しかしながら，一般的に，このような診療行為については，刑法35条の「正当業務行為」に該当し，傷害罪が成立するとは考えられていません。

かつては，診療行為である以上，そのことのみをもって犯罪の成立が否定されるという見解も存在していましたが，医療分野において「患者の自己決定権

Q51◆インフォームド・コンセントと医師の説明義務　　*331*

の尊重」が重視されるようになり，現在では，原則として患者本人ないしこれに準ずる者の承諾があることを理由として，患者の身体への侵襲を伴う診療行為が刑法上正当化されると考えられています。

　もっとも，患者の自己決定権を尊重するといっても，その前提として，患者が診療行為の意義やリスクを正しく理解していなければ意味がありません。そこで，診療行為の実施にあたり，患者が当該診療を受けるか否かの意思決定を行うために必要な情報を与えられたうえで，診療に同意していること（インフォームド・コンセント）が必要となります。インフォームド・コンセントを得ることなく実施された診療行為は，「専断的医療行為」などと呼ばれ，後述するような一部の例外を除き，違法なものと評価されるおそれがあります。

(2)　その他の正当化要件

　診療行為が正当化されるためには，インフォームド・コンセントがあることに加えて，当該行為が医学的にみて診療の目的に適合するものであり（医学的適応性），かつ，手段として相当なものである（医術的正当性）ことが必要であると解されています。

　したがって，病気平癒のための加持祈祷と称して患者の身体に暴行を加えるような行為については，たとえ患者がその内容を理解して同意していたとしても，医学的適応性，医術的正当性を欠くものであり，診療行為として正当化されるものではないと考えられます。

2　医師の説明義務

(1)　インフォームド・コンセントと説明義務

　先に述べたとおり，診療行為が正当化されるためには，患者が診療を受けるか否かの意思決定を行うために必要な情報を与えられたうえで診療に同意していることが必要ですが，患者は通常，診療に関する情報を，当該診療行為を担当する医師の説明を通じて取得することから，「診療を受けるか否かの意思決定を行うために必要な情報を与えられている」とは，すなわち「医師から診療に関する十分な説明を受けている」ことを意味するものと解されています。

　このように，医師の説明義務が十分に履行されることによって，インフォームド・コンセントの有効性が担保されることになります。

　医療法1条の4第2項は，「医師，歯科医師，薬剤師，看護師その他の医療の担い手は，医療を提供するに当たり，適切な説明を行い，医療を受ける者の理解を得るよう努めなければならない。」と規定しています。当該規定は努力

義務の形をとっていますが，判例上は，医師の説明義務は，診療契約に基づく義務として医師の診療債務の一部を構成するものと位置づけられています☆1。そのため，医師が説明義務に違反した場合，債務不履行に該当し，損害賠償責任が発生する可能性があります。

(2) **説明すべき事項**

それでは，医師は診療行為にあたり，どのような事項について患者に説明すべき義務を負うのでしょうか。

厚生労働省が平成15年に公表した「診療情報の提供等に関する指針」*1では，医療従事者が診療中の患者に対して説明すべき事項として，①現在の症状及び診断病名，②予後，③処置及び治療の方針，④処方する薬剤について，薬剤名，服用方法，効能及び特に注意を要する副作用，⑤代替的治療法がある場合には，その内容及び利害得失（患者が負担すべき費用が大きく異なる場合には，それぞれの場合の費用を含む），⑥手術や侵襲的な検査を行う場合には，その概要（執刀者及び助手の氏名を含む），危険性，実施しない場合の危険性及び合併症の有無，⑦治療目的以外に，臨床試験や研究などの他の目的も有する場合には，その旨及び目的の内容，が挙げられています*2。

また，手術に際して医師が説明すべき事項の範囲について，最高裁は「医師は，患者の疾患の治療のために手術を実施するに当たっては，診療契約に基づき，特別の事情のない限り，患者に対し，当該疾患の診断（病名と病状），実施予定の手術の内容，手術に付随する危険性，他に選択可能な治療方法があれば，その内容と利害得失，予後などについて説明すべき義務があると解される。」と判示しています☆2。

以上をふまえると，通常の診療行為に際して医師が患者に説明すべき事項としては，①現在の症状及び診断病名，②予後，③処置及び治療の方針，④治療の効果とリスク，⑤代替的治療法がある場合には，その内容及び効果とリスク，⑥治療を実施しない場合のメリット，デメリット等を挙げることができます。

なお，診療行為に対する患者の有効な同意を得るための説明とは別に，療養方法等の指導，専門分野や診療設備に照らして他の医師による診療が適切である場合の転医勧告等についても医師の説明義務に含まれると解するのが一般的です。また，診療の結果，治療の方法，その結果などについて説明及び報告すべき顛末報告義務も説明義務の一部をなすと解する裁判例もあります☆3。

(3) **説明の程度**

医師は診療行為にあたり，上記事項についてどの程度患者に説明すべき義務を負うのでしょうか。

説明義務の程度については，①医師の間での一般的な慣行によれば他の医師が通常説明していることを説明すれば足りるとする説（合理的医師説），②当該患者の置かれた状況から合理的な患者が重視したと考えられる情報を説明する必要があるとする説（合理的患者説），③当該患者が重視することが予見可能な情報も知らせるべきであるとする説（具体的患者説），④当該患者が重視することが予見可能な情報について，一般的に他の医師が通常説明していることを説明すべきであるとする説（二重基準説）等がありますが，裁判例でも画一的にいずれかの説を採用しているわけではなく，個々のケースにより判断されています。

実務上，医師の説明義務の程度が問題となることが多いのは，療法（術式）選択の場面です。術式に関する説明義務の程度について，実施予定の術式のほかに医療水準として確立している選択可能な術式が存在する場合には，当該選択可能な術式についても実施予定の術式と同様に説明義務があるとされます。さらに，当時医療水準として未確立であった術式についても，具体的な状況下によっては，説明義務を負う場合があります。この点，乳がんと診断され当時医療水準として確立していた胸筋温存乳房切除術による手術を受けた患者が，未確立の乳房温存療法の適応である可能性があり，乳房を残すことに強い関心を有することが表明されていた事案において，最高裁は，「一般的にいうならば，実施予定の療法（術式）は医療水準として確立したものであるが，他の療法（術式）が医療水準として未確立のものである場合には，医師は後者について常に説明義務を負うと解することはできない。」としつつ，「少なくとも，当該療法（術式）が少なからぬ医療機関において実施されており，相当数の実施例があり，これを実施した医師の間で積極的な評価もされているものについては，患者が当該療法（術式）の適応である可能性があり，かつ，患者が当該療法（術式）の自己への適応の有無，実施可能性について強い関心を有していることを医師が知った場合などにおいては，たとえ医師自身が当該療法（術式）について消極的な評価をしており，自らはそれを実施する意思を有していないときであっても，なお，患者に対して，医師の知っている範囲で，当該療法（術式）の内容，適応可能性やそれを受けた場合の利害得失，当該療法（術式）を実施している医療機関の名称や所在などを説明すべき義務があるというべきである。」と判示しました☆4。当該判例は，①合理的医師説を採用したと

334   第8章◇医療行為

の指摘もありますが，いずれの説によっても説明可能であり，いまだ判例がいずれかの説を採用したとまでは断定できません。

　前述のとおり，医師の説明義務が患者の自己決定権の前提となるものであることからすると，医師の間での一般的な慣行によれば他の医師が通常説明している事項のほか，患者が関心を有していることを医師が認識し得る事項があれば当該関心事項も含めて説明しておくべきと考えられます。

3 本人の同意を得ることが難しい場合

　先に述べたとおり，侵襲を伴う診療行為の正当化根拠は，患者の自己決定権の保障ですので，診療行為に対する同意の主体は，本来，患者本人でなければなりません。しかしながら，実際の医療の現場では，未成年患者や意識を失った患者，高度認知症患者など様々な事情により患者本人の同意を得ることが困難な場合があります。

　このような場合には，事前に患者本人の同意のない診療行為が許される場合もあります（Q52参照）。

〔辻野　沙織〕

■判　例■

☆1　最判平13・11・27民集55巻6号1154頁。
☆2　前掲注（☆1）最判平13・11・27。
☆3　大阪地判平20・2・21判タ1318号173頁ほか。
☆4　前掲注（☆1）最判平13・11・27。

■注　記■

＊1　厚生労働省医政局長「診療情報の提供等に関する指針の策定について」平成15年9月12日医政発第0912001号（最終改正：令和5年1月25日）。
＊2　公益社団法人日本医師会が公表している「診療情報の提供に関する指針〔第2版〕」（平成14年10月）にも，①〜⑥とほぼ同様の記載があります。

52 意識不明・未成年・認知症の患者

以下の患者に対して手術・治療を行うことになりました。留意点を教えてください。
(1) 意識不明のまま救急搬送されてきた患者
(2) 未成年者
(3) 認知症の高齢者

　いずれの患者も，手術・治療などの医療行為を受けることに同意できるかどうか疑義があります。
(1) 意識不明のまま救急搬送されてきた患者
　患者の家族等に説明してその同意を得ることで，本人の同意に代えることができると解するのが一般的ですが，家族等の連絡先がわからない，あるいは連絡している時間的余裕がない場合には，同意を得ずに医療行為を行っても法的に問題はありません。
(2) 未成年者
　原則として親権者等から同意を得る必要がありますが，患者の年齢，医療行為の内容等によっては患者が単独で有効に同意できる場合もあります。患者本人と親権者等のいずれかが治療を拒否している場合に，いずれか一方のみの同意に基づいて治療を実施することの是非については，慎重な検討が必要です。児童福祉施設や小規模住居型児童養育事業（ファミリーホーム）に入所中，里親委託中，一時保護中であるなどの場合には，施設長等や児童相談所長の同意について検討する必要があります。
(3) 認知症の高齢者
　患者が判断能力を欠いていることが明らかであれば，家族等に説明して，医療行為について同意を得ることで足ります。それ以外の場合には，患者及び家族等の双方から同意を得ておくことが適切です。ただし，患者自身に病気の認識がないケースなど，患者の同意を得ることが事案の性質上困難である場合には，家族等の同意のみをもって治療を行うことが許容される余地があります。

☑ キーワード
　未成年者，親権者，未成年後見人，虐待，児童相談所，認知症

336　第8章◇医療行為

解　説

1　患者が一人で有効な同意をすることができない場合

　患者の身体への侵襲を伴う医療行為が正当化されるためには，インフォームド・コンセントの見地から，原則として，患者本人に十分な説明を行ってその同意を得る必要がありますが（Q51参照），一定の事情があり，患者が医療行為に関する同意*1を一人で有効になし得ない場合があります。

　現時点では，法令上，本人以外の者が医療行為に同意できる旨は明記されておらず，社会通念や各種ガイドラインをふまえ個別に判断されているのが実情です。

2　救急搬送されてきた意識不明の患者

　緊急搬送されてきた患者（未成年の患者については後述しますので，ここでは成人の患者を想定します）が意識不明の場合，手術などの医療行為の同意を患者本人から得ることができません。このような場合，患者本人との関係が近い家族等であれば患者本人の意思を推定することができると考えられることから，家族等に説明して医療行為の同意を得ることで，本人の同意があったものと評価するのが一般的です。法的には，本人に代わって同意する権限が家族等にあるわけではありませんが，家族等による同意は「代諾」などと呼ばれ，医療現場における慣行として確立しています。後に診療費の支払，退院や死亡時の手続等も必要になりますので，このような手続のためにも，できる限り家族等を探し，その同意を得て医療行為を行うことが適当です。そのため，付添人や救急隊員等から家族等の連絡先を聞いて連絡を試みるべきです。

　他方で，家族等との連絡がつかない，又は家族等に連絡している時間的余裕がないような場合には，医療行為を行うことについては，患者本人の同意が推定されるとして，また緊急事務管理（民698条）として正当化されると考えられます。もし患者や家族等の同意なく医療行為を行わざるを得なかった場合には，家族等への連絡をとろうと努力したものの連絡がつかなかったこと等の経緯についてカルテに記載を残しておくべきです。また，後に患者の状態が改善し説明が行える状態になった場合や，家族等に連絡がついた場合等には，速やかに説明を行い，今後説明を行う家族等についての意向も確認し，その旨をカルテに記載してください。

3 未成年の患者

親権者*2や未成年後見人*3（以下「親権者等」といいます）は，未成年者*4に対して身上監護権を有しているため（民818条・820条・857条），医療行為に関する同意もなし得るものと考えられています。判例上も，未成年の患者に対する手術については，患者又は法定代理人に対して説明し，その同意を得るべきものとされています☆1。

もっとも，未成年者であっても，ある程度の年齢で医療行為による侵襲の意味を理解して自己決定をなし得る場合には，医療行為に対する同意を有効になし得るものと考えられています。

(1) 医療行為に関する未成年者と親権者等の同意

何歳であれば同意できるという一律の基準はなく，当該医療行為の内容，必要性，侵襲やリスクの程度等によって個別に判断するものと考えられています。もっとも，民法上15歳以上であれば遺言の能力が認められていること（民961条），「『臓器の移植に関する法律』の運用に関する指針（ガイドライン）」*5において，同法の運用にあたって15歳以上の者の意思表示を有効なものとして扱うとされていること等から，個人差はあるものの概ね15〜16歳程度であれば，医療行為に関する同意を有効になし得るものと解してよいと考えられます。したがって，15〜16歳以上の患者については，当該患者に対して説明して同意を得るべきものと考えられています（インフォームド・コンセントと呼ばれています）。

この場合，当該患者に加えて，親権者等の同意を得ることは必ずしも必要ではないものの，親権者等は医療過誤に対する損害賠償請求等を行う代理権を有していますし，後のトラブルを避けるためにも，できる限り親権者等の同意を得ておくのがよいでしょう。

なお，未成年者が法律行為を行うには親権者等の同意（民5条1項）が必要ですが*6，親権者等が取り消さない限りは*7，上記のような未成年者が締結した診療契約も有効です（同条2項）。

他方で，同意能力のない患者については，親権者等の同意を得たうえで医療行為を行う必要があります。また，医療行為の内容をある程度は理解できる程度の能力がある場合には，患者本人にも説明し，その理解と納得を得たうえで医療行為を実施することが望ましいと考えられます（インフォームド・アセントと呼ばれています）。

338　第8章◇医療行為

(2)　患者本人と親権者等のいずれかが治療を拒否している場合

　上記のとおり患者が有効な同意をなし得る判断能力を有する場合において，患者本人と親権者等の治療に対する意見が異なるケースがあり得ます（典型的なケースとして，宗教上の理由による輸血拒否について，患者本人と親権者等で意見が異なる場合が挙げられます）。

　このようなケースでは，双方の納得が得られるよう説得のための努力をなすべきことは当然ですが，最終的に同意が得られないときは，宗教的輸血拒否に関する合同委員会による「宗教的輸血拒否に関するガイドライン」（平成20年2月28日報告）における整理を参考に，以下の場合分けに応じた対応が考えられます。

(a)　判断能力のある患者が治療に同意し，親権者等が治療を拒否している場合

　判断能力を有する患者の同意に基づき治療を実施しても医師が傷害罪等の刑事責任を問われることはありませんので，治療を行う方向で進めることが適当です。もっとも，この場合，親権者等の同意の得られる可能性のある他の適切な治療法を実施している医療機関があれば，転院を促すなどの対応も選択肢となります。また，親権者等の治療拒否が明らかに不合理なものである場合など児童虐待が疑われるケースでは，後述のとおり児童相談所への通告も検討する必要があります。

(b)　判断能力のある患者が治療を拒否し，親権者等は治療に同意している場合

　患者が成人に近い年齢で十分な判断能力を有している場合には，患者の意思を尊重して治療を実施しなかったとしても，それにより医師が責任を問われる可能性は低いと思われるものの，患者本人の同意の得られる可能性のある他の適切な治療法を実施している医療機関があれば，転院を促すなどの対応を検討するべきでしょう。他方で，患者に医療に関する判断能力が一応はあるものの十分とはいえない場合には，患者本人が治療を拒否するのであれば，未成年者の生命・健康を保護するという見地から，自己決定権が制限されると考えられます。よってこの場合には，親権者等の同意に基づき治療を実施しても法的には問題ないものと思われます。

　もっとも，患者本人の抵抗により治療の実施が事実上困難である場合には，治療を法的に強制することはできませんので，治療を実施できなかったとしても，医師が責任を問われることはないものと思われます。

(3) 虐待等で親権者等の同意を得にくい場合

通常は，未成年者の父母が親権を行使しますが（民818条），父母による虐待があるケースなどでは，未成年者が児童福祉施設やファミリーホームに入所中であったり，一時保護中や里親委託中であることもあります。児童福祉施設の施設長は，親権者等のいない児童に対して親権を行います（児福47条1項）。また，施設長，ファミリーホームの養育者や里親は，親権者等がいる場合であっても，児童の福祉のため必要な措置をとることができ（同条3項），児童の生命・身体の安全確保のため緊急の必要があるときは親権者等の意思に反しても必要な措置をとることができます（同条5項）。したがって，医療機関では，これらの者の同意を得て一定の医療行為を行うことができます（未成年者本人の同意を得るべき場合については，(1)で述べたとおりです）。

また，児童相談所長は，児童相談所による一時保護中であって親権者等がいない未成年者（児福33条の2第1項），ファミリーホーム入所中や里親委託中で親権者等がない児童（児福47条2項）等に対して親権を行います。一時保護中の児童に対しては，親権者等がいる場合であっても，児童の福祉のために必要な措置をとることができ（児福33条の2第2項），児童の生命・身体の安全確保のため緊急の必要があるときは親権者等の意思に反しても必要な措置をとることができます（同条4項）。このようなケースでは，医療機関は，児童相談所長の同意を得て医療行為を行うことができます（未成年者本人の同意を得るべき場合について同上）。

ちなみに，児童虐待を受けたと思われる児童を発見した者は，これを児童相談所等に通告する義務があります（児童虐待6条1項。虐待通告に関してQ56参照）。そこで，治療を受けさせないことにより未成年者の生命・身体に重大な影響があり，治療が必要であるのに親権者が拒否する場合（医療ネグレクトなど）には，児童相談所等へ通告を行うべきでしょう。これを受けて，児童相談所長等の申立てにより，家庭裁判所が，その親権を喪失させ，または暫定的な措置として親権を停止させることがあります（民834条・834条の2，児福33条の7）。親権喪失や親権停止となれば，父母であっても親権を行使することができないため，医療行為を行うにあたって父母の同意を得る必要はありません。親権制限の申立てに際して職務代行者選任の保全処分が申し立てられることがあり（家事174条1項），職務代行者が選任されたときは，その者の同意を得て医療行為を行うことになります。

340　第8章◇医療行為

4　認知症により判断能力に問題があると思われる患者

⑴　患者本人に対する説明と同意

　認知症が重度で，判断能力を有していないことが明らかな場合には，患者本人に対する説明や同意は意味をなさないため現実的ではありません。このような場合には，家族等が本人の意思を推定できればその推定意思を尊重し，これができなければ本人にとって何が最善かを本人に代わる者として家族等と話し合い，家族等がいなければ本人にとって最善と推測される対応を，医療・ケアチームの中で検討して判断することが必要です（高齢の患者に対する医療行為の決定にあたっては，厚生労働省「人生の最終段階における医療・ケアの決定プロセスに関するガイドライン」〔平成30年3月改訂〕が参考になります*8）。

　患者が判断能力を有していないことが明らかな場合を除いては，たとえ認知症で判断能力に疑義があるとしても，患者本人に対して説明を行い，本人の同意の下に医療行為を行うべきでしょう。

⑵　家族等に対する説明と同意

　認知症で判断能力に疑義があるケースでは，家族等に対しても説明し，その同意を得て医療行為を行うのが適切です（成年後見人がついている場合についてはQ54参照）。

⑶　身寄りがない場合

　身寄りがない患者に医療行為を行う場合に関して，「身寄りがない人の入院及び医療に係る意思決定が困難な人への支援に関するガイドライン」*9があり，同ガイドラインでは判断能力が不十分なケースについては上記「人生の最終段階における医療・ケアの決定プロセスに関するガイドライン」の考え方をふまえるものとされています。これによれば，認知症の高齢者で身寄りがないケースでは，上述のとおり医療・ケアチームや関係者の中で判断を行い，その判断にあたっては，本人にとっての最善の方針をとることを基本とし，プロセスにおいて話し合った内容をそのつど文書にまとめておくことが適当とされています。

　判断にあたっては，医療機関の医療職だけでなく，ケアマネジャー，ホームヘルパーなど患者に関わる人が話し合い，また医療機関の倫理委員会などを活用することが適当です。緊急に判断が必要となることもありますので，日頃から，どのような会議体で検討を行うかという体制をあらかじめ定めておくことが重要です。

(4) 患者本人に病気の認識がない場合

　認知症患者の場合，医療行為に対する同意を有効になし得る程度の判断能力を有しているものの，患者本人に病気の認識がなく，説明しても本人の理解を得ることが困難であるケースがあります。

　このようなケースでは，家族等に説明し，その同意を得たうえで，家族等の協力の下，患者本人の同意のないまま投薬等の医療行為を実施することも，法的に許容される余地があります。

　過去の裁判例でも，非告知投薬はできる限り避けることが望ましいとしつつ，病識のない精神病患者に適切な治療を受けさせるための法的，制度的なシステムが十分に整っていない日本の現状を前提とする限りは，①病識のない精神病患者が治療を拒んでいる場合に，②患者を通院させることができるようになるまでの間の一時的な措置として，③相当の臨床経験のある精神科医が家族等の訴えを十分に聞いて慎重に判断し，④保護者的立場にあって信用のおける家族に副作用等について十分説明したうえで行われる場合に限っては，特段の事情*10のない限り非告知投薬も不法行為には該当しない，としたものがあります☆2。ただし，同裁判例は，病識のない精神病患者に適切な治療を受けさせる法的，制度的なシステムが十分に整っていないとされた昭和58年の事例ですので，今日においては慎重に検討する必要があり，薬に重い副作用があるなど患者の不利益が大きい場合には，できる限り患者本人に対する説明を行う方向で検討するべきでしょう。

5　個人情報保護法，プライバシー権等との関係

　本設問(1)～(3)のいずれのケースにおいても，患者の診療に関する情報を，本人以外の第三者である家族等に伝えることがありますが，一般的には個人情報保護法やプライバシー権等との関係で違法となることは考えにくいと思われます。これらについては，**Q27**，**Q29**を参照してください。

〔小林　京子〕

■判　例■

　☆1　最判昭56・6・19裁判集民133号145頁・判タ447号78頁。
　☆2　千葉地判平12・6・30判タ1034号177頁・判時1741号113頁。

■注　記■

　＊1　求められる同意能力の程度については，行われる医療行為の内容・必要性，侵襲

やリスクの程度等によって異なると考えられるものの，自己の状態，医療行為の意義・内容及びそれに伴う危険性の程度について理解し得る能力があれば足りると考えられています（札幌地判昭53・9・29判夕368号132頁・判時914号85頁）。

＊2　令和6年5月24日に公布された改正民法の施行後は，離婚後も父母の共同親権に服するケースもあります。

＊3　未成年後見人とは，親権者の死亡等のため未成年者に対して親権を行う者がない場合に家庭裁判所に選任されるなどした者をいいます（民838条～841条）。

＊4　令和4年4月1日に施行された改正民法により，成年年齢が20歳から18歳に引き下げられたため（民4条），未成年者とは18歳未満の者をいいます。

＊5　厚生省保健医療局長「臓器の移植に関する法律の運用に関する指針（ガイドライン）の制定について」平成9年10月8日健医発第1329号（最終改正：令和5年12月12日）。

＊6　軽微な医療行為などで事実上，親権者等の同意が推定されるケースもあると考えられます。

＊7　生命・身体という一身専属的な事項に関わる契約なので，一般の取引行為とは違って取消しの対象にならないとする見解もあります。

＊8　令和6年度の診療報酬改定により，小児専門病院等を除く医療機関では，「人生の最終段階における医療・ケアの決定プロセスに関するガイドライン」等をふまえて意思決定支援に関する指針を定めることが入院料の要件とされています。

＊9　厚生労働省医政局総務課長「身寄りがない人の入院及び医療に係る意思決定が困難な人への支援に関するガイドラインの発出について（通知）」令和元年6月3日医政総発0603第1号。

＊10　「特段の事情」とは，医師の指示に従って行われた非告知投薬の結果患者に重大な障害（例えば薬物の副作用による後遺症等）が発生したり，非告知投薬の結果患者に何らかの問題行動等が発生し家族が当該医師の助けを求めたのに医師が適切な措置をとることを怠ったような場合とされています。

認知症患者の家族の連絡先

重度の認知症患者について，これまでは長男とやりとりしてきましたが，突然長女から連絡があり，患者の病状説明その他の連絡は，今後は自分にも行ってほしいという要望が出されました。どのように対応すればよいでしょうか。

　長男と長女で協議のうえ，医療機関からの病状説明や連絡を行う先（窓口）をいずれか一方に定めて，その方が医療行為に関する希望や意見を取りまとめて医療機関に伝えてもらえないかを打診するとよいでしょう。しかしながら，窓口の一本化を了承しない場合には，長男と長女のそれぞれに対して病状説明や連絡を行っておくべきです。
　もし双方の了承の下で窓口を一本化していたとしても，それぞれの意見が異なり得ることがわかった場合には，双方に対して病状説明や連絡などを行うべきでしょう。

☑キーワード

認知症，キーパーソン，人生の最終段階における医療・ケアの決定プロセスに関するガイドライン

解　説

1　医療機関における実務（キーパーソン）

　実務では，複数いる家族等のうちキーパーソンに対して病状説明を行い，連絡するという運用が一般的に行われています。医療機関の中には，キーパーソンの役割を定め（病状説明を聞いてその内容を他の家族等に伝える，医療機関からの連絡窓口となる，家族等の要望を取りまとめる等），家族等で協議のうえキーパーソン1名を決めて医療機関に届け出てもらう運用を行っている医療機関もあります。このように明確に定めないまでも，家族構成，患者との関係，同居の有無，居住地（医療機関から遠隔地でないか），面会の頻度等から特定の家族等をキーパーソンとして病状説明や連絡を行う運用が一般的に行われています。

344　第8章◇医療行為

　もっとも，これは法律上の制度ではないため，患者の家族等がキーパーソンを選定しない場合に強制することはできませんし，キーパーソンの範囲（親族に限られるのか，親族であれば誰でもよいのか等）や決め方など一義的に定まったものはありません。ちなみに，厚生労働省「人生の最終段階における医療・ケアの決定プロセスに関するガイドライン」（平成30年3月改訂。以下「ガイドライン」といいます）は，患者本人の意思を確認することができない場合に本人の意思を推定し得る人物として「家族等」を挙げていますが，その範囲についてガイドラインの解説編は「今後，単身世帯が増えることも想定し，本人が信頼を寄せ，人生の最終段階の本人を支える存在であるという趣旨ですから，法的な意味での親族関係のみを意味せず，より広い範囲の人（親しい友人等）を含みますし，複数人存在することも考えられます」としています[1]。

2　窓口を長男又は長女の一方に定めること

(1)　一方にのみ連絡することのメリットとリスク

　設問の場合，今後は長男だけでなく長女に対しても病状説明や連絡を行うことは問題ありません。

　しかしながら，医療機関において，そのつど，長男と長女のそれぞれに対して病状説明等を行い，また連絡することは手間ですし，両名の意向が違う場合には，いずれの意向に従うべきか判断に迷うことになります。そこで，長男と長女で協議のうえ，医療機関からの病状説明や連絡を行う先（窓口）をいずれか一方に定めて，医療行為に関する希望や意見もその方が取りまとめて医療機関に伝えてもらえないかを打診するとよいでしょう。両名とも了承すれば，その旨を診療録等の記録に残しておき[2]，それ以降は，定められた一方のみに対して病状説明や連絡を行うことで足りると考えられます。

　もっとも，例えば大きな手術や延命治療を行うかどうかなど重要な意思決定が必要になる場面で長男一人の意向を聞いて医療行為を行い，もし悪しき結果が生じた場合には，長女の意向も聞いていた場合に比べて，医療機関が長女からクレームを受け，患者の死亡等について損害賠償請求を受ける可能性は相対的に高くなります。長女は患者の法定相続人ですので，患者が医療機関に対して有する損害賠償請求権を相続しますし，近親者（親）が死亡した場合には遺族固有の慰謝料請求権も生じることがあるからです（民711条）。

(2)　裁　判　例

　これまでの裁判例には，患者の長男夫婦が延命措置を拒否し，医療機関が患

者本人や長女（原告）の意思確認をせず延命措置を実施しなかったため患者が死亡したとして，患者の長女が医療機関には債務不履行があると主張し，また長男夫婦には共同不法行為があると主張して，医療機関と長男夫婦に対して損害賠償を求めたものがあります☆1。

この事案では，担当医は，長年にわたって患者と同居して介護している長男を家族の中のキーパーソンと認識して，長男夫婦に対して患者の病状や診療方針，人工呼吸など延命措置について説明し，長男が経鼻酸素吸入などの延命措置を拒否したことをふまえて延命措置を講じませんでした。

裁判所は，厚生労働省「終末期医療の決定プロセスに関するガイドライン」*3（平成19年5月策定）は法規範性を有するものではないものの，終末期医療の方針決定における医師の注意義務を検討するうえでは参考になるとして，同ガイドラインの場合分けに沿って以下のとおり判断しました。

① 担当医が患者の意思を確認できたとすれば，その意思を確認すべきであったとする余地があるが，本件患者は延命措置について自ら意思決定することは困難であった。そのため，医療機関が本件患者に対して延命措置について十分に説明したうえで意思確認すべき注意義務は負っていない。

② 医師が患者の家族の全員に対して個別に連絡をとることが困難な場合もあり，また，延命措置には費用や介護の分担など家族の間で話し合って決めるべき事柄も伴うことからすれば，キーパーソンを通じて患者の家族の意見を集約するという方法が不合理であるとは認められず，そのような方法をとることも医師の裁量の範囲内にある。なお，キーパーソン以外の家族がキーパーソンと異なる意見をもっており，そのことを医師において認識し得た場合には，その者からも個別に意見を聴くことが望ましいといえるが，本件では，長女が，キーパーソンである長男と異なる意見をもっており，担当医においてそのことを認識し得たとは認められない。したがって，医療機関が，長女を含む家族との間で十分に話し合って患者にとって最善の治療方針を決定すべき注意義務に違反したとは認められない。

3 長男及び長女の双方への連絡を検討すべき場合

上記の裁判例では，キーパーソン以外の家族が異なる意見をもっていることを医師が認識し得た場合には，個別に意見を聴くことが「望ましい」と判示しており，「義務」とまでは述べていません。しかしながら，この裁判例は，当該ケースの個別事情をふまえて判断したもので，他のケースで訴訟となった場

346　第8章◇医療行為

合には，異なる意見をもっていることを認識し得た他の家族に対し，医師が個別に意見を聴かなかったことが義務違反と判断される可能性は否定できません。

　設問において，長女が自分にも連絡してほしいと要請した理由は明確ではありませんが，このような要請があり，窓口の一本化にも同意しない場合は，通常，長女が長男とは意向が異なり得ることが想定され，医療機関（医師）においてもその可能性を認識し得たといえます。したがって，時間的な余裕もあるのに延命措置の方針など重要な内容を長女に対して連絡しない場合等には，医療機関に義務違反が認定される可能性は否定できないと考えられます。軽微な治療方針の意向確認を省略しただけであれば，法的な義務違反とまでは評価されないかもしれませんが，どのような治療であれば両名の意向確認が必要なのか判断は難しいため，手間と時間はかかりますが，時間的な余裕がない等の特段の事情のない限り，長男と長女の双方に連絡をしておくべきと思われます。また，**2**のとおり窓口を一本化しても，その後，医療行為に関する意見が違うことを医療機関において認識した場合には，家族等の中で意見を取りまとめてもらうよう要請し，それが難しいようであれば，長男と長女のそれぞれに対して病状説明，連絡を行っておくべきでしょう。

　ちなみに，長女に連絡することに長男が反対したとしても，それに従う必要はなく，また従うべきではありません。

4　**医療行為に関して長男と長女の意見がまとまらない場合**

　ガイドラインでは，「家族等の中で意見がまとまらない場合や，医療・ケアチームとの話し合いの中で，妥当で適切な医療・ケアの内容についての合意が得られない場合等については，複数の専門家からなる話し合いの場を別途設置し，医療・ケアチーム以外の者を加えて，方針等についての検討及び助言を行うことが必要である。」としています。

　設問でも，医療・ケアチームの職員や，その他の職員を交えた会議の中で，どのような方針で医療行為を行うことが患者の最善の利益に適うのか，複数の選択肢（治療を行わないことも含みます）があればそのメリット・デメリットを勘案したうえで検討することになります。この検討結果をふまえて長男や長女に対する助言を行いますが，その際には各選択肢に関するメリット・デメリットを説明し，その内容をカルテに残しておいてください。

〔小林　京子〕

Q53◆認知症患者の家族の連絡先　　347

```
╔═ ■判　例■ ═════════════════════════════════════════╗
```

☆1　東京地判平28・11・17判タ1441号233頁・判時2351号14頁。

```
╔═ ■注　記■ ═════════════════════════════════════════╗
```

＊1　「家族等」の範囲について，精神保健福祉法では「配偶者，親権を行う者，扶養
　　　義務者及び後見人又は保佐人」と定められています（精神5条2項）。厚生労働省
　　　「『臓器の移植に関する法律』の運用に関する指針（ガイドライン）」（最終改正：令
　　　和5年12月12日）では，脳死判定を行うことの承諾に関して同法に規定する「家
　　　族」は「遺族」の考え方に準ずるものとし，「遺族」とは「一般的，類型的に決ま
　　　るものではなく，死亡した者の近親者の中から，個々の事案に即し，慣習や家族構
　　　成等に応じて判断すべきものであるが，原則として，配偶者，子，父母，孫，祖父
　　　母及び同居の親族の承諾を得るものとし，これらの者の代表となるべきものにおい
　　　て，前記の『遺族』の総意を取りまとめるものとすることが適当」とされています。
＊2　両名が署名した書面で届け出てもらうと確実です。
＊3　その後名称が変更され，現在の名称は「人生の最終段階における医療・ケアの決
　　　定プロセスに関するガイドライン」（平成30年3月改訂）。

54 患者に成年後見人がついている場合の対応

このたび入院してきた患者には家族はおらず，成年後見人がついています。医療機関は成年後見人にどのようなことを要請できますか。

A 　診療契約や入院中に利用する物品の提供サービスに関する契約など，入院にあたって必要な契約を締結することや入院費・医療費などの費用の支払を求めることは可能です。しかし，費用の支払を保証することや身の回りの看護を求めることなどはできません。成年後見人は医療行為に同意する権限はありませんが，患者本人にとって最善の医療行為を検討する際には成年後見人との協議は有用ですので行っておくべきでしょう。

キーワード

成年後見人，医療費の支払の保証，医療行為への同意

1 成年後見制度とは

(1) 制度の概要

　成年後見制度とは，認知症・知的障害・精神障害等により物事を判断する能力が十分に備わっていない人を支援し，保護するために設けられた制度であり，預貯金や不動産等の管理が適切に行われることによって財産を保護し，介護や施設への入所に関する契約の締結，身上に関する契約手続等が適切に行われることによって身上を保護するものです。

　成年後見制度には，法定後見制度と任意後見制度があります。

　(a)　法定後見制度とは，物事を判断する能力が十分に備わっていないと考えられる場合に，その程度に応じて，家庭裁判所が，成年後見人，保佐人，補助人（以下，合わせて「成年後見人等」といいます）を選任し，選任された成年後見人等が本人を援助する制度です。成年後見人等の権限は法令と家庭裁判所の審判により定められ，成年後見人，保佐人，補助人が行う事務の範囲はそれぞれ異なります[*1]。

（b）　任意後見制度とは，物事を判断する能力が十分である間に，認知症等により能力が低下した場合に備えてあらかじめ本人が任意後見人を選んで契約（任意後見契約）を締結しておき，その契約に基づいて任意後見人が本人を援助する制度です。任意後見契約は公証人が作成する公正証書により締結する必要があり（任意後見3条），本人の能力が低下した場合に，家庭裁判所が任意後見監督人を選任することにより効力が生じます（任意後見2条1号）。

(2)　成年後見人等が行う事務

　成年後見人等が行う事務には，大きく分けると財産管理と身上保護（身上監護ともいいます）がありますが，いずれについても，成年後見人等は契約締結等の法律行為（付随する事実行為は含みます）を行うもので，不動産の清掃や看護行為等の事実行為を行うものではありません。最高裁判所は，成年後見人は「その事務を行うに当たっては成年被後見人の心身の状態及び生活の状況に配慮しなければならない旨のいわゆる身上配慮義務」（民858条）を負うことを前提としたうえで，「成年後見人の権限等に照らすと，成年後見人が契約等の法律行為を行う際に成年被後見人の身上について配慮すべきことを求めるものであって，成年後見人に対し事実行為として成年被後見人の現実の介護を行うことや成年被後見人の行動を監督することを求めるものと解することはできない。」と判示しています☆1。

　法定成年後見制度による成年後見人等か任意後見制度による成年後見人か，また成年後見人，保佐人，補助人のいずれであるかによって，成年後見人等の権限の範囲は異なり，行うことのできる事務も異なります＊2。以下では，実務上，医療機関で経験されることが多いと考えられる法定成年後見制度による成年後見人がついているケースについて説明します。

2　医療機関が成年後見人に求めることができる事項＊3

(1)　成年後見人が有する権限

　成年被後見人（患者本人）は，日用品の購入その他日常生活に関する行為を除き，一人では有効に法律行為を行うことはできません（民9条）。成年後見人は，成年被後見人が行った法律行為を取り消し（民9条・120条1項）又は追認し（民122条），あるいは成年被後見人の代理人として法律行為を行う権限を有しています（民859条1項）。このように成年後見人は，法律によって包括的な代理権が与えられており，患者本人を代理して契約を締結し，本人の財産から支払を行うことができます。

350　第8章◇医療行為

そのため，患者が入院するにあたり，手続，治療内容，入院期間，費用の支払などについての説明は，原則として成年後見人に対して行うことになります。もっとも，患者本人の意向はできる限り尊重しなければならないとされています（民858条参照）。医療行為についての説明を理解できる能力，自分のこととして認識できる能力，論理的に判断できる能力，意思を表明できる能力等，医療を受けるにあたって患者が意思決定するために必要な能力*4がどの程度あるかにもよりますが，基本的には患者本人にもわかりやすく説明し，できる限り患者本人の意向を確認することが必要です*5。

(2)　入院にあたって求めることができる事項

前述のとおり成年後見人は代理権を有していますので，医療機関は成年後見人に対し，診療契約の締結，車椅子や病衣のレンタルなどの有償サービスの利用契約の締結や費用の支払を求めることができます。

しかし，成年後見人は自ら患者の身の回りの看護を行う義務や，自らの財産をもって患者の債務を支払う義務を負うものではないため，入院にあたって必要な日用品等を持参することや医療費の支払を保証することは求めることはできません（日用品等の準備が必要な場合，成年後見人に対し，それらの準備のためのサービスを手配するよう求めることは可能です）。

成年後見人がついている場合には，まず後見登記事項証明書と身分証明書の提示を求めて成年後見人本人であることを確認し，これまでの患者の状態やエンディングノート等患者が表明した意向の有無について，成年後見人から情報提供を得たうえで，患者の病状や必要な医療行為，今後の見通し，締結が必要となる契約の具体的な内容等について説明を行います。入院時に後見登記事項証明書及び身分証明書について提示を受けて本人確認を行ったことは記録に残しておくべきでしょう。

また，患者の急変時などには成年後見人に連絡することが想定されるため，成年後見人の連絡先（週末や夜間にも連絡のつく電話番号）を確認しておく必要があります。

(3)　個々の医療行為に関して求めることができる事項

医療行為に対する同意権限を成年後見人に付与することについては，平成11年に成年後見制度が整備された際に導入が見送られた経緯があり，成年後見人に医療行為に関する同意権を認める規定はありません。したがって，判断能力が十分になく，身寄りがない患者に手術等の侵襲を伴う医療行為を行う必要がある場合であっても，医療機関は成年後見人に対し，医療行為についての同意

を求めることはできません。

このような場合，患者本人にとって最善と推測される対応を行うことが医療機関のとるべき基本的な方針となります。

患者が認知症高齢者の場合の一般的な対応についてはQ52で解説したとおりですが，家族はいないものの成年後見人がついている場合，院内でカンファレンス等を実施して医学的に最善と考えられる方針を確認する際には，成年後見人（加えてケアマネージャーなどの関与者）とも十分に話合いを行い，患者にとって最善と推測される対応を決めていくことが必要です。話合いの過程で，医学的に最善と考えられる方針が，従前，患者が表明していた意向に反しないか，あるいは推定される患者の意向に反しないか，それぞれの関与者が有している情報に照らして意見交換を行うことが重要でしょう。このような院内でのカンファレンスの日時やその内容，成年後見人等との話合いの日時やその内容については，具体的に記録を残しておくべきです。

(4) 退院等にあたって求めることができる事項

成年後見人は，患者本人の住居を確保し，介護や生活に関する法律行為を行うことが求められており，そのための代理権を有していますので，患者が退院や転院が可能なまでに快復した場合には，医療機関は成年後見人に対し，退院・転院時期の調整を行うことや，それまでに要した費用の支払を求めることができます。

しかし，成年後見人は自ら患者の身の回りの看護を行う義務は負っていないため，退院・転院のための付添いや病室の明渡しなどを求めることはできません（これらの対応が必要な場合に，成年後見人にこれらの援助を行うサービスを手配するよう求めることは可能です）。

医療機関としては，患者の病状の変化に応じて，退院・転院が可能となる時期の見通しや退院後に必要になると想定されるサービスについて説明を行い，成年後見人が適切な介護・福祉サービスの契約を適切な時期に締結し，患者がスムーズに新しい環境に移ることができるよう支援することが求められます。

残念ながら医療行為の甲斐なく患者が亡くなってしまった場合，基本的には成年後見人の職務は終了しますが，相続財産の保存に必要な行為，弁済期が到来している債務の弁済や火葬又は埋葬に関する契約の締結等＊6の死後事務については成年後見人の権限に含まれるとされているため（民873条の2）＊7，医療機関は成年後見人に対し，入院費や医療費等要した費用の支払を依頼することができます。また，死亡の届出は成年後見人が行うことができ（戸87条2

項），成年後見人は家庭裁判所に死亡診断書を付して患者の死亡を報告する必要がありますので，死亡診断書を成年後見人に交付することは可能です。

3　医療機関において日頃から検討しておくと望ましい事項

　医療機関が患者の意向に沿ったよりよい医療行為を提供するためには，医療機関と成年後見人等との間の協力体制の構築・維持は欠かせません。そのためには，医師，看護師及び事務担当者がそれぞれ成年後見人等の権限を正確に認識し，成年後見人等に説明すべき事柄については丁寧に説明し，求めることができる事柄については具体的に伝えて相談する必要があります。

　また，成年後見人等の権限については，法定成年後見制度による後見人等か任意成年後見制度による後見人か，法定成年後見人等であれば後見人か保佐人か補助人か等，類型によって異なります。これを随時適切に判断することは困難ですので，あらかじめマニュアルを作成して典型的なケースにおける業務のフローを定めておくとよいでしょう*8。

〔高坂　佳郁子〕

▨▨判　例▨▨

　☆1　最判平28・3・1民集70巻3号681頁。

▨▨注　記▨▨

　*1　被保佐人は，借財や保証，相続の放棄など民法13条1項に規定されている行為のほか，家庭裁判所が定める行為については一人で有効に行うことができず（民13条2項），保佐人の同意が必要です。保佐人は，被保佐人が行った行為を取り消すことができ（民13条4項・120条1項），家庭裁判所が定める行為については代理権を有しています（民876条の4）。被補助人は，家庭裁判所が定める一定の行為についてだけ，補助人の同意がなければ一人で有効に行うことができない（民17条1項）という点が被保佐人と異なります。取消権等補助人が有する権限は基本的に保佐人と同じです（民17条4項・120条1項・122条・876条の9）。

　*2　法定成年後見人以外の場合は，どのような行為について，代理権や同意権が付与されているのか，任意後見契約書（任意後見人の場合），家庭裁判所の審判書（保佐人・補助人の場合）を確認する必要があります。

　*3　厚生労働省医政局総務課長「身寄りがない人の入院及び医療に係る意思決定が困難な人への支援に関するガイドラインの発出について（通知）」令和元年6月3日医政総発0603第1号参照。なお，同ガイドラインの記載は保佐人，補助人等にも該当します。

　*4　厚生労働省老健局長「認知症の人の日常生活・社会生活における意思決定支援ガイドラインについて」平成30年6月22日老発0622第1号参照。

＊5 成年後見人等の意思決定の支援等の在り方に関しては，意思決定支援ワーキング・グループによる「意思決定支援を踏まえた後見事務のガイドライン」（令和2年10月30日），厚生労働省社会・援護局障害保健福祉部長「障害福祉サービスの利用等にあたっての意思決定支援ガイドラインについて」平成29年3月31日障発0331第15号，厚生労働省「認知症の人の日常生活・社会生活における意思決定支援ガイドライン」（平成30年6月）が参考になります。

＊6 火葬又は埋葬に関する契約の締結等については，家庭裁判所の許可が必要です（民873条の2ただし書）。

＊7 成年後見人は，必要があるときは，成年被後見人の相続人の意思に反することが明らかなときを除き，相続人が相続財産を管理することができるに至るまで，これらの事務を行うことができるとされています（民873条の2）。なお，保佐人等には認められていません。

＊8 成年後見制度については，令和6年9月時点で法制審議会において，後見の開始・終了の要件等について審議中であり，以後の法改正の動向に留意が必要です。

55 身体拘束

入院患者の身体拘束は、どのような場合に許されますか。

　精神科病院においては、法令上、患者が、主として、①自殺企図又は自傷行為が著しく切迫している場合、②多動又は不穏が顕著である場合、③①又は②のほか精神障害のために、そのまま放置すれば患者の生命にまで危険が及ぶおそれがある場合に該当し、かつ、身体拘束以外によい代替方法がない場合に、入院患者の身体拘束が許されています。

　これに対して、医療機関一般においては、法令上、患者の身体拘束の可否やその基準等について定めた規定はありませんが、緊急やむを得ない場合として、①切迫性、②非代替性、③一時性の要件を満たした場合には、入院患者の身体拘束が許されると思われます。

　実務上の対応としては、患者等とのトラブル防止のため、事前に患者等から同意を得ておくなど手続面での配慮を行うことが望ましく、また、身体拘束を行う場合には、その態様及び時間、患者の心身の状況、緊急やむを得なかった理由などを診療録や看護記録等に記載しておくことが重要です。

☑ キーワード

身体拘束、転倒転落、精神保健福祉法

解　説

1　身体拘束をめぐる医療機関の悩ましい状況

　医療機関には、高齢で足腰の弱い患者や精神疾患を患った患者など様々な患者が入院するため、身体拘束をしないことで、患者が転倒やベッドからの転落などによって重度障害となったり、自傷他害をしたりするおそれもあります。そして、上記のような事故等が発生した場合、医療機関は、事故等を防止しなかったことを理由に、患者やその家族等から責任を追及されることもあり、その賠償額が多額になることもあります（例えば、患者が入院中にベッドから転落し、頸髄損傷の傷害を負ったという事案で、病院側に4424万円という高額の賠償責任を認めた裁判例もあります[☆1]）。

他方で，患者への人権侵害の回避という観点から，原則として患者の身体拘束は禁止されており，上記のような事故等を予防するために身体拘束をすることで，かえって違法な身体拘束であるとして責任を追及されることもあります（例えば，後記**3**(1)のように，精神保健指定医による身体拘束の判断が裁量を逸脱するものであったとして約3500万円の賠償責任を認めた裁判例もあります）。

そのため，患者を身体拘束すべきか否かについて，医療機関は大変悩ましい状況にあるといえます。

2 法令・行政における基準

(1) 精神科病院の場合

精神科病院に入院中の患者の処遇について，病院の管理者は，医療又は保護に欠くことのできない限度において，その行動について必要な制限を行うことができますが（精神36条1項），身体拘束[*1]については，指定医が必要と認める場合でなければ行うことができません（同条3項）。

そして，精神保健福祉法37条は，厚生労働大臣に対し，入院中の患者の処遇について精神科病院の管理者が遵守しなければならない基準を定める権限を付与しているところ，「精神保健及び精神障害者福祉に関する法律第37条第1項の規定に基づき厚生労働大臣が定める基準」（昭和63年4月8日厚生省告示第130号。以下「告示第130号」といいます）は，患者が，主として，①自殺企図又は自傷行為が著しく切迫している場合，②多動又は不穏が顕著である場合，③①又は②のほか精神障害のために，そのまま放置すれば患者の生命にまで危険が及ぶおそれがある場合に該当し，かつ，身体拘束以外によい代替方法がない場合に，患者の身体拘束が許されるとしています（ただし，身体拘束はできる限り早期に他の方法に切り替えるよう努めなければならないことを前提にしています。また，上記①〜③の各要件については，令和6年5月20日に発足した厚生労働省の検討会[*2]においてその見直しが検討されています）。そのほか，告示第130号は，身体拘束を行う理由の告知や診療録への記載などに関して遵守事項を定めています。

(2) 医療機関一般の場合

これに対し，精神科病院以外の医療機関一般における患者の身体拘束の可否やその基準等について一般的に規定した法令等はありません。

そこで実務上参考になるのが，厚生労働省に設置された身体拘束ゼロ作戦推進会議が介護老人保健施設における身体拘束[*3]に関して作成した「身体拘束ゼロへの手引き」（以下「手引き」といいます）です。この手引きは，身体拘束は

356   第8章◇医療行為

原則禁止という考えを示しつつ，利用者又は他の利用者等の生命又は身体を保護するため「緊急やむを得ない場合」に限り身体拘束が許されるとしています。そして，身体拘束が許される「緊急やむを得ない場合」とは，①切迫性（利用者本人又は他の利用者等の生命又は身体が危険にさらされる可能性が著しく高いこと），②非代替性（身体拘束その他の行動制限を行う以外に代替する介護方法がないこと），③一時性（身体拘束その他の行動制限が一時的なものであること）という3要件がすべて満たされる場合であるとしています。また，この手引きは，手続面でも慎重な取扱いを求めるとともに，身体拘束に関する記録の義務づけについても言及しています。

　介護老人保健施設と医療機関一般という違いはあるものの，この手引きで示された内容は医療機関一般の場合にも参考となり，上記①～③の要件を満たした場合には，入院患者の身体拘束が許されると思われます。

3   裁 判 例

(1) 精神科病院における患者の身体拘束に関する裁判例[2]

(a) 事   案

　医療保護入院中に，約1週間にわたり四肢，体幹及び肩の拘束（以下「本件身体拘束」といいます）を受けていた患者Aが肺動脈血栓塞栓症により死亡したことについて，Aの相続人が，医師らが違法に身体拘束を開始・継続し，また，身体拘束による肺動脈血栓塞栓症の発症を回避するための注意義務に違反した過失によりAが死亡したとして，病院の運営者に対して，不法行為（使用者責任）に基づく損害賠償請求をした事案です。

　第1審[3]は，請求を棄却しました。

(b) 判   旨

　これに対して，控訴審は，行動制限の中でも身体拘束は，身体の隔離よりもさらに人権制限の度合いが著しいものであり，患者の生命の保護や重大な身体損傷を防ぐことに重点を置いたものであるから，これを選択するにあたっては特に慎重な配慮を要するものといえるとしました。そのうえで，裁判所が認定した事実関係からすると，身体拘束を必要と認めた医師の判断は，早きに失し，精神保健指定医に認められた身体拘束の必要性の判断についての裁量を逸脱するものであり，本件身体拘束を開始したことは違法である，と判示しました。また，本件身体拘束の継続についても，診療経過に照らしてAの生命又は身体に対する危険が及ぶおそれは生じていないとしてその適法性を否定し，

使用者責任に基づく損害賠償請求の一部（合計約3500万円）を認容しました。

上記控訴審判決は最高裁の上告不受理決定により確定しましたが，公益社団法人日本精神科病院協会をはじめとする医療界からは，現実の精神科臨床の現場の実態とはおよそかけ離れた判断である，身体拘束が必要と判断される患者の受入れが困難になるといった大きな批判が上がっており，今後どのような動きがあるのか注視されるところです。

(2) 医療機関一般における患者の身体拘束に関する最高裁判例☆4

(a) 事　案

入院中の患者B（当時80歳）が深夜にせん妄で興奮状態にあり，ベッドから起き上がろうとする動作を繰り返したため，当直看護師らが，抑制具であるミトンを使用して，Bの両上肢をベッドの柵にくくりつけたこと（以下「本件抑制行為」といいます）が診療契約上の義務に違反し，不法行為法上も違法なものであったとして，Bが，病院の開設運営者に対して，損害賠償請求をした事案です。

第1審は請求を棄却しましたが，控訴審☆5は，本件抑制行為は債務不履行及び不法行為を構成すると判断し，請求の一部（合計70万円）を認容しました。

(b) 判　旨

これに対して，最高裁は，本件抑制行為当時，せん妄の状態で興奮したBが，歩行中に転倒したりベッドから転落したりして骨折等の重大な傷害を負う危険性が極めて高く，ほかにBの転倒，転落の危険を防止する適切な代替方法はなく，本件抑制行為の態様が必要最小限度のものであったとしました。そして，入院患者の身体を抑制することは，その患者の受傷を防止するなどのために必要やむを得ないと認められる事情がある場合にのみ許容されるべきものであるところ，本件抑制行為は，Bの療養看護にあたっていた看護師らが，転倒，転落によりBが重大な傷害を負う危険を避けるため緊急やむを得ず行った行為であって，診療契約上の義務に違反するものではなく，不法行為法上違法とはいえない，と判示しました。

4 実務上の対応

これらの裁判例は，あくまで個別具体的なケースに基づく個別具体的な判断にとどまりますので，実際に身体拘束を行おうとする場合には，事案ごとに前記**2**の基準をふまえて慎重に検討していく必要があります。

また，告示第130号や手引き，裁判例もふまえると，患者やその家族との間

でのトラブル発生を防止するため，転倒防止等のために患者の身体拘束が必要
となることが予想されるような場合には，あらかじめ患者本人や家族に対し，
身体拘束について十分に説明を行ったうえで，同意を得ておくことが望ましい
といえます。加えて，身体拘束が許される場合に該当するかどうかの判断は，
医師個人では行わず，医療機関としての判断が行われるように，あらかじめ
ルールや手続を定めておくこと，身体拘束が許される場合に該当しなくなった
際には直ちに身体拘束を解除するよう徹底しておくことなどの点にも留意が必
要です。そして，身体拘束を行う場合には，万一の紛争発生に備え，その態様
及び時間，患者の心身の状況，緊急やむを得なかった理由などを診療録や看護
記録等に記載しておくことが重要です。

〔齋藤　愛実〕

╔═══ ■判　例■ ═══

　☆１　広島高岡山支判平22・12・９判時2110号47頁。
　☆２　名古屋高金沢支判令２・12・16判時2504号95頁。
　☆３　金沢地判令２・１・31判時2455号41頁。
　☆４　最判平22・１・26民集64巻１号219頁。
　☆５　名古屋高判平20・９・５判時2031号23頁。

╔═══ ■注　記■ ═══

　＊１　精神保健福祉法の領域では「身体的拘束」との用語が用いられていますが（昭和
　　　63年４月８日厚生省告示第130号等），介護分野で用いられている「身体拘束」との
　　　差異が明確には整理されていないようです。ただ，ここでは用語の差異には立ち入
　　　らず，条文等の引用箇所を除き，基本的には「身体拘束」との用語を用いることと
　　　します。
　＊２　厚生労働省「精神保健医療福祉の今後の施策推進に関する検討会」。
　＊３　介護保険法に基づく「介護老人保健施設の人員，施設及び設備並びに運営に関す
　　　る基準」（平成11年３月31日厚生省令第40号）13条４項によれば，入所者又は他の
　　　入所者等の生命又は身体を保護するため緊急やむを得ない場合を除き，身体的拘束
　　　その他入所者の行動を制限する行為を行ってはならないとされています。

56 虐待等の通報・通告義務

診察した患者に虐待やDVを受けた痕のようなものがありました。どこかに通報する必要はありますか。

　児童虐待防止法，高齢者虐待防止法，障害者虐待防止法，精神保健福祉法及びDV防止法は，医療関係者等に対して，児童虐待を受けたと思われる児童，高齢者虐待を受けたと思われる高齢者，障害者虐待を受けたと思われる障害者，障害者虐待を受けたと思われる精神障害者，配偶者からの暴力を受けている被害者を発見した場合に，一定の要件の下，市町村，都道府県やそれらが設置する機関などに通告・通報をする法的義務又は努力義務を課しています。
　そのため，診察した患者に虐待やDVを受けた痕のようなものがある場合，医療機関としては，患者の属性に応じて，通告・通報の要件，通告・通報先，義務の程度や留意点などをふまえ，通告・通報の要否を判断することになります。

☑キーワード

児童虐待，高齢者虐待，障害者虐待，虐待，DV，暴力

解　説

1　医療関係者の通告・通報義務等の概要

(1)　医療関係者の通告・通報義務

　児童虐待防止法や高齢者虐待防止法，障害者虐待防止法，精神保健福祉法，DV防止法は，次ページの表のとおり，児童虐待を受けたと思われる児童，高齢者虐待を受けたと思われる高齢者，障害者虐待を受けたと思われる障害者，障害者虐待を受けたと思われる精神障害者，配偶者からの暴力を受けている被害者を発見した者に対し，市町村，都道府県やそれらが設置する機関などに通告・通報をする法的義務又は努力義務を課しており，医師をはじめとする医療関係者に対しても同様の義務を課しています。

360　第8章◇医療行為

■表　虐待等に関する通告・通報義務の概要

法 律 名		規定内容
児童虐待防止法 6条	通告対象	児童虐待を受けたと思われる児童
	通告義務	発見した者は，速やかに通告しなければならない《法的義務》
	通 告 先	市町村，都道府県の設置する福祉事務所又は児童相談所 （児童委員を介してこれらの機関に通告することも可能）
高齢者虐待防止法 7条・21条	通報対象	・養護者による高齢者虐待を受けたと思われる高齢者 ・養介護施設従事者等による高齢者虐待を受けたと思われる高齢者
	通報義務	・発見した者は，当該高齢者の生命又は身体に重大な危険が生じている場合は，速やかに通報しなければならない《法的義務》 ・その他の場合（当該高齢者の生命又は身体に重大な危険が生じていない場合）は，速やかに通報するよう努めなければならない《努力義務》
	通 報 先	市町村
障害者虐待防止法 7条・16条・22条	通報対象	・養護者による障害者虐待（18歳未満の障害者について行われるものを除く）を受けたと思われる障害者 ・障害者福祉施設従事者等による障害者虐待を受けたと思われる障害者 ・使用者による障害者虐待を受けたと思われる障害者
	通報義務	発見した者は，速やかに通報しなければならない《法的義務》
	通 報 先	・養護者又は障害者福祉施設従事者等による障害者虐待の場合は市町村 ・使用者による障害者虐待の場合は市町村又は都道府県
精神保健福祉法 40条の3 ※令和6年4月1日施行	通報対象	精神科病院において業務従事者による障害者虐待を受けたと思われる精神障害者
	通報義務	発見した者は，速やかに通報しなければならない《法的義務》
	通 報 先	都道府県
DV防止法 6条	通報対象	配偶者からの暴力（配偶者又は配偶者であった者からの身体に対する暴力に限る）を受けている者
	通報義務	発見した者は通報するよう努めなければならない《努力義務》
	通 報 先	配偶者暴力相談支援センター又は警察官

(2) 通告・通報と守秘義務の関係

前ページの表の通告・通報については，医師が負っている守秘義務との関係が問題となります。

この点について，児童虐待防止法等は，それらの法令に基づく通告・通報が守秘義務（刑134条1項等）違反にならない旨を規定しています（児童虐待6条3項，高齢虐待7条3項・21条6項，障害虐待7条2項・16条3項・22条3項，精神40条の3第3項，配偶者暴力6条3項）。また，虐待やDVに関する事案ではないものの，必要な治療又は検査の過程で採取した患者の尿から覚せい剤成分が検出されたため，医師が警察官に通報したという事案で，通報は「正当行為として許容されるものであって，医師の守秘義務に違反しない」と判断した判例[1]が存在しており，虐待等の通告・通報と守秘義務の関係についても同様に正当行為の枠組みで考えられる場合もあると思われます。

ただし，虚偽や過失による通告・通報の場合にまで当然に守秘義務違反にならないわけではありません。また，上記判例に対しても，医師による通報を広く認めると患者が受診を躊躇するおそれがあるという理由で，その射程を広く解するのは相当ではないとする見解もあります。したがって，虐待等に関する通告・通報であれば守秘義務違反にならないということではありませんので留意が必要です。

以上より，医師や医療機関としては，ある患者について虐待等を受けた痕のようなものがある場合，医師が通告・通報の要否について個人で判断するのではなく，虐待等の疑いの有無や，守秘義務違反のおそれの有無等について医療機関内で慎重に協議したうえで，通告・通報の要否について決定すべきと思われます。

(3) 通告・通報と個人情報保護の関係

前ページの表の通告・通報については，個人情報保護との関係も問題となりますが，個人情報保護法18条3項1号及び27条1項1号が定める「法令に基づく場合」に該当すると解され，個人情報保護の観点からも問題はないと思われます（ただし，前記(2)の守秘義務違反の場合と同様に，通告・通報の要否については医療機関内における慎重な協議を経るべきでしょう）。

(4) ま と め

以上が医療関係者の通告・通報義務等の概要ですが，虐待等が疑われる患者の属性によって通告・通報に係る問題状況は若干異なりますので，以下，それぞれの法律に基づく通告・通報について項目を分けて解説します。

362 第8章◇医療行為

2 児童虐待の通告に関する留意点

「児童虐待」とは，児童虐待防止法上，保護者（親権者のほか，児童を現に監護する者）がその監護する児童（18歳未満の者）に対して，外傷の危険のある暴行を加える，わいせつ行為をする，保護者としての監護を著しく怠る（心身の正常な発達を妨げるような長時間の放置等），著しい心理的外傷を与える言動（著しい暴言等）をすること等をいいます（児童虐待2条）。

具体的にどのようなケースが「児童虐待」に該当するかは実務上難しい問題です。その一つに宗教の信仰等を背景とするものがありますが，この点については，厚生労働省が近時発出した「『宗教の信仰等に関係する児童虐待等への対応に関するQ&A』について」[*1]や「宗教の信仰等を背景とする医療ネグレクトが疑われる事案への対応について」[*2]が参考になると思われます。

また，児童虐待の通告義務に関しては，児童虐待防止法6条1項が，後述するDV防止法6条1項とは異なり，児童虐待を受けた「と思われる」児童を通告対象としている点に留意が必要です。すなわち，たとえ虐待の事実が明らかでなくても，一般人の目から見れば主観的に児童虐待が疑われる場合には通告義務が生じると解されており，「発見者が主観的に児童虐待であると認識したときは同法上の通告義務を負い，虐待の事実がないことを認識しながらあえて通告をした場合及びそれに準ずる場合を除き，通告をしたことについて法的責任を問われることはない」と判示した裁判例[☆2]もあります。

さらに，通告先に関して，児童虐待防止法では複数の通告先が規定されているため，どこに通告するかも問題となりますが，深刻な虐待が疑われるなど緊急性，専門性が高いと思われる場合は，一時保護（児福33条）等の措置が迅速にとられるよう児童相談所に直接通告するのが一般的と思われます。

3 高齢者虐待の通報に関する留意点

「高齢者虐待」とは，高齢者虐待防止法上，養護者又は養介護施設従事者等が高齢者に対して，外傷の危険のある暴行を加える，養護を著しく怠る（高齢者を衰弱させるような長時間の放置等），著しい心理的外傷を与える言動（著しい暴言等）をする，わいせつ行為をすること等をいいます（高齢虐待2条4項等）。また，ここでいう「高齢者」とは，原則として65歳以上の者をいいますが，養介護施設等を利用する65歳未満の障害者については「高齢者」とみなされ，同法の養介護施設従事者等による高齢者虐待に関する規定が適用されます（同条1

項・6項）。

　高齢者虐待の通報義務に関しては，前掲の**表**のとおり，高齢者の生命又は身体に重大な危険が生じていない場合には努力義務にとどまります。しかしながら，医療関係者の通報は，虐待の早期発見・早期対応において極めて重要な情報となるため，医療機関として高齢者虐待の疑いがあると判断した場合には，患者のプライバシーにも配慮しつつ，医療機関内で速やかに通報の要否について協議すべきです。

　なお，医師その他の医療関係者の通報義務そのものではありませんが，養介護施設従事者等は，同じ施設等の養介護施設従事者等による虐待を受けたと思われる高齢者を発見した場合は，高齢者虐待防止法21条1項に基づき，重大な危険が生じている場合かどうかを問わず，法的義務として速やかに市町村に通報しなければならないとされていることには留意が必要です。

4　障害者虐待の通報に関する留意点

(1)　障害者虐待防止法に基づく通報

　「障害者虐待」とは，障害者虐待防止法上，養護者，障害者福祉施設従事者等又は使用者が障害者に対して，外傷の危険のある暴行を加える，正当な理由なく身体を拘束する，わいせつ行為をする，著しい心理的外傷を与える言動（著しい暴言等）をする，養護を著しく怠る（障害者を衰弱させるような長時間の放置等）こと等をいいます（障害虐待2条6項等）。

　このように，「障害者虐待」については，正当な理由なく身体を拘束することが障害者に対する虐待に当たることが明文で規定されている点に特徴があります。障害者の虐待を防止するうえで，正当な理由のない身体拘束の廃止は欠くことのできない取組みであると考えられていますので，身体拘束に関する**Q55**も適宜参照してください。

　なお，障害者虐待の通報義務に関して，障害者虐待防止法7条1項は，18歳未満の障害者を通報対象から除外していますが，18歳未満の場合は，児童虐待防止法6条1項に基づく通告義務がある点に留意が必要です。

(2)　精神保健福祉法に基づく通報

　精神障害者に対する虐待については，令和4年に改正され，令和6年4月1日に施行された精神保健福祉法に留意する必要があります。すなわち，同法の改正によって，前掲の**表**のとおり，障害者虐待防止法では通報の対象とされていなかった精神科病院における業務従事者による障害者虐待についても，速や

364 第8章◇医療行為

かに都道府県に通報することが義務づけられることになりました（精神40条の3）。

　この改正を受けて，精神科病院において障害者虐待が生じないよう院内を十分に監督すべきことはいうまでもありませんが，他の医療機関においても，患者の診察その他の場面で精神科病院の職員による障害者虐待の疑いが生じた場合，精神保健福祉法に基づく通報義務を課せられていることを前提に対応していく必要があります。

5　配偶者からの暴力の通報に関する留意点

　医師その他の医療関係者は，業務の性格上，配偶者等からの暴力の被害者を発見しやすい立場にあることから，被害者の発見及び通報において積極的な役割が期待されています。そこで，DV防止法は，医師その他の医療関係者については，配偶者（元配偶者や事実婚の関係にある者を含みます）や同棲する交際相手からの暴力（身体に対する不法な攻撃であって生命又は身体に危害を及ぼすものをいいます）によって負傷又は疾病にかかったと認められる者を発見した場合，配偶者暴力相談支援センター又は警察官に「通報することができる」と定めています（配偶者暴力6条2項等）。

　その一方で，被害者の意思に反して通報が行われると，通報をおそれて被害者が治療を受けなくなったり，通報によって被害者の安全がかえって脅かされたりするおそれがあることから，DV防止法6条2項は，通報にあたっては被害者の意思を尊重すべきことを努力義務として明記しています。

　そのため，配偶者等からの暴力被害が認められる患者を発見した場合，医療関係者としては，原則として，通報について患者の意思を確認し，患者の同意を得たうえで配偶者暴力相談支援センター等に通報することになります。もっとも，患者の同意が得られなかったとしても，一切通報ができないわけではありません。内閣府ほか「配偶者からの暴力の防止及び被害者の保護等のための施策に関する基本的な方針」[*3] によれば「被害者の生命又は心身に対する重大な危害が差し迫っていることが明らかな場合には，そのような同意が確認できなくとも積極的に通報を行うことが必要である。」とされていますので，医療機関内における慎重な検討は要するものの，たとえ患者の同意が得られていなくても通報すべきケースもあるでしょう。

　また，通報義務とは別に，配偶者暴力相談支援センター等の利用について情報提供をすることが努力義務とされていますので（配偶者暴力6条4項），患者の

意思を尊重して通報しないと判断した場合であっても，患者に対して同セン
ター等の利用について情報提供を行うべきです。

〔齋藤　愛実〕

═══ ▓判　例▓ ═══

☆1　最決平17・7・19刑集59巻6号600頁。
☆2　東京高判平25・9・26判時2204号19頁。
　　　高齢者虐待及び障害者虐待についても同様に「と思われる」という文言が用いら
　　　れており，この点については上記裁判例と同様の解釈になると考えられます。

═══ ▓注　記▓ ═══

＊1　厚生労働省子ども家庭局長「『宗教の信仰等に関係する児童虐待等への対応に関
　　　するQ&A』について」令和4年12月27日子発1227第1号。
＊2　厚生労働省子ども家庭局長「宗教の信仰等を背景とする医療ネグレクトが疑われ
　　　る事案への対応について」令和5年3月31日子発0331第10号。
＊3　「配偶者からの暴力の防止及び被害者の保護等のための施策に関する基本的な方
　　　針」令和5年9月8日内閣府・国家公安委員会・法務省・厚生労働省告示第1号。

患者が治療を拒否する場合

　治療や重大な疾病の予防のために必要な処置を頑なに拒む患者がいます。治療・処置をしなければ生命・健康に重大な危険が及ぶおそれがあるのですが，どうしたらよいでしょうか。

　　患者が治療や処置を拒否する意思を明確にしている場合，たとえ治療や処置をしないと生命や健康に重大な危険が及ぶような状況であっても，患者の同意を得ずに治療や処置を強行してしまうと，医師や医療機関に損害賠償責任が発生するおそれがあります。必要な説明を尽くしても患者の同意が得られないときは，説明の内容を記録化したうえで，患者の意思を尊重することになるでしょう。

☑ キーワード

治療拒否，自己決定権，説明義務

解　説

1　治療拒否に関する最高裁判例

　医学的見地からは合理的な治療・処置であるにもかかわらず，患者がこれを頑なに拒否する場合，医師としてはどのように対応すべきでしょうか。仮に，当該治療・処置をしないと患者の生命や健康に重大な危険が及ぶような状況であった場合には，医師として，患者の意思と治療・処置の必要性のいずれを優先して行動すべきでしょうか。
　この点に関して参考になるのが，輸血拒否をめぐる最高裁判例です。
（1）事案の概要
　「エホバの証人」の信者であった患者Xは，信仰上の信念から，いかなる場合であっても輸血を拒否する（絶対的無輸血）という意思を入院先のA病院に対して書面で通告していましたが，A病院は，輸血拒否の意思をできるだけ尊重するものの，ほかに救命手段がなければ輸血を行う（相対的無輸血）との方針を採用していました。

担当医師Bはかかる病院の方針につき説明を行わないまま手術を実施し，手術中，出血量が多く，輸血を行わなければ患者Xを救命できない可能性が高いと判断したため，輸血を行いました。

手術後にこれを知った患者Xは，自己決定権侵害等を理由として，A病院の開設者であるYらを相手に慰謝料請求の訴訟を提起しました。

(2) 裁判所の判断

第1審判決[1]は，医師の説明義務違反を認めず，Xの請求を棄却しましたが，控訴審判決[2]は，医師の説明義務違反を認定し，これによって患者Xの自己決定権行使の機会が奪われたとして慰謝料等の支払を命じました。

最高裁判決は，「患者が，輸血を受けることは自己の宗教上の信念に反するとして，輸血を伴う医療行為を拒否するとの明確な意思を有している場合，このような意思決定をする権利は，人格権の一内容として尊重されなければならない。そして，Xが，宗教上の信念からいかなる場合にも輸血を受けることは拒否するとの固い意思を有しており，輸血を伴わない手術を受けることができると期待してA病院に入院したことをB医師らが知っていたなど本件の事実関係の下では，B医師らは，手術の際に輸血以外には救命手段がない事態が生ずる可能性を否定し難いと判断した場合には，Xに対し，A病院としてはそのような事態に至ったときには輸血するとの方針を採っていることを説明して，A病院への入院を継続した上，B医師らの下で本件手術を受けるか否かをX自身の意思決定にゆだねるべきであったと解するのが相当である。」と判示し，説明義務違反による人格権侵害を認め，高裁の結論を維持しました[3]。

2 最高裁判決の意義

上記最高裁判決は，患者には「宗教上の信念に基づき輸血を伴う医療行為を拒否するという意思決定をする権利」があるとし，宗教上の理由で絶対的無輸血の意思を明示している患者に対し，医師が相対的無輸血の方針で治療を実施しようとするときには，あらかじめその旨を説明し，治療を受けるか否かの選択を患者自身の意思決定に委ねるべきであるとの判断を示しました[4]。

したがって，宗教上の信念により絶対的無輸血の意思を明示している患者に対して，その同意なく輸血を行うことは許されず，強行すれば債務不履行や不法行為として損害賠償責任を負う可能性があります。また，医師が相対的無輸血の方針を説明した結果，治療行為に対する患者の同意が得られず，そのために手術等の治療行為に踏み切ることができないことが合理的であれば（すなわ

ち，輸血の可能性を一切排した状態での治療の実施が困難である場合は），医師は治療を行わなくても責任を問われることはないと考えられます。

宗教上の信念に基づく治療拒否については，たとえ患者の生命に危険が及ぶ場合であっても患者の意思決定を尊重すべきというのが最高裁の考え方のようです。

輸血に関しては，その後，関連する学会が合同で立ち上げた「宗教的輸血拒否に関する合同委員会」が，上記最高裁判決の趣旨をふまえた「宗教的輸血拒否に関するガイドライン」を平成20年2月に公表しており，現在では当該ガイドラインに基づく対応を行っている医療機関が多いようです（同ガイドラインは，成人の輸血拒否については上記最高裁判決の趣旨に沿った内容となっているほか，未成年者の輸血拒否の問題について詳しく論じています。未成年者の治療に関する同意についてはQ52も参照してください）。

3　その他の理由による治療・処置の拒否について

上記最高裁判決はあくまで宗教上の信念に基づく治療拒否について限定的に判示したものであり☆5，他の理由による治療や処置の拒否のケースについてすべて同様に考えられるとは限りませんが，患者の自己決定権が重視される近時の傾向からすれば，基本的には他のケースでも患者の真摯な意思決定を尊重する方向で検討すべきでしょう（それにより重大な結果が発生したとしても，医師の法的責任が問われるべきではないということになります）。

もっとも，上記のような裁判所の判断は，患者の意思決定が正確な事実認識の下でなされたものであることが当然の前提になっていると考えられます。具体的には，治療・処置の必要性と，これをしない場合のリスクについて，患者が事前に十分な説明を受けたうえで治療・処置を受けるかどうかの判断をしていることが不可欠です。医師の説明が不十分であったことにより患者が不合理な意思決定をしてしまった場合には，当然ながら医師の説明義務違反が問題になり得ることに注意が必要です。

また，患者本人と家族との間で意見の対立があるケースでは，患者本人の意思を尊重した場合であっても，後日家族との間でトラブルが発生する可能性があります☆6。かかるリスクを避けるためにも，医師としては，患者本人に加え，家族に対しても十分な説明を行い，家族が治療・処置を望んでいるのであれば，家族を通じて患者本人を説得することも検討すべきでしょう（ただし，最終的には患者本人の意思を尊重すべきです）。

さらに，後日のトラブルに備える意味でも，患者や家族に対してどのような説明を行ったかについて，正確な記録を残しておくことが重要です。単に説明した内容を電子カルテに記録しておくだけでなく，患者や家族に対して説明書を交付しながら説明したうえで，「医師から説明を受けたが，治療は希望しない」，「たとえ重篤な事態が生じたとしても異議を述べない」旨の書面に患者や家族のサインを求める，といった対応もあり得るところです。生命に危険が生じる可能性が高かったり，患者・家族間のコミュニケーションに不安があるような場合には，医師による説明の場面について録音等により記録化するといった対応もあり得るでしょう。

〔橋本　裕幸〕

■判　例■

☆1　東京地判平9・3・12判タ964号82頁。
☆2　東京高判平10・2・9高民51巻1号1頁。
☆3　最判平12・2・29民集54巻2号582頁。
☆4　前掲注（☆3）最判平12・2・29。
☆5　前掲注（☆3）最判平12・2・29。
☆6　東京地判平18・10・18判時1982号102頁。

58 余命告知

余命の短い患者に対し告知をするべきか否か、また、仮に告知をするとした場合に注意すべき点を教えてください。

　余命告知については、従来はもっぱらがん告知の問題として議論され、告知をしないケースもみられましたが、告知の義務は医師の説明義務の一内容と位置づけられますし、患者の自己決定が重視されるようになっている昨今ではそのことに応じた考慮をしなければなりません。
　したがって、医師（医療機関）としては、告知をするかしないかの判断をするにあたっては過去の判例だけでなくガイドライン等を参考に慎重に判断すべきです。具体的には、まず患者の自己決定を尊重することを第一に、病名や余命について告知することを原則としつつ、告知をしない判断をする場合にはその根拠となる「特別の事情」の有無を慎重に検討し、検討過程を記録に残しておくとともに、家族への情報提供にも気を配るべきです。

☑キーワード

余命告知，がん告知，説明義務

解　説

1　余命告知に対する考え方

　患者に対する余命告知については、従来はもっぱらがん告知の問題として議論されてきました。なぜなら、わが国では長らくがんは不治の病としてその病名告知は死の宣告と受け取られ、そのため医療現場においても、患者に精神的ショックを与え、生きる希望を失わせるといった悪影響が生じることを理由としてがん告知を避けるのが大勢だった時代があったからです。
　その後の医学の進歩により、今日ではがんは治癒可能な疾患と捉えられるようになりました。もちろん従来の議論は余命告知の義務について検討する際にも大いに参考になりますが、従来と比べて、患者の自己決定が一層重視され、インフォームド・コンセントが定着している昨今において、がんや余命の告知

については法的にはどのように考えていくべきでしょうか。

2 　がん告知についての判例

　がん告知について判断した判例は少なくありませんが，一般的な判断枠組みを示した最高裁判決はありません。そこで以下では，平成年代以降に出された最高裁判決2件（いずれも事例判決）と判断枠組みを示した下級審判決を紹介します。

(1) 　最高裁判決

(a) 　最判平7・4・25民集49巻4号1163頁（以下「平成7年最判」といいます）

　胆のうがんが疑われる患者につき，医師が告知した場合の精神的打撃と治療への悪影響を考慮して，重度の胆石症と説明して入院させようとしたところ，患者が入院を中止し，そのまま勤務先で倒れてその後死亡に至った事案です。

　この問題が生じたのは昭和58年であり，当時は患者に対して病名を告げる際はがんについては真実と異なる病名を告げるのが一般的であったという認定の下，判決では，がんの疑いを告げなかったことは「医師としてやむを得ない措置であったということができ，あえてこれを不合理であるということはできない。」と判示されています。

(b) 　最判平14・9・24裁判集民207号175頁・判タ1106号87頁（以下「平成14年最判」といいます）

　医師が患者本人に末期がんの告知をするのは適当でないと考えて説明しない一方，家族には説明する必要があると考えていたものの説明がないままであった事案です。

　判決では，「医師は，診療契約上の義務として，患者に対し診断結果，治療方針等の説明義務を負担する。」としたうえで，「医師が患者本人にはその旨を告知すべきではないと判断した場合には，……診療契約に付随する義務として，少なくとも，患者の家族等のうち連絡が容易な者に対しては接触し，同人又は同人を介して更に接触できた家族等に対する告知の適否を検討し，告知が適当であると判断できたときには，その診断結果等を説明すべき義務を負うものといわなければならない。」として，病院の義務違反を認めました。

(2) 　下級審裁判例

　がん告知について判断した下級審裁判例は数多くありますが，その中には一般的な判断枠組みを示した裁判例もあり，例えば名古屋地判平19・6・14判タ1266号271頁（以下「平成19年名古屋地判」といいます）が参考になります。同判決

は，「医師は，患者との診療契約に基づき患者の疾患を治療するに当たり，特別の事情のない限り，患者に対し，当該疾患の診断（病名と病状），実施予定の治療の内容，……予後などについて説明すべき義務がある」としたうえで，がん告知については「告知を受けた患者に対する肉体的・精神的影響を考慮し，告知しなかったからといって説明義務違反とはならない場合もあり得るが，告知する以上は，治療に対する患者の自己決定権の見地から，治療法等上記の点について十分説明すべきである。」と判示しています。

3 告知義務の位置づけと医師の裁量

(1) 告知義務の位置づけ

このように医師が告知をしないことはときに義務違反として法的に争われることがありますが，そもそもがん告知や余命告知の義務はいかなる根拠によって認められるのでしょうか。

この点，前記平成14年最判が「医師は，……患者に対し診断結果，治療方針等の説明義務を負担する。」と述べ，また前記平成19年名古屋地判も「医師は，……診断（病名と病状），実施予定の治療の内容，……予後などについて説明すべき義務がある」と示すように，がんの病名や余命（予後）を告知することが医師の説明義務（診療契約上の義務）の一内容であることには異論がないでしょう。

なお，平成14年最判が家族に対する告知について義務違反を認めたように，家族への情報提供も医療機関の義務になり得ると考えておくべきです。

(2) 告知についての医師の裁量

では，医師は常にがん告知や余命告知をしなければならないのでしょうか。

上記のようにこれらが「説明義務」の一内容である以上は，医師としては常に何らかの説明をする義務があるようにも思えますが，実際にはそこまでは求められていません。（昭和年代の事例であるとはいえ）平成7年最判も平成14年最判も患者に告知しない判断があり得ることを当然の前提にしていますし，平成19年名古屋地判も説明義務違反とならない場合があることを明確に認めています。

このように，がんの告知をするかしないか，ひいては余命告知をするかしないかの判断については，医師に一定の裁量が認められていることは間違いありません。

Q58◆余命告知　373

4　がん緩和ケアマニュアル

(1)　判例の限界

　もっとも，医療現場において患者の自己決定が重視され，インフォームド・コンセントが定着している昨今においては，過去の判例の傾向だけから医師の裁量が広いと捉えることが危険であることはいうまでもありません。また，平成14年最判からすれば，患者本人だけではなく家族への情報提供も視野に入れる必要があります。

　では，具体的にはどのように判断すべきかということですが，一般的な判断枠組みを示した判例は下級審判決にとどまるため，学会等が作成公表している各種ガイドライン等に即して対応すべきです。特に次に紹介する「がん緩和ケアに関するマニュアル」は，その前身（「がん末期医療に関するケアのマニュアル」）の内容が平成14年最判の反対意見でも引用されているくらいですから，法的な義務の内容を考えるにあたっても大いに参考になるものといってよいでしょう。

(2)　「がん緩和ケアに関するマニュアル」の内容

　ここでは代表的なガイドラインとして，厚生労働省＝日本医師会監修「がん緩和ケアに関するマニュアル〔改訂第3版〕」を紹介します。設問との関係で注目すべき内容は以下のとおりです。

・「病名」の説明について

　「医療の進歩とともに，患者自身による自己決定，インフォームド・コンセント，セカンド・オピニオンなどが重視され，これを尊重した医療を実践するには，がん患者自身に病気についての真実を伝えることが不可欠となった。ただし，患者が事前に『病名を知りたくない』という意向を示した場合や判断能力が十分でない場合には慎重に対処する。」のが原則とされています。

・「予後」の説明について

　予後の期間を正確に予測することには限界があるとしつつも，患者が知りたいと思っている情報量を見極めながら，予後が限られていることを伝えることが重要だとされています。

・患者に説明する際の留意点

　十分な話合いができるような時間設定，患者の同席希望者の確認，担当看護師の同席といった配慮すべき事項が挙げられています。

374　第8章◇医療行為

5　医療現場に求められる対応

　以上，従来議論されてきたがん告知に焦点を当てて説明しましたが，がんが死因のトップとなって久しく，より身近な病気となった昨今では，告知の議論はがんに特有のものではなく，疾患により余命が限られるケースにあまねく妥当するものでしょう。

　それゆえ，「がん緩和ケアに関するマニュアル」が指摘するように，患者の自己決定やインフォームド・コンセントが重視される現在では，医師はまず病名や余命（予後）を患者に対して告知することを原則と考えておくべきです。

　一方で，告知するかしないかの判断には医師に一定の裁量が認められており，告知をしないからといって義務違反になるとは限りませんが，上記原則と異なり告知をしないと判断するのであれば，その判断を支える根拠（平成19年名古屋地判のいう「特別の事情」）の有無が重要となります。したがって，患者に告知をしない場合には，「がん緩和ケアに関するマニュアル」が例示する「患者が事前に『病名を知りたくない』という意向を示した場合や判断能力が十分でない場合」といった特別の事情の有無を慎重に検討するとともに，事後にも当該特別の事情が存在したことを説明できるように，その検討過程を記録化しておくことが医療機関には求められます。また，平成14年最判で患者の家族等への説明義務違反が認められていることからすると，患者に告知しない場合には家族への情報提供にも気を配るべきことにも注意が必要です。

〔貝塚　光啓〕

59 終末期医療における方針決定

全身状態が極めて悪い高齢患者に対し手術をすべきでしょうか。手術をすれば確かに生存期間は延びますが，延命効果も劇的なものではなく，手術をして体に負担をかける分だけ苦痛を与えることにもなるので悩んでいます。

　厚生労働省が策定したガイドラインに従って方針を決定する必要があります。
　具体的には，まず医師だけでなく，看護師や介護従事者などの多くの専門職からなる「医療・ケアチーム」を組成し，チーム体制で患者に対する適切な情報の提供と説明をする必要があります。
　そのうえで，患者本人の意思が確認できる場合には，専門的な医学的検討を経た適切な情報を説明して患者本人と話合いを行い，第一に患者本人による意思決定に従って手術をするかしないかの方針を医療・ケアチームにおいて決定します。その際には，家族らも含めて「繰り返し」話合いを行うことと，その記録化も求められます。他方，患者本人の意思が確認できない場合は，家族らとの話合い等を経て方針を決定することが必要です。
　いずれの場合であっても，話合い等によって患者本人や家族らと合意が得られず方針が決定できないようなときは，複数の専門家からなる話合いの場を別途設置し，医療・ケアチーム以外の者を加えて改めて方針を検討していく必要があります。

☑キーワード

プロセスガイドライン，人生の最終段階，終末期医療，アドバンス・ケア・プランニング

―― 解　説 ――

1 終末期医療と法律・ガイドライン

(1) 法　　律

設問のようなケース，すなわち，いわゆる終末期医療を対象とした法律はありません。
従来，終末期医療に関して法律上議論されてきたのは，もっぱら安楽死や尊

厳死がテーマ（これらが刑法上許されるか）であり，この点が争われた判例も存在しますが，このようなテーマは，広く人生の最終段階における医療の在り方が問われる問題の一側面にすぎないともいえるでしょう。

平成年代には終末期医療を対象とした法制化の動きがあり，平成24年には超党派の国会議員で組織された「尊厳死法制化を考える議員連盟」により，医師の免責を明確化する内容の「終末期の医療における患者の意思の尊重に関する法律案（仮称）」が公表されたこともありました。ただ，終末期医療のあり方は人間の人生観や倫理観に関わるものであり，社会的にも様々な意見があるためか，現在に至るまで法制化は実現していません。

(2) プロセスガイドラインの策定

このような流れの中，厚生労働省においては昭和の終わり頃から法律によらないルールの検討が始められており，平成19年には「終末期医療の決定プロセスのあり方に関する検討会」が発足し，同年に「終末期医療の決定プロセスに関するガイドライン」（以下「プロセスガイドライン」といいます）が策定・公表されました。

その具体的内容は次項で紹介しますが，「決定プロセス」との名称からもわかるように，あくまで終末期医療において実行すべき「手続」を定めるガイドラインであり，どのような病状であれば治療行為の中止が許されるのかといった実体基準を示すものではありません。

(3) ガイドラインの重要性

プロセスガイドラインに対しては，「手続」を定めただけでは医療現場の不安は払拭できないとの批判もみられましたが，検討会座長であった樋口範雄教授は，「このプロセス・ガイドラインに記されているような丁寧な対応，プロセスを尽くした決定がなされた場合，それに対して警察が介入することは考えにくい」*1と指摘しており，プロセスガイドラインが示す手続を踏むか否かは刑法上の責任の成否にも大きく影響すると考えてよいでしょう。

また，終末期医療の在り方は人生観や倫理観に関わるものであるため，時代や社会の変化による影響を避けられませんが，プロセスガイドラインは策定後現在に至るまで名称も含めて改訂が続けられており，時代や社会の変化が反映された内容であると評価できることからも，重要だといえるでしょう。

2 プロセスガイドラインの内容

(1) ガイドラインの名称と対象範囲

Q59◆終末期医療における方針決定　　377

　上記のように，プロセスガイドラインはまず平成19年に「終末期医療の決定プロセスに関するガイドライン」の名称で策定されましたが，その後の改訂の中で，平成27年に最後まで患者本人の生き方を尊重するという視点から「終末期医療」が「人生の最終段階における医療」と置き換えられました。さらに平成30年3月改訂時にも，医療に限らず施設や在宅でのケアも視野に入れる観点から名称変更が行われ，現在の名称は「人生の最終段階における医療・ケアの決定プロセスに関するガイドライン」[*2]となっています。

　では，そもそもガイドラインの対象範囲となる「人生の最終段階」とはどのような状態を指すのでしょうか。一口に余命少ない場合といっても，がんの末期のように予後が数日から長くとも数か月と予測ができる場合もあれば，老衰など数か月から数年にかけ死を迎える場合もありますが，プロセスガイドラインは一律に「人生の最終段階」を定義づけるものではなく，それ自体が患者本人の状態をふまえて，医療・ケアチームの適切かつ妥当な判断によるべき事柄であると解説されています。

　なお，生命を短縮させる意図をもつ「積極的安楽死」（法律上の定義はありませんが，一般には患者を安らかに死なせるために，注射や投薬等により積極的に死期を早めることを指します）については，プロセスガイドラインの対象外とされています。

(2)　プロセスガイドラインの要点

　プロセスガイドラインは，まず医療機関が適切な情報の提供と説明をするために，医師だけでなく，看護師や介護従事者などの多くの専門職からなる「医療・ケアチーム」を組成し，患者や家族を支える体制を作ることを求めています。

　そして，ガイドラインの中核となるのは，医療・ケアの方針を決定する際の手続を定めた部分ですが，その要点をまとめると，以下のとおりです。

Ⅰ　人生の最終段階における医療・ケアの方針の決定手続
(1)　本人の意思の確認ができる場合
　①　本人の状態に応じた専門的な医学的検討を経た医療従事者からの適切な情報の提供と説明を前提としたうえで，十分な話合いをふまえた本人による意思決定を基本とし，多専門職種から構成される医療・ケアチームとして方針の決定を行う。
　②　時間の経過，心身の状態の変化，医学的評価の変更等により本人の意思は変化し得るものであり，適切な情報の提供と説明がなされ，本人が自らの意思をそのつど示し，伝えることができるような支援を行う。この際，本人が自らの意思を伝えられない状態になる可能性もあることから，家族等も含めて話合いを繰り返し行うことが必要である。

378　第8章◇医療行為

　　③　これらのプロセスにおいて話し合った内容は，そのつど，文書にまとめておく。
⑵　本人の意思の確認ができない場合
　　①　家族等が本人の意思を推定できる場合には，その推定意思を尊重し，本人にとっての最善の方針をとることを基本とする。
　　②　家族等が本人の意思を推定できない場合には，本人にとって何が最善であるかについて家族等と十分に話し合い，本人にとっての最善の方針をとることを基本とする。時間の経過等に応じて，このプロセスを繰り返し行う。
　　③　家族等がいない場合及び家族等が判断を医療・ケアチームに委ねる場合には，本人にとっての最善の方針をとることを基本とする。
　　④　これらのプロセスにおいて話し合った内容は，そのつど，文書にまとめておく。

Ⅱ　複数の専門家からなる話合いの場の設置
　　上記⑴及び⑵の場合において，方針の決定に際し，
・医療・ケアチームの中で決定が困難な場合
・本人と医療・ケアチームとの話合いの中で，妥当で適切な医療・ケアの内容についての合意が得られない場合
・家族等の中で意見がまとまらない場合や，医療・ケアチームとの話合いの中で，妥当で適切な医療・ケアの内容についての合意が得られない場合
等については，複数の専門家からなる話合いの場を別途設置し，医療・ケアチーム以外の者を加えて，方針等についての検討及び助言を行うことが必要である。

　上記のように，プロセスガイドラインでは，話合い等によって患者本人や家族らと合意が得られず方針が決定できないようなときは，弁護士を含む複数の専門家からなる話合いの場を別途設置し，医療・ケアチーム以外の者を加えて改めて方針を検討していく必要があるとされています。もっとも，実務上，急に複数の専門家からなる話合いの場を設置することは困難です。臨床倫理委員会を常設し，臨床現場から申請があれば速やかに開催できるような手立てを講じておくことを考慮するとよいでしょう。

3　アップデートの重要性

　前記のように，終末期医療の在り方は時代や社会の変化による影響を避けられないものですが，プロセスガイドラインは近年も改訂を続けている点でも重要です。
　直近の平成30年の改訂の際には，諸外国で普及しつつあるACP（「アドバンス・ケア・プランニング」：人生の最終段階の医療・ケアについて，患者本人が家族等や医療・ケアチームと事前に繰り返し話し合うプロセス）の概念が取り入れられ，患者本人や家族らとの話合いを「繰り返し」行うべきことが強調されるようになりま

した*3。医療機関としては，ある時点のガイドラインを周知しているだけでは不十分な対応と評価されることにもなりかねません（例えば，家族らとの話合いを1回行って十分と考えていたとすると，「繰り返し」という観点では不十分です）。

　また，厚生労働省が策定・公表しているプロセスガイドライン以外にも，例えば，日本透析医学会が「透析の開始と継続に関する意思決定プロセスについての提言」を，日本救急医学会等が「救急・集中治療における終末期医療に関するガイドライン」を，日本小児科学会が「重篤な疾患を持つ子どもの医療をめぐる話し合いのガイドライン」をそれぞれ策定・公表しています。

　医療機関においては今後も，プロセスガイドラインをベースにしつつ，各専門領域における特殊性をふまえた終末期医療に関する情報のアップデートには常に注意を払う必要があるでしょう。

〔貝塚　光啓〕

===== ■注　記■ =====

＊1　樋口範雄『続・医療と法を考える―終末期医療ガイドライン』（有斐閣，2008）89頁。

＊2　厚生労働省「人生の最終段階における医療・ケアの決定プロセスに関するガイドライン」（改訂：平成30年3月）（https://www.mhlw.go.jp/file/04-Houdouhappyou-10802000-Iseikyoku-Shidouka/0000197701.pdf）。

＊3　人生の最終段階における医療の普及・啓発の在り方に関する検討会「『人生の最終段階における医療・ケアの決定プロセスに関するガイドライン』解説編」（改訂：平成30年3月）（https://www.mhlw.go.jp/file/04-Houdouhappyou-10802000-Iseikyoku-Shidouka/0000197702.pdf）の「平成30年版ガイドライン改訂の経緯」。

外国人患者の受診

外国人患者が診療を求めてきましたが注意することはありますか。

言語や慣習，宗教の違いをふまえた対応が必要になる場合があることや，健康保険証をもたないケースでは全額自費診療となり医療費が高額化しやすいことをふまえた対応が必要となります。外国人患者が来院した際に，何の準備もなく的確に対応していくことは困難であるため，事前に外国人患者への対応方法や留意点を記載したマニュアルや院内の体制を整備するとともに，職員研修を実施しておくことが必要でしょう。

また，外国人患者が不法滞在者である場合は，応招義務や通報義務の問題も出てくるため，これらの義務についても留意する必要があります。

 キーワード

外国人患者，応招義務，海外旅行保険，不法滞在

1 外国人患者の受診時の対応

(1) はじめに

外国人患者が受診した際，言語や慣習，宗教の問題に直面する場合があります。また，とりわけ外国人旅行客等は健康保険証をもっておらず，全額自費診療となって医療費が高額化しやすいため，実務上，医療費支払の際にトラブルが生じないよう注意する必要があります。

医療機関としては，外国人患者が来院した場合を想定して，あらかじめ言語や慣習，宗教の問題に直面し得ることを念頭に，その受入体制を検討・整備しておくことが望ましく，厚生労働省も「外国人患者の受入れのための医療機関向けマニュアル（第4.0版）」[*1]を作成・公表し，医療機関における外国人患者の受入環境の整備を求めています。

以下，外国人患者の来院から退院までの間にとるべき対応について，時系列に沿って説明します。

(2) 来院から受付までの対応

(a) 使用言語の確認とコミュニケーション可能な状況の確保

外国人患者が来院した際は，日本語でのコミュニケーションが可能か否かを確認します。仮に日本語でのコミュニケーションが困難又は不十分と考えられる場合は，通訳人を介したやりとりが必要となり，現実的には，外国人患者の家族や友人，同僚，英会話能力のある医療スタッフによる通訳で対応できないかを検討することになります。

ただ，この場合は，どうしても通訳内容の信頼性について一定の限界が生じることになります。病状等をふまえて，外国人患者との間で的確なコミュニケーションをとる必要性が高く，いわゆる医療通訳の必要を感じたときは直ちに適切な電話通訳サービス等を利用できるよう，あらかじめ対応マニュアルを整備しておくとよいでしょう。

(b) 来院目的を確認

外国人患者の中には，文化や慣習が異なるため，診療を受けずに薬剤だけを受領することを目的に来院する者もいます。このような無診察での薬剤処方は医師法20条によって禁じられているため，初診の外国人患者に対しては来院目的を確認すべきです。

(c) 診療申込書等への記入依頼及び本人確認

来院目的が受診であれば，診療申込書や問診票に所定事項を記入してもらう必要があります（厚生労働省が作成・公表している「外国人向け多言語説明資料　一覧」*2 が参考になります）。また，外国人旅行客等の場合，①重症化した際の国内や母国における連絡先の確認，②加入している海外旅行保険の保険会社等からの照会への対応，③医療費の支払確保等の観点から，本人確認が一層重要となります。外国人患者には診療申込書等に所定事項を記入してもらうほか，パスポートを確認したうえでそのコピーをとる等の対応が必要です。

次に，医療機関は，診療申込書等の記入内容をふまえて，実際の診療を開始しますが，実務上，標榜している診療科名や，言語・慣習・宗教上の観点から，当該医療機関において，来院した外国人患者への診療ができるか否かが問題となることがあります。具体的には，医療機関は応招義務（医師19条１項）との関係をふまえて検討すべきですが，診療を拒絶できる場合は，緊急対応が不要な場合であるとともに，文化や言語の違い等により，結果として診療行為そのものが著しく困難であるといった事情が認められる例外的な局面に限られていることに留意が必要です*3。また，たとえ診療を拒絶せざるを得ない場合

382　第8章◇医療行為

であったとしても，他の適切な医療機関を紹介するといった丁寧な対応をすべきです。

(d) 診療内容と医療費の目安に関する説明，支払方法の確認

外国人患者については，健康保険証をもっているケースと，外国人旅行客等の健康保険証をもっていないケースの両方があり得ますが，とりわけ後者のケースでは，全額自費診療となって医療費が高額化しやすく，医療費支払の際にトラブルになるリスクがあります[*4]。

そこで，当該トラブルを未然に防止すべく，外国人旅行客等に対しては，診療内容と医療費の目安を説明するとともに，電子マネーによる支払やクレジットカード払等の支払方法についても確認したうえで，診療を開始することが適切です。具体的な対応としては，初診・レントゲン検査・血液検査等の典型的な診療項目や支払方法について定めた料金表を作成しておく等，概算医療費の算出式と説明方法を事前に検討・準備しておき，必要に応じて当該料金表を提示して説明できるよう準備しておくとよいでしょう。また，医療費の保証金の支払（前払）等を求める対応も考えられますが，この場合は，患者側への十分な情報提供や精算方法の明示を行い，同意を得たうえで，預り証と引換えに受領すべきです[*5]（保証金についてはQ62も参照してください）。

次に，外国人旅行客等は，海外旅行保険に加入していることがよくあるため，その点を考慮した対応が必要となります。海外旅行保険といっても，①Pay & Claim型の海外旅行保険（外国人患者が医療費全額をいったん支払い，後日外国人患者が保険会社に請求するタイプ），②医療アシスタンス付きの海外旅行保険（医療アシスタンス会社が保険会社と患者と医療機関の間に介在して必要な手配や処理を行ってくれるタイプ），③Direct Billing型の海外旅行保険（医療機関が保険会社と直接契約して医療費を支払ってもらうタイプ）等の様々なタイプのものがありますが，いずれのタイプであっても，外国人患者本人から保険会社に連絡をしてもらうことが必要です。外国人旅行客等の場合は，海外旅行保険に加入しているかを確認し，仮に加入している場合には保険会社への連絡をお願いする必要があります。

(3) 検査・診察後の対応

検査や診察の結果，上記(2)(d)の概算医療費の説明時に想定していなかった追加の検査や治療が必要となることがあります。追加の検査・治療に進む前に，検査・治療内容とそれにかかる医療費の目安を提示して，外国人患者の了承を得たうえで追加の検査・治療へ進んだ方が無難でしょう。

(4) 診断書の作成・交付

海外旅行保険に関する保険金の請求や，航空会社からの搭乗許可を得ること等を目的に，外国人患者が診断書の交付を求めてくることがあります。

この場合，医療機関は，外国人患者本人に対し，診断書の書式や使用すべき言語を確認したうえで，診断書の作成に応じられるか否かを説明するとともに，診断書の作成に要する費用や時間等を説明して了承してもらう必要があります。

(5) 入院時の対応

入院が必要となった場合は，日本人の患者が入院する際に説明している内容に加えて，言語・慣習・宗教上の要望や配慮すべき点等を確認する必要があります。また，外国人旅行客等の健康保険証をもっていないケースにおいては，入院保証金の支払を求める方法のほか，退院時にまとめて入院診療費を請求するのではなく，随時請求していく方法も有効です。

(6) ま と め

以上，来院時以降の対応について時系列に即して簡単に説明しましたが，外国人患者が来院した際に，何の準備もなく的確に対応していくことは困難です。医療機関においては事前に外国人患者への対応方法や留意点を記載したマニュアルや院内の体制を整備するとともに，職員研修を実施しておくことが必要と思われます。

なお，外国人旅行客等との関係で医療費の不払が生じかねない場合，又は残念ながら不払が生じてしまった場合は，国土交通省近畿運輸局から訪日外国人旅行者用の「医療費未払い対策マニュアル」*6が出されているため，実務上あわせて参考にするとよいでしょう。

2 不法滞在者に関する留意事項

外国人患者の中には不法滞在が疑われる場合がありますが，次のとおり，医師法上の応招義務との関係や，入管法上の通報義務との関係が問題となります。

(1) 医師法上の応招義務との関係

不法滞在者は，前記1の外国人旅行客等と同様に健康保険証をもっていないため，事前に診療内容と医療費の目安を説明することや支払方法をあらかじめ確認すること，保証金の支払等を受けること等により，医療費の支払を得られるよう慎重に対応すべきです。ただ，不法滞在者の場合，外国人旅行客等と異なり経済的な余裕がないことが多く，実務上，医療費の支払や保証金の支払に

難色を示してくるケースに直面しがちです。

このようなケースでも，応招義務との関係上，医療費等の不払のみをもって診療を拒否することは認められていません。現状，医療費等の不払等をもって診療を拒否できる場合は限定的ですので，留意が必要です（Q62・Q64参照）。

(2) 入管法上の通報義務との関係

入管法62条2項は，「国又は地方公共団体の職員」に対し，職務を遂行するにあたって外国人が不法滞在者であることを知ったときは通報しなければならないと規定しています。ここでいう「国又は地方公共団体の職員」の範囲については明確ではありませんが，入管法62条2項と同趣旨の規定である刑事訴訟法239条2項に関しては，学説上，国家公務員及び地方公務員のみならず，いわゆるみなし公務員も含まれるとする見解が有力です[7]。それゆえ，入管法62条2項が規定する「国又は地方公共団体の職員」についても，国家公務員及び地方公務員に加えて，みなし公務員が含まれることを前提に対応した方が無難と思われ，国立病院・県立病院や国立大学・公立大学の附属病院等の公的な医療機関においては，入管法62条2項が規定する通報義務の存在に留意すべきです。

もっとも，外国人患者が不法滞在者であることを知った場合，常に通報しなければならないわけではありません。例えば，新型コロナウイルスまん延防止の観点から，「入管法に基づく通報義務を履行した場合に当該目的を達成できないおそれがあるような例外的な場合には，当該行政機関において，通報義務により守られるべき利益と各官署の職務の遂行という公益を比較衡量して，通報するかどうかを個別に判断した結果，通報しないことも可能である。」とする事務連絡が発出されており[8]，かかる取扱いは，新型コロナウイルスに限った話ではありません。

したがって，公的な医療機関において外国人患者が不法滞在者であるような場合は，医療従事者個人が判断するのではなく，組織として，当該外国人患者の個別の状況をふまえて通報すべきか否かを慎重に検討し対応していくことが肝要でしょう。

〔松本　紘明〕

■注　記■

＊1　厚生労働省「外国人患者の受入れのための医療機関向けマニュアル（第4.0版）」
（https://www.mhlw.go.jp/stf/seisakunitsuite/bunya/0000173230_00003.html）。

＊2　厚生労働省「外国人向け多言語説明資料　一覧」（https://www.mhlw.go.jp/stf/

seisakunitsuite/bunya/kenkou_iryou/iryou/kokusai/setsumei-ml.html)。

＊3　厚生労働省医政局長「応招義務をはじめとした診察治療の求めに対する適切な対応の在り方等について」令和元年12月25日医政発1225第4号。

＊4　厚生労働省は，訪日外国人受診者に医療費不払が発生した場合に，同省へ情報を提供するよう呼びかけています（https://www.mhlw.go.jp/stf/seisakunitsuite/bunya/0000202921_00012.html）。医療機関として当該呼びかけに応じるか否かは任意ですが，同省へ情報を提供する場合は，あらかじめ外国人患者に対して個人情報の取扱いに関する通知をしておく必要があります。

＊5　厚生労働省保険局医療課長ほか「療養の給付と直接関係ないサービス等の取扱いについて」平成17年9月1日保医発第0901002号（最終改正：令和6年3月21日）。

＊6　国土交通省近畿運輸局「訪日外国人旅行者の医療分野における受入体制整備実証事業報告書」（平成29年3月）参考資料11「医療費未払い対策マニュアル（改訂版）」（https://wwwtb.mlit.go.jp/kinki/content/000031160.pdf）。

＊7　河上和雄ほか編『大コンメンタール刑事訴訟法〔第二版〕第4巻』（青林書院，2012）771頁〔今崎幸彦＝河村博〕。

＊8　厚生労働省新型コロナウイルス感染症対策推進本部「新型コロナウイルス感染症対策を行うに当たっての出入国管理及び難民認定法第62条第2項に基づく通報義務の取扱いについて」令和3年6月28日事務連絡。

61　応招義務

患者が診療を求めてきた場合，どんな場合でも応じなくてはならないですか。また，診療拒否をする場合の注意点も教えてください。

　原則として，診療拒否はできません。特に，患者に緊急対応が必要な場合は，事実上診療が不可能といえない限り，診療に応じる必要があります。一方で，緊急対応が不要な場合は，原則として必要な医療を提供する義務はありますが，ある程度緩やかに診療拒否が認められています。
　診療拒否をする場合は，診療拒否をする理由が正当と認められるかを慎重に判断したうえ，その事情がわかるように，診療拒否の理由を記録することが必要です。

☑キーワード

応招義務，診療拒否

解　説

1　応招義務とは

　医師法19条1項には，「診療に従事する医師は，診察治療の求があった場合には，正当な事由がなければ，これを拒んではならない。」と規定されています。これが応招義務です。したがって，医師は，患者からの診療の求めを，原則として拒否することはできません。

　応招義務については，その違反に対して直接刑事罰を科す規定はありません。また，応招義務違反は過去の通知では「医師としての品位を損するような行為のあったとき」(医師7条1項)として行政処分の対象となり得るとされていましたが，調査した限りでは，過去に応招義務違反で処分を受けた実例は確認されていません。一方で，応招義務を規定する医師法19条1項は，直接患者に対し診療を請求する権利を与えるものではないものの，医師・医療機関の不当な診療拒否に対しては，債務不履行責任又は不法行為責任として患者からの損害賠償請求が認められるものとされています。

2 診療を拒否できる「正当な事由」

　医師は原則として診療拒否はできませんが，「正当な事由」があれば，例外的に診療拒否ができます。

　いかなる場合に診療拒否が正当化されるか，については，過去に複数の通知や裁判例で解釈が示されていましたが，それらを受けて，令和元年12月25日に厚生労働省から通知（新通知）が発出されました[*1]。

　新通知では，診療拒否の正当化に関して，最も重要な考慮要素は患者について緊急対応が必要であるか否か（病状の深刻度）であるとされており，緊急対応が必要な患者に対しては，診療時間内・勤務時間内である限り，事実上診療が不可能といえる場合にのみ診療しないことが正当化される，とされています。

　一方で，緊急対応が不要な患者に対しては，診療時間内・勤務時間内であっても，医療機関の専門性・診察能力，医療提供の可能性や他の医療機関等による医療提供の可能性のほか，患者と医療機関との信頼関係等も考慮して，診療拒否の正当性が解釈されます。そのうえで，新通知では，緊急対応が不要であるときに患者を診療しないことが正当化されるかについて，①患者の迷惑行為，②医療費不払，③入院患者の退院や他の医療機関の紹介・転院等，④差別的な取扱い，⑤訪日外国人観光客をはじめとした外国人患者への対応という類型を挙げて整理しています。例えば，①患者の迷惑行為については，迷惑行為の態様に照らし，診療の基礎となる信頼関係が喪失している場合には，新たな診療を行わないことが正当化される，とされています。具体的な内容については，新通知を確認することが肝要です。また，従来の裁判例では，①緊急の診療の必要性の有無，②他の医療機関による診療可能性の有無，③診療拒否の理由の正当性の有無等の事情を総合考慮して判断するのが相当とされていますので，この3要素の観点に整理して判断することも大切です。

　新通知で示されていない理由による診療拒否について，近時，複数の裁判例が出ています。具体的には，外国での臓器移植手術後のフォローアップ治療の拒否に関する裁判例[☆1]，新型コロナウイルス感染症のクラスターが発生していた病院に母親が勤務していることを理由とする診療拒否に関する裁判例[☆2]があり，いずれも，医療機関への損害賠償請求が棄却されています。

3 診療拒否にあたっての注意点

(1) 安易な診療拒否は慎むこと

388　第8章◇医療行為

　医療業界では，従来，応招義務やその背景となる医の倫理観から，診療拒否に抵抗感があり，診療拒否に踏み切れない医療機関が多くありました。実際に，過去に診療拒否をして裁判に至った案件の具体的事実をみても，医療機関側に，最後の最後まで診療に応じようとする姿勢が見受けられました。これに対し，新通知は，従来に比べて診療拒否が正当化される例外的な範囲が拡大した印象があり，今後，緊急対応が不要な患者について，診療拒否を検討しやすくなりました。

　しかし，原則的には，緊急対応が不要な患者に対しても診療に応じなければならないのであって，安易な診療拒否は許されません。安易な診療拒否をすると，法的責任が問われる可能性は十分にあります。実際に，診療拒否の正当性を十分検討しないまま診療拒否したと認められる案件では，損害賠償請求が認められています[3]。

　したがって，診療拒否を検討する患者に対しては，当該時点で緊急対応の必要はないか，診療拒否の理由が相当か（例えば，迷惑患者であれば，迷惑行為の態様や回数などから，診療拒否に至るほどの信頼関係の破壊があるか），診療拒否をしても他の機会での診療可能性があるか，を総合的に考慮して慎重に判断する必要があります。

⑵　**診療拒否にあたっては十分な準備が必要**

　診療拒否を検討する場合には，後日，診療拒否の正当性が問題となったときに説明できるように，診療拒否の理由を整理し，記録を残しておくことが重要です。また，診療拒否の理由があったとしても，その程度に応じ，書面による警告などのステップを踏むことが求められる場合があります。

　Q63に迷惑患者に対する診療拒否の場合が説明されていますので，そちらも参考にしてください。

⑶　**緊急対応が必要な患者にはできる限り必要な処置をとること**

　新通知は，緊急対応が必要な患者に対する診療拒否は，事実上診療不可能な場合のほか，診療時間・勤務時間外の場合にも正当化されると説明しています。

　しかし，仮に，医療機関の受付時間や外来時間を過ぎていたとしても，医療機関の機能や専門性によっては診療すべきと判断される可能性もあり得ます。また，緊急対応が必要な患者を目の前にしながら何もせずに，その結果当該患者が死亡した場合，医師や医療機関が一切責任を問われない，と断言できるかも難しいところです。新通知でも，診療時間・勤務時間外には診療に応じない

ことが正当化されるとしつつも，応急的に必要な処置をとることが望ましいとされていますので，医療機関や医師においては可能な範囲での対応をしたうえで，適切な医療機関に紹介・転送することが必要でしょう。

〔三谷　和歌子〕

■判　例■

☆1　東京高判令元・5・16（平成31年（ネ）第272号）WLJ（なお，最決令元・12・17（令和元年（受）第1557号）判例集未登載の上告不受理決定により確定している）。

☆2　札幌高判令4・3・16（令和3年（ネ）第439号）LEX/DB。

☆3　東京地判令3・3・30（平成31年（ワ）第3093号）LEX/DB。

■注　記■

＊1　厚生労働省医政局長「応招義務をはじめとした診察治療の求めに対する適切な対応の在り方等について」令和元年12月25日医政発1225第4号。

62　保証人・入院保証金

　当院では，入院を希望する患者に対して，診療費・入院費用等の支払の担保として，入院保証金を支払ってもらう，あるいは，保証人を立ててもらうといったことを依頼しています。患者に対し，このような担保を求める場合の注意点を教えてください。

　また，担保の求めに応じない患者に対して，入院を拒否することはできるでしょうか。

　患者に対して，入院保証金や保証人といった入院診療費等の支払の担保を求めるにあたっては，それぞれ以下の点に留意する必要があります。

　入院保証金：患者側への十分な情報提供，同意の確認や内容，金額，精算方法
　　　　　　　等の明示など適正な手続を確保すること
　保証人　　：根保証契約を書面で締結し，当該書面において根保証の極度額を
　　　　　　　明記すること

　入院を希望する患者が担保の求めに応じないことのみを理由に入院を拒否することはできません。

キーワード

　担保，入院保証金，保証人，応招義務

―― 解　説 ――

1　はじめに

　医療機関において，入院を希望する患者に対して，入院保証金や保証人といった入院診療費等の担保を求めることは，いずれも未収金対策として一般に行われているところです。特に，保証人については，その住所・連絡先を把握しておくことにより，退院・転院等の際の身元引受人を確保するといった面でも有用です。

　ただし，無制限に担保を徴求することが許容されているわけではなく，それ

ぞれ以下の点に留意が必要です。

2 入院保証金を徴求する場合の留意点

入院保証金等事前に患者から金銭の預託を受ける場合，将来的に発生することが予想される債権を適正に管理する観点から，患者側への十分な情報提供，同意の確認や内容，金額，精算方法等の明示など適正な手続を確保することが求められています[1]。

そのため，入院予定の患者に入院保証金の支払を求める際には，以下の事項を説明し，同意を得たうえで支払を受ける必要があります。また，入院保証金の支払を受けた場合には，入院保証金預り証を作成し，当該患者に交付することが望ましいといえます。加えて，以下の事項については，医療機関のウェブサイト等で周知しておくことも有用であり，実際にウェブサイトでの周知を実施している医療機関も多く存在します。

① 入院保証金の金額（個室利用等の条件により異なる場合にはその旨）
② 精算の対象となる入院診療費の内容
③ 精算方法（通常は預り証と引換えに，精算後の残額を返金）
④ 精算時期（通常は退院時）

3 保証人を徴求する場合の留意点

入院患者に，入院診療費その他入院期間中に生じる諸費用に関して保証人を立ててもらう場合，入院期間中に生じる諸費用は不確定であることから，当該保証は，一定の範囲に属する不特定の債務を主たる債務とする保証，いわゆる「根保証」となります。

根保証を含む保証契約を締結する場合，書面（あるいは保証契約の内容を記録した電磁的記録。以下同じ）によって締結する必要があります（民446条2項・3項）。また，個人が根保証を行う場合には，保証の責任を負うべき限度額（いわゆる極度額）を書面で確定的に定める必要もあります（民465条の2第2項）。

そのため，入院予定の患者に個人の保証人を立ててもらう場合，入院申込書・身元保証書等の書面に，当該保証人に署名捺印してもらいますが，その書面には極度額を明記しなければならないため，保証人に署名捺印してもらう時点で，入院に要する費用を見積もり，当該見積額をカバーできる極度額を算定することが必要です。また，極度額を超えた部分については保証人に請求できないため，入院期間中に入院費用等が極度額を上回ることが予想されることに

392　第8章◇医療行為

なったら，保証人に対し極度額を再設定した根保証契約の締結を求めるといった対応を検討する必要も生じます。

4　入院拒否の可否

　医療機関からの入院保証金・保証人の求めに入院患者が応じない場合でも，これのみを理由とする入院拒否は，応招義務（Q61参照）に抵触し，認められません。

　したがって，入院保証金・保証人の求めに応じない長期入院患者に対しては，一定期間ごとに入院費用の支払を求めるなどの工夫も一案です。未収金が発生した場合は，Q64を参考に対応してください。

〔田中　瑛生〕

━━━■注　記■━━━

＊1　厚生労働省保険局医療課長ほか「療養の給付と直接関係ないサービス等の取扱いについて」平成17年9月1日保医発第0901002号（最終改正：令和6年3月21日）。

第 9 章

患者トラブル

63 迷惑患者対応

診療に対するクレームをつけ，院内で大声で騒ぐ迷惑患者に対し，どう対応すればよいでしょうか。

　まずは，院内で大声を出すことについて，毅然と注意をしてください。そして，別室に誘導してクレームを聞く機会を別途設け，クレームの内容を冷静に聞き取ったうえで，謝るべきところは謝り，誤解の部分は丁寧に説明します。
　別室への誘導に応じず患者が大声を出し続ける場合には，他の患者の迷惑になるとして退去を促すとともに，退去しない場合には，あらかじめ警告をしてから警察を呼ぶことも検討します。
　なお，クレームをつけながら一方で診療を求めている場合は，原則として，診療に応じなくてはなりません。もっとも，何度も注意し，これ以上迷惑行為を続けるなら診療は応じられない旨警告したにもかかわらず迷惑行為が止まない場合等には，診療拒否をすることも選択肢の一つです。診療拒否は応招義務に抵触しないよう十分に留意をする必要がありますので，丁寧に記録に残したり，事前に弁護士に相談する等の慎重な対応が必要です。

☑キーワード
　迷惑患者，応招義務，診療拒否

解　説

1　迷惑患者対応の必要性

　従来，医療機関は，応招義務を背景に，迷惑患者が惹き起こすトラブルに対し，積極的に対応しなかったことも多かったようです。
　しかし，迷惑患者を放置することは，他の患者に被害を及ぼしたり，対応する職員を疲弊させることにつながり，ひいては，正常な医療機関の運営を阻害することになります。医療機関としては，迷惑患者に対して毅然とした対応をすべきであり，それでも患者の迷惑行為が続くようであれば，診療拒否を見据えることも考えられます。

396　第9章◇患者トラブル

2　応招義務との関係（Q61参照）

　診療拒否を検討する場合は，応招義務に抵触しないよう注意する必要があります。

　医師は，正当な事由がない限り，診療拒否はできません（医師19条1項）が，令和元年12月25日に発出された通知[1]によれば，迷惑行為をする患者に対しては，診療・療養等において生じた又は生じている迷惑行為の態様に照らし，診療内容そのものと関係ないクレーム等を繰り返し続ける等，診療の基礎となる信頼関係が喪失している場合には，新たな診療を行わないことが正当化される，とされています。

3　具体的な手順[2]

　医師・医療機関は迷惑行為を受忍する必要はありません。院内で大声を出す等の迷惑行為に対しては，毅然として止めるように注意してかまいません。そのうえで，診療の支障にならない場所に誘導し，患者のクレームを聞く機会を設けます。患者のクレームを聞いて，医師・医療機関に非があれば謝罪し，誤解であればその旨の説明をします。

　大声を出す患者が別室への誘導を拒絶したり，迷惑行為が止まない場合，再度注意をするとともに，必要に応じてICレコーダー等による録音を検討すべきですし，例えば監視カメラによって録画されている場所でやりとりをすることによって患者側の迷惑行為を録画するといった対応も一案でしょう。また，再三の注意にもかかわらず迷惑行為が続くのであれば警察を呼ぶと警告し，それでも迷惑行為が続くなら，警察を呼ぶことになります。

　患者が迷惑行為の一方で診療を求めている場合，応招義務との関係上，原則として，診療に応じる必要があります。しかし，迷惑行為の態様がひどく，制止しても止まない場合には，診療の基礎となる信頼関係が喪失したと考えられますので，診療拒否をしてもかまいません。もっとも，いきなり診療拒否をするのではなく，既に説明したような，①迷惑行為を止めるように注意，②迷惑行為を止めなければ診療ができない旨や警察を呼ぶ旨の警告，というステップを踏むことが重要です（一方で，殴る等の暴力行為があれば，警告のステップが不要という場合もあり得ます）。このような診療拒否に対しては，後日，診療拒否を理由に損害賠償請求をされる可能性もありますので，迷惑行為の具体的内容を都度カルテ等に記載し，注意や警告は書面で交付する等によって記録を残してくだ

さい。

　なお，注意や警告，診療拒否の通告については，弁護士に相談し，場合によっては弁護士名での内容証明郵便を発出するよう依頼することも有効です。

〔三谷　和歌子〕

═══ ▓注　記▓ ═══════════════════

＊1　厚生労働省医政局長「応招義務をはじめとした診察治療の求めに対する適切な対応の在り方等について」令和元年12月25日医政発1225第4号。

＊2　迷惑患者対策については，「新潟県病院局ペイシェントハラスメント対策指針」（https://www.pref.niigata.lg.jp/sec/byoingyomu/20240510peihara.html）が参考になります。

64 診療費等不払への対応

当院で診療した患者が診療費や一部負担金を支払ってくれません。どのように対応すればよいでしょうか。

このまま支払がなされない場合，当該患者に対しては新たな診療を拒否してよいでしょうか。

　患者が診療費や一部負担金を支払わない場合，口頭や書面で督促し，督促に応じない場合には，法的手続により回収を図ることを検討することになりますが，通常の民事訴訟手続よりも簡便な支払督促手続や少額訴訟手続を用いることが有用です。なお，患者本人のほか，当該患者の保証人に請求することができますし，親権者・配偶者に請求できる場合もあります。

　診療費等が未払であることのみをもって新たな診療を拒否することはできませんが，支払能力があるにもかかわらず悪意をもってあえて支払わない場合等には診療を拒否できる場合もあり得ます。

☑キーワード

一部負担金，未収，診療拒否

――― 解　説 ―――

1　診療費等の根拠

　診療費は，医療機関と患者との間の診療契約に基づく診療費債権に基づき請求できることとなります。また，一部負担金は，保険法上の規定（国健保42条，健保74条等）により医療機関と被保険者である患者との間で債権が発生するとされており，診療契約に基づくほか，法律上の権利に基づいても請求できると整理されています☆1。

　なお，近年，訪日外国人旅行者による診療費の未払が問題となってきています。当該問題については，国土交通省近畿運輸局から「医療費未払い対策マニュアル」*1が出されており実務上参考となります。また，当該マニュアルは訪日外国人旅行者による診療費未払の問題に限らず，診療費等の未払全般につ

いて，その対策の参考となるものと思われます。

2 診療費等の回収方法

　患者が診療費等を支払わない場合，医療機関として支払を求める方法としては様々なものが考えられますが，主として以下の順序で回収を検討することが一般的です。

(1) 口頭による督促

　まずは，患者に対して口頭での督促を行うことになります。患者の住所が判明しており所在がわかるのであれば，職員が訪問して直接督促することも考えられます。

(2) 督促状等による督促

　医療機関自身が，あるいは顧問弁護士等に依頼して督促状を送付することが考えられます。一度目の督促状は医療機関により送付し二度目は弁護士により送付するといった方法や，督促状を内容証明郵便で送付することにより督促の効果を高めるといったことも考えられるところです。

　医療機関によっては弁護士による督促状の送付を躊躇することもありますが，督促状を送付した後も話合いでの解決は可能であり，患者に支払の必要性を認識してもらうためにも督促状の送付をためらう必要はありません。

(3) 法的手続

　上記の方法によっても支払がなされない場合，法的な手続により支払を求めるほかありません。

(a) 支払督促手続

　支払督促手続は，債務者（患者）がその債務（診療費等に係る債務）を争わない場合に，債権者（医療機関）に通常の民事裁判手続よりも簡易迅速に債務名義（民事執行法の強制執行手続により執行力が認められるもの）を取得させる手続です（民訴382条以下）。

　患者が診療費等を支払わない理由としては，診療費等の存否，額といった債務自体について争いがあるわけではなく，何らかの理由で任意に支払をしない場合が多いため，支払督促手続は有効な手段となり得るところです。もっとも，患者から支払督促に異議を申し立てられた場合，通常訴訟に移行することに注意が必要です。

(b) 少額訴訟手続

　少額訴訟手続は，60万円以下の金銭の支払を求める請求についての特別の手

続であり，原則として1回の期日で審理が終結する等少額の金銭請求について迅速な解決を図ることを可能とした手続です（民訴368条以下）。

こちらも簡易，迅速に患者に対して債務名義を得ることができるものであり，有効な手段と考えられます。もっとも，患者から通常訴訟に移行する申述がなされた場合，通常訴訟に移行することに注意が必要です。

(c) 通常の民事訴訟手続

未払の診療費等が少額の場合，通常の民事訴訟手続では，請求金額に対して要する手間と費用が見合わないことが想定されます。相当高額な診療費等の未払がある場合，かつ，患者に当該診療費等の支払能力があり回収可能性が極めて高いと思われる場合に検討することになろうかと思われます。

3 患者本人以外への請求

⑴ 当該患者の診療費等に関する契約上の義務者

当該患者の診療費等に関して保証人（あるいは連帯保証人）がいる場合，当該保証人に対して，医療機関と当該保証人との間の保証契約に基づき，診療費等を請求することができます。

医療費等の支払の担保として保証人を立ててもらうことができるか，についてはQ62を参照してください。

⑵ 患者の家族

家族であっても契約当事者や保証人でない限り請求できないことが原則です。

もっとも，未成年の患者に対する親権者や患者の配偶者であれば，請求が可能な場合があります。親権者は未成年の子に対して扶養義務を負っている（民877条）ところ，診療費等は扶養料としての性格をもつとされています[2]ので，親権者の扶養義務には未成年の子に対する診療費等の負担も含まれることになります。また，法律上の夫婦は，互いに配偶者に対して扶養する義務（民752条・760条）を負っています。配偶者の扶養義務には診療費等の負担も含まれると考えられています。そして，扶養義務を負わない第三者が扶養権利者（未成年の子）を事実上扶養した場合，不当利得（民703条）として扶養義務者（親権者や配偶者）の全員又は任意の一人に対して全額請求することができ，扶養義務者は連帯してその全額の支払義務を負担するとされています。

したがって，未成年の患者の親権者や患者の配偶者に対し，扶養義務者であることを根拠に，診療費等を請求することができると考えられます。

4　未払患者に対する新たな診療の拒否

　医師及び医療機関は，医師法19条1項に基づき応招義務を負っており（Q61参照），「正当な事由」がない限り診療拒否できません。

　令和元年に発出された通知[*2]では，医療費の不払のみで診療拒否は認められないとしながらも，「支払能力があるにもかかわらず悪意を持ってあえて支払わない場合等には，診療しないことが正当化される。」とされています。加えて，当該通知では「医学的な治療を要さない自由診療において支払い能力を有さない患者を診療しないこと等は正当化」され，また，「特段の理由なく保険診療において自己負担分の未払いが重なっている場合には，悪意ある未払いであることが推定される場合もある。」とされています。

　ただし，悪意をもってあえて支払わない場合等に該当する場合であっても，病状の深刻な救急患者等のように，診療拒否により治療が遅れることで患者に損害が発生するような場合には，やはり応招義務違反となるおそれは高いといわざるを得ないため，留意が必要です。

〔田中　瑛生〕

■判　例■

☆1　東京地判昭47・1・25判タ277号185頁。
☆2　東京家審昭43・11・7判タ240号314頁。

■注　記■

＊1　国土交通省近畿運輸局「訪日外国人旅行者の医療分野における受入体制整備実証事業報告書」（平成29年3月）参考資料11「医療費未払い対策マニュアル（改訂版）」（https://wwwtb.mlit.go.jp/kinki/content/000031160.pdf）。

＊2　厚生労働省医政局長「応招義務をはじめとした診療治療の求めに対する適切な対応の在り方等について」令和元年12月25日医政発1225第4号。

インターネット上の誹謗中傷への対応

インターネットの病院口コミサイトの匿名コメント欄に，当院について事実無根の誹謗中傷が投稿されています。どう対処すればよいですか。

　　投稿により，病院の権利が違法に侵害されている場合，サイトの管理者に対して，投稿の削除を請求することが考えられます。投稿が繰り返されるなど悪質な場合には，投稿者を特定し，損害賠償請求，刑事告訴等をすることも考えられます。

☑キーワード

インターネット，誹謗中傷，削除請求，プロバイダ責任制限法，発信者情報開示請求，損害賠償請求，刑事告訴

解　説

1　投稿の削除請求

　投稿により，名誉などの法人の権利が違法に侵害されている場合には，投稿の削除を請求することが考えられます。匿名コメントで投稿者が特定できない場合，投稿者の代わりに，投稿を削除する権限を有するウェブサイトの管理者に対し，削除を請求することになります。

　なお，医療機関の検索が可能なウェブサイトに掲載された体験談について，医療機関からの依頼によって否定的な体験談を削除したりするなど，医療機関の有利に編集している場合には，投稿が名誉毀損等の不法行為に当たる場合を除き，禁止される医療広告（医療6条の5第2項4号，医療規1条の9第1号）に当たる旨の厚生労働省の見解がありますので，留意が必要です[*1]（医療広告規制については，Q8を参照）。

2　投稿者の特定

　匿名の投稿者に対して損害賠償請求等の措置をとるためには，その投稿者の

住所氏名等を特定する必要があります。投稿者を特定する法的手段として，プロバイダ責任制限法*2に基づく発信者情報開示の制度があります。その詳細は，総務省の解説*3や書籍*4など，専門の資料，文献を参照してください。

　プロバイダ責任制限法による発信者情報の開示が認められるためには，開示請求をする者の権利が侵害されたことが明らかであることが必要です。このことは，発信者情報の開示を求める者が主張立証しなければなりません。特に，事実を摘示する類型の投稿による名誉毀損に関し発信者情報の開示を求める場合には，違法性阻却事由の存否に関し，①当該投稿が公共の利害に関する事実に係るものではないこと，②当該投稿がもっぱら公益を図る目的に出たものではないこと，③当該投稿が摘示する事実が真実ではないこと，のいずれかを主張立証する必要がありますが，多くの場合，③が重要な争点になりますから，なぜ，その投稿が真実でないといえるのか，病院の側で，あらかじめ主張立証を準備しておく必要があります。準備の際，特に，守秘義務（刑134条1項等参照）との関係で問題がないか，慎重に検討する必要があります（守秘義務については，Q27を参照）。

3　投稿者に対する損害賠償請求，刑事告訴等

(1)　損害賠償請求

　投稿者が特定できた場合には，投稿が病院の権利を侵害し，損害を与えたとして，投稿者に対し，不法行為に基づく損害賠償請求を行うことが考えられます。

　名誉毀損における典型的な損害としては，慰謝料，（法人の「慰謝料」に相当する）無形損害などが考えられます。

　裁判では，慰謝料の額は，投稿の内容，回数，被害者の状況等の諸事情を個別に考慮して認定されますから，交通事故等のように，わかりやすい「相場」が形成されているわけではありませんが，被害者の立場からみれば決して高額とはいえない認定がなされることがしばしばあります。被害者が相当と考える金額と，裁判官が考える「妥当な」金額との間には，距離がある可能性がありますから，被害者が提訴の必要性等を検討するにあたっては，その可能性を常に念頭に置くことが肝要です。

　また，慰謝料とは別に，発信者情報開示請求に要した調査費用等（弁護士費用等）を損害として認めた裁判例もありますが☆1，裁判において，常に調査費用等の全額を損害として認定するという実務が定着しているわけではなく，

404 第9章◇患者トラブル

ケースバイケースで判断されます。

(2) 刑事告訴

投稿が悪質であり，名誉毀損罪（刑230条1項）などの犯罪に当たる場合には，刑事告訴をすることも考えられます。

名誉毀損罪は親告罪（刑232条1項）ですから，「犯人を知った日」から6か月を経過すると告訴できなくなります（刑訴235条）。最高裁は，この「犯人を知った日」について，犯罪行為終了後の日を指すとしているところ☆2，違法な投稿がなされ，その後，発信者情報開示請求により投稿者が誰であるか判明した場合，投稿により犯罪が終了すると解すれば，投稿者が誰であるか判明した日から告訴期間が進行するようにも思われます。もっとも，インターネット上の名誉毀損罪に関しては，他人の名誉を毀損する記事が削除されず閲覧可能な状態であれば，いまだ犯罪は終了していないことから告訴期間は進行しないとの解釈があり＊5，裁判例にも，被告人が，警察官を通じて，サイトの管理者に対して，記事の削除を申し入れた時点をもって，犯罪が終了したとするものがあることから☆3，実務上，告訴期間の始点はある程度柔軟に解釈されているように思われます。いずれにせよ，被害者の立場で告訴を検討する場合，時間制限があることを意識する必要があります。

また，被害者の立場では，刑事告訴が受理された場合，逮捕を期待しますが，筆者の感覚では，個別の事案によりますが，罪名が名誉毀損罪のみである場合，逮捕がなされないまま（被疑者在宅で）手続が進行することも十分にあり得ると思います。

〔増田　拓也〕

■判　例■

☆1　東京高判平24・6・28（平成24年（ネ）第1465号）判例集未登載等。
☆2　最決昭45・12・17刑集24巻13号1765頁。
☆3　大阪高判平16・4・22高刑57巻2号1頁・判タ1169号316頁。

■注　記■

＊1　医療広告ガイドライン，医療広告ガイドラインQ&A 1−18，及び「医療広告規制におけるウェブサイトの事例解説（第4版）」（令和6年3月作成）1.⒄参照。
＊2　令和6年法律第25号による改正後（施行日未定）は，「特定電気通信による情報の流通によって発生する権利侵害等への対処に関する法律」（情報流通プラットフォーム対処法）に改題されます。
＊3　総務省ウェブサイト「インターネット上の違法・有害情報に対する対応（プロバイダ責任制限法）」（https://www.soumu.go.jp/main_sosiki/joho_tsusin/d_syohi/

ihoyugai.html）。

＊4　総務省総合通信基盤局消費者行政第二課『プロバイダ責任制限法〔第3版〕』（第一法規，2022）。

＊5　前田雅英編集代表『条解刑法〔第4版補訂版〕』（弘文堂，2023）710頁。

患者に対するわいせつ行為

当院の医師からわいせつ行為をされた，と患者からクレームがありました。どう対処すればよいですか。

　医師がわいせつ行為を行った場合，その医師は，民事責任（損害賠償）や刑事責任を負うほか，医師法上の行政処分を受ける可能性もあり，最悪の場合，医師免許が取り消されます。また，その医師を雇用している病院も，使用者責任という形で民事責任を負うばかりでなく，評判の低下という事実上の損害を被るおそれがあります。
　患者からのクレームに対して迅速に対処することにより，これらの不利益を避けることができる場合があります。できるだけ早期に弁護士に相談することをお勧めします。

☑キーワード
使用者責任，行政処分，医師免許の取消し，懲戒処分，示談，起訴

 解　説

1　わいせつ行為によって生じる医師の責任

医師がわいせつ行為をした場合，当該医師は以下のような責任を問われる可能性があります。

(1) 民事責任
わいせつ行為は不法行為に該当し，医師は損害賠償請求責任を負うことになります（民709条）。

(2) 刑事責任
わいせつ行為により，医師が刑事責任（罰金，懲役[*1]等の刑罰）を問われる可能性もあります。例えば，治療行為と誤信させて女性患者の胸を触るような行為は，不同意わいせつ罪が成立します。

(3) 医師法上の責任（行政処分）
医師について罰金以上の刑が確定した場合[*2]は，①戒告，②医業停止（3年

以内），③医師免許の取消しのいずれかの処分が下る可能性が高いと考えられます（Q2参照）。行政処分の内容は刑事処分の量刑を参考に決定されますが，特に，診療の機会に医師の立場を利用して行ったわいせつ行為には，重い処分が下されることになっています[*3]。

実際，近年の事例では，患者に対するわいせつ行為により懲役刑を宣告された医師は，執行猶予付きであったとしても，医師免許の取消処分を受けています[*4]。

(4) 院内処分

勤務医の場合，患者に対するわいせつ行為は，勤務する病院の就業規則に定められた懲戒事由に該当することが多いので，病院から懲戒処分を受ける可能性があります。

2 医師の対応

上記のように，医師による患者に対するわいせつ行為は，懲役刑や医師免許の取消しといった，極めて重大な結果につながる可能性があります。ですから，患者からのクレームには，慎重に対応する必要があります。

(1) クレームを争う場合

患者からのクレームに対して，身に覚えがない，あるいは患者の誤解であるなどとして争う場合，以下の展開が予想されます。

(a) 民事訴訟

患者から，損害賠償を求める民事訴訟を提起されることが考えられます。わいせつ行為があったと裁判所が認定すれば，慰謝料等の支払を命じられます。

(b) 刑事事件

患者が警察に被害届等を提出し，警察がこれを受理すれば，患者のクレームは刑事事件に発展し，医師は被疑者として捜査の対象となります。この場合，嫌疑をかけられた医師としては，まずは起訴される前に検察官を説得し，不起訴処分を目指すことになります。起訴されてしまった場合は，裁判で引き続き事実を争うことになりますが，無罪判決の獲得は容易でないのが現実です[☆1]。

(c) 行政処分

有罪判決が確定してしまった場合，行政処分の手続（Q2参照）の各段階で，上申書や自己に有利な事情の証拠を提出し，最大限有利な処分となるように努力するという手段だけが残ることになります。

しかし，過去の処分事例等をふまえると，患者に対する不同意わいせつで懲

役刑が宣告された事例で，医師免許の取消処分を回避するのは極めて困難です。厚生労働大臣により，医師免許の取消し等の行政処分を受けた後，その処分の取消しを求める訴訟を提起することはできますが，厚生労働大臣の処分は，「それが社会観念上著しく妥当を欠いて裁量権を付与した目的を逸脱し，これを濫用したと認められる場合でない限り，その裁量権の範囲内にあるものとして，違法とならない」とされており☆2，取消しが認められる可能性はほぼないでしょう☆3。

なお，いったん医師免許の取消処分を受けても，一定期間経過後に再免許を受けられる制度もありますが（医師7条2項），患者に対する不同意わいせつで医師免許の取消処分を受けた医師が再免許を受けるのは，かなり困難と考えざるを得ません。

(2) クレームを争わない場合

実際にわいせつ行為が行われていた場合，患者との間で示談を早期に成立させることを目指します。なお，実際にはわいせつ行為が行われた事実がなく，クレームが患者の誤解（あるいは故意の虚偽申告）だったとしても，上記のとおり刑事責任・行政処分のリスクが極めて大きいことを考慮して，（本来あるべき対応ではありませんが）わいせつ行為の事実を認めて示談交渉に賭けるケースもあります。

かつては，（準）強制わいせつ罪等の性犯罪は，被害者の告訴がなければ起訴できない「親告罪」でしたので，起訴前に示談をして，被害者が告訴の取消し又は告訴権の放棄をすれば，確実に起訴を回避することができました。現在は，性犯罪は親告罪ではなくなったので，示談によって確実に起訴を回避できるとはいえなくなりましたが，それでも，起訴するかどうかを検察官が判断するにあたっては，被害者の意向を尊重しますので，示談が成立し被害者が処罰を望んでいないのであれば，不起訴処分となる可能性が高いでしょう。なお，現状，わいせつ行為に関する行政処分は，確定有罪判決を受けた事案が対象となっているようですので，不起訴になれば医師免許の取消し等の行政処分も回避できると考えられます＊5。

他方，示談ができないまま起訴されると，その後，示談が成立して，被害者が処罰を望まない状態になったとしても，刑事裁判は継続し，そのまま有罪判決が宣告されてしまい，行政処分を免れることも難しくなります。起訴後の示談には，刑事処分の量刑を軽くする効果はありますが，起訴前の示談のように，有罪判決や行政処分そのものを回避させる効果まではないのです（次の図

を参照)。

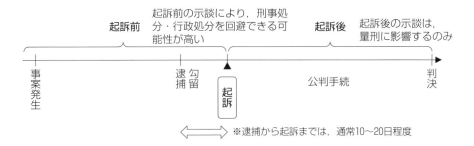

したがって、クレームを争わず、示談の成立を目指すのであれば、遅くとも起訴される前に示談交渉をまとめることが至上命題となります。

(3) 方針の決定

このように、わいせつ行為の事実を否定して争うのか、認めて示談を目指すのかによって、その後の展開は大きく異なります。当初の方針をどう選ぶかは、患者からのクレームの内容や証拠(例えば目撃者の証言)の有無等をふまえた刑事事件の見通しによることになりますので、弁護士に相談して方針を決定することをお勧めします。

また、弁護士への相談は、逮捕されてからではなく、クレームがあった時点で速やかに行ってください。逮捕されてから起訴されるまでは最大でも20日強しかありませんので、わいせつ行為の事実を争い、検察官を説得して不起訴処分を目指すにせよ、わいせつ行為の事実を認め、示談交渉で不起訴処分を目指すにせよ、逮捕されてから弁護士に相談したのでは、手遅れになりかねません。

3　病院の対応

(1) 病院に生じる不利益

勤務医がわいせつ行為をした場合、その医師を雇用している医療機関も、患者から損害賠償を請求される可能性があります(使用者責任。民715条)。また、わいせつ行為の事実が公になった場合には、病院の評判の低下、ひいては患者数の減少という事態を招くおそれがあります。ですから、患者からわいせつ行為のクレームがあった場合には、医師個人の問題と片づけてしまうのではなく、病院も当事者意識をもって対処することが必要です。

(2) 事実関係の把握とそれに基づく対応の検討

クレームの対象となっている医師のヒアリングなどを通じ、病院の方でも事

実関係の把握に努めます。

医師がわいせつ行為の事実を認めるなら，医師個人に対応を任せる（必要があれば，後で述べるように医師に弁護士を紹介する）ということも考えられますが，使用者責任を負う見地から，病院が当事者として患者対応にあたり，民事訴訟等に発展する前に賠償金を支払って早期解決する（支払った賠償金については，医師に求償する）という選択肢も考えられます。また，医師に対する懲戒処分（院内処分）を検討することになります。

逆に，医師がわいせつ行為の事実を争っている場合，病院としては，医師と共同歩調をとるのか，捜査・公判（刑事裁判）の推移を見守って対応を決定するのか，といったことを検討することになります。

このように，事実関係に応じ，病院がとるべき選択肢はいくつもあります。顧問弁護士等に相談して方針を決めましょう。

(3) 医師に対するサポートと注意点

医師がクレームに適切に対処すれば，病院も，使用者責任の発生や評判の低下といった不利益を避けることができる可能性が高くなります。医師が決定した対応方針は病院も尊重すべきですが，医師が適切な方針を立てることができるよう，病院がサポートすることを考えてもよいでしょう。例えば，医師に相談する弁護士がいない場合は，病院が弁護士を紹介することが考えられます。

ただし，病院の顧問弁護士を医師に紹介するのは避けた方が無難です。病院が医師に対して懲戒処分をする場合や，病院が患者に支払った賠償金を医師に対して求償するような場合などには，病院と医師の利害が対立するからです。顧問弁護士から別の弁護士を紹介してもらうのが適当と考えられます。

4 クレームの未然防止

以上のように，医師によるわいせつ行為のクレームがあった場合，医師自身が様々な責任を問われ，医師の資格すら剥奪されるおそれがあるだけでなく，病院も不利益を負うおそれがありますから，そのような事態を避けるためにも，クレームの未然防止が重要です。セクハラに対する意識の向上を図ったり，医師が患者と2人きりになる場面を極力減らすなど，わいせつ行為と勘違いされないための診察の在り方を検討したりするため，病院や医師会でセクハラの研修や勉強会を実施するのもよいでしょう。

〔伊藤　英之〕

Q66◆患者に対するわいせつ行為　　*411*

====■判　例■====

☆1　近時の判例として，最判令4・2・18裁判集刑330号11頁・判夕1498号49頁。この事件では，患者からのわいせつ被害の訴えに対し医師が争っているところ，第1審では無罪，控訴審では有罪，上告審で差戻しとなり，執筆時現在まだ争われています。

☆2　最判昭63・7・1裁判集民154号261頁・判夕723号201頁。

☆3　参考になる裁判例として，名古屋地判平20・2・28（平成19年（行ウ）第19号）裁判所HP。この事件では，医師は，起訴前には示談交渉をしていませんでしたが，起訴後の公判中に高額の示談金を支払い，示談を成立させています。また，有罪判決確定後，愛知県知事から「事件後誠意を尽くして対応しているものと認められます。」と好意的な意見書を提出されていますが，それでも医師免許の取消しの行政処分が下され，かつ，その処分を取り消すには至らなかったものです。

====■注　記■====

＊1　令和4年法律第67号による改正後（令和7年6月1日施行予定）は，禁錮，懲役は「拘禁刑」となります。

＊2　医師法上は刑事処分が要件とされていませんが，現在の運用では，わいせつ行為に対する行政処分は有罪判決の確定されたものに限られているようです（Q2参照）。

＊3　医道審議会医道分科会「医師及び歯科医師に対する行政処分の考え方について」平成14年12月13日（最終改正：平成31年1月30日）。

＊4　例えば，令和4年1月と令和5年2月に，医師（ないし歯科医師）に対して医師免許の取消しの行政処分がされていますが，該当の医師は，いずれも患者に対するわいせつ行為で，執行猶予付きの有罪判決を受けています。なお，わいせつ行為を理由とした処分が医業停止にとどまっているケースもありますが，これはわいせつ行為が患者以外に対して行われていたケースでした。

＊5　前掲注（＊2）参照。

第9章◇患者トラブル

67 医事紛争

(1) 当院で発生した医療事故につき，誰がどのような責任を負いますか。また，責任を争う手続について教えてください。
(2) 医師等の医療従事者の過失の有無にかかわらず，医療事故にあった患者が救済される制度としてはどのようなものがありますか。

(1) 医療事故について過失がある場合には，医療機関の開設者や過失のある医療従事者は，患者に対する損害賠償責任を負います。また，当該医療従事者は業務上過失致死傷罪（刑211条前段）を負ったり，医師や看護師においては行政処分を受けることもあり得ます。
　患者側からの損害賠償請求については，示談交渉（折衝）のほか，調停や医療ADR（裁判外紛争解決手続），訴訟という手続で争います。
(2) 医師等に過失がなくても患者が一定の給付を受けられる制度（無過失責任制度）として，医薬品副作用被害救済制度，産科医療補償制度，予防接種健康被害救済制度，健康被害救済制度等が設けられています。

☑キーワード
債務不履行責任，不法行為責任，使用者責任，時効，過失，医療水準，因果関係，損害，示談交渉，調停，ADR，訴訟

――― 解　説 ―――

1　民事上の責任について

(1) 医療機関の開設者が負う責任

　医療機関の開設者（法人又は個人）は，患者との間で診療契約を締結していることから，診療契約に違反して患者に損害を与えた場合には，債務不履行に基づく損害賠償責任を負います（民415条）。
　また，後述のとおり，過失のある医療行為を行った医師等の医療従事者には患者に対する不法行為責任（民709条）が成立し，その医師等を雇用する医療機関の開設者（法人か個人かを問いません）は使用者責任に基づく損害賠償責任を負

います（民715条）。

債務不履行責任と使用者責任に基づく損害賠償請求権のいずれの法律構成でも請求することができる場合，実務上は，患者側の請求は両方の法律構成に基づくことが多いです＊1。

(2) 医療従事者個人が負う責任

医療事故が医師や看護師等の医療従事者の過失によって発生した場合，当該医療従事者は患者に対し不法行為に基づく損害賠償責任を負います（民709条）（当該医療従事者が医療機関の開設者でもある場合は，(1)の債務不履行責任も負います）。

医事紛争に関しては，医療機関に対して責任追及がなされることが多いですが，患者側の被害感情が強い場合などには，特定の医師や看護師等に対しても責任追及がなされることがあります。

2 医師が損害賠償責任（民事上の責任）を負う場合

(1) 患者が主張立証しなければならない要件

患者は，いずれの法律構成をとるにしても，①医療従事者又は医療機関の開設者に「過失・債務不履行（注意義務に反する行為）」があること，②患者に「損害」が発生したこと，③医療従事者の過失・債務不履行（注意義務に反する行為）と患者の損害との間に「相当因果関係」があること，のすべてを主張立証しなければならないのが原則です。

(2) 過失・債務不履行

医師の過失・債務不履行（注意義務違反）の有無は，「診療当時のいわゆる臨床医学の実践における医療水準」によって決まるとされています☆1。これは全国一律の基準ではなく，医師の専門分野，当該医療機関の所在地域における医療環境，大学病院，基幹病院，一般的な診療所等当該医療機関の性格，医学的知見の普及の程度等から当該医師に期待されるレベルを基準に判断され，当該基準から当該医師に求められる注意義務に違反したと認められる場合に，過失・債務不履行があると判断されます。看護師等の医師以外の医療従事者の行為が問題になっている場合，過失・債務不履行の有無は，各医療従事者の立場ごとに求められる注意義務に違反したか否かによりますが，その判断基準は，例えば看護師であれば，診療当時の臨床看護における実践的水準とされると考えられます。

過失・債務不履行は，不適切な医療行為を行った「作為」の類型と，本来ならば行うべきであった医療行為を行わなかった「不作為」の類型に大別されます。

作為の注意義務違反の例としては，手術の手技ミス，投薬ミス等が挙げられます。不作為の注意義務違反の典型例としては，がんの見落とし，問診・検査義務違反，手術後の看視懈怠，転医義務違反や説明義務違反等が挙げられます。

(3) 損　　　害

患者の損害は，財産的損害と精神的損害に大別されます。財産的損害としては，治療費，休業損害や後遺症による逸失利益などがあります。精神的損害としては，死亡や後遺障害，入院・通院に関する慰謝料があります。患者が亡くなっている場合には，相続した患者の上記損害のほか遺族自身の慰謝料が認められる場合もあります（民711条）。

これらの損害を金銭的に評価するには，交通事故事案において損害額算定に用いられている一般的な基準に拠ることが多いですが，それぞれの事案の個別具体的な事情によって異なり得ます。

(4) 因果関係

因果関係とは，「特定の事実が特定の結果発生を招来した関係」[☆2]，すなわち，医療従事者が医療水準にかなった医療を行わなかったために，患者に死亡や後遺障害等の結果が生じたという関係です。

因果関係が肯定されるためには，上記の関係を是認し得る「高度の蓋然性」[☆3]が立証されることが必要です。この立証がなされれば，死亡慰謝料・後遺症慰謝料のほかに，死亡・後遺障害による逸失利益や休業損害をはじめとする損害の賠償が認められます。

しかし，「高度の蓋然性」までは立証されず，因果関係が認められない場合であっても，医療水準にかなった医療が行われていたならば，患者がその死亡の時点においてなお生存していた（又は患者に重大な後遺障害が残らなかった）「相当程度の可能性」[☆4][☆5]が立証された場合は，慰謝料が認められます。もっとも，その金額は「高度の蓋然性」が認められた場合の慰謝料よりは大幅に低く，また，逸失利益をはじめとする他の損害は認められないのが通常です。

なお，「相当程度の可能性」も認められない場合に，適切な医療行為を受ける期待権を侵害されたことを理由として医師が損害賠償責任を負うか否かについては，最高裁は，「当該医療行為が著しく不適切なものである事案について検討し得るにとどまるべきものである」[☆6]と判示しています。

3　刑事上の責任・行政上の処分

(1) 刑事上の責任

医療事故によって患者が後遺障害を負ったり死亡したりした場合，業務上過失致死傷罪（刑211条前段）が問題となり得ます。法定刑は，5年以下の懲役・禁錮又は100万円以下の罰金です。

(2)　行政上の処分

　医療事故について医師の責任が重い場合には，厚生労働大臣による行政処分（医師7条1項）の対象となり，免許取消し，3年以内の医業停止又は戒告の処分がなされることがあり得ます（Q1参照）。看護師等も同様に，免許取消し，3年以内の業務停止や戒告の処分がなされる可能性があります（保助看14条1項）。

4　紛争手続

(1)　示談交渉（折衝）

　医療過誤が疑われる場合，患者や遺族は，医療機関や医師に対して診療に関する疑問点等について説明を求め，カルテの開示請求を行うなどするのが通常です。そして，得られた情報をふまえ，文献の調査や協力医の見解の聴取などを行った結果，医療機関側に法的責任が認められると考えた場合，医療機関側に対して，書面を送付するなどして具体的に金銭の支払等を求めます。このような流れで，裁判所等の関与を得ずに当事者間のみで行う示談交渉（折衝）が開始されます。

　医療機関側においても，予期していない悪しき結果が生じた場合はもちろん，結果が想定の範囲内であっても患者側からのカルテの開示請求や説明を求められたことなどを契機として，示談交渉が始まる前の段階で，診療経過を振り返り，法的責任の有無や今後の対応方針の検討を行います（紛争化の前段階における対応の詳細についてはQ70参照）。

(2)　調停・医療ADR

　裁判所や弁護士会等といった中立の第三者が主宰する手続を利用して交渉が進められる場合もあります。

　このうち，簡易裁判所*²において，裁判所が任命した調停委員等を交えて話合いをする制度が（民事）調停です。調停は当事者の任意の話合いにより合意を目指す手続ですので，患者側・医療機関側の双方が合意しなければ調停は成立しません。調停が成立すると，調停調書が作成されますが，これは裁判上の和解と同一の効力があります（民調16条）。

　第三者が主宰する他の手続としては，弁護士会等が運営する医療ADR（裁判

外紛争解決手続）もあります。手続を主宰するあっせん委員等の構成，第三者である医師の意見を聞く制度の有無，手数料等の制度設計は運営機関ごとに異なります。

(3) 訴　訟

示談交渉や調停・医療ADRによって合意が成立すれば事件は解決しますが，合意が成立しない場合，患者は訴訟を提起することになります。

訴訟は原告である患者側が裁判所に訴状を提出することにより開始され，裁判所から被告である医療機関側に対し，原告が提出した訴状の副本が送達されます。大抵の場合，医療機関側はこの時点で訴訟手続が開始したことを知ることになります。

その後の基本的な訴訟の流れを簡略に述べると，医療機関側は，第1回の期日までに訴状に記載されている事実に対する認否や主張に対する反論を記載した答弁書を提出します。また，裁判所によって運用に違いはありますが，多くの場合，具体的な診療経過をまとめた診療経過一覧表の提出が求められます。

その後は，当事者双方がそれぞれ自らの主張を記載した準備書面とその主張を裏づける証拠（書証）を提出します。医療機関側は，カルテ一式を証拠として提出しますが，その場合，カルテに記載されている外国語や略語には翻訳を付すことが必要です。

双方の主張が出揃い，争点が整理された段階で，証人や当事者本人の尋問が行われます。原告本人（患者や遺族等）のほか，問題となっている医療行為を行った医療従事者の尋問が行われるケースが多いですが，加えて，協力医や前医・後医の尋問が行われることもあります。

また，裁判官が判断の参考とするため，中立的な第三者（鑑定人）から訴訟の争点となる分野に関する専門的な知見や意見を聴取する鑑定が行われることもあります。鑑定は当事者から申出があり，裁判所が必要と判断した場合に採用され，鑑定人はその訴訟の争点となっている分野の専門家である医師の中から裁判所が選任します。

一般的にこのような流れで訴訟は進行しますが，一定程度進行した尋問前後の段階で，裁判所から当事者双方に和解が打診されることもあり，当事者双方が和解に応じれば，確定判決と同一の効力を有する和解調書が作成されて（民訴267条），訴訟は終了します。

和解の打診がなされなかったり，当事者双方の合意が得られず和解が成立しなかった場合，最終的に判決が言い渡されます。判決に不服がある場合には判

決書の送達日から2週間以内に控訴することができ，敗訴当事者から控訴が提起されなければ判決は確定します。そして，判決が確定すると，当該事件について後日再び訴訟で争うことはできなくなります（既判力）。

5 医師に過失がない場合の救済制度（無過失責任制度）

上記のとおり，患者が損害賠償を請求するためには医師等の過失・債務不履行が認められることが必要ですが，医師等の過失・債務不履行が認められない場合でも患者が一定の給付を受けられる制度がいくつか設けられています。

(1) 医薬品副作用被害救済制度

独立行政法人医薬品医療機器総合機構法に基づく制度で，医薬品等を適正に使用したにもかかわらず副作用による一定の健康被害が生じた場合に，医療費，医療手当，障害年金，遺族年金等の給付を受けることができます。給付を受けるためには，被害者が一定の期間内に医療費・医療手当診断書や投薬・使用証明書等の必要書類を添付して独立行政法人医薬品医療機器総合機構（PMDA）に給付請求をする必要があります。

(2) 産科医療補償制度

公益財団法人日本医療機能評価機構が運営組織となり，平成21年1月から開始された制度で，この制度の加入分娩機関の管理下の分娩に関連して重度脳性麻痺を発症した新生児には，医師等の過失の有無にかかわらず，20年間で総額3000万円の補償金が支払われます。また，「原因分析報告書」が作成され，保護者等に交付されるとともに，その要約版が産科医療補償制度のホームページに掲載されます。

(3) 予防接種健康被害救済制度

予防接種法に基づく予防接種を受けたことにより健康被害が生じたと認定された場合，接種に係る過失の有無にかかわらず，市町村による給付が行われる制度です。

(4) 健康被害救済制度

PMDAは，上記(1)のほかに，スモン患者に対する健康管理手当等の受託・貸付業務，HIV感染者，エイズ発症者に対する健康管理費用等の受託給付業務，生物由来製品感染等被害救済制度に関する業務，C型肝炎特別措置法の給付金支給業務等の健康被害救済制度も実施しています。

〔堀田　克明〕

418　第9章◇患者トラブル

━━ ■判　例■ ━━━━━━━━━━━━━━━━━━━━━━━━━━━━━

☆1　最判昭57・3・30裁判集民135号563頁・判タ468号76頁。
☆2　最判昭50・10・24民集29巻9号1417頁。
☆3　前掲注（☆2）最判昭50・10・24。
☆4　最判平12・9・22民集54巻7号2574頁。
☆5　最判平15・11・11民集57巻10号1466頁。
☆6　最判平23・2・25裁判集民236号183頁・判タ1344号110頁。

━━ ■注　記■ ━━━━━━━━━━━━━━━━━━━━━━━━━━━━━

＊1　2つの法律構成については，令和2年民法改正により時効期間が統一されました
　　　が，時効の起算点や弁護士費用が賠償範囲に含まれるかなど厳密には異なる点もあ
　　　ります。
＊2　当事者双方が合意すれば地方裁判所に調停を申し立てることも可能です（民調3
　　　条1項）。

Column 医療界と法曹界の相互理解に向けて——医療集中部の発足によって何が変わったか

令和4年1月と3月に，東京の弁護士会で，2回にわたって，「東京地裁医療集中部20年を迎えて　その到達点と課題」と題するシンポジウムが行われました。私も，平成13年に東京地裁の医療集中部が発足した時の裁判長（民事30部の総括裁判官）として参加しました（判タ1495号20頁以下，1497号19頁以下）。

東京地裁医療集中部というのは，東京地裁の民事部の中で，医療訴訟（昔は医療過誤訴訟と呼ばれていました）を集中的に担当する（医療訴訟以外の訴訟も担当します）部で，発足以来現在に至るまで4か部あり，それ以外の部は医療訴訟を担当しません。

1 三者協議会

平成13年に東京地裁に医療集中部が発足したことは，医療界と法曹界の関係にとても大きな変化をもたらしました。それまで，医療界と法曹界（特に裁判所）とは，基本的に，訴訟の当事者として，あるいは，鑑定人として接するだけで，それぞれの専門分野において，どのような考え方で仕事をしているかということについて，意見を交換し合うという機会はほとんどありませんでしたが，医療集中部が発足したことを契機として，訴訟外で，そのような意見を交換する機会が生まれました。

きっかけは，医療訴訟で鑑定が必要になったときに，適切な鑑定人を見つけるのが困難で，それも一つの大きな原因となって医療訴訟が長期化しているのを何とかしたいという法曹界，特に裁判所の事情からでした。鑑定人確保のためには，医療訴訟の実情について医療機関に理解してもらう必要がありましたし，医療機関から適切な鑑定人を推薦するのが困難な事情を教えてもらう必要もありました。そこで，裁判所（東京地裁）から，東京都内の医学部（大学病院）を有する大学に協議会を開くことを働きかけ，その結果，最初4大学と，後に13大学全部と，定期的に「医療機関，弁護士会及び裁判所の協議会」（本稿では，この協議会を「三者協議会」と呼ぶことにします。なお，ここでいう「弁護士会」は，東京にある3つの弁護士会のことであり，「裁判所」は東京地裁のことです）を開くことができるようになりました。協議会は，年1回程度でしたが，その前後に，少人数の幹事会をかなり頻繁に開き，それまでの鑑定が抱える問題点，私的鑑定書（意見書）についての医療側の受け止め方，医療訴訟の判決に対する医療側の感想，医師の思考方法と法律家の思考方法の違い，医療安全に一層配慮する

ことの必要性などについて，三者それぞれが忌憚のない意見を述べ合うようになりました。

2 医療機関等と裁判所の交流

　このような幹事会での議論がきっかけとなり，医療集中部に所属する裁判官が，いくつかの大学病院で，実際の手術の現場や医療器具の管理状況などを見せてもらい，説明を受けるなど，医療現場の声を聞く機会ができましたし，医療集中部の裁判長が，各大学や専門医会などから，医療訴訟の実情やそこから浮かび上がる医療安全のためのヒントなどについて講演を依頼され，講演後に参加者と意見交換をするということも多くなりました。私もいくつかの大学や専門医会で講演をしました。

　このような交流の中で，医療に携わる方々には，刑事訴訟と民事訴訟の区別が十分できていない方も多いということもよくわかりました。特に，民事訴訟で採用されている弁論主義，これは，①裁判所は，当事者の主張しない事実は裁判の基礎にしてはならない，②裁判所は，当事者間で争いのない事実はそのまま裁判の基礎にしなければならない，③裁判所は，当事者間に争いのある事実については，どのような事実があったかを当事者が申し出，提出した証拠によって認定しなければならない，という民事裁判の原則ですが，裁判所は自ら真実は何かということを調べ，判断するところではないかと考えている人も多く，弁論主義を理解していただくのは，幹事会のメンバーである医師の方々に対してですら，容易なことではありませんでした。

3 鑑　　定

　鑑定については，三者協議会の席で，医療側から，医師は難しい症例については，複数医師によるカンファレンスをするのに，鑑定は一人の医師が行うというのはどうなのかという指摘があったことがきっかけとなり，複数医師によるカンファレンスによる鑑定（カンファレンス鑑定と呼ばれています）が実現することになりました。カンファレンス鑑定は，原則として，3人の医師に鑑定人になってもらい，それぞれ，事前にＡ4用紙で1から2枚程度，鑑定事項に対する意見とその理由を簡単に書いて提出してもらったうえで，法廷で，口頭でカンファレンス，つまり意見を述べ合ってもらい，それを調書にとって鑑定とするというものです。各大学から順番に，鑑定事項に関する医療分野について，専門の現役医師を1人ずつ推薦していただくことができることになり，東京地裁では，鑑定人を見つけるのに困るということはなくなりました。このカンファレンス鑑定は今も続いています。

　カンファレンス鑑定が実施されるようになった後に，私が司会をし，三者協

議会の幹事会のメンバーでもあった東京医科歯科大学の高瀬浩造教授，私と同じく当時医療集中部の裁判長であった前田順司裁判官，医療側の代理人となることが多かった小海正勝弁護士，患者側の代理人となることが多かった森谷和馬弁護士を出席者とする「医療訴訟と専門情報」と題する座談会を行いました（判タ1119号4頁以下，1121号21頁以下）。この座談会の2回目では，実際に行われた複数のカンファレンス鑑定も題材にして，鑑定について，詳しく議論されていますが，その中で，高瀬教授は，時系列で行われる一連の医療行為の一部を争点という形で切り取って，その一部について適切な医療行為であったか，不適切な医療行為であったかを問題にする鑑定について，ひいては，それを基に判断する医療訴訟について，医療の実態と合っていないという問題提起をされ，「結局，鑑定をやる場合に一番かけ離れていると思うのは，弁論主義はそのとおりだと私も理解しているのですが，例えば，それぞれの論点に対する答えを積み重ねて個々をつないでも，きちんとした医療にはならないということですよ。」と述べられています。

4　医療と司法

　高瀬教授が述べられていることは，医療事故が起きたとき，法律家は，全体の医療行為の中で，問題だと考える特定の医療行為（時系列の中の1時点）について，結果（例えば死亡）との因果関係の有無や，過失の有無を議論するが，医師は，医療行為全体を眺め，特定の医療行為に至る前も，特定の医療行為の後も含めて，当該医療行為に問題はなかったのかを考えるということだと受け止めています。医師の医療行為は，その時の患者の状態に応じてリアルタイムで行われる（プロスペクティブ〈前方視的〉）のに，司法は，生じた医療事故を後から振り返って医療行為の是非を判断している（レトロスペクティブ〈後方視的〉）ではないかという不満が医療側から述べられることがありますが，高瀬教授の述べられていることは，それとは少し異なる，医療と司法との関係に内在する，より本質的な問題だと思っています。

5　医療界と法曹界の相互理解

　私は，平成16年の秋に医療集中部から転出しましたが，その後も三者協議会は続き，平成20年には，具体的事例を取り上げて議論をする「医療界と法曹界の相互理解のためのシンポジウム」へと発展し（判タ1326号5頁以下），令和4年には，第15回のシンポジウムが開かれています（判タ1511号5頁以下）。これまでのシンポジウムでの議論を法律雑誌で読みましたが，医療集中部草創期に三者協議会を始めたころに比べて，医療界と法曹界の相互理解は格段に深まってきているように思います。しかし，医療界も法曹界も，絶えず世代交代が進みま

すから，今後も，様々な方法で，相互理解を深めるための努力が続けられることを願っています。

〔福田　剛久〕

68　患者本人からのカルテの開示請求

患者からカルテの開示を請求されました。応じるにあたり注意すべき点を教えてください。

A　患者本人からのカルテの開示請求には原則として応じる必要があります。保管期間経過後に開示請求された場合については，カルテが既に廃棄されていれば開示義務はありませんが，保管されている場合は，医療機関の担当者において資料が残っていることを知っており，又は容易に知り得る場合は開示義務を負う一方，わざわざ資料が残っているかどうか調査する必要まではないと考えられます。

開示義務に違反した場合，個人情報保護法上の罰則を受けることがあり，患者からの慰謝料請求も認められる可能性があります。

☑キーワード

カルテ（診療録）の開示，レセプト，事故調査報告書，文書提出命令，カルテの保管期間

解　説

1　カルテの開示請求

(1)　カルテの開示義務

個人情報保護法上，カルテ（診療録）に記載されている情報は保有個人データ（個人情報16条4項）に該当すると考えられるため，医療機関は，患者から自己のカルテの開示請求があれば，これに応じて開示する法的義務があります（個人情報33条[*1]。Q27及びQ28参照）。そして，医療分野は個人情報の性質や利用方法等から特に適正な取扱いの厳格な実施を確保する必要がある分野の一つとして考えられていることから，個人情報保護委員会及び厚生労働省は個人情報保護法をふまえて「医療介護個人情報ガイダンス」及び「医療介護個人情報ガイダンスQ&A」を策定しています（Q27及びQ28参照）。

また，カルテ等の診療情報を提供する場面等に関して，厚生労働省は医療機

424 第9章◇患者トラブル

関に対して，インフォームド・コンセントの理念や個人情報保護法の考え方を
ふまえ，医療従事者等の診療情報の提供等に関する役割や責任の内容の明確
化・具体化を図るものとして「診療情報の提供等に関する指針」[*2]（以下「厚労
省診療情報提供指針」といいます）を示しており，カルテ（診療録）等を含む診療記
録の開示に関しても同指針に定めがあるほか，日本医師会も「診療情報の提供
に関する指針〔第2版〕」（以下「医師会診療情報提供指針」といいます）を示してい
ます。厚労省診療情報提供指針は，「医療従事者等が診療情報を積極的に提供
することにより，患者等が疾病と診療内容を十分理解し，医療従事者と患者等
が共同して疾病を克服するなど，医療従事者等と患者等とのより良い信頼関係
を構築することを目的」としたものであり（医師会診療情報提供指針の目的も概ね
同様といえます），個人情報保護法の目的とは基本的な理念が異なるため，死者
の情報など開示が許容される範囲やその根拠が微妙に異なっていることに注意
が必要です。

　医療機関としては，個人情報保護法はもとより，これらの指針をも参照して
診療記録の開示に関する事務を行うことになります。

(2) 開示の手続

　開示に関する手続について，オンラインによる申立てを行うことが可能な医
療機関においては，本人確認の手続を整備し，ホームページ等に公表したうえ
で，オンラインによる申立てを受け付けることができるとされています。ま
た，開示請求にあたっては，患者等の自由な申立てを阻害しないため，申立て
の理由の記載を要求することは不適切とされており（以上，厚労省診療情報提供指
針7(3)①），患者に開示請求の理由を明らかにするよう求めてはなりません。

　診療記録の開示を認める場合には，日常診療への影響を考慮して，日時，場
所，方法等を指定することができるとされており（厚労省診療情報提供指針7(3)
③），開示の請求を受けたときは，電磁的記録の提供，書面の交付その他当該
個人情報取扱事業者の定める方法のうち本人が請求した方法（多額の費用を要す
る場合その他の当該方法による開示が困難である場合には書面の交付による方法）により，
遅滞なく開示します（医療介護個人情報ガイダンスQ&A各論5-2）。また，診療記
録の開示の際に患者から補足説明を求められた場合には，できる限り速やかに
応じる必要があります（厚労省診療情報提供指針7(1)，医師会診療情報提供指針3-
3b，医療介護個人情報ガイダンスQ&A各論5-2）。加えて，本人が容易かつ的確
に開示等の請求を行うことができるよう，当該保有個人データの特定に資する
情報の提供やその他本人の利便を考慮した適切な措置をとらなければなりませ

ん（個人情報37条2項。医療介護個人情報ガイダンスＱ＆Ａ各論6－1）。

開示に要する費用については，実費を勘案して合理的であると認められる範囲内の額を費用として請求することができると定められており[3]，実費には人件費も含まれ得るとされています[4]。なお，他の通知[5]には，開示手数料の算定に係る手続に関し，診療記録の開示に係るコストを削減する観点や患者等の負担を減らすための観点からそれぞれ望ましい／望ましくない例が具体的に示されています。

(3) 開示義務の例外

個人情報保護法には，本人からの開示請求に対して，開示しないことができる一定の例外が設けられており，保有個人データの全部又は一部を開示しないことが認められています（個人情報33条2項ただし書[6]）。

厚労省診療情報提供指針8においても，診療情報の提供を拒み得る場合として，

① 診療情報の提供が，第三者の利益を害するおそれがあるとき

② 診療情報の提供が，患者本人の心身の状況を著しく損なうおそれがあるとき

が列挙されています[7]。

①の例としては，患者の状況等について家族や患者の関係者が医療従事者に情報提供を行っている場合に，これらの者の同意を得ずに患者自身に当該情報を提供することにより，患者と家族や患者の関係者との人間関係が悪化するなど，これらの者の利益を害するおそれがある場合が挙げられています。また，②の例としては，症状や予後，治療経過等について患者に対して十分な説明をしたとしても，患者本人に重大な心理的影響を与え，その後の治療効果等に悪影響を及ぼす場合が挙げられており，がん等の重病を告知することで患者が自殺する等の悪影響が予想される場合が典型例と考えられます。

なお，厚労省診療情報提供指針8では，診療記録の開示の申立ての全部又は一部を拒む場合には，原則として，申立人に対して文書によりその理由を示さなければならず，苦情処理の体制についても併せて説明しなければならないとされています[8]。

開示義務の例外に当たるかどうかの判断が難しい場合も考えられますので，院内規則等を整備し，規則等に照らしても判断がつかない場合には弁護士に助言を求める体制を整えておくことが有効と思われます。

(4) レセプトの開示義務

レセプトの開示請求は通常保険者に対して行われますが，医療機関に対して請求があった場合，レセプトも保有個人データに該当すると考えられる以上，医療機関としては他の者（保険者等）に対して請求できるという理由で開示を拒否することはできず，カルテ等と同様，原則として開示する法的義務があると考えられます。

(5) 事故調査報告書の開示義務

医療機関が診療行為に関して作成する文書には，診療記録のほか，医師賠償責任保険に関連して医師会及び保険会社に提出する事故報告書並びに内部文書としてのインシデントレポート，アクシデントレポート，事故調査委員会等の事故調査報告書及び議事録等があります。これらについて，患者本人から，特定の個人を識別できるものとして個人情報保護法に基づき開示請求された場合，開示義務はあるのでしょうか。個人情報の開示義務の例外に当たるかが問題となります。

医師会や保険会社に対する事故報告書は，医師会等が医療機関の責任の有無を判断する資料として医療機関に事実経過及び医療機関自身の見解を報告させる目的で，また，内部文書としての事故調査報告書等は，医療事故の再発を防ぎ，安全な医療制度を構築する目的で，それぞれ作成されるものであり，外部への開示を予定したものではありません。もし，これらが外部に開示されることがあり得るとすれば，作成者が忌憚のない報告を書くことができなくなってしまいます。そのため，「個人情報取扱事業者の業務の適正な実施に著しい支障を及ぼすおそれがある場合」に当たり，開示義務を負わないと考えられています。

なお，診療記録の開示を請求された場合に開示すべき文書と一緒に開示してしまうことのないよう，開示すべき文書と開示義務のない文書は別のファイルで保管するよう留意してください。

(6) 文書提出命令

では，患者が訴訟の中で文書提出命令（民訴220条）を申し立てて事故調査報告書等の開示を求めてきた場合，これに応じなければならないのでしょうか。

民事訴訟法220条に照らして考えると，文書提出義務を負わない「専ら文書の所持者の利用に供するための文書」（同条4号ニ）に該当するかが問題となります。判例[1]では，個人のプライバシーが侵害されたり，個人ないし団体の自由な意思形成が阻害されたりするなど，開示によって所持者の側に看過しがたい不利益が生じるおそれがある場合には，特段の事情がない限り，これに当

たると解されているところ，民間の医療機関の事故調査報告書等はその性質に照らし，一般的にはこれに当たり，文書提出義務を負わないと考えられています。また，国立病院等の事故調査報告書等は，同条4号ロに定められている「公務員の職務上の秘密に関する文書でその提出により公共の利益を害し，又は公務の遂行に著しい支障を生じるおそれがあるもの」に当たると考えられていますので，原則として文書提出義務を負いません[2]。ただし，民間の医療機関において発生した事故に関して医療事故調査委員会が作成した事故調査報告書等のうち，関係者から事情を聴取した部分は同号ニに当たり文書提出義務を負わないとしつつ，医療事故の原因等を報告し対策を提言した部分はこれに当たらず文書提出義務を負うとした裁判例[3]があり，事故調査報告書等の一部について文書提出義務が認められる場合があり得ることには留意が必要です。

2　保管期間経過後の開示請求

診療記録については保管期間が法令で定められているうえ（各診療記録の保管期間についてはQ26参照），医療機関によっては，法定の保管期間よりも長い保管期間を自主的に定めているところもあります。保管期間の経過をもって診療記録が廃棄されていた場合は，開示対象がありませんので，開示請求に応じる必要はないことになります。

一方で，法定の，又は，自主的に定めた保管期間を経過しても，廃棄されずに診療記録が保管されている場合があります。この場合に，診療記録の開示を求められたときの対応が問題になります。

この点，診療記録が個人情報保護法上，開示の対象となる保有個人データに当たることに変わりはなく，診療記録が保管されている場合に，保管期間を経過しているという理由だけで開示を拒否することはできません。もっとも，保管期間を経過している以上は当該記録は残っていないと判断することが通常であり，医療機関において，保管期間が経過している場合に実際に資料が残っているかどうかを調査する義務までは課されていないと考えられます。したがって，診療記録が残っていることを医療機関の担当者が知っており，又は容易に知り得る場合に限って開示義務が課されると考えるのが合理的と思われます。

3　開示義務違反のペナルティ

(1)　個人情報保護法

個人情報保護法上の開示義務に反して診療記録を開示しなかった場合，当該

医療機関には，個人情報保護委員会による勧告（個人情報148条1項・33条），これに従わない場合には措置命令（個人情報148条2項）がなされる可能性があり，これにも従わなかった場合には1年以下の懲役又は100万円以下の罰金が科される可能性があります（個人情報178条）。

(2) 患者からの慰謝料請求

　診療記録を開示しなかった場合に，患者からの民事訴訟による診療記録の開示請求や慰謝料請求は認められるのでしょうか。

　個人情報保護法は保有個人データ等の開示請求権を当該個人に付与したものではなく，同法を根拠に，裁判手続により開示を請求することはできないと考えられていましたが[4]，平成27年の同法改正により，開示等の請求に係る訴えに関する規定が設けられ，民事訴訟の提起が可能になりました（個人情報39条1項。平成27年改正当時においては34条1項）。

　また，慰謝料請求に関しては，個人情報の取扱いは個人の人格に影響するものであること（個人情報3条参照），上記のとおり，医療分野は個人情報の性質や利用方法等から特に適正な取扱いの厳格な実施を確保する必要がある分野の一つと考えられることからすると，開示義務違反により慰謝料の請求が認められる場合があると考えられます。拘置所収容中に受けた診療に関する情報の開示請求をしたところ，開示しない旨の決定を受けた被収容者がその取消しとともに国家賠償を求めた事案において，裁判所は「自己の生命及び健康の維持に不可欠である自らの診療記録について，適時に適正な開示を受けるという人格的な利益を侵害され，軽視できない精神的苦痛を被ったものと認められる。」と判示しています[5]。

　また，医療機関は，準委任契約である診療契約に基づき，患者に対して顛末報告義務を負っているところ（民656条・645条），診療記録の開示については顛末報告義務に含まれ，違反した場合には慰謝料の請求が認められるとする見解もあり，裁判例でも，患者に予期しない重篤な後遺症が残り，医療過誤訴訟を提起するに至ったという状況の下では，医療機関には顛末報告義務として診療録等を示して診療経過等を説明する義務があったとして患者の慰謝料請求を認容したものも存在します[6]。

　したがって，診療記録の開示に関しては，民事訴訟による開示請求に加えて，開示義務に反した場合に慰謝料請求が認められることがあり得ることには留意が必要です。

〔堀田　克明〕

Q68◆患者本人からのカルテの開示請求　　*429*

■判　例■

☆1　最決平11・11・12民集53巻8号1787頁。

☆2　広島高岡山支決平16・4・6判タ1199号287頁・判時1874号69頁。

☆3　東京高決平15・7・15判タ1145号298頁・判時1842号57頁。

☆4　東京地判平19・6・27判タ1275号323頁・判時1978号27頁。

☆5　東京高判令4・4・7（令和3年（行コ）第171号）裁判所HP。前提として，被収容者が収容中に受けた診療に関する保有個人情報が行政機関の保有する個人情報の保護に関する法律45条1項に該当し，同法12条1項の規定による開示請求の対象となるかが争われました。

☆6　大阪地判平20・2・21判タ1318号173頁。

■注　記■

＊1　国立医療機関及び公立医療機関における保有個人情報（個人情報60条1項）の開示に関しては，個人情報保護法第5章第4節第1款をはじめとする公的部門の規律が適用されます（Q27及びQ28参照）。本項目では，個人情報保護法との関係では，民間医療機関を前提に解説します。

＊2　厚生労働省医政局長「診療情報の提供等に関する指針の策定について」平成15年9月12日医政発第0912001号（最終改正：令和5年1月25日）。なお，この指針において，「診療記録」とは，「診療録，処方せん，手術記録，看護記録，検査所見記録，エックス線写真，紹介状，退院した患者に係る入院期間中の診療経過の要約その他の診療の過程で患者の身体状況，病状，治療等について作成，記録又は保存された書類，画像等の記録をいう。」とされています。

＊3　医療介護個人情報ガイダンスQ&A各論6－3。また，医師会診療情報提供指針3－6にも，診療記録等の謄写に要した代金等の実費を請求できる旨の規定があります。

＊4　厚生労働省医政局医事課長「診療情報の提供等に関する指針について（周知）」平成30年7月20日医政医発0720第2号。

＊5　厚生労働省医政局医事課長「医療機関における開示手数料の算定に係る推奨手続について」令和4年1月28日医政発0128第6号。

＊6　個人情報保護法33条2項ただし書では，①本人又は第三者の生命，身体，財産その他の権利利益を害するおそれがある場合，②当該個人情報取扱事業者の業務の適正な実施に著しい支障を及ぼすおそれがある場合，③他の法令に違反することとなる場合が例外として挙げられています。また，医療介護個人情報ガイダンスⅣ14には，上記例外の具体的な例が挙げられています。

＊7　医師会診療情報提供指針3－8にも開示などを拒み得る場合について定められており，厚労省診療情報提供指針が列挙している事由のほかに「診療情報の提供，診療記録等の開示を不適当とする相当な事由が存するとき」も挙げられています。

＊8　医療介護個人情報ガイダンスⅣ14にも概ね同様の記載があります。

証拠保全

裁判所の執行官が突然訪ねてきて、証拠保全決定という文書を渡されたうえ、「1時間後に証拠保全を開始する」と言われました。どう対応すればよいですか。

　証拠保全とは、証拠の現在の状態を保全する手続であり、過失や責任の有無を判断するための手続ではありません。証拠保全には協力する必要があり、裁判所から求められたカルテ等資料はすべて提示するのが原則です。

☑キーワード

証拠保全、カルテ、アクシデントレポート

解　説

1　証拠保全

(1) 証拠保全とは

　証拠保全とは、民事訴訟法234条に定められた証拠収集手続で、「あらかじめ証拠調べをしておかなければその証拠を使用することが困難となる事情がある」ときに行われます。

　患者側が医療事故を疑った場合、カルテの開示を受けるとともに改ざんを防止するという目的で、カルテの証拠保全を申し立てることがあります*1。

(2) 証拠保全の手続の流れ

　患者側がカルテの証拠保全を申し立てて、裁判所がそれを認めた（証拠保全決定を出した）場合、患者側の代理人弁護士と裁判所との間で日程調整がされ、検証期日が決まります。

　検証期日には、検証開始時刻の1～2時間前に、裁判所の執行官が突然医療機関を訪れ、証拠保全決定を手渡して送達します。

　検証開始時刻になると、裁判官や書記官、患者側の代理人弁護士やカメラマン等の関係者が来院し、証拠保全決定の検証物目録に記載されたカルテ等一式

（診療録，看護日誌，処方箋，各種検査記録，レントゲン写真，レセプト等）の提示を求め，これらのコピーや写真撮影を行います。

2 証拠保全への対応

(1) 原則としてすべて提示する

証拠保全の対象物を任意に提示しなかった場合，裁判官が提示命令を発令することがあり，正当な理由なくこれを拒否すると，過料の制裁を科されたり（民訴232条2項），後々訴訟を起こされた際に医療機関側に不利な展開になったりするおそれもあります[2]。よって，証拠保全には協力する必要があり，裁判所から求められたカルテ等については，すべて提示するのが原則です。

執行官から証拠保全決定を送達されたら，検証物目録で提示を求められている資料の内容（診療科や期間等）を確認し，検証開始時刻までに原本を準備しておくのがよいでしょう。もし提示漏れがあった場合，改ざん等を疑われかねませんので，提示すべきものに漏れがないようにすることが肝要です。

(2) 提示ができない場合の説明

なお，証拠保全に応じなかった場合，その理由は裁判所の調書に記載されることになります。よって，"保存期間経過により既に廃棄済みである""古いカルテであるため遠方の倉庫に保管されている"などの合理的な理由があって提示ができない場合は，その理由を裁判所にきちんと説明して，正しい内容で調書に記載してもらう必要があります。

(3) アクシデントレポート（事故報告書）等の内部文書

今後の医療事故防止の目的で作成したアクシデントレポート（事故報告書）等の内部文書に関しては，日常の診療過程における事実経過を記載したカルテとは性質を異にするものであり，証拠保全決定の検証物目録に明示的に掲げられていない限り，提示する必要はありません[3]。

また，検証物目録にこれら内部文書が明示的に掲げられていた場合であっても，その性質からすれば，「専ら文書の所持者の利用に供するための文書」（民訴220条4号ニ）として提示を拒むことが考えられます。提示を拒む際には，裁判官に対し，当該文書の性質・内容をふまえつつ，提示を拒む理由を説明する必要があり，具体的には，当該文書が，今後の医療の質・安全性の向上のために現場の医療従事者の率直な体験や意見を収集・分析することを目的とするものであり，そのためには医療従事者による率直かつ自由な意見交換ができる環境を確保する必要性が高いところ，仮にこれが外部に公開されるとすれば，医

療従事者による率直かつ自由な意見交換が阻害されることとなるから，所持者である医療機関側に著しい不利益が生ずることを丁寧に説明する必要があります。

(4) 証拠保全後のカルテ訂正・加筆に関する注意

後々訴訟が起こされた場合には，改めて医療機関側からカルテを証拠提出するよう求められますが，このとき提出したカルテが，万一，証拠保全されたカルテと異なっていると，大きな問題となりかねません。

特に，修正液での訂正等をすると改ざんを疑われますので，避けてください。どうしても訂正が必要な場合は，紙媒体の場合は二重線を引くなど訂正前の記載がわかる形で訂正等の内容・年月日，訂正理由，訂正等を行った者の氏名をカルテ上明記するようにしてください。

(5) 電子カルテの証拠保全

昨今では多くの医療機関で電子カルテシステムが導入されているところですが，電子カルテについても証拠保全の対象となります。一般的な注意点は紙カルテと同様ですが，次の点に留意が必要です。

① 電子カルテでは原則として更新履歴が保存されますが，更新履歴もカルテの一部として証拠保全の対象に含まれるのが通常です。

② 電子カルテの証拠保全の方法は，モニタに表示した内容をカメラ等で撮影するか，印刷物として出力することになります。通常，対象となるカルテの分量は大部であることからすると，前者の対応による場合，膨大な手間と時間を要することが多いため，更新履歴が表示された状態での一括印刷による対応が可能であれば，これを検討することが考えられます。

③ 上記のとおり，更新履歴も含め適切に出力することが必要になりますので，証拠保全決定の送達を受けた段階で，電子カルテシステムを理解する担当者の立会いの調整や，操作マニュアルの準備を進めておくべきです。

④ 検証物目録に記載された対象物のうち，電子カルテ上に保存されていないものがないか確認し，保存されていないものについては別途準備する必要があります。

〔進藤　諭〕

■注記■

＊１ 医療機関としても，後になってカルテを改ざんされたなどといった指摘がされることを防ぐことができるという点でメリットがあります。

＊２ 事実上カルテの改ざん等を疑われるおそれがあるほか，申立人（患者側）の主張

の真実擬制がされる場合（民訴232条1項・224条）があります。

＊3　ただし，これら内部文書のコピーが診療録等と一緒に綴られているような場合，実際問題としては診療録等の一部として証拠保全の対象になってしまうことを避けられないと思われますので，内部文書については普段から診療録とは別に管理・保管しておく必要があります。

医療事故発生時の初動対応

医師から，手術中に医療事故が発生した旨の第一報がありました。どう対応したらよいでしょうか。また，今後，どのような手続が考えられますか。

　まずは患者側への説明と資料の収集・保全を行うべきですが，患者側への説明にあたっては，事実と確認できていることについては事実であることを前提に，そうでないことについては確認が未了であり不確かであることを明確にして説明すべきです。これらがある程度終わった段階で，一次的な検証を行うとともに，今後の対応方針を検討していくことになりますが，注意義務違反の有無が重要なポイントとなるため，遅くとも，この段階で顧問弁護士に相談するとよいでしょう。
　ほかにも，異状死の届出や医療事故調査，保険会社等への連絡といった様々な対応事項が出てきますので，医療機関内で随時検討・対応すべきことはもちろん，顧問弁護士等にも随時相談すべきでしょう。

☑キーワード
医療事故，医療安全，説明，異状死，医療事故調査，賠償責任保険

解　説

1　第一報時の対応

(1)　患者側への説明
　医療機関として，患者の健康被害を最小限にとどめるべく応急処置に全力を尽くすべきことはいうまでもありませんが，かかる応急処置と同時並行的に，あるいは応急処置の完了後速やかに，患者やその家族に対し，医療事故が発生した経緯や今後の診療方針等を説明する必要があります。
　説明にあたっては，執刀医だけで説明せざるを得ないケースもあるでしょうが，可能であれば，執刀医だけでなく診療科長その他の医師が説明の場に同席して適宜サポートした方が，冷静な説明，かつ，患者側にとって必要十分な説明が可能となり望ましいと思われます。

また，その説明内容については，その時点で事実と確認できていることについては事実であることを前提に，事実と確認できていないことについては確認が未了であり不確かであることを明確にして説明すべきです。加えて，説明後速やかにカルテに説明内容を記載する等して記録化し，医療機関内で情報共有を図るべきですし，もし患者側への説明時に交付した手書きメモ等があれば合わせてカルテに取り込んで記録化しておくことが望ましいでしょう。実務上，患者側から，ある程度やりとりが進んだ段階において，医療事故発生当初の説明内容と現在の説明内容が離齬しており信用できないなどといわれてしまう事態が往々にして生じますが，このような事態を未然に防止することが大切です。

ところで，医療機関からの説明時に患者側に謝罪してよいか問われることがよくありますが，医療事故によって患者側の期待に添えない結果が生じたことは事実ですので，結果として医療事故が生じてしまったことや期待に添えなかったことを謝罪すること自体は差し支えありません（注意義務違反の有無との関係では，この「結果として」との枕詞がキーフレーズとなります）。ただ，その一方で，第一報時点では医療機関側に注意義務違反があったか否か，ひいては法的責任があるか否かは不確かでしょうから，補償に応じるといった話や，診療報酬の自己負担部分等の免除といった話に安易に立ち入ることは避けるべきです。医療機関側も，医療事故を生じさせてしまい負い目を感じていることが多いものの，仮に患者側からそのような話があったときは，院長と相談する必要があると述べる等して，その場では明言せずに引き取るべきです。

(2) 事情聴取，資料の収集・保全

患者への応急処置や患者側への説明が一段落したら，執刀医等の医療事故に関係したと思われる医療従事者への事情聴取や医療事故に関する資料を収集・保全する必要があります。電子カルテは，その要件として保存性を備えているでしょうから消去等を心配する必要はあまりありませんが，例えば，手技に関する動画データ等は短期間のうちに自動的に消去されてしまうケースもあります。執刀医等のメンタルケアに留意しつつも，可能な限り迅速に事情聴取や収集・保全に動くべきですし，実際に使用された医療器具や薬剤の保管，医療現場の写真撮影，各種システムの時刻表示のズレの有無等の確認も行うべきでしょう。

また，執刀医等は認識していなかったものの，実はバイタルサインのデータ等がシステム上自動的に記録されていた，といったケースもまま見られます。

436 第9章◇患者トラブル

医療事故が生じたときは，やはり可能な限り早い段階で，医師だけでなく，看護師や臨床工学技士，システム部門の担当者のほか，場合によってはシステムのベンダーに対して直接，どのようなデータが記録されているのか，記録されているデータをどのように収集・保全すべきかを確認検討すべきです。

2 医療機関内における検証，関係機関への届出・報告

(1) 医療機関内における一次的な検証

あくまでも一次的なものとなりますが，医療機関は，執刀医等からの事情聴取や収集・保全された資料（事情聴取や資料の収集・保全に相応の時間を要するような場合は，暫定的な内容でもやむを得ません）に基づき，医療事故が発生した経緯や原因を検証することになります。

ここでの検証内容がすべての出発点になりますが，不確実な段階でカルテにその検証内容を記録してしまうと，後日患者側からカルテ開示請求が行われた場合に，医療機関内部の検証であることを前提に様々な可能性を想定して忌憚なく協議・検証した内容が外部へ伝わることになってしまいます。カルテに記録するのではなく，あくまでも医療機関内部で使用する議事録として別途整理・作成するとよいでしょう。

(2) 今後の対応方針の検討

上記(1)の検証結果をもとに，医療機関としての今後の対応方針を検討していきますが，今後の対応方針を検討する際は，医療機関側に注意義務違反が認められそうか否か，つまり医療機関が法的責任を負う可能性があるか否かが重要なポイントとなります。

医療従事者の中には医療事故による健康被害という結果をもって法的責任が生じると考える方も見受けられますが，注意義務違反の有無は，執刀時の個別具体的な状況をベースに，「診療当時のいわゆる臨床医学の実践における医療水準」[☆1]によって前方視的に検討すべき事項です。医療機関において注意義務違反が認められることを前提に対応しようとしていたところ，相談を受けた顧問弁護士が過去の類似の裁判例等を調査してみると，むしろ注意義務違反が否定される可能性の方が高いことが判明するようなケースもあります。

今後の対応方針の検討に先立って，念のため注意義務違反の有無については顧問弁護士に相談した方がよく，注意義務違反が認められそうな場合はなおさらです。

(3) 異状死の届出

医師法21条は，所轄警察署への異状死の届出義務を規定しており，医療事故により患者が死亡した場合，どのような場合に異状死の届出が必要であるかが問題となります。

かかる問題については，日本法医学会が平成6年5月に提示した「異状死ガイドライン」以降，各学会を巻き込んだ様々な議論が展開されてきました。そのような中，厚生労働省は，平成31年2月に，「死体外表面に異常所見を認めない場合は，所轄警察署への届出が不要である」との解釈のもと異状死の届出が適切になされないおそれがあるとの懸念の指摘を受け，次のような内容を含む「医師による異状死体の届出の徹底について（通知）」[*1]及びその質疑応答集を公表しました。

> 医師が死体を検案するに当たっては，死体外表面に異常所見を認めない場合であっても，死体が発見されるに至ったいきさつ，死体発見場所，状況等諸般の事情を考慮し，異状を認める場合には，医師法第21条に基づき，所轄警察署に届け出ること。

かかる厚生労働省の通知等を前提とする限り，結局は依然として，どのような場合に異状死の届出が必要となるか不確かな状況が継続していると思われます。したがって，実務上は，個別具体的なケースを勘案しつつ，顧問弁護士を交えて協議・決定していく必要がある事項でしょう。

(4) 医療事故調査制度

平成26年の医療法の第六次改正により平成27年10月に医療事故調査制度が施行されており，その概要は次ページの説明図のとおりです。

医療機関は，医療事故の発生後，医療事故調査制度の対象となる事案か否かを判断する必要があります。仮に医療事故調査制度の対象となる場合は，説明図のように遺族への所定事項の説明や医療事故調査・支援センターへの所定事項の報告等の義務を負うことになるからです。

医療事故調査制度の対象となる事案は，「医療に起因し，又は起因すると疑われる死亡又は死産」，かつ，医療機関の「管理者が当該死亡又は死産を予期しなかったもの」であり，医療事故の場合，後者の管理者が予期しなかったといえるか否かが判断のポイントとなります。死亡又は死産を予期していたというためには，患者個人の臨床経過をふまえて死亡又は死産が予期されることを説明したうえでカルテ等に記録している必要があり，個人の病状等をふまえない「高齢のため何が起こるかわかりません」，「一定の確率で死産は発生しています」といった一般的な死亡可能性についてのみの説明又は記録や，単に合併

■ 「医療事故調査の流れ」説明図

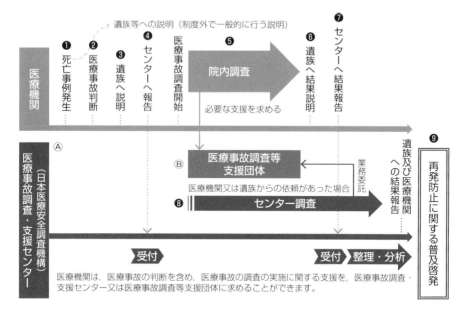

出典：一般社団法人日本医療安全調査機構（医療事故調査・支援センター）ウェブサイトより
（https://www.medsafe.or.jp/modules/about/index.php?content_id=24）

症の発症についての可能性のみの説明又は記録では足りないと考えられています[*2]。

　日本医師会が公表している「院内調査のすすめ方」[*3]に複数の事例をふまえた「医療事故か否かの判断のポイント」が紹介されていますので，こちらを参照して，医療事故調査制度の対象となる事案か否かを判断するとよいでしょう。

3　医師賠償責任保険（保険会社や医師会，学会等への連絡）

　医療事故に関する注意義務違反が認められた場合，医療機関は，患者側に対して損害賠償責任を負担することになります。その場合の賠償すべき金額はケースバイケースですが，1億円を超えるケースもよくありますし，顧問弁護士に対応を依頼する場合には弁護士費用といった負担も生じてくるのが通常です。

　そのような金銭的な負担にあらかじめ備えた保険として，日本医師会医師賠

償責任保険等の各種賠償責任保険があります。医療事故が生じた場合，どの賠償責任保険が使用できるのかを速やかに確認したうえで，保険手続を担当する保険会社や医師会，学会等に必要な手続や書類を確認するとよいでしょう。

その後の賠償責任保険に関する手続に関しては，基本的には保険会社等の指示に即していくことになります。実務上，医療機関がどの弁護士に対応を依頼すべきかについて，保険会社等から指示されたり紹介を受けたりすることがありますが，どの弁護士に依頼するかは，結局は医療機関の判断となります。常日頃からやりとりをしており，医療事故に関して初動から助言を受けている顧問弁護士に依頼した方が安心と感じることもあるでしょうから，そのようなときは，顧問弁護士に対応を依頼したいと申し出ても一向にかまいません。

4 患者やその家族へのさらなる説明

上記**1**(1)の説明は，往々にして執刀医も患者側も医療事故発生直後の混乱の中で行われることになるため，医療事故発生から2～3週間後を目途に改めて説明の場を設けることが望ましく，とりわけ，患者に重篤な結果が生じているようなケースでは必要です。その際は，注意義務違反の有無等をふまえて今後の対応方針を決定したうえで臨む必要がありますし，患者側が医療機関側からの説明内容を録音していることを前提に説明を行う必要もあります。

もし可能であれば，カルテ等をベースに一連の経緯や医療事故の原因等を記載した説明書を準備・交付したうえで，説明書に即して説明を実施するとよいでしょう。たとえ医療機関側が口頭で丁寧に説明したとしても，患者側がその場で直ちに十分かつ正確に理解してくれるようなケースはなかなかないからです。

確かに説明書を交付すると，以後，その内容と乖離するような説明が困難になるというデメリットは否定できないものの，説明書を交付して説明した方が患者側の理解に資することは間違いありませんし，実際に説明を担当する医師にとっても説明しやすいでしょう。また，将来，患者側が弁護士や協力医に相談する際に説明書を交付して相談することが期待できますので，医療機関側の事実認識や見解が患者側の弁護士や協力医に説明書を通じて直接伝わることで無用な訴訟等への発展を防止できるというメリットもあります。患者側において三行半のような簡単な説明だけを受けて納得することは無理ですし，医療機関としては，しっかりとした内容の説明書を交付して説明を尽くすことによって，患者側の納得が得られるよう努めることが肝要です（ただし，医療機関に

440　第9章◇患者トラブル

注意義務違反のあることが明らかなケースでは，説明書が独り歩きする事態を考慮して，あえて説明書を準備・交付しないで説明した方が適切と思われるケースもありますので，臨機応変な対応が求められます）。

5　患者側からの請求事項への対応

(1)　カルテ開示請求

　診療経過を確認するための重要な資料としてカルテが挙げられます。それゆえ，患者側が医療機関側の損害賠償責任を追及する前段階として，カルテ開示請求をしてくるのが一般的です。

　医療機関としては，患者側がカルテ開示請求をしてきた場合にはこれに応じる必要がありますが，詳しくはQ68を参照してください。

(2)　証拠保全

　カルテ開示の運用により証拠保全が申し立てられるケースは以前よりも減少したと思われますが，患者側がカルテ開示請求をせずに，あるいはカルテ開示請求をした後に，裁判所に対して証拠保全を申し立てるケースがあります。

　医療機関は，裁判所によって証拠保全手続が実施される数時間前に，初めて患者側が証拠保全を申し立てた事実を認識して対応を求められることから大変慌ただしくなりますが，そのような時こそ冷静な対応が重要です。具体的な対応方法についてはQ69を参照してください。

〔大寺　正史〕

═■判　例■═

　☆1　最判昭57・3・30裁判集民135号563頁・判タ468号76頁。

═■注　記■═

　＊1　厚生労働省医政局医事課長「医師による異状死体の届出の徹底について（通知）」平成31年2月8日医政医発0208第3号。

　＊2　厚生労働省「医療事故調査制度に関するQ&A」（https://www.mhlw.go.jp/stf/seisakunitsuite/bunya/0000061201.html）のQ4及びQ5参照。

　＊3　日本医師会「研修ワークブック院内調査のすすめ方（2020年度研修資料）」（https://www.med.or.jp/dl-med/doctor/anzen_siin/2020workbook.pdf）。

第 10 章

事業承継・M&A

71 相　続

私の経営する病院を医師である長男に譲ろうと考えています。どうすればよいでしょうか。

(1) 個人病院の場合
　病院そのものを譲ることはできませんので，病院の廃院・長男による病院の開設手続をし，保険診療継続の手続をする必要があります。病院事業に必要な財産については，長男に相続・生前贈与することになりますが，長男のほかにも相続人がいる場合には，他の相続人の遺留分にも配慮するような事前準備をすることが望ましいでしょう。
(2) 医療法人の場合
　医療法人の理事（長）の地位，（社団医療法人の場合の）社員の地位は相続できません。そこで，長男に理事長の地位を譲りたいときは，あらかじめ長男を社員にして，生前に理事長に選出しておくか，死後に長男が理事長に選出されるよう根回しなどをしておく必要があります。
　出資持分の定めがある医療法人については，病院運営に必要な資金流出を防止するために，出資持分を長男に譲るように事前の対策をしておくことが無難です。

☑キーワード

保険医療機関指定日の遡及申請，カルテの引継ぎ，遺留分，遺言，生前贈与，経過措置型医療法人

解　説

1　個人病院の相続

(1) 個人病院の承継と患者情報の引継ぎ

　医師個人が開設し院長を務める病院の場合，開設者の死亡により病院に関する従来の許可・届出は効力を失いますから，院長（開設者・管理者）の地位は相続できません。したがって，長男が相続により個人病院を引き継ぐといっても，不動産や動産，債権などの財産を相続できるにすぎませんので，長男によ

り新たに病院を開設する手続が必要です。すなわち，新院長となる長男は，改めて保健所に対して病院開設許可申請を行い，税務署に対しては事業の開始の届出，厚生労働省地方厚生局に対しては保険医療機関指定申請を行わなければなりません。また，旧院長による病院については，廃院手続をする必要があります（手続についてはQ76参照）。

　なお，上記の手続により親から子に病院が実質的に承継される場合，患者の同意なくカルテその他患者情報の引継ぎを行って問題ありません（個人情報27条5項2号）。

(2)　保険医療機関の指定日の遡及申請

　病院の新規開設に伴う保険医療機関指定申請に対しては，申請日以降一定期間経過後の所定日を指定日として指定がなされるのが原則です。そこで，長男が病院を承継する場合，保険診療の空白期間が生じないようにするためには，指定日の遡及申請が必要です。遡及申請は，前の開設者の変更（死亡）と同時に引き続いて病院が開設され，患者が引き続き診療を受けている場合に例外的に認められます。

(3)　相続対策

　病院事業に必要な不動産や医療機器，診療報酬請求権等の債権等の病院関係の財産は，旧院長の相続財産となりますので，その帰属を決めるためには，遺言か遺産分割協議が必要です。長男に確実に病院関係の財産を相続させたい場合は，その旨の遺言を書いておくことが有用です。また，長男が病院関係の財産を相続した場合に相続税の負担ができなければ財産を維持することができませんから，納税資金の手当も必要となります。

　なお，長男に病院関係の財産を相続させる遺言を書いた場合でも，他の相続人の遺留分を侵害する場合，他の相続人から遺留分侵害額請求をされる可能性があります（民1046条）。このようなトラブルを避けるためには，他の相続人にも相応の財産を相続させ遺留分侵害が生じない内容の遺言とするか，あらかじめ他の相続人に相応の財産を生前贈与して，旧院長の生前に遺留分の放棄をしてもらう方法があります。遺留分の生前放棄は，家庭裁判所の許可がないとできませんので，家庭裁判所に遺留分放棄の許可申請をする必要があります（民1049条）。

　このほか，旧院長の生前に病院関係の財産を長男に移す方法として，生前贈与も考えられます。もっとも，生前贈与をしただけでは，「特別受益の持戻し」（民903条）により相続時には生前贈与した財産もこれを計算上相続財産に

加えて分け直すこととなってしまいます。遺言等により「持戻し免除の意思表示」（同条3項）をしておけば，相続分の計算上は持戻しされませんが，遺留分は生前贈与した財産を相続財産に加えて算出することとなり，贈与により遺留分を侵害されている相続人がいる場合には，長男に対し遺留分侵害額請求をすることができますので注意が必要です。

　これらの生前贈与に際しては，一定の要件を満たせば相続時精算課税制度*1を利用することができます。

　後のトラブルを避けるためには，遺言や生前贈与等の内容について弁護士，税理士等の専門家に相談して行うことが望ましいでしょう。

2 医療法人立病院の相続

(1) 医療法人の権利関係と承継

　医療法人が開設した病院を長男に譲るということは，長男が医療法人の理事長に就任することと解されます。また，社団医療法人の場合，長男が社員になることも含まれます。

　社団医療法人の理事は社員総会において，財団医療法人の理事は評議員会において，それぞれ選任することとされ（医療46条の5第2項・3項），医療法人の理事長は，医師である理事*2の中から選出されます（医療46条の6第1項本文）。また，一般的な定款では，社団医療法人における社員は死亡によりその資格を失うとされ，新たな社員の加入は社員総会の承認が必要とされています。よって，医療法人の理事（長）の地位，社団医療法人における社員の地位を，相続により長男に譲ることはできません。

　長男に理事長の地位を譲りたいときは，生前に長男を社員にして理事に選出し理事長に選出しておくか，生前に長男を社員にして理事に選出したうえで死後に長男が理事長に選出されるための根回しなどをしておくことが考えられます。

(2) 出資持分の定めのある社団医療法人の相続

　平成19年4月1日の改正医療法施行前に設立された社団医療法人の中には，出資持分割合が認められたもの（経過措置型医療法人*3）があります。

　このような医療法人の一般的な定款では，「社員資格を喪失した者は，その出資額に応じて払戻しを請求することができる」と定められています。医療法人の社員である理事長が死亡した場合には，社員資格を喪失することとなりますので，その相続人は出資金の払戻しを請求するか，払戻請求をせずにそのま

ま出資持分を相続するか選択することができます☆1。

　出資持分払戻請求権には，①出資額を限度とする払戻請求権と，②出資割合に応じた払戻請求権の２種類があります。①の場合は，払戻しの上限は出資額となりますが，②の場合は，上限がなく，医療法人に利益が蓄積すればするほど払戻額は多額になります。そのため，病院運営に関与しない相続人が②出資割合に応じた払戻請求権を相続し，払戻請求を選択した場合には，多額の金員が医療法人から流出することになり，病院運営に重大な影響を与えかねません。したがって，長男が社員，理事長となって病院を引き継ぐ場合には，長男が出資持分を相続できるよう，**1**(3)に記載した遺言の作成等の事前準備をしておくことが大切です。

　なお，国税庁は，上記①②のいずれの場合でも，その出資持分について，相続税評価においては「取引相場のない株式」に準じて時価ベースの出資金として評価するとしています*4。したがって，出資持分の相続税評価によっては相続税の負担が過大になることが考えられ，相続税対策が必要です。課税に対処するため，出資持分の定めのない社団医療法人に移行することも検討する必要があります。この点は，税理士等の専門家に相談して検討することが望ましいでしょう。

〔加野　理代〕

■ 判　　例 ■

☆1　名古屋高判平28・10・28（平成28年（ネ）第320号）WLJ（最決平29・3・31（平成29年（オ）第236号・平成29年（受）第288号）WLJ〔上告棄却・上告不受理決定〕）。

■ 注　　記 ■

＊1　贈与時に2500万円を超える部分について20％の税率の贈与税を納め，贈与者が亡くなった時に贈与財産の贈与時の価額と相続財産の価額とを合計した金額を基に計算した相続税額から，既に納めた贈与税相当額を控除することにより贈与税・相続税を通じた納税を行う制度。

＊2　都道府県知事の認可を受けた場合には医師ではない理事から選出できます（医療46条の6第1項ただし書）。

＊3　平成19年3月31日以前に設立された医療法人又はそれ以前に設立認可申請をし，平成19年4月1日以後に設立認可を受けた法人で持分の定めのある医療法人のこと（医療附則平成18年6月21日法律第84号10条2項）。

＊4　国税庁財産評価基本通達194－2，国税庁課税部長「持分の定めのある医療法人が出資額限度法人に移行した場合等の課税関係について」平成16年6月16日文書回答。

●参考文献●

(1) 一般社団法人医業経営研鑽会『医療法人の設立・運営・承継・解散〔3訂版〕』(日本法令, 2021)。

72 M&Aの手法

当医療法人は，同じ市にある別の医療法人が開設する病院を傘下に収めたいと考えています。どのような方法がありますか。

A　医療法人のM&Aの主な手法には，合併・分割，事業譲渡，出資持分の譲渡があります。M&A手続それ自体の簡易さ，開設許可等の再取得や個別の権利移転手続の要否，債務除外の可否の観点から，それぞれの優劣をまとめると，次の表のようになります。実務的には，開設許可等の再取得や個別の権利移転手続が一切不要であるなど，手続の負担が少ない出資持分の譲渡が多く用いられています。

	M&A手続の簡易さ	開設許可等の再取得の要否	個別権利移転手続の要否	債務除外の可否
合　併	×（煩雑）	△（都道府県による）	○（不要）	×（不可）
分　割	×（煩雑）	△（都道府県による）	○（不要）	○（分割契約等に従う）
事業譲渡	○（比較的容易）	×（必要）	×（必要）	○（可）
出資持分の譲渡	○（比較的容易）	○（不要）	○（不要）	×（不可）

キーワード

M&A，合併，分割，事業譲渡，出資持分の譲渡，事業承継

解　説

1　はじめに

昨今，都市部を中心に，医療法人のM&A（合併・買収）が増えています。医療法人のM&Aは，経営難に陥った医療法人が，資力のある別の医療法人などにスポンサーになってもらい，経営を立て直す手段として行われる場合や，

Q71で解説した医療機関をめぐる事業承継でも，第三者による承継の手段として行われる場合などがあります。

会社法には，事業譲渡，合併，会社分割，株式交換，株式移転といった様々なM&Aの手法が用意されています。これに対し，医療法に定められているM&Aの手法は合併，分割しかなく，株式交換，株式移転に相当する方法をとることはできません。他方で，合併や分割という組織法上の行為以外に，医療法人でも事業譲渡や，株式会社の買収（子会社化）に似た出資持分の譲渡という方法を用いることができます（持分の定めのない医療法人では出資持分の譲渡の代わりに理事に対する退職金の交付を組み合わせるのが通例です）。

以下，合併，分割，事業譲渡及び出資持分の譲渡の各手法について，それぞれの特徴を説明します。

2 合　併

(1) 合併とは

合併は，厚生労働省医政局長の各都道府県知事宛て通知「医療法人の合併及び分割について」[*1]において，「2以上の医療法人が法定の手続によって行われる医療法人相互間の契約によって1の医療法人となることであり，消滅する医療法人の全資産が包括的に存続する医療法人又は新設の医療法人に移転すると同時に，その社員が，存続する医療法人又は新設の医療法人の社員となる効果を伴うものであること。」と定義されています[*2]。

要するに，複数の医療法人が1つの医療法人になる行為であり，複数の医療法人のうち，一つの医療法人（存続法人）に他の医療法人（消滅法人）が吸収される形で合併するのが吸収合併，複数の医療法人（消滅法人）が1つの医療法

■合　併

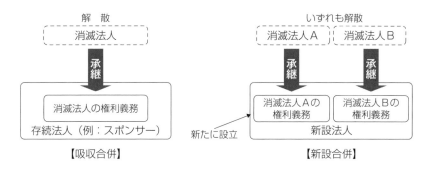

450　第10章◇事業承継・M&A

人（新設法人）を新たに設立して合併するのが新設合併です。なお，いずれの場合も，消滅法人は解散します（医療55条1項4号・3項2号）。

(2) 合併の効果

　合併により，存続法人や新設法人は，消滅法人のすべての権利義務を自動的に承継することになります（医療58条の5・59条の3）。このような合併の法的効果を，一般承継などと呼びます。

　このように，存続法人や新設法人は，消滅法人のすべての権利義務を承継します。承継する権利義務の中には，消滅法人が「その行う事業に関し行政庁の許可その他の処分に基づいて有する権利義務」も含まれます（医療58条の5・59条の3）。この点に関して，前掲「医療法人の合併及び分割について」では，存続法人や新設法人が承継する権利義務には，消滅法人が取得済みの病院開設の許可も含まれる（ただし，病院開設の許可の変更届出は必要）とされており＊3，これによれば，存続法人や新設法人における病院開設許可や，消滅法人における病院廃止の届出は不要となります。

　他方，存続法人や新設法人は，消滅法人の権利だけでなく，（偶発債務を含めて）債務もすべて承継します。このため，例えば合併契約で，「存続法人は，医療ミスによって消滅法人が負っている損害賠償債務を承継しない」などと定めても，そうした定めは無効で，合併によって損害賠償債務も承継することになります。この点は，合併のデメリットといえます（このため，合併前に，消滅法人から承継しない資産・負債を他に移転させておく等の対応も考えられます）。

　次に，存続法人や新設法人は，消滅法人の権利義務を自動的に承継しますので，事業譲渡の場合に必要となるような個別の権利移転手続（契約の相手方の承諾など）は不要です（もっとも，不動産登記などの対抗要件については，存続法人や新設法人で対抗要件具備の手続が必要になります。また，取引先企業との契約を中心に，チェンジ・オブ・コントロール条項，つまり支配権の変動があった場合に契約を解除できるといった条項が入っていることがあるので，その場合は，契約の相手方の承諾を得る必要があります）。

　以上のように，合併には，個別の権利移転手続が不要というメリットがあります。反面，後記(4)のとおり，それ以外に必要な手続が多く，全体的には，手続は煩雑なものになっています。

(3) 合併の前提条件等

　医療法人の合併を検討する際，注意すべき点があります。

　まず，合併は，社団医療法人同士や，財団医療法人同士だけでなく，社団医

療法人と財団医療法人との合併も可能です＊4。もっとも，財団医療法人が合併できるのは，合併できる旨の定めが寄附行為にある場合に限られますので（医療58条の2第2項），そのような定めのない財団医療法人が合併しようとするときは，あらかじめ，寄附行為を変更しておく必要があります。

次に，現在，平成18年の医療法改正の経過措置として，持分の定めのある医療法人の存続が認められていますが，持分の定めのある医療法人同士が吸収合併する場合は，合併後も，存続法人は持分の定めのある医療法人のままでいることができます（医療規35条の2第2項）。裏を返せば，それ以外のケース，つまり，合併する医療法人の中に持分の定めのない医療法人が含まれている場合や，持分の定めのある医療法人同士が新設合併する場合は，合併後の医療法人は，持分の定めのない医療法人となります＊5。この点は注意が必要です。

(4) 合併の手続

医療法人が合併するには，以下のようないくつもの手続が必要になります。

(a) 合併契約書の締結

上記(1)のとおり，合併は，複数の医療法人が1つの医療法人になるという極めて重要な効果を伴う契約ですので，合併に際して合併契約書を締結することは必須です。しかも，合併契約書の写しは，後述する合併の認可を申請する際の添付資料になっています（医療規35条の2第1項3号・35条の5）。

合併契約書には，吸収合併・新設合併のどちらを選択するのか，吸収合併の場合，どの法人が存続法人となるのか，新設合併の場合，どのような法人を設立するのかなど，合併に関する重要事項を定めることになります。

また，消滅法人の社員は，合併契約書に別段の定めがない限り，存続法人・新設法人の社員となります。そのため，合併後にどちらの法人が社員数のうちどの程度の割合を握るのかが，理事の構成や理事長の選任と並んで，合併契約書における重要事項になります。また，上記(3)のとおり，持分の定めのある医療法人同士が吸収合併し，合併後も存続法人が持分の定めのある医療法人のままでいる場合，消滅法人の出資者の出資持分に対して，存続法人の出資持分を何口割り当てるかという合併比率も合併契約書の中で定めることになります。

(b) 法人内部の承認手続

社団医療法人の場合，合併には総社員の同意が必要ですので（医療58条の2第1項），社員総会を開催し，全会一致で承認を得ます。また，定款等で理事会の承認等のプラスアルファの手続の定めがある場合には，その手続も履行します。

財団医療法人の場合，寄附行為に別段の定めがある場合を除き，理事の３分の２以上の同意が必要となります（医療58条の２第３項）。理事会を設置している法人であれば，理事会を開いて理事の３分の２以上の同意を得ることになります。また，理事長は，合併に際してあらかじめ評議員会の意見を聴く必要がありますが（医療46条の４の５第１項５号），寄附行為で評議員会の決議が必要とされている場合には，その手続も必要です（同条２項）。なお，寄附行為等でプラスアルファの手続の定めがある場合にその手続も履行する必要があることは，社団医療法人の場合と同様です。

(c) **都道府県知事の認可の取得**

合併には都道府県知事の認可が必要ですので（医療58条の２第４項・59条の２），認可の申請を行います。申請の手続については，申請書の添付書類が医療法施行規則35条の２第１項及び35条の５に定められているほか，各都道府県が具体的な施行細則を定めていますので，それに従うことになります。

なお，都道府県知事は，合併を認可するにせよ，認可しないにせよ，あらかじめ都道府県医療審議会の意見を聴くものとされています（医療58条の２第５項・55条７項・59条の２）。医療審議会は，年に２回程度しか開催されない都道府県も多く，合併のスケジュールを組むにあたって大きな足枷となっています。今後，運用が改善されることに期待したいところですが，現状では，早めに医療審議会の開催時期を確認しておく必要があるでしょう。

(d) **債権者保護の手続**

都道府県知事の認可が得られたときは，各医療法人は，その認可の通知があった日から２週間以内に財産目録及び貸借対照表を作成するとともに，債権者に対して，合併に対して異議があれば一定の期間内（期間は医療法人が設定することができますが，２か月以上とする必要があります）に異議を述べるよう公告（判明している債権者に対しては別途個別の催告）を行います（医療58条の４第１項・58条の３第１項・59条の２）。これに対して債権者から異議が述べられた場合には，原則として，相当の担保を提供する等の措置をとらなければなりません（医療58条の４第３項・59条の２）。

(e) **合併の登記**

合併に必要な手続が終了したら，主たる事務所の所在地において２週間以内に合併の登記を行います。具体的には，

① 吸収合併の場合：存続法人は変更登記，消滅法人は解散登記
② 新設合併の場合：新設法人は設立登記，消滅法人は解散登記

を行うことになります（組合等登記令8条）。

主たる事務所の所在地で合併の登記を完了すると，合併の効力が生じます（医療58条の6・59条の4）。なお，登記が完了したときは，都道府県知事に対し，遅滞なく登記事項及び登記の年月日を届け出る必要があります（医療令5条の12）。

3 分 割

(1) 分割とは

分割は，前掲「医療法人の合併及び分割について」において，「法定の手続によって行われる医療法人相互間の契約であり，当事者たる医療法人が事業に関して有する権利義務の一部が他の存続する医療法人又は新設の医療法人に移転する効果を持つものであること。」と定義されています*6。

要するに，1つの医療法人が複数の医療法人になる行為であり，1つの医療法人（分割法人）の有する権利義務の一部を，別の医療法人（承継法人）が吸収する形で分割するのが吸収分割，1又は2以上の医療法人（分割法人）が分割に伴い医療法人（新設法人）を新たに設立して分割するのが新設分割です。

(2) 分割の効果

分割により，承継法人や新設法人は，分割法人の事業に関する全部又は一部の権利義務を承継することになります（医療60条・61条1項）。承継の範囲は分割契約等で定められますが，その範囲内の権利義務は合併と同様に一般承継となります。

従来，医療法人の事業の一部を切り出して承継させる方法は事業譲渡しかありませんでした。しかし，事業譲渡は，債務の移転に債権者の個別の同意や病院の開設許可等を別途必要とする等，手続に煩雑さが伴います。そこで，平成27年の医療法改正で分割が新たに導入されました。

このように，分割は，合併と同様，承継法人や新設法人における病院開設許可や分割法人における病院廃止の届出が不要であり，個別の権利移転手続を要さないなど，負担が軽いことが，事業譲渡にはないメリットです。

他方，分割契約等で権利義務の承継範囲を定めることはできるものの，定められた承継範囲については，分割法人の潜在債務も含めて承継することとなる点は，分割のデメリットといえます。また，後記(4)のとおり，合併と同様に，それ以外に必要な手続が多く，全体的には，手続は煩雑なものになっています。

■分　割

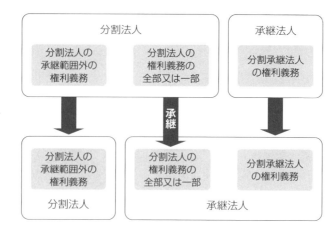

【吸収分割】

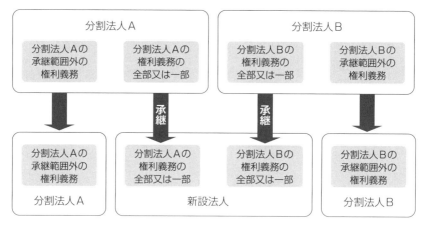

【新設分割】

(3)　**分割の前提条件等**

　医療法人の分割を検討する際，注意すべき点があります。

　まず，分割法人になることができるのは，持分の定めのない医療法人に限られます。持分の定めのある医療法人，社会医療法人，特定医療法人は，分割法人になることはできません（吸収分割の承継法人になることはできます）。

　また，財団医療法人が分割できるのは，分割できる旨の定めが寄附行為にある場合に限られますので（医療60条の3第2項・61条の3），そのような定めのな

い財団医療法人が分割しようとするときは，あらかじめ，寄附行為を変更しておく必要があります。

(4) 分割の手続

(a) 吸収分割契約書の締結／新設分割計画の作成・承認

上記(1)のとおり，分割は，医療法人の権利義務の全部又は一部が別の医療法人に承継されるという極めて重要な効果を伴ううえに，承継範囲を定める必要がありますので，分割に際して吸収分割契約を締結し，又は新設分割計画を作成・承認を行うことは必須です。しかも，吸収分割契約書・新設分割計画の写しは，後述する分割の認可を申請する際の添付資料になっています（医療規35条の8第1項3号・35条の11）。

吸収分割契約書又は新設分割計画には，承継する権利義務の範囲をはじめ，分割に関する重要事項を定めることになります。

(b) 法人内部の承認手続

合併と同様に，社団医療法人の場合，分割には総社員の同意（医療60条の3第1項・61条の3）が，財団医療法人の場合，寄附行為に別段の定めがある場合を除き，理事の3分の2以上の同意（医療60条の3第3項・61条の3）が必要です。

(c) 都道府県知事の認可の取得

分割には都道府県知事の認可が必要（医療60条の3第4項・61条の3）であり，認可の申請の手続については，申請書の添付書類が医療法施行規則35条の8及び35条の11に定められているほか，各都道府県が具体的な施行細則を定めていること，認可の前提となる都道府県医療審議会等のスケジュールがM&Aの支障となる可能性があることなどは，合併と同様です。

(d) 債権者保護の手続

分割において要求される債権者保護手続（医療60条の5・60条の4第1項・61条の3）は，基本的に合併と同様です。

合併と異なるのは，分割法人の債権者で個別の催告を受けなかった者の扱いです。具体的には，当該債権者は，吸収分割契約・新設分割計画で，分割法人や承継法人・新設法人に対して債務の履行が請求できないと定められた場合でも，一定の価額を限度として請求ができることになります（医療60条の6第2項・3項・61条の4第2項・3項）。

(e) 労働者保護手続

分割に特有の手続として，会社法の会社分割と同様に，会社分割に伴う労働契約の承継等に関する法律等に基づく労働者保護手続を行う必要があります

（医療62条）。具体的には，分割法人の職員等への通知や異議申出手続等を行う必要があり，異議申出のあった職員等の意思は尊重されることになります（承継対象とされた職員等で異議申出を行った者は承継されず，承継対象外とされた職員等で異議申出を行った者は承継されます）。

（f） 分割の登記

分割に必要な手続が終了したら，主たる事務所の所在地において2週間以内に分割の登記を行うこと等は，合併と同様です。

4　事業譲渡

(1)　事業譲渡とは

事業譲渡は，会社法では，会社が事業の一部（場合によっては全部）を別の会社に譲渡することを意味します。

医療法に事業譲渡に関する規定はありませんが，医療法人も事業譲渡を行うことができます。例えば，スポンサーとなる医療法人が，経営難に陥った医療法人からその全部又は一部の病院を買収するという病院の譲渡のケースや，医療事業以外にケアハウスの運営などの社会福祉事業も手がける医療法人が，医療事業に専念するため，社会福祉事業を別の法人に引き取ってもらうというケースでも，事業譲渡の手法が用いられる場合があります（なお，医師らの雇用契約等を含まずに，病院の建っている土地・建物を「ハコ」として譲渡する場合は通常，事業譲渡に該当しません）。

上記のとおり，事業譲渡には個別権利移転や病院の開設許可等の手続を伴う欠点があり，平成27年の医療法改正で，分割の手法が新たに導入されましたが，事業譲渡が有用なケースは今なお存在すると思われます。そこで，以下で

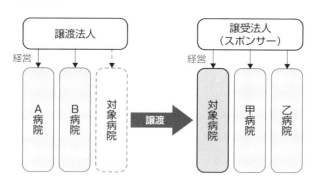

■事業譲渡

は，ある医療法人（譲渡法人）が別の医療法人（譲受法人）に対し，経営する複数の病院のうちの一部の病院（対象病院）を譲渡するというケースを念頭に，事業譲渡に特徴的な点に絞って解説します。

(2) 事業譲渡の効果

複数の病院を経営する医療法人において，個々の病院は，それ自体が独立した法人ではありません。よって，「病院を譲渡する」と一言でいっても，具体的に何が譲渡の対象になるのかは必ずしも明らかにはなりません。対象病院の土地建物だけでなく，そこで勤務する医師やスタッフとの雇用契約など，譲渡の対象となる権利（資産や人材，取引関係）を譲渡法人・譲受法人間で特定する必要があります。そして，譲渡の対象とされたものだけが承継され，対象から外されたものは譲受法人には承継されません。このため，合併の場合は当然に承継される医療ミスによる損害賠償債務なども，分割と同様に，譲渡対象から外すことによって，譲受法人は承継しないことが可能です（債務を承継しないことが債権者を害すると判断されるような場合は別です）。これは，M&Aを行う側のスポンサーにとっては大きなメリットです。

他方，合併・分割とは異なり，譲受法人が譲渡対象の権利を一般承継するという効果はありませんので，譲受法人が譲渡対象の権利を承継するには，個別の権利移転手続（具体的には，従業員の同意や契約の相手方の承諾など）が必要になります。また，譲受法人において病院開設の許可を新たに取得するなどの手続も必要になります。これらは事業譲渡のデメリットです。

(3) 事業譲渡の手続

事業譲渡は，医療法に規定のあるM&Aの手法ではありませんが，医療法上の定款・寄附行為上の手続を履行しなければならないのは当然です。また，会社の事業譲渡にならって手続を進めることになります。

(a) 事業譲渡契約書の締結

事業譲渡によって譲受法人が承継するのは，譲渡法人と譲受法人が譲渡の対象とすることを合意したものだけです。よって，事業譲渡契約書の中で，譲渡対象を特定する必要があります（事業譲渡契約書に，承継する資産等の目録を別紙として添付するのが一般的です）。その他，事業譲渡契約書には，譲渡代金，譲渡対象資産の権利移転手続等の重要事項について規定します。

(b) 法人内部の手続

譲渡法人・譲受法人ともに，定款や寄附行為に定められた手続を実行する必要があります。例えば，社団医療法人の社員総会の議決事項に「その他重要な

458　第10章◇事業承継・M&A

事項」が掲げられているのであれば，事業譲渡は通常これに該当します。

（c）　**権利移転手続**

上記のとおり，譲受法人が譲渡対象の権利を承継するには，個別の権利移転手続が必要になります。具体的には，譲渡法人から譲受法人に移籍する従業員については，従業員から個別に承諾を得る必要があります（民625条）。また，譲受法人が承継する取引先との契約については，やはりその取引先から個別に承諾を得ることになります。さらに，譲受法人が譲渡法人の債務を免責的に引き受ける場合にも，債権者からの個別の承諾が必要です。

（d）　**病院開設の手続及び廃止の届出**

譲受法人が新たに対象病院の開設者となりますので，医療法7条1項の病院開設許可や，同法27条の構造設備使用許可が必要になります。病院開設許可を得る手続には数か月かかるともいわれていますので，早めに行政と相談しておく必要があるでしょう。また，病院開設の許可が得られる場合であっても，もともと対象病院に認められていた病床数が認められない（病床数が減らされて開設許可が出される）というケースもあり得ますので，病床数についても行政と折衝する必要があるでしょう。

他方，譲渡法人においては，医療法9条1項の病院廃止の届出をする必要があります。また，譲渡法人が事業譲渡によってすべての事業を譲渡し，解散する場合には，解散の手続をとります（解散の手続については，Q25参照）。

さらには公的医療保険の適用を受けるために，保険医療機関の指定・廃止も必要になります。

（e）　**定款や寄附行為の変更**

定款や寄附行為には，開設する病院の名称や開設場所が記載されていますので（医療44条2項3号），病院の譲渡に伴い，これらの変更が生じます。定款や寄附行為の変更の手続は，医療法54条の9のほか，定款や寄附行為自体にも定められていますので（医療44条2項11号），これらの手続を履行します。

5　出資持分の譲渡（持分のある社団医療法人の場合）

（1）　出資持分の譲渡とは

出資持分の譲渡は，持分のある社団医療法人をM&Aする場合の一般的な手法です（持分のない社団医療法人では，出資持分を譲渡する代わりに，売り手の理事が退任する際に退職金を支給する方法がとられています）。

持分のある社団医療法人には，社員総会で議決権を有する社員と，医療法人

に出資し，出資持分という形で経済的地位を有する出資者がいますが，医療法上，社員と出資者が一致することは要求されておらず，株式のように，社員としての地位（すなわち経営権）と出資持分に何ら法的な結び付きはありません。しかし，実際には，社員が同時に出資者でもあるケースがほとんどです。このようなケースでは，出資持分に社員としての地位が事実上結び付いていますので，出資持分をあたかも株式会社の株式のように捉え，出資持分を買い取ることで医療法人を買収する方法がとられます。これを「出資持分の譲渡」と呼びます。スポンサーが出資持分の譲渡を受ける場合，スポンサーが社員（兼出資者）から出資持分を買い取るとともに当該社員を退社させ，スポンサーやその関係者が入社して社員総会で多数派を形成し，理事も入れ替えて経営権を掌握する，という形でM&Aが実行されます。

(2) **出資持分の譲渡の効果**

この方法は，ある会社が別の会社の株式を取得して子会社にするのと同様の効果をもちます。買収される医療法人（被買収法人）は，社員や出資者，時には役員も変更になりますが，法的には，買収前後で法人としての同一性は保たれています。つまり，買収者（スポンサー）は，被買収法人をそのまま，丸ごと買収することになります。このため，被買収法人を取り巻く契約関係には何ら影響はなく，買収に際して従業員や取引先から個別に承諾を得る必要はありませ

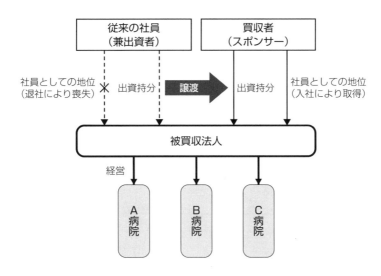

■出資持分の譲渡

ん（ただし，契約にチェンジ・オブ・コントロール条項が入っている場合にその契約の相手方の承諾を得る必要があることは，合併と同様です）。病院開設者も，被買収法人のままで変更がありませんので，病院開設の許可を新たに得る必要はありません。また，合併のように煩雑な手続が医療法に定められているわけでもありません。このように，手続が簡便なので，医療法人のM&Aの手法として，出資持分の譲渡が頻繁に用いられています。ただし，上記のとおり被買収法人を丸ごと買収しますので，分割・事業譲渡のように，損害賠償債務を譲渡対象から除外するなどしてリスクを切り離して買収するということはできません。

(3) 注 意 点

この方法をとる場合，社員ではない出資者から出資持分を買い取っても意味がないこと，出資をしている社員から出資持分を買い取る場合であっても，それだけでは経営権を掌握することができず，当該社員の退社と買収者の入社の手続に加え，理事・理事長の交代まで遺漏なく行う必要があること，すべての出資者とその出資持分も把握したうえ，社員名簿を確認して，すべての社員を把握し，社員のうち誰が出資しているのか，誰が出資していないのか確認する必要があることに留意する必要があります。

(4) 出資持分の譲渡の手続

(a) 出資持分譲渡契約書の締結

出資持分の譲渡は，従来の社員（兼出資者）から出資持分を買い取る形で行われますので，社員と買収者との間で出資持分の譲渡契約書を締結します。この契約の中では，持分の譲渡価格，譲渡実行日，従来の社員が退社し，買収者が入社するための手続を履行することなどが規定されます。買収者は，確実に経営権を掌握するため，持分の譲渡価格の支払を買収者の入社後とするなどの工夫をしておきたいところです。

なお，出資持分を買収者に譲渡する方法（⑦）ではなく，従来の社員（兼出資者）が被買収法人から出資持分の払戻しを受けたうえで退社し，新たに買収者が被買収法人に出資して入社する方法（④）も考えられます。従来の社員に対して支払われる払戻額は，定款に「社員資格を喪失した者は，その出資額に応じて払戻しを請求することができる」といった定めのある医療法人の場合は，退社時点での医療法人の財産の評価額（すなわち，時価評価に基づく純資産額）に，当該社員の出資持分割合を乗じて算定することになります[1]。これに対し，「社員資格を喪失した者は，その出資額を限度として払戻しを請求することができる」といった定めのある医療法人（いわゆる出資額限度法人）の場合は，払戻

額は，当該社員が現実に出資した額が上限となります。

㋑の方法は，時価純資産額が大きいものの，それに見合うだけの利益が出ていない，という（出資額限度法人ではない）医療法人を買収する際に有効かもしれません。このような場合，従来の社員は，出資持分の払戻し請求権を行使すれば時価純資産額に基づいて算定した払戻金を受け取ることができる以上，出資持分の譲渡価格も，時価純資産額に基づいて算定するよう求めるはずです。これに対し，買収者は，被買収法人が時価純資産額に見合うだけの利益をあげていなければ，時価純資産額を基準に譲渡価格を計算することに難色を示すかもしれず，結局，譲渡価格について合意が得られない，ということにもなりかねません。そこで，従来の社員に対しては，被買収法人が時価純資産額に基づいて算定した額で出資持分の払戻しを行い，買収者は，別途，被買収法人に対して新たな出資を行う（その出資額は，従来の社員が受け取る払戻額よりも小さくなるはずです），という方法をとるのです。この場合，被買収法人レベルでみれば，キャッシュインよりもキャッシュアウトの方が多くなりますが，買収に伴う信用補完やシナジーなどの効果は見込めます。ただし，㋐の方法と㋑の方法とでは，税務上の取扱いも異なりますので，いずれを採用するかを決定するにあたっては，税務上の観点からの検討も必要となります。

⒝ 従来の社員の退社及び買収者の入社

上記のとおり，社員が同時に出資者であり，社員としての地位と出資持分が事実上結合している場合であっても，法的には，両者は別個の権利です。よって，従来の社員との間で出資持分の譲渡契約を締結して出資持分を譲り受けるだけでは，買収者は経営権を取得することはできず，現実にその社員に退社してもらい，買収者が入社する手続をとる必要があります（なお，法人は出資持分を有する社員にはなれないとされていますので，法人が医療法人を買収する場合，法人の従業員などを社員として入社させることになります）。その手続は定款に規定されていますので（医療44条2項8号），その手続を履行することになります。

6　最後に

以上，合併，分割，事業譲渡，出資持分の譲渡の4つのM&Aの手法をみてきましたが，それぞれにメリット・デメリットがありますので，実際のケースに応じて，どの手法を採用するかを考える必要があります。

なお，いずれの方法をとる場合でも，いきなりM&Aの最終合意の契約書を締結できるものではありません。まずはM&Aの交渉に入る段階で覚書（基本

462   第10章◇事業承継・M&A

合意書）と秘密保持契約書を締結したうえで，デューデリジェンス（Q73参照）を実施し，M&Aの条件について交渉し，合意に達した段階でM&Aの最終合意の契約書を締結するという流れになります。また，M&Aには，法務・会計に加え，税務面での検討が重要になりますので，早めに弁護士・公認会計士・税理士等の専門家に相談することをお勧めします。

〔田辺　泰彦〕

■判　例■

☆１　最判平22・４・８民集64巻３号609頁。

■注　記■

＊１　厚生労働省医政局長「医療法人の合併及び分割について」平成28年３月25日医政発0325第５号（最終改正：平成31年３月29日）。
＊２　前掲注（＊１）第１。
＊３　前掲注（＊１）第３・４(1)。
＊４　前掲注（＊１）第１。
＊５　前掲注（＊１）第３・１(6)。
＊６　前掲注（＊１）第４。

Q73 デューデリジェンス

医療機関の買収にあたって行うデューデリジェンスにおいて，特に注意すべき点はどこでしょうか。

医療機関の買収にあたって行うデューデリジェンスは，医療機関・医療事業が適用を受ける法令のみならず，関連する告示・通知等，さらには医療計画その他行政の態度等についても留意のうえ，医療機関・医療事業の実態・特性をふまえて実施することが望まれます。

また，対象医療機関に関連するメディカルサービス法人（以下「MS法人」といいます）が存在する場合は，MS法人との関係をいかに処理するかを念頭において，対象医療機関とMS法人との間の権利関係・契約関係その他の問題点を精査する必要があります。

なお，デューデリジェンスの際の個人情報の開示については，**Q74**を参照してください。

☑キーワード

デューデリジェンス，M&A，MS法人

解　説

1　デューデリジェンスとは

M&A（買収・合併）や投資等を実行する際，関係当事者にとって，M&A等の手法や手続，取引価格等に関する意思決定に影響を及ぼすようなリスクや問題点を調査・検討することが重要です。その調査・検討のプロセスを，一般にデューデリジェンス（以下「DD」といいます）といいます。

医療機関を買収する場合，適正な取引を実現し，また，買収手続を進めるうえで重大な障害に直面する，もしくは買収後に予定していた事業を行えないといった不都合を回避するため，事前に，買収対象の医療機関やその買収実行に関するリスクや問題点を可能な限り詳細に把握したうえで，適切な手法，買収価格やスケジュールを決定し，実行可能な買収後の事業計画を策定すること

が，成功の鍵となります。そのため，対象医療機関やその買収実行について，事業，財務，法務，不動産等多角的な観点からDDを実施することが一般的です。

■医療機関買収におけるDDの概要

種　類	主な調査・検討事項	留意事項等
事業DD	事業活動の調査・評価等 □医師・医療従事者，施設・設備（医療機器を含む），病床稼働率その他パフォーマンス評価 □診療圏・競合状況評価 □収益構造・事業計画の評価 □システム・業務フロー評価 等	□医師・その他医療従事者確保の重要性その他，医療機関・医療事業の特性 □該当地域の基準病床数（医療計画）・既存の病床数（場合によっては増床が制限される可能性があることに留意）その他，行政的観点による保護・規制 等
財務DD	資産・負債その他の財務状況の調査・評価等 □経営成績・財政状態の実態把握 □簿外債務調査・評価 □収益力分析・評価 □価値評価 等	□施設基準に基づく診療報酬請求の適正性や，役員報酬・MS法人への支払額の妥当性など，医療機関特有の事情 □未払賃料，社会保険等の加入状況 等
法務DD	対象医療機関・事業の法的リスクの調査・評価等／M&Aの必要手続分析 □設立・組織の調査・評価 □許認可，法令等遵守状況の調査・評価 □資産等の権利関係の調査・評価 □各種契約関係の状況の調査・評価 □人事・労務に係る法的状況の調査・評価 □訴訟・紛争の調査・評価 等	□対象医療機関の開設者の法的性質 □広汎な適用法令等（医事関連法規に限らず，個人情報保護法等その他の法令，告示・通知・ガイドライン等） □買収実行により影響を受ける関連契約上の規定 □MS法人との契約関係・権利関係 □買収実行のために必要な許認可・手続 等
不動産DD	不動産のリスク調査・価値評価 □不動産現況調査・価値評価 □権利関係確認 □建築関連法規・条例等の遵守状況の調査・評価 □土壌調査 等	□賃貸借契約の安定性（長期間・円滑な更新可能性） □賃借権の登記の有無（賃借権対抗の可否）等 □賃借料の適正性 □増改築の余地 等

2　医療機関買収におけるDDの留意点

(1)　法令その他の規制

　医療機関の開設者は医療法人に限られません。また，医療法人も，社団医療法人や財団医療法人，持分の定めの有無等いくつかの種類があります。対象医療機関の開設者の法的性質によって，買収に適用される法令や，選択可能な買収手段・手続等が異なりますので，医療機関買収を検討する前提として，対象医療機関の開設者の法的性質を確認する必要があります。

　また，医療機関やその事業については，法令のほか，監督官庁の告示，通知，ガイドライン等も数多く発出・公表されており，また，医療の公共的性質から，医療機関やその事業は，医療提供体制の確保のための基本方針やこれを受けて地域ごとに定められる医療計画（医療5章）等，行政的な観点からの規制にも服します。したがって，医療機関買収にあたって実施するDDにおいては，法令のみならず，関連する告示，通知，ガイドライン等，さらには，厚生労働省や所管の都道府県等の態度，医療計画，医療審議会の動向や，その地域における他の医療機関との関係性等についても留意する必要があります。

(2)　MS法人

　対象医療機関には，関連するいわゆるMS法人が存在する場合があります（Q5参照）。MS法人は，通常，医療法人のために不動産の賃貸業務，医療機器等のリース・レンタル業務や販売業務等多様な業務を行い，また，医療法人の資金調達や節税対策に重要な役割を担っています。そこで，対象医療機関に関連するMS法人が存在する場合，買収後の医療機関の円滑な運営・事業遂行の観点から，対象医療機関と併せてMS法人又はその事業もしくは資産を買収することや，MS法人との関係をどのように処理すべきかについて検討を要します。その場合，DDにおいては，買収後にMS法人をどのように取り扱うか考慮し，対象医療機関とMS法人との間の複雑な権利関係，契約関係や資金の流れその他の問題点を精査します。場合によってはMS法人自身に対するDDの実施も検討すべきでしょう。

〔内藤　亜雅沙〕

事業承継に伴う患者情報の承継

　他の医療法人が経営する医療機関の1つを事業譲渡により取得しようとしています。新たに取得する医療機関の患者情報を引き継ぐにあたり、個別の患者の同意を得る必要はあるでしょうか。デューデリジェンスの過程で患者情報の提供を受けるときは、どうでしょうか。

A
　デューデリジェンスの過程における提供を含め、事業承継に伴って患者情報を引き継ぐ場合は、個別に患者の同意を得る必要はありません。
　ただし、事業の承継後も、当該事業の承継により提供される前の利用目的の範囲内で利用しなければならない点に、留意してください。

キーワード

事業承継，デューデリジェンス，個人情報，第三者提供，同意

1　事業承継に伴う患者情報の承継

　医療機関における患者情報は、通常「個人データ」(個人情報16条3項)に該当し、本人の同意がない限り第三者に提供できません(個人情報27条1項。Q27参照)。もっとも、「合併その他の事由による事業の承継に伴って個人データが提供される場合」には、本人の同意は必要ではないとされています(同条5項2号)。
　設問における患者情報の承継は、事業を承継することに伴うものですので、患者の同意を取得する必要はありません[*1]。

2　デューデリジェンスの過程における提供について

　医療機関の事業譲渡等のM&Aでは、事業の承継のための契約を締結するより前の交渉段階で、M&Aをするかどうか、M&Aをする場合の条件を検討するため、対象となる事業の調査を行い、必要な情報の提供を求めるのが一般的です(いわゆるデューデリジェンス)。調査や交渉の結果、事業の承継のための契

約を締結しないこともありますので，かかるデューデリジェンスの過程で，例えば紛争案件の資料として患者情報の提供を受ける場合においても，「合併その他の事由による事業の承継に伴って個人データが提供される場合」として，個人情報保護法上，本人の同意なく提供を受けることができるのかが問題となります。

この点，個情法ガイドライン（通則編）では，「事業の承継のための契約を締結するより前の交渉段階で，相手会社から自社の調査を受け，自社の個人データを相手会社へ提供する場合も，本号〔引用者注：個人情報27条5項2号〕に該当し，あらかじめ本人の同意を得ることなく又は第三者提供におけるオプトアウト手続を行うことなく，個人データを提供することができるが，当該データの利用目的及び取扱方法，漏えい等が発生した場合の措置，事業承継の交渉が不調となった場合の措置等，相手会社に安全管理措置を遵守させるために必要な契約を締結しなければならない。」との解釈が示されています[*2]。

したがって，デューデリジェンスの過程においても本人の同意を得ることなく患者情報の提供を受けることが可能ですが，あらかじめ秘密保持契約を締結し，患者情報の利用目的及び取扱方法，漏えい等が発生した場合の措置，最終契約に至らなかった場合の措置（提供を受けた患者情報の返還，消去，廃棄）等を定めることが求められます[*3]。

3 情報承継についての周知

事業譲渡に伴って患者情報を引き継ぐ場合であっても，「院内や事業所内等への掲示，ホームページ等により情報提供先をできるだけ明らかにするとともに，患者・利用者等からの問合せがあった場合に回答できる体制を確保する。」ことが求められています[*4]。

患者は，医療機関の事業承継があった（医療機関の経営主体に変更があった）ことを知らされても，自身に関する情報が引き継がれるのか，どのように取り扱われるのかを当然に理解できるものではありませんので，事業承継に伴う情報提供先，事業承継に関する問合せ先の医療機関内への掲示，ホームページへの掲載等をし，患者からの問合せがあった場合に回答できる体制を確保することが望まれます。

4 引き継いだ患者情報の利用目的

事業の承継に伴って患者情報を承継した場合，当該患者情報に含まれる個人

情報について，患者本人の事前の同意を得ることなく，承継前における当該個人情報の利用目的の達成に必要な範囲を超えて取り扱うことはできません（個人情報18条2項）。

したがって，事業承継後に医療機関を利用する患者から新たに取得する個人情報と事業承継によって引き継いだ患者情報に含まれる個人情報とで取扱い可能な範囲が異なることも考えられますので，留意が必要です。

なお，事業の承継後に，承継前の利用目的の達成に必要な範囲を超えて個人情報を取り扱う場合に，本人の同意を得るために個人情報を利用すること（メールの送信や電話をかけること等）は，承継前の利用目的として記載されていない場合でも，目的外利用には該当しないと解されています*5。

〔髙橋　直子〕

═══ ■注　記■ ═══

* 1　「医療介護個人情報ガイダンスQ&A」各論Q4-27。
* 2　「個情法ガイドライン（通則編）」3-6-3「第三者に該当しない場合」⑵事業の承継。
* 3　医療法人のM&Aの手法には，事業譲渡・合併・分割のほかに出資持分の譲渡がありますが（Q72参照），出資持分の一部の譲渡の場合は，「事業の承継に伴って」といえるのかが問題となり得ます。
* 4　「医療介護個人情報ガイダンス」Ⅳ9.⑸「その他留意事項」。
* 5　「個情報ガイドライン（通則編）」3-1-4「事業の承継」。

病院の倒産

当院の経営が悪化し，倒産せざるを得なくなりました。当院がとり得る倒産手続を教えてください。また，そのような手続をとることを見据えて，当院が気をつけるべきことがあれば教えてください。

　病院が利用可能な倒産手続はいくつかあり，状況に応じて適切な手続を選択する必要があります。
　資金繰りに窮するあまり，医療スタッフに対する給与の支払を遅らせたり，診療報酬債権をファクタリングに供したりすると，適切な倒産手続の選択は難しくなってしまいますので，倒産の可能性が出てきたら，速やかに弁護士に相談しなくてはなりません。
　なお，倒産手続の選択にあたっては，患者の生命を危険にさらさないように，他の医療機関等に診療を引き継ぐなど，診療継続に向けた配慮が欠かせません。

☑ **キーワード**
再建型，清算型，民事再生，私的整理，破産，スポンサー，事業譲渡，ファクタリング，別除権，抵当権，リース

解　説

1　倒産手続の選択

(1) 病院が利用可能な倒産手続

　経営危機に陥った病院がとり得る倒産手続はいくつかありますが，大きく分けて，事業資産を残しながら事業を継続し，得られた収益をもとに債務の弁済を行って事業再建を目指す「再建型」と，すべての資産を換金処分して債権者に分配し，事業を廃止する「清算型」の2種類の手続があります。
　「再建型」には，裁判所が主宰する法的手続である民事再生手続と，裁判所が関与しない手続である私的整理手続があり，さらに私的整理手続には，中小企業活性化協議会（旧・中小企業再生支援協議会）が実施する事業再生支援，「中小企業の事業再生等に関するガイドライン」に基づく再生型私的整理手続，事

業再生実務家協会が主宰する事業再生ADRなどがあります。

　他方，「清算型」の代表は，裁判所が主宰する法的手続である破産手続です（それ以外に，「中小企業の事業再生等に関するガイドライン」に基づく廃業型私的整理手続もあります）。

(2) 手続選択の視点——再建型が優先

　上記手続のうち，どれを選択するかは，倒産手続に精通している弁護士に相談して決めることになりますが，手続選択の視点を簡単に説明しておきます。

　病院にとって最も重要なのは患者の診療継続です。その視点からすると，破産手続を代表とする清算型の手続は，手続が開始すると事業を廃止するのが原則です（裁判所の許可を得て事業を継続することも可能ですが〔破36条〕，例外的な措置にすぎません）から，極力回避する必要があるということになります。これに対し，再建型の手続は，事業継続が前提の手続ですので，手続開始後も，診療を継続することが可能です。よって，経営が悪化して倒産手続を検討する場合には，まずは，再建型の手続が可能かを検討します。そして，再建型の手続の中でも，取引債権者を巻き込まずに済むなど，事業価値を維持しやすい私的整理手続を選択できればベターですが，私的整理手続は，手続に参加してもらうすべての債権者（主に金融債権者・大口債権者）との間で合意を成立させることが必要ですので，その見込みがない場合などは，民事再生手続を選択することになります。

　再建型の手続を利用することで，病院は負債を削減することが可能となりますので，それによって病院が自力で再建を果たすことも不可能ではありません。しかしながら，仮に再建型の手続を選択した場合であっても，レピュテーションの低下は免れませんし，病院の経営には，医療機器などに対する多額の設備投資が必要になる場合も多いため，負債の圧縮だけでは，再建が難しい場合が多いのが現実です。そこで，他の医療法人等にスポンサーとなってもらい，再建型の手続とM&Aの手法（Q72参照）を組み合わせることにより，事業継続を目指すことが基本路線となります。

(3) 破産手続選択時の留意点

　以上のとおり，倒産手続としてはまずは再建型の手続を検討することになりますが，民事再生手続では削減することが難しい公租公課や労働債権を多く抱えているなどの事情により，破産手続を選択せざるを得ない場合もあります。しかし，このような場合でも，診療継続に向けた配慮は不可欠です。最近では，破産手続と事業譲渡を組み合わせることにより，法人そのものは清算する

ものの，譲渡先で事業を継続するという実務も定着しつつありますので，病院が破産せざるを得ない場合も，事業を譲り受けてくれる医療法人等をスポンサーとして探すのがよいでしょう。それが難しい場合でも，最低限，破産手続の申立てに先立って，入院患者の転院先を確保しておくことは必須です。

2 経営危機に陥ったときの留意点

(1) 病院の特徴

病院は，通常の事業会社と比べ，民事再生手続を選択した場合の事業価値の毀損が生じにくいため，病院の再建の場面では，民事再生手続も有力な選択肢であるという指摘があります。その理由として挙げられているのが，①サービスの提供は医師・看護師といった医療スタッフや医療機器等の内部資源に依存しているため，民事再生申立て後も，質を低下させることなくサービスの提供が可能である，②病院にとっての売上げである診療報酬は，民事再生申立て後も，回収の金額・時期ともに確実性が高い（Q14参照），などです[1]。逆にいえば，これらの強みを活かせなければ，通常の事業会社同様，病院の再生は容易ではないものとなってしまいます。

そこで，そのような観点から，病院が経営危機に陥った場合でも，将来的に民事再生手続等によって再建を果たせるようにするために，医療スタッフと診療報酬に関して留意すべき点を述べます。さらに，それに関連して，民事再生手続における抵当権やリースの取扱いについて説明します。

(2) 医療スタッフへのケア

前述のとおり，病院のサービスの提供は，医療スタッフに依存していますので，経営危機に陥ったり，M&Aによって経営体制が変わったりすることをきっかけに医療スタッフが離職してしまえば，サービス提供を継続することができなくなり，再建も困難となります。特に，医療スタッフは有資格者であり，一般の事業会社の従業員と比較して転職が容易ですので，十分なケアが必要です。

具体的には，資金繰りに窮した場合でも，医療スタッフに対する給与をカットしたり，支払を遅らせたりすることは避ける必要があります。また，診療に対して情熱をもち，患者に対するサービスレベルを維持したいと考える医療スタッフも多いと思いますので，今後の病院の経営方針について，医療スタッフに対して丁寧な説明を行うとともに，医療スタッフの意見に耳を傾けるなどして，医療スタッフとの間で信頼関係を維持しておくことが重要です。

472　第10章◇事業承継・M&A

(3)　診療報酬債権に関する留意点

(a)　ファクタリングの利用について

　資金繰りに窮した病院は，資金調達のために，診療報酬債権を「ファクタリング」に供していることが往々にしてあります。「ファクタリング」とは，売掛債権を支払期日前にファクタリング会社が買い取ってくれる（その際，債権の額面額から，一定の手数料が差し引かれます）サービスで，これを利用することで，事業者は債権を早期に現金化することが可能となります。

　そこで，資金繰りに窮した病院は，診療報酬債権をファクタリングに供して早期の現金化を図るわけですが，その場合，当然ながら，病院は支払期日に診療報酬を受け取ることはできません（債権を譲り受けたファクタリング会社が受け取ります）。このため，民事再生を申し立てた場合，申立て後の資金繰りに診療報酬を見込むことはできなくなってしまいます。つまり，先に述べた「病院にとっての売上げである診療報酬は，民事再生申立て後も，回収の金額・時期ともに確実性が高い」という強みが活かせなくなってしまうわけです。

　よって，病院の再建を目指すうえでは，安易にファクタリングを利用することは避けるべきですし，やむを得ず利用した場合は，診療報酬を資金繰りに見込まずに，再建に向けた検討を行う必要があるということになります。

(b)　担保目的での診療報酬債権の譲渡

　なお，ファクタリング同様，診療報酬債権の譲渡が行われているものの，その実質は，融資に対する担保（債権譲渡担保）である場合もあります。このような担保権は，民事再生手続においては「別除権」として取り扱われ，担保権者は，民事再生手続外で担保権を実行し，債権回収を図ることができます（民再53条）。そして，民事再生手続が開始した場合，担保権者は，担保権を実行し，診療報酬を受け取ることで融資を回収しようとするでしょうから，やはり，病院は診療報酬を資金繰りとして見込むことができなくなってしまいます。

　そこで，このような場合には，担保権者に対して担保価値に相当する金銭を支払い，その代わりに担保権の実行を猶予してもらう，いわゆる「別除権協定」を担保権者との間で締結し，引き続き，病院が診療報酬を受け取れるようにする必要があります。併せて，別除権協定に向けた協議の時間的猶予を得るために担保権の実行を一時的に中止する「担保権実行手続の中止命令」（民再31条）や，事業継続に必須な財産に付された担保権の消滅を求める「担保権消滅許可」（民再148条）といった制度を利用することも検討すべきでしょう[1]（こうした制度が整っている点が，私的整理手続と比較した民事再生手続のメリットといえます）。

⑷ 抵当権やリースの取扱いについて

　ちなみに，金融機関から融資を受けるために，病院の土地・建物に抵当権が設定されていることも多いと思いますが，抵当権も，民事再生手続では別除権となりますので，抵当権者は，民事再生手続と関係なく，競売によって債権回収を図ることが可能です。病院の土地・建物が競落されてしまうと，診療継続が困難になってしまいますので，病院としては，競売申立てを回避すべく，抵当権者との間で，別除権協定に向けた協議を行うとともに，必要に応じて，「担保権実行手続の中止命令」や「担保権消滅許可」の制度の利用を検討することになります。

　また，特に高額な医療機器については，ファイナンス・リースが組まれていることが多いと思いますが，ファイナンス・リース契約も，民事再生手続においては別除権として取り扱われますので，リース会社は，民事再生手続と関係なく，リース物件を引き揚げてこれを売却することによって債権回収を図ることが可能です。よって，診療継続にとって必要不可欠な医療機器については，リース会社によって引き揚げられないよう，別除権協定に向けた協議を行う等の対応が必要になります。

3　ま と め

　これまで述べてきたように，病院は，経営が傾いた場合であっても，適切な手続をとることで十分に診療継続が可能ですが，資金繰りに窮するあまり，医療スタッフに対する給与の支払を遅らせたり，診療報酬債権をファクタリングに供したりすると，再建が難しくなり，患者や地域医療に迷惑をかけてしまいます。そのような事態に陥る前に，早めに，倒産手続に詳しい弁護士に相談することをお勧めします。

〔伊藤　英之〕

=====■判　例■=====

☆1　債権譲渡担保を担保権消滅許可の対象とできるかどうかについては議論がありますが，診療報酬債権についての債権譲渡契約について，その実質は譲渡担保であるとしたうえで，担保権消滅許可の対象となるとした裁判例として，東京高決令2・2・14判タ1484号119頁があります。

=====■注　記■=====

＊1　小松大介ほか『医業承継の教科書　親族間承継・M&Aの手法と事例』（日本医事新報社，2020）256頁。

474   第10章◇事業承継・M&A

━━━ ●参考文献● ━━━

⑴　縣俊介「病院倒産にまつわる諸問題─民事再生を中心に」事業再生と債権管理139号95頁。

閉　院

クリニックの閉院にあたって注意すべきことを教えてください。

　閉院にあたって，一般的な事業廃止の際に必要な手続のほか，医療機関特有の行政手続，また，クリニックで締結している契約の解約やスタッフの解雇，さらに，在庫医薬品や医療機器の処分など，閉院スケジュールに合わせて適切な手続を進めていく必要があります。また，閉院しても診療録等の保存義務は残りますので，少なくとも法定期間は保存できるように手配する必要があります。
　医療に精通した各種専門家（弁護士，行政書士，社会保険労務士，税理士等）が連携して進めていけるように依頼するとよいでしょう。

☑キーワード

閉院，診療所廃止届，保険医療機関辞退申出，解雇，診療録等の保存義務

解　説

1　各種手続

⑴　医療機関特有の手続

　クリニックを廃止したとき（病院の廃止も同様です）は，10日以内に，所在地の都道府県知事に届けなければなりません（医療9条1項）。また，多くの医療機関は保険医療機関の指定を受けているでしょうから，1か月の予告期間をもって保険医療機関指定の辞退の申出をする必要があります（健保79条1項）。

　このほか，診療用エックス線装置を設置している場合には，診療用エックス線装置廃止届を提出する必要がありますし，麻薬の使用がある場合には閉院から15日以内に麻薬施用者業務廃止届を提出する必要があります。このほか，生活保護法，労災保険法等の指定を受けている場合には，その廃止届も提出する必要があります。

　また，クリニックが医療法人による開設であり，当該医療法人が開設する医療機関が閉院予定のクリニックのみであった場合，医療法人の解散事由となる場合があります（医療法人の解散については，Q25参照）。

476 第10章◇事業承継・M&A

⑵ 事業廃止に伴う一般的な手続

上記のような医療機関に特有の手続のほか，事業廃止に伴う手続も必要です。

まず，税務上の手続として，個人開設クリニックの場合は，閉院から1か月以内に，個人事業の廃業届を提出しなければなりません。スタッフを雇用していれば給与支払事務所等の廃止届出書の提出が必要ですし，消費税の課税事業者であれば事業廃止届出書も必要です。

また，社会保険・労働保険に関連する手続として，健康保険・厚生年金保険適用事業所全喪届や雇用保険適用事業所廃止届も必要となる場合があります。

2 契約関係の処理

クリニックでは，多種多様な契約を締結しています。リース契約や建物賃貸借契約などの継続的契約では，解約申入れにあたって予告期間が設定されていることが多いです。

したがって，クリニックで締結しているすべての契約を洗い出し，各契約の解約の手続を確認し，閉院スケジュールをふまえて解約通知を適切に発出していく必要があります。

3 スタッフの解雇

閉院に際しては，クリニックで雇用しているスタッフの解雇が問題となります。

クリニックを完全に閉院するのであれば，スタッフから解雇の有効性を争われる可能性は高くないと思われますが，スタッフの納得や再就職の準備に配慮して，閉院及び解雇の予定については，3か月前にはスタッフに説明しておくとよいでしょう。また，スタッフには，クリニックにおける診療を維持するため，閉院の日まで通常の勤務を持続してもらう必要があります。そのため，閉院の日まで通常の勤務を持続してくれたスタッフに対して1か月程度の給与相当額を特別退職金として支給することも考えられます。

閉院予定のクリニックが医療法人開設であり，当該医療法人が当該クリニック以外の医療機関等を開設している場合には，他の医療機関への異動を検討する必要があります。そして，他の医療機関に異動ができないスタッフがいるようであれば，当該スタッフに対しては退職勧奨・整理解雇をしていくことになります。退職勧奨・整理解雇を行うにあたっては，人員選定の合理性や手続の

適正が要求されます。ここに不備があると，後日，解雇が無効とされ，それまでの間の賃金を支払う必要に迫られるおそれがあります。

4 患者対応

通院中の患者について，他の医療機関に引き継ぐ手配をすることも重要です。特に慢性疾患の患者については，来院が数か月間の間隔となることもまれではありませんので，スタッフに閉院を伝えた直後に閉院のお知らせを掲示するなど，十分な予告期間をとるとよいでしょう。

5 医薬品・医療機器

在庫医薬品や医療機器の廃棄については，廃棄物の処理及び清掃に関する法律等に従って適切に行ってください。なお，第1種・第2種向精神薬を廃棄した場合は，その旨を記録し2年間保存する義務がある（麻薬50条の23）ことに注意してください。

6 記録の保管

診療録等は，記録の種類に応じて，保存期間が定められています（Q26参照）。この義務は閉院しても存続しますので，保存義務者は，法定期間は診療録等を保存してください。したがって，クリニックの院長（管理者）は，閉院にあたり，カルテを保存できる場所を確保しなければなりません。

もし，個人開設クリニックの院長（管理者）の死亡により閉院した場合は，過去の通達＊1では「県又は市などの行政機関において保存するのが適当」とされ，実際には遺族と保健所との相談により決せられていることが多いようです。また，保存義務が終了する前に保存義務者が死亡した場合は，保存義務は遺族には承継されませんが，やはり，遺族は保健所に相談するとよいでしょう。

なお，完全閉院ではなく後継者に承継したりM&Aにより承継される場合は，後継者又は譲受人が保存義務を負うことになります（Q71，Q74参照）。

7 専門家の連携

以上のように，閉院にあたっては，様々な法令遵守・手続が求められますので，弁護士・税理士・社会保険労務士・行政書士等のチームを結成して，適切に臨む必要があります。

〔三谷　和歌子〕

478　第10章◇事業承継・M&A

■注　記■

　＊1　厚生省医務局長昭和47年 8 月 1 日医発第1113号。

キーワード索引

あ

アクシデントレポート ・・・・・・・・・・・ Q69
アドバンス・ケア・プランニング ・・Q59
安全管理ガイドライン ・・・・・・・・・・・ Q32
安全管理措置 ・・・・・・・・・・・・・・ Q28，Q32
安全配慮義務違反 ・・・・・・・・・・・・・・・ Q43
委員会設置〔コンプライアンス推進〕
・・・・・・・・・・・・・・・・・・・・・・・・・・・・・・・・ Q 7
医学的適応性 ・・・・・・・・・・・・・・・・・・・ Q51
医業 ・・・・・・・・・・・・・・・・・・・・・・・・・・・ Q47
育休 ・・・・・・・・・・・・・・・・・・・・・・・・・・・ Q37
　　産後パパ―― ・・・・・・・・・・・・・・ Q37
医行為 ・・・・・・・・・・・・・・・・・・・・・・・・・ Q47
遺言 ・・・・・・・・・・・・・・・・・・・・・・・・・・・ Q71
医師会 ・・・・・・・・・・・・・・・・・・・・・・・・・ Q10
医師国家試験 ・・・・・・・・・・・・・・・・・・・ Q 1
医師の資格 ・・・・・・・・・・・・・・・・・・・・・ Q 1
医師の働き方改革 ・・・・・・・・・・・・・・・ Q34
医師免許の取消し ・・・・・・・・・・ Q 2，Q66
医術的正当性 ・・・・・・・・・・・・・・・・・・・ Q51
異状死 ・・・・・・・・・・・・・・・・・・・・・・・・・ Q70
一部負担金 ・・・・・・・・・・・・・・・ Q14，Q64
医道審議会 ・・・・・・・・・・・・・・・・・・・・・ Q 1
医薬品公正競争規約 ・・・・・・・・・・・・・ Q11
遺留分 ・・・・・・・・・・・・・・・・・・・・・・・・・ Q71
医療安全 ・・・・・・・・・・・・・・・・・・・・・・・ Q70
　　――確保義務 ・・・・・・・・・・・・・・ Q 6
医療介護個人情報ガイダンス ・・・・・・ Q28
医療過誤 ・・・・・・・・・・・・・・・・・・・・・・・ Q26
医療関係告示 ・・・・・・・・・・・・・・・・・・・ Q11
医療系のコンサルティング会社 ・・・・・ Q 4
医療行為への同意 ・・・・・・・・・・・・・・・ Q54
医療広告 ・・・・・・・・・・・・・・・・・・・・・・・ Q49
医療広告ガイドライン ・・・・・・・・・・・ Q 8
医療事故 ・・・・・・・・・・・・・・・・・・・・・・・ Q70
　　――調査 ・・・・・・・・・・・・・・・・・・ Q70

医療従事者個人用〔国内未承認医薬品
　の輸入〕・・・・・・・・・・・・・・・・・・・・・ Q49
医療情報提供制度 ・・・・・・・・・・・・・・・ Q 6
医療水準 ・・・・・・・・・・・・・・・・・・・・・・・ Q67
医療DX ・・・・・・・・・・・・・・・・・・・・・・・ Q30
医療費の支払の保証 ・・・・・・・・・・・・・ Q54
医療法に基づく立入検査 ・・・・・・・・・ Q12
因果関係 ・・・・・・・・・・・・・・・・・・・・・・・ Q67
インターネット ・・・・・・・・・・・・・・・・・ Q65
院内感染 ・・・・・・・・・・・・・・・・・・・・・・・ Q 9
インフォームド・コンセント ・・・・・・ Q51
営利目的 ・・・・・・・・・・・・・・・・・・・・・・・ Q 4
遠隔医療 ・・・・・・・・・・・・・・・・・・・・・・・ Q31
応招義務 ・・・・・・・・・ Q60，Q61，Q62，Q63
オンコール ・・・・・・・・・・・・・・・・・・・・・ Q35
オンライン受診勧奨 ・・・・・・・・・・・・・ Q31
オンライン診療 ・・・・・・・・・・・・・・・・・ Q31

か

海外旅行保険 ・・・・・・・・・・・・・・・・・・・ Q60
解雇 ・・・・・・・・・・・・・・・・・・・・・・・・・・・ Q76
外国人患者 ・・・・・・・・・・・・・・・・・・・・・ Q60
解雇権濫用 ・・・・・・・・・・・・・・・・・・・・・ Q40
解雇予告手当 ・・・・・・・・・・・・・・・・・・・ Q42
解散事由 ・・・・・・・・・・・・・・・・・・・・・・・ Q25
開設 ・・・・・・・・・・・・・・・・・・・・・・・・・・・ Q22
　　――の許可 ・・・・・・・・・・・・・・・・ Q 3
　　株式会社による医療機関の―― ・・・ Q 4
開設者 ・・・・・・・・・・・・・・・・・・・・・・・・・ Q 6
過失 ・・・・・・・・・・・・・・・・・・・・・・・・・・・ Q67
合併 ・・・・・・・・・・・・・・・・・・・・・・・・・・・ Q72
カルテ ・・・・・・・・・・・・・・・・・・・ Q26，Q69
　　――の開示 ・・・・・・・・・・・・・・・・ Q68
　　――の引継ぎ ・・・・・・・・・・・・・・ Q71
　　――の保管期間 ・・・・・・・・・・・・ Q68
　　電子―― ・・・・・・・・・・・・・・・・・・ Q30

過労自殺 ……………………………… **Q43**
がん告知 ……………………………… **Q58**
看護師の特定行為 …………………… **Q48**
監査
　健康保険法等に基づく―― ……… **Q12**
監事 ………………………… **Q22，Q23**
患者・社会の信頼 …………………… **Q7**
患者情報持出し ……………………… **Q44**
患者申出療養 ………………………… **Q17**
管理監督者 …………………………… **Q36**
管理者 ………………………………… **Q6**
起訴 …………………………………… **Q66**
規程〔コンプライアンス推進〕……… **Q7**
キーパーソン ……………… **Q29，Q53**
寄附 …………………………………… **Q11**
寄附行為 ……………………………… **Q22**
基本方針策定〔コンプライアンス推進〕
　……………………………………… **Q7**
義務的団交事項 ……………………… **Q45**
虐待 ………………………… **Q52，Q56**
休職命令 ……………………………… **Q41**
競業避止義務 ………………………… **Q44**
行政処分 …………………… **Q2，Q66**
強制捜査 ……………………………… **Q29**
業務委託規制 ………………………… **Q5**
業務起因性 …………………………… **Q43**
業務独占 ……………………………… **Q48**
虚偽記載 ……………………………… **Q50**
クリーニング代 ……………………… **Q18**
経過措置型医療法人 ………………… **Q71**
経済上の利益の提供による誘引の禁止
　〔保険診療における規制〕………… **Q19**
経済的合理性のない報酬〔MS法人〕
　……………………………………… **Q5**
刑事告訴 ……………………………… **Q65**
刑事処分 ……………………………… **Q2**
継続的モニター ……………………… **Q7**
景品表示法 …………………………… **Q11**
欠格事由 ……………………………… **Q1**
喧嘩 …………………………………… **Q15**
兼業 …………………………………… **Q34**
健康保険 ……………………………… **Q19**
健康保険法等に基づく監査 ………… **Q12**
研鑽 …………………………………… **Q35**

研修〔コンプライアンス推進〕……… **Q7**
限定解除〔広告規制〕………………… **Q8**
高額療養費制度 ……………………… **Q13**
後期高齢者医療制度 ……… **Q13，Q15**
広告規制 ……………………………… **Q8**
交通事故 ……………………………… **Q15**
高齢者虐待 …………………………… **Q56**
告知
　がん―― …………………………… **Q58**
　余命―― …………………………… **Q58**
国民皆保険 …………………………… **Q13**
個情法ガイドライン（通則編）……… **Q28**
個人情報 ……………………………… **Q74**
個人情報保護法 ………… **Q27，Q28，Q29**
　　　　　　　　　　　　　 Q30，Q32
固定残業代 …………………………… **Q36**
混合診療 …………………… **Q17，Q18**

さ

再建型〔倒産手続〕…………………… **Q75**
財団医療法人 ……………… **Q21，Q23**
サイバー攻撃 ……………… **Q32，Q33**
サイバーセキュリティ …… **Q32，Q33**
債務不履行責任 ……………………… **Q67**
差額ベッド代 ………………………… **Q18**
削除請求〔誹謗中傷〕………………… **Q65**
36協定 ………………………………… **Q34**
産休 …………………………………… **Q37**
産業医 ………………………………… **Q41**
残業代 ………………………………… **Q36**
産後パパ育休 ………………………… **Q37**
3省2ガイドライン ………………… **Q30**
死因説明義務 ………………………… **Q29**
時間外割増賃金 ……………………… **Q35**
事業承継 …………………… **Q72，Q74**
事業譲渡 …………………… **Q72，Q75**
時効 …………………………………… **Q67**
自己決定権 ………………… **Q51，Q57**
事故調査報告書 ……………………… **Q68**
自主返還〔診療報酬〕………………… **Q20**
私傷病休職 …………………………… **Q41**
私生活上の非行 ……………………… **Q42**
示談 …………………………………… **Q66**

キーワード索引　　481

示談交渉 ……………………… **Q67**	診療所廃止届 …………………… **Q76**
指定取消処分 …………………… **Q20**	診療と管理の分離 ……………… **Q5**
私的整理 ………………………… **Q75**	診療報酬 ……… **Q13**，**Q14**，**Q20**
児童虐待 ………………………… **Q56**	（――の）自主返還 ………… **Q20**
児童相談所 ……………………… **Q52**	診療録 …………………………… **Q26**
社員 ……………………………… **Q22**	――等の保存義務 ………… **Q76**
社員総会 ………………………… **Q23**	スポンサー ……………………… **Q75**
社団医療法人 ………… **Q21**，**Q23**	正規職員 ………………………… **Q38**
収益業務 ………………………… **Q24**	清算型〔倒産手続〕…………… **Q75**
自由診療 ……… **Q15**，**Q16**，**Q17**，**Q49**	清算手続 ………………………… **Q25**
終末期医療 ……………………… **Q59**	誠実交渉義務 …………………… **Q45**
宿日直 …………………………… **Q35**	精神保健福祉法 ………………… **Q55**
主治医 …………………………… **Q41**	生前贈与 ………………………… **Q71**
受診命令 ………………………… **Q41**	正当業務行為 …………………… **Q51**
出資持分の譲渡 ………………… **Q72**	成年後見人 ……………………… **Q54**
守秘義務 ……………… **Q27**，**Q29**	税務調査 ………………………… **Q12**
障害者虐待 ……………………… **Q56**	製薬会社 ………………………… **Q29**
上限規制〔労働時間規制〕…… **Q34**	製薬協コード …………………… **Q11**
証拠保全 ………………………… **Q69**	セクハラ ………………………… **Q39**
使用者責任 …………… **Q66**，**Q67**	節税 ……………………………… **Q5**
情報インシデント ……………… **Q32**	説明〔医療事故〕……………… **Q70**
情報漏えい ……………………… **Q33**	説明義務
剰余金の配当規制 ……………… **Q4**	（死因の）―― ……………… **Q29**
職域保険 ……………… **Q13**，**Q15**	（病状・治療方針の）――
職業安定法 ……………………… **Q46**	…………… **Q51**，**Q57**，**Q58**
職業紹介 ………………………… **Q46**	設立総会 ………………………… **Q22**
処方箋 …………………………… **Q50**	設立登記 ………………………… **Q22**
電子―― ……………… **Q30**，**Q50**	設立認可 ………………………… **Q22**
リフィル―― ………………… **Q50**	選定療養 ……………… **Q17**，**Q18**
除名〔医師会〕………………… **Q10**	専門職 …………………………… **Q40**
親権者 …………………………… **Q52**	贈収賄 …………………………… **Q11**
人材紹介 ………………………… **Q46**	組織文化 ………………………… **Q7**
審査支払機関 ……… **Q13**，**Q14**，**Q20**	訴訟 ……………………………… **Q67**
人生の最終段階 ………………… **Q59**	損害 ……………………………… **Q67**
人生の最終段階における医療・ケアの	損害賠償 ………………………… **Q33**
決定プロセスに関するガイドライン	――請求 ……………………… **Q65**
…………………………………… **Q53**	

た

新卒採用者 ……………………… **Q40**	第三者提供 …………… **Q29**，**Q74**
身体拘束 ………………………… **Q55**	逮捕 ……………………………… **Q42**
診断書 …………………………… **Q50**	タスク・シフト／シェアリング …… **Q48**
診断書代 ………………………… **Q18**	立入検査
診療拒否 ……… **Q61**，**Q63**，**Q64**	医療法に基づく―― ……… **Q12**
診療記録の開示 ………………… **Q68**	
診療情報の提供等に関する指針 …… **Q29**	

タトゥー事件 ……………… **Q47**
担保 ………………………… **Q62**
地域保険 ………………… **Q13**，**Q15**
地域連携医療法人 ………… **Q21**
中途採用者 ………………… **Q40**
懲戒解雇 …………………… **Q42**
懲戒処分 ………………… **Q41**，**Q66**
調査嘱託 …………………… **Q29**
調停 ………………………… **Q67**
治療拒否 …………………… **Q57**
定款 ………………………… **Q22**
抵当権 ……………………… **Q75**
出来高払い方式 …………… **Q14**
デューデリジェンス ……… **Q73**，**Q74**
テレビ代 …………………… **Q18**
電子カルテ ………………… **Q30**
電子処方箋 ……………… **Q30**，**Q50**
点数表 ……………………… **Q14**
転倒転落 …………………… **Q55**
同意〔患者情報の提供〕…… **Q74**
同一労働同一賃金ガイドライン … **Q38**
透明性ガイドライン ……… **Q11**
特定の保険薬局への誘導の禁止〔保険
　診療における規制〕……… **Q19**
特別の療養環境の提供 …… **Q18**
都道府県知事の認可 ……… **Q25**
取消訴訟〔開設不許可処分〕… **Q 3**
取引報告制度 ……………… **Q 5**

な

入院保証金 ………………… **Q62**
入会拒絶〔医師会〕………… **Q10**
任意捜査 …………………… **Q29**
妊娠・出産・育児休業等を理由とする
　不利益取扱い …………… **Q37**
認知症 …………………… **Q52**，**Q53**
ネットパトロール事業 …… **Q 8**
年俸制 ……………………… **Q36**
能力不足 …………………… **Q40**

は

賠償責任保険 ……………… **Q70**

破産 ………………………… **Q75**
発信者情報開示請求 ……… **Q65**
パート職員 ………………… **Q38**
パワハラ …………………… **Q39**
非営利性 …………………… **Q 4**
引抜き
　医療スタッフ等の―― …… **Q44**
人を対象とする生命科学・医学系研究
　に関する倫理指針 ……… **Q29**
誹謗中傷 …………………… **Q65**
秘密保持義務 ……………… **Q44**
秘密漏示罪 ………………… **Q27**
評価療養 …………………… **Q17**
評議員 …………………… **Q22**，**Q23**
評議員会 …………………… **Q23**
ファクタリング …………… **Q75**
副業 ………………………… **Q34**
不祥事 ……………………… **Q 2**
附随業務 …………………… **Q24**
不正請求 …………………… **Q20**
附帯業務 …………………… **Q24**
不当請求 …………………… **Q20**
不当労働行為 ……………… **Q45**
不法行為責任 ……………… **Q67**
不法滞在 …………………… **Q60**
プライバシー …………… **Q27**，**Q29**
プロセスガイドライン …… **Q59**
プロバイダ責任制限法 …… **Q65**
分割 ………………………… **Q72**
文書送付嘱託 ……………… **Q29**
文書提出命令 ……………… **Q68**
閉院 ………………………… **Q76**
別除権 ……………………… **Q75**
弁護士会照会 ……………… **Q29**
返戻金 ……………………… **Q46**
包括払い方式 ……………… **Q14**
報酬 ………………………… **Q11**
訪問診療 …………………… **Q35**
暴力 ………………………… **Q56**
保険医療機関 ……………… **Q13**
　――辞退申出 …………… **Q76**
　――指定日の遡及申請 …… **Q71**
　――の指定 ……………… **Q 3**
保険外併用療養費 ………… **Q17**

キーワード索引　　483

保健所 ……………………………… **Q 9**
保証人 ……………………………… **Q62**
保存期間〔患者に関する記録〕……… **Q26**
本来業務 …………………………… **Q24**

ま

マタハラ …………………………… **Q37**
マニュアル〔コンプライアンス推進〕
……………………………………… **Q 7**
未収 ………………………………… **Q64**
未承認医薬品 ……………………… **Q49**
未成年後見人 ……………………… **Q52**
未成年者 …………………………… **Q52**
身代金〔ランサムウェア〕………… **Q33**
民事再生 …………………………… **Q75**
無診察治療等の禁止 ……………… **Q31**
名義貸し …………………………… **Q 4**
迷惑患者 …………………………… **Q63**
メンタルヘルス …………………… **Q41**
持分
　　――ありからの移行 ………… **Q21**
　　――の有無 …………………… **Q21**

や

役員の兼務 ………………………… **Q 5**
有期雇用職員 ……………………… **Q38**
輸入確認〔国内未承認医薬品〕……… **Q49**
輸入代行業者〔国内未承認医薬品〕…… **Q49**
要配慮個人情報 …………………… **Q27**

余命告知 …………………………… **Q58**

ら

ランサムウェア …………………… **Q33**
理事 ……………………… **Q22, Q23**
理事会 ……………………………… **Q23**
理事長 ……………………………… **Q23**
リース ……………………………… **Q75**
リスク対応方針 …………………… **Q 7**
リフィル処方箋 …………………… **Q50**
療養の給付 ………………………… **Q16**
　　――と直接関係ないサービス …… **Q18**
臨検
　　労働基準監督官による―― ……… **Q12**
臨床研修 …………………………… **Q 1**
レセプト …………………………… **Q68**
労災認定 …………………………… **Q43**
労働安全衛生法 …………………… **Q29**
労働基準監督官による臨検 ……… **Q12**
労働災害 …………………………… **Q43**
労働時間 …………………………… **Q35**
労働施策総合推進法 ……………… **Q39**

アルファベット

ADR ……………………………… **Q67**
DV ………………………………… **Q56**
e-文書法 …………………………… **Q30**
M&A ……………………… **Q72, Q73**
MS法人 ………………… **Q 5, Q73**

判例索引　　485

判例索引

■最高裁判所

大判大12・12・22刑集 2 巻1009頁 ·· **Q47**

大判昭11・ 6 ・16刑集15巻798頁 ··· **Q47**

最判昭28・11・20刑集 7 巻11号2249頁 ·· **Q47**

最判昭38・ 6 ・ 4 民集17巻 5 号670頁 ··· **Q20**

最決昭45・12・17刑集24巻13号1765頁 ·· **Q65**

最判昭48・12・20民集27巻11号1594頁 ·· **Q20**

最判昭49・ 2 ・28民集28巻 1 号66頁〔国鉄中国支社事件〕 ····················· **Q42**

最判昭49・ 3 ・15民集28巻 2 号265頁〔日本鋼管事件〕 ·························· **Q42**

最判昭50・10・24民集29巻 9 号1417頁 ·· **Q67**

最判昭53・ 4 ・ 4 裁判集民123号501頁・判時887号58頁 ······················· **Q20**

最判昭56・ 4 ・14民集35巻 3 号620頁 ··· **Q29**

最判昭56・ 6 ・19裁判集民133号145頁・判タ447号78頁 ······················· **Q52**

最判昭57・ 3 ・30裁判集民135号563頁・判タ468号76頁 ··············· **Q67，Q70**

最判昭58・ 9 ・16裁判集民139号503頁・労判415号16頁〔ダイハツ工業事件〕··········· **Q42**

最判昭61・ 3 ・13裁判集民147号237頁・労判470号 6 頁〔電電公社帯広電報電話局事件〕

··· **Q41**

最判昭63・ 7 ・ 1 裁判集民154号261頁・判タ723号201頁 ····················· **Q66**

最判平 6 ・ 6 ・13裁判集民172号673頁・労判653号12頁 ······················· **Q36**

最判平 7 ・ 4 ・25民集49巻 4 号1163頁 ··· **Q58**

最判平 9 ・ 9 ・30刑集51巻 8 号671頁 ··· **Q47**

最判平10・ 4 ・ 9 裁判集民188号 1 頁・労判736号15頁〔片山組事件〕 ······· **Q41**

最決平11・11・12民集53巻 8 号1787頁 ·· **Q68**

最判平12・ 2 ・29民集54巻 2 号582頁 ··· **Q57**

最判平12・ 3 ・ 9 民集54巻 3 号801頁 ··· **Q35**

最判平12・ 3 ・24民集54巻 3 号1155頁〔電通事件〕 ······························· **Q43**

最判平12・ 9 ・22民集54巻 7 号2574頁 ·· **Q67**

最判平13・11・27民集55巻 6 号1154頁 ·· **Q51**

最判平14・ 9 ・24裁判集民207号175頁・判タ1106号87頁 ·············· **Q29，Q58**

最判平15・11・11民集57巻10号1466頁 ·· **Q67**

最判平17・ 7 ・15民集59巻 6 号1661頁 ··· **Q 3**

最決平17・ 7 ・19刑集59巻 6 号600頁 ·· **Q29，Q56**

最判平17・ 9 ・ 8 裁判集民217号709頁・判タ1200号132頁 ····················· **Q 3**

最判平22・ 1 ・26民集64巻 1 号219頁 ··· **Q55**

最判平22・ 4 ・ 8 民集64巻 3 号609頁 ··· **Q72**

最判平23・ 2 ・25裁判集民236号183頁・判タ1344号110頁 ····················· **Q67**

486 判例索引

最判平23・10・25民集65巻7号2923頁 ……………………………………… **Q17**
最判平24・2・13刑集66巻4号405頁 ……………………………………… **Q27**
最判平24・3・8裁判集民240号121頁・労判1060号5頁 ………………… **Q36**
最判平26・3・24裁判集民246号89頁・労判1094号22頁〔東芝（うつ病）事件〕……… **Q43**
最判平28・3・1民集70巻3号681頁 ……………………………………… **Q54**
最判平28・10・18民集70巻7号1725頁 …………………………………… **Q29**
最決平29・3・31（平成29年（オ）第236号・平成29年（受）第288号）WLJ ……… **Q71**
最判平29・7・7裁判集民256号31頁・労判1168号49頁 ………………… **Q36**
最判平29・10・23判タ1442号46頁・判時2351号7頁 …………………… **Q33**
最判平30・6・1民集72巻2号88頁〔ハマキョウレックス事件〕………… **Q38**
最判平30・6・1民集72巻2号202頁〔長澤運輸事件〕…………………… **Q38**
最判平30・7・19裁判集民259号77頁・労判1186号5頁 ………………… **Q36**
最決令元・12・17（令和元年（受）第1557号）判例集未登載 …………… **Q61**
最決令2・9・16刑集74巻6号581頁〔タトゥー事件〕…………………… **Q47**
最判令2・10・13民集74巻7号1901頁〔メトロコマース事件〕………… **Q38**
最判令2・10・13裁判集民264号63頁・労判1229号77頁〔大阪医科薬科大学（旧大阪医
　科大学）事件〕………………………………………………………………… **Q38**
最判令2・10・15裁判集民264号95頁・労判1229号5頁等〔日本郵便（東京・大阪・佐
　賀）事件〕……………………………………………………………………… **Q38**
最判令2・10・15裁判集民264号125頁・労判1229号58頁〔日本郵便（東京）事件〕… **Q38**
最判令4・2・18裁判集刑330号11頁・判タ1498号49頁 ………………… **Q66**
最判令6・3・27裁時1837号1頁 …………………………………………… **Q23**
最判令6・7・4（令和5年（行ヒ）第108号）裁判所HP ………………… **Q43**

■高等裁判所

東京高判昭61・11・13労判487号66頁・判タ634号131頁〔京セラ事件〕……………… **Q41**
東京高判平6・11・15高刑47巻3号299頁 ………………………………… **Q47**
東京高判平9・10・15東高刑時報48巻1～12号67頁 …………………… **Q29**
東京高判平10・2・9高民51巻1号1頁 …………………………………… **Q57**
大阪高判平13・3・14労判809号61頁〔全日本空輸事件〕………………… **Q41**
福岡高判平14・12・13労判848号68頁〔明治学園事件〕………………… **Q42**
東京高決平15・7・15判タ1145号298頁・判時1842号57頁 …………… **Q68**
東京高判平15・12・11労判867号5頁・判時1853号145頁〔小田急電鉄事件〕……… **Q42**
広島高岡山支決平16・4・6判タ1199号287頁・判時1874号69頁 ……… **Q68**
大阪高判平16・4・22高刑57巻2号1頁・判タ1169号316頁 …………… **Q65**
大阪高判平19・2・20判タ1263号301頁 …………………………………… **Q29**
東京高判平19・8・28判タ1264号299頁 …………………………………… **Q33**
名古屋高判平20・9・5判時2031号23頁 ………………………………… **Q55**
東京高判平20・10・22労経速2023号7頁〔立正佼成会事件〕…………… **Q43**
東京高判平21・9・29民集65巻7号3066頁 ……………………………… **Q17**
大阪高判平22・11・16労判1026号144頁・労経速2093号3頁 ………… **Q35**
広島高岡山支判平22・12・9判時2110号47頁 …………………………… **Q55**
東京高判平23・5・31（平成22年（行コ）第170号）LLI/DB …………… **Q20**

判例索引　　487

東京高判平24・6・28（平成24年（ネ）第1465号）判例集未登載 ……………………… **Q65**
東京高判平24・10・24判タ1391号241頁・判時2168号65頁 ……………………………… **Q29**
東京高判平25・9・26判時2204号19頁 …………………………………………………… **Q56**
札幌高判平25・11・21労判1086号22頁・判タ1419号106頁〔雄心会事件〕…………… **Q43**
広島高松江支判平27・3・18労判1118号25頁・判時2281号43頁〔公立八鹿病院組合ほか
　事件〕………………………………………………………………………………………… **Q43**
高松高判平27・10・7（平成27年（ネ）第18号・第203号）LEX/DB ………………… **Q29**
名古屋高判平28・10・28（平成28年（ネ）第320号）WLJ ……………………………… **Q71**
東京高判平29・9・21労判1203号76頁・労経速2341号29頁〔総生会事件〕…………… **Q43**
広島高岡山支決平31・1・10労判1201号5頁・判タ1459号41頁 ……………………… **Q40**
東京高判令元・5・16（平成31年（ネ）第272号）WLJ ………………………………… **Q61**
大阪高判令元・11・20判時2448号28頁 …………………………………………………… **Q33**
東京高決令2・2・14判タ1484号119頁 ………………………………………………… **Q75**
名古屋高金沢支判令2・12・16判時2504号95頁 ………………………………………… **Q55**
大阪高判令3・1・22判時2535号42頁 …………………………………………………… **Q4**
札幌高判令4・3・16（令和3年（ネ）第439号）LEX/DB …………………………… **Q61**
東京高判令4・4・7（令和3年（行コ）第171号）裁判所HP ……………………… **Q68**
東京高判令4・11・29労判1285号30頁・労経速2505号3頁〔あんしん財団事件〕……… **Q43**

■地方裁判所

長野地判昭35・10・8下民11巻10号2086頁 …………………………………………… **Q10**
大阪地判昭45・6・18下民21巻5＝6号825頁・判タ248号99頁 ……………………… **Q16**
東京地判昭47・1・25判タ277号185頁 …………………………………………………… **Q64**
仙台地判昭48・5・21労判178号37頁・判時716号97頁 ………………………………… **Q40**
広島地判昭50・6・18判タ330号342頁・判時811号87頁 ……………………………… **Q10**
札幌地判昭53・9・29判タ368号132頁・判時914号85頁 ……………………………… **Q52**
福岡地決昭58・2・24労判404号25頁 …………………………………………………… **Q40**
東京地判平2・3・9判時1370号159頁 ………………………………………………… **Q47**
東京地判平7・12・12労判688号33頁〔旭商会事件〕…………………………………… **Q42**
東京地判平9・3・12判タ964号82頁 …………………………………………………… **Q57**
東京地判平11・2・15労判760号46頁・労経速1708号3頁〔全日本空輸事件〕……… **Q42**
東京地判平11・7・26判タ1029号243頁 ………………………………………………… **Q10**
仙台地判平11・9・27判タ1044号161頁・判時1724号114頁 ………………………… **Q16**
大阪地判平11・10・4判時771号25頁・労経速1743号20頁〔東海旅客鉄道事件〕…… **Q41**
前橋地判平11・11・19判タ1045号205頁・判時1710号130頁 ………………………… **Q10**
千葉地判平12・6・30労判1034号177頁・判時1741号113頁 ………………………… **Q52**
大阪地判平14・9・11労判840号62頁 …………………………………………………… **Q44**
東京地判平14・10・30判時1816号164頁 ………………………………………………… **Q47**
大阪地決平15・4・16労判849号35頁〔大建工業事件〕………………………………… **Q41**
東京地判平15・5・23労判854号30頁〔山九事件〕……………………………………… **Q42**
東京地判平16・8・30（平成15年（ワ）第12183号）LLI/DB ………………………… **Q46**
東京地判平16・10・26（平成14年（ワ）第1665号・平成15年（ワ）第15544号）LLI/
　DB ……………………………………………………………………………………………… **Q10**

488 判例索引

東京地判平17・11・14（平成16年（ワ）第9953号）WLJ ……………………… **Q20**
東京地判平18・10・18判時1982号102頁 ……………………………………………… **Q57**
東京地判平19・2・8判タ1262号270頁・判時1964号113頁 ………………… **Q33**
名古屋地判平19・6・14判タ1266号271頁 ……………………………… **Q29，Q58**
東京地判平19・6・27判タ1275号323頁・判時1978号27頁 ………………… **Q68**
大阪地判平20・2・21判タ1318号173頁 …………………………………… **Q51，Q68**
名古屋地判平20・2・28（平成19年（行ウ）第19号）裁判所HP ……………… **Q66**
横浜地判平21・9・24（平成20年（わ）第2551号・平成21年（わ）第270号）LLI/DB
………………………………………………………………………………………………… **Q20**
大阪地判平24・3・30判タ1379号167頁 …………………………………………… **Q26**
大阪地判平24・4・13労判1053号24頁〔医療法人健進会事件〕………………… **Q41**
東京地判平24・8・31（平成24年（ワ）第10781号）WLJ ……………………… **Q29**
東京地判平25・11・22（平成24年（ワ）第35699号）WLJ ……………………… **Q29**
東京地判平26・7・15（平成24年（ワ）第16178号・平成25年（ワ）第9301号）LEX/
DB ……………………………………………………………………………………………… **Q46**
鳥取地判平28・3・11金法2040号94頁 …………………………………………… **Q29**
東京地判平28・7・19労判1150号16頁〔クレディ・スイス証券事件〕………………… **Q42**
東京地判平28・11・17判タ1441号233頁・判時2351号14頁 ………………… **Q53**
東京地判平29・8・22（平成29年（ワ）第12684号）WLJ ……………………… **Q50**
長崎地判令元・5・27労判1235号67頁 …………………………………………… **Q35**
大阪地判令元・6・5判タ1470号104頁・判時2431＝2432合併号79頁 ………… **Q29**
札幌地小樽支判令元・6・12（平成28年（ワ）第71号）裁判所HP ……………… **Q43**
金沢地判令2・1・31判時2455号41頁 …………………………………………… **Q55**
東京地判令2・6・24（平成30年（ワ）第9342号・第31855号・第31856号）判例集未登
載 ………………………………………………………………………………………………… **Q33**
東京地判令3・3・30（平成31年（ワ）第3093号）LEX/DB ………………… **Q61**
大阪地判令4・1・27（令和2年（ワ）第12394号）WLJ ……………………… **Q29**
新潟地判令4・3・25（平成29年（ワ）第498号）LEX/DB …………………… **Q43**

■家庭裁判所

東京家審昭43・11・7判タ240号314頁 …………………………………………… **Q64**

〔編者紹介〕

田辺総合法律事務所

代表弁護士　田辺克彦

https://www.tanabe-partners.com

弁護士法人色川法律事務所

代表弁護士　高坂敬三

https://www.irokawa.gr.jp

病院・診療所経営の法律相談　　最新青林法律相談53

2024年10月15日　初版第1刷印刷
2024年11月15日　初版第1刷発行

検印廃止	©編　者	田辺総合法律事務所 弁護士法人色川法律事務所
	発行者	逸見慎一

発行所　東京都文京区 本郷6丁目4の7　株式 会社　青林書院

振替口座00110-9-16920／電話03(3815)5897／郵便番号113-0033

印刷製本・藤原印刷㈱／落丁・乱丁本はお取り替え致します。

Printed in Japan　　ISBN978-4-417-01882-7

JCOPY 〈(一社)出版者著作権管理機構　委託出版物〉

本書の無断複写は著作権法上での例外を除き禁じられています。複写される場合は，そのつど事前に，(一社)出版者著作権管理機構 (TEL03-5244-5088，FAX03-5244-5089，e-mail：info @jcopy.or.jp) の許諾を得てください。

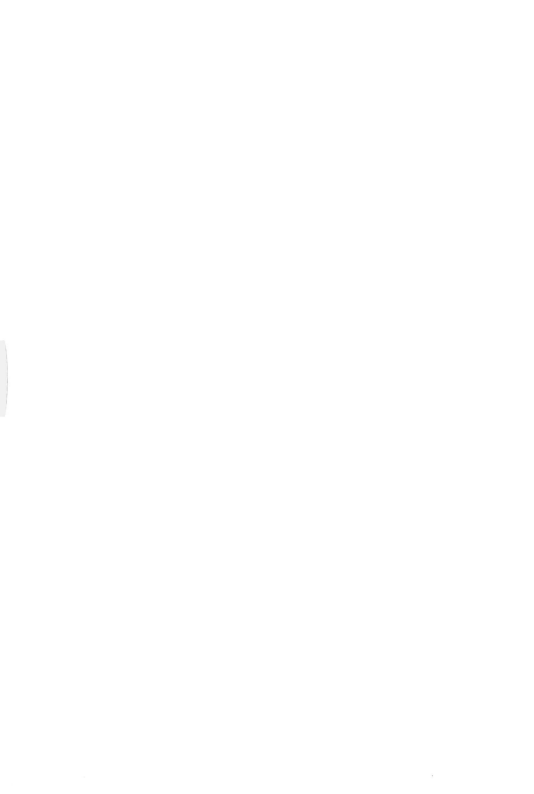